唐史论丛

第三十二辑

杜文玉　主编

三秦出版社
陕西新华出版传媒集团

图书在版编目（CIP）数据

唐史论丛. 第三十二辑，隋唐政治、经济与文化研究论集/杜文玉主编. —西安：三秦出版社，2021.3

ISBN 978-7-5518-2371-5

Ⅰ. ①唐… Ⅱ. ①杜… Ⅲ. ①史评—中国—唐代—丛刊 Ⅳ. ①K242.07-55

中国版本图书馆CIP数据核字（2021）第035093号

唐史论丛 第三十二辑

杜文玉 主 编

出版发行	陕西新华出版传媒集团 三秦出版社
社　　址	西安市雁塔区曲江新区登高路1388号
电　　话	（029）81205236
邮政编码	710061
印　　刷	西安创维印务有限公司
开　　本	787mm×1092mm 1/16
印　　张	25.5
字　　数	440千字
版　　次	2021年3月第1版
	2021年3月第1次印刷
印　　数	1—1000
标准书号	ISBN 978-7-5518-2371-5
定　　价	116.00元

网　　址 www.sqcbs.cn

《唐史论丛》编辑委员会

目　录

政治与民族

经济与家族

宗教与文化

书　评

CONTENTS

Politics and Nationality

Economics and Family

Religion and Culture

Book Reviews

政治与民族

隋唐后妃命妇礼服制渊源考析

李志生

在中国古代后妃命妇礼服史上，隋代是一个不应被忽视的时期。开皇二年（582）和大业二年（606），隋朝曾先后两次出台了后妃命妇礼服制（分别简称“开皇制”和“大业制”），其中的“开皇制”，还对唐制产生了重要影响。

关于隋之两次礼服制的渊源，史称，开皇制“采用东齐之法”，大业制则为“宪章古制”[1]。而隋制对唐制的影响，史书则称，唐朝首次出台的武德令，是“大略以开皇为准”[2]。作为衣服令一部分的后妃命妇礼服制，其在渊源上是如何体现这些特点的？本文将就此展开讨论，以就教于方家[3]。

一、隋“开皇制”：“采用东齐之法”

隋承周来，但时人对周制的看法却是“（周氏）舆辇衣冠，甚多迂怪”，因此，“高祖初即位，将改周制”，“定令，采用东齐之法”[4]。然细绎“开皇

[1]（唐）魏徵：《隋书》卷一二《礼仪志七》，北京：中华书局，1973年，第254、262页。

[2]（宋）王溥：《唐会要》卷三九《定格令》，北京：中华书局，1955年，第701页。武德令“大略以开皇为准”之说，也见（后晋）刘昫：《旧唐书》卷五〇《刑法志》，北京：中华书局，1975年，第2134页；（宋）王钦若等：《册府元龟》卷六一二《刑法部·定律令》，北京：中华书局，1960年，第7343页上。

[3] 相关主要研究有：刘亚坪：《唐代后、妃、命妇礼服制度考析》，北京大学硕士学位论文，2013年；李馨：《隋唐女性礼服研究》，陕西师范大学硕士学位论文，2018年；扬眉剑舞：《从花树冠到凤冠——隋唐至明代后妃命妇冠饰源流考》，《艺术设计研究》2017年第1期，第20—28页。刘文、李文对隋唐后妃命妇礼服制渊源，都有所涉及；扬眉剑舞之文的重点，则在头服（首饰）的变迁。

[4]《隋书》卷一二《礼仪志七》，第253、254页。

制”的内容，其除采北齐的后妃命妇礼服制（简称“北齐制”）外，实亦较多吸收了北周后妃命妇礼服制（简称“北周制”）的内容。

综合来看，中国古代的后妃命妇礼服制，主要由礼服分配人群、礼服等级和主要配置等三方面内容构成。下面就分别从这三方面，对“开皇制”的渊源和创新进行讨论。

（一）礼服配置

因讨论礼服分配人群、礼服等级，都会涉及主要配置，故首先来探讨“开皇制”的礼服配置渊源。

下面就以皇后礼服为例，来看“开皇制”与“北齐制”“北周制”的承袭关系。兹将三“制”的相关内容，列表比较如下：

表1　齐、周、开皇三“制”的皇后礼服等级与主要配置对比表

<table>
<tr><th rowspan="3"></th><th rowspan="3" colspan="2">礼服等级</th><th colspan="9">主要配置</th></tr>
<tr><th colspan="2">头服</th><th colspan="3">身服</th><th rowspan="2">足服</th><th rowspan="2">佩</th><th rowspan="2">绶</th><th rowspan="2">玺印</th></tr>
<tr><th>假髻等</th><th>花钿</th><th>翟之等数</th><th>领褾或蔽膝翟饰等数</th><th>大带朱里</th></tr>
<tr><td rowspan="6">北齐制</td><td colspan="2">袆衣</td><td rowspan="6">假髻步摇八雀九华</td><td rowspan="6">12钿</td><td></td><td></td><td></td><td></td><td rowspan="6">白玉</td><td rowspan="6">黄赤绶</td><td rowspan="6">白玉玺螭兽钮
长秋印</td></tr>
<tr><td colspan="2">褕狄</td><td></td><td></td><td></td><td></td></tr>
<tr><td colspan="2">阙狄</td><td></td><td></td><td></td><td></td></tr>
<tr><td colspan="2">鞠衣</td><td></td><td></td><td></td><td></td></tr>
<tr><td colspan="2">展衣</td><td></td><td></td><td></td><td></td></tr>
<tr><td colspan="2">褖衣</td><td></td><td></td><td></td><td></td></tr>
<tr><td rowspan="9">北周制</td><td rowspan="6">翟衣</td><td>翚衣</td><td rowspan="6"></td><td rowspan="6">华12树</td><td rowspan="6">衣雉12等</td><td rowspan="6">领褾翚雉各12[1]</td><td></td><td rowspan="9">舄履</td><td></td><td></td><td rowspan="9">白玉玺麟钮</td></tr>
<tr><td>摇衣</td><td></td><td></td><td></td></tr>
<tr><td>鷩衣</td><td></td><td></td><td></td></tr>
<tr><td>鳪衣</td><td></td><td></td><td></td></tr>
<tr><td>鵫衣</td><td></td><td></td><td></td></tr>
<tr><td>翙衣</td><td></td><td></td><td></td></tr>
<tr><td colspan="2">苍衣</td><td></td><td></td><td></td><td></td><td></td><td></td><td></td></tr>
<tr><td colspan="2">青衣</td><td></td><td></td><td></td><td></td><td></td><td></td><td></td></tr>
<tr><td colspan="2">朱衣</td><td></td><td></td><td></td><td></td><td></td><td></td><td></td></tr>
</table>

[1]《隋书·礼仪志六》记北周皇后的十二等礼服，“以翚雉为领褾，各有二”，“二”前缺“十”字。此据其下的诸侯、诸臣妻领褾雉数和《通典》补［见《隋书》，第247、248页；（唐）杜佑撰，王文锦等点校：《通典》卷六二《礼典·沿革·嘉礼七·后妃命妇服章制度》，北京：中华书局，1988年，第1742页］。

续表

	礼服等级	主要配置								
		头服		身服			足服	佩	绶	玺印
		假髻等	花钿	翟之等数	领褾或蔽膝翟饰等数	大带朱里				
北周制	黄衣									
	素衣						舄履			白玉玺麟钮
	玄衣									
开皇制	袆衣		首饰花12树	翚翟12等	蔽膝翟3等	大带朱里	金饰舄	白玉佩	玄组绶	
	鞠衣		—			大带朱里	金饰舄	白玉佩	玄组绶	
	青衣						青舄			
	朱衣						朱舄			
说明：“—”表示同上；空格表示史书无载此项。										

依上表，齐、周、开皇三“制”中，皇后的礼服等级与主要配置的重点包括：

“北齐制”八项：六等礼服、六等礼服名称在历史上首次全袭《周礼》、一等礼服为皇后专有、假发及首饰、花钿数、佩、绶、玺。

“北周制”八项：十二等礼服、十二等礼服名称融合了《周礼》及郑注（翟衣）和五行思想（颜色礼服）、一等礼服为皇后专有、华数、身服之雉饰及数量、领褾之雉类及数量、足服、玺。

“开皇制”十项：四等礼服、四等礼服名称、一等礼服为皇后专有、花数、衣之翟饰及数量、蔽膝之翟饰及数量、大带朱里、足服、佩、绶。

从如上罗列的三“制”的重点内容看，“开皇制”独承“北齐制”的有三项：皇后的前两等礼服名称——袆衣和鞠衣[1]，佩，绶。独承“北周制”的也有三项：皇后的后两等礼服名——青衣和朱衣，身服之雉饰与等级，足服及等级。“开皇制”并承北齐、北周两“制”的有两项：一等礼服为皇后专用、其他礼服共享，以花钿和数量为等级标准。“开皇制”的创新有三项：皇后的四等礼服制，蔽膝的翟饰及数量，大带朱里。从皇后的礼服等级与主要配置的重

[1] 袆衣和鞠衣为《周礼》六服中的两服，“开皇制”为远承《周礼》、近袭“北齐制”。

点看，“开皇制”对“北齐制”和“北周制”的承袭力度大体相当。

在“开皇制”中，花钿和翟饰无疑是最重要的配置，下面我们就来看它们的渊源。先看花钿。自《周礼》以来，头服就是后妃命妇礼服的重要构成。《周礼》的头服包括“副、编、次，追衡、笄”，而所谓“副、编、次”，郑玄注曰：“副之言覆，所以覆首为之饰，其遗象若今步摇矣……编，编列发为之，其遗象若今假紒矣……次，次第发长短为之，所谓髲髢。”[1]在郑玄注中，它们都是以假发而为的头饰。

东汉永平二年（59），中国首个后妃命妇礼服制（简称“汉制”）出台，它以《周礼》为基础，结合其他材料——如《诗经》，将后妃命妇的头服，设计成了一套复杂的头饰系统，而其中又以皇后的谒庙服头服最繁：“皇后谒庙服……假结，步摇，簪珥。步摇以黄金为山题，贯白珠为桂枝相缪，一爵九华，熊、虎、赤罴、天鹿、辟邪、南山丰大特六兽，《诗》所谓‘副笄六珈’者。诸爵兽皆以翡翠为毛羽。金题，白珠珰绕，以翡翠为华云。”[2]虽然头饰繁富如此，但其构成主要在假发和首饰两部分。“汉制”的这套头服之制，也为魏晋及南北朝诸制（“北周制”除外）所承袭[3]。

魏晋时期，后妃命妇的头服总体沿“汉制”，但首次增加了花钿[4]。其后的南北朝隋唐时期，花钿则演变成了后妃命妇礼服的重要配置之一。

“北周制”是第一个放弃追随“汉制”头服的制度，此制损去了假结、步

[1]《周礼注疏》卷八《内司服》，载（清）阮元校刻《十三经注疏》本，北京：中华书局，1980年，第693页上。

[2]（南朝宋）范晔：《后汉书》志三〇《舆服志下》，北京：中华书局，1965年，第3676、3677页。

[3]魏晋、南朝、北齐诸制的后妃命妇头服，见（唐）房玄龄等：《晋书》卷二五《舆服志》，北京：中华书局，1974年，第774页；（梁）沈约：《宋书》卷一八《礼志五》，北京：中华书局，1974年，第505页；（梁）萧子显：《南齐书》卷一七《舆服志》，北京：中华书局，1972年，第342页；《隋书》卷一一《礼仪志六》，第236、237、243页。诸制也见《通典》卷六二《礼典·沿革·嘉礼七·后妃命妇首饰制度》，第1736—1738页。

[4]关于花钿的出现，晋制首见妃嫔公主的花钿等级（见《晋书·舆服志》，第774页）；晋多承魏制，故《通典》又将妃嫔公主花钿的出现，置于魏制之下（第1736页）。而皇后花钿的出现，《宋书·礼志》载晋《先蚕仪注》记，“皇后十二鏌（钿）”（第505页），依此，皇后花钿的出现，也当不迟于晋，《通典》亦将皇后十二钿的出现，置于晋制之下（第1737页）。

摇、簪珥等配置，独以华树[1]作头服。或许是“北周制”的这种头服过于简单，故承“北周制”的“开皇制”，除继续使用花钿外，又首次增加了博鬓。博鬓是插于头部两侧的成对的叶状饰物，插后，头部的满饰感大大增强。同时，“开皇制”还规定，“自皇后已下，小花并如大花之数”[2]。满头插戴的花钿和两博鬓，虽然依旧不如“汉制”华丽，但头服的重要性，还是在一定程度上被彰显了出来。

再看翟饰。郑玄的《周礼注》将翟饰的内容具体化，而郑玄对王后礼服翟饰的解释是：“翟，雉名，伊雒而南，素质，五色皆备成章曰翚；江淮而南，青质，五色皆备成章曰摇。王后之服，刻缯为之形而采画之，缀于衣以为文章。袆衣画翚者，揄翟画摇者，阙翟刻而不画。”[3]“汉制”先于郑注，其制未有翟饰之设，故循“汉制”而来的魏晋南朝诸制，后妃命妇礼服也无翟饰。

翟饰真正进入后妃命妇礼服制，其在北朝。“北齐制”承《周礼》六服之称，但其服是否有翟饰，史书缺载。“北周制”则明确出现了翟饰，且翟饰还成了“北周制”中的一个重要等级标准。“开皇制”承“北周制”，它也以翟饰作为礼服的重要配置和等级标准。

但在翟饰的具体安排上，“开皇制”较“北周制”有变化。“北周制”的翟饰安排，主要在翟饰的位置（衣和领褾），衣与领褾的翟数，翟饰的种类、等级等方面；而“开皇制”首先将领褾的翟饰改至蔽膝，且将拥有蔽膝翟饰的人群，缩小至皇后和皇太子妃，相应地，蔽膝翟饰的类别也减少至两类。

除了承袭，在礼服配置上，“开皇制”也有创新。从隋唐诸制的情况看，有大带及朱里与否，就是一个新增的重要配置。“开皇制”中，皇后和皇太子妃的礼服配置大带，且其制分别依皇帝、皇太子而来，而其他命妇则无此配。开皇冕服制中，皇帝、皇太子的衮冕大带，分别为“朱里”和“不朱里”[4]，

[1] 关于“北周制”的“华”之形制，暂不可知。有学者提出，北周及隋唐后妃命妇头服中的“华树”，是可随步摇动的螺旋花束（扬眉剑舞：《从花树冠到凤冠——隋唐至明代后妃命妇冠饰源流考》，第23页）。但笔者以为，无论是北周或是隋唐的“华”或“花”，都当指花钿，树则是量词，为株、支之意。

[2]《隋书》卷一二《礼仪志七》，第260页。

[3]《周礼注疏》卷八《内司服》，第691页上。

[4] 开皇服制的皇帝、皇太子、皇后的大带“朱里”与“不朱里”，见《隋书》卷一二《礼仪志七》，第254、256、260页。

循此，皇后的大带也为“朱里”，皇太子妃的大带则为“不朱里”[1]。由此，大带朱里与否，就成了皇后与太子妃礼服的等级差异标志之一。其实，在中国古代礼制中，大带朱里与否，本就是君臣礼服等差的重要标志，其如陈氏《礼书》所言：“天子体阳而兼乎下，故朱里而裨以朱绿；诸侯虽体阳而不兼乎上，故饰以朱绿而不朱里。”[2]这样的思想，也在“开皇制”中，体现在了皇后与皇太子妃的上下等级中。

（二）礼服的人群分配

关于礼服的人群分配，先来看“北齐制”。此制包括的人群有六类：皇帝后妃，皇太子妃嫔，宫人女官，皇室女性成员，诸侯妻，品官妻。而“北周制”，则不含皇太子妃嫔和公主王妃。“开皇制”承“北齐制”，囊括的也是六类人。

在礼服分配的人群中，皇太子妃令人关注。我们知道，东宫之重，是中古时代的一个突出现象，太子地位的渐趋重要，也在冕服制度中表现了出来。皇太子妃“从”[3]于皇太子，故这一时期的皇太子妃礼服，也成了礼服制中的一个重要等级。皇太子妃礼服进入制度始于刘宋[4]，“北齐制”则将其配置进一步具体化。“北齐制”以“玺、绶、佩同皇太子，假髻，步摇，九钿，服褕翟”[5]的配置，而将皇子太妃礼服，突出于其他命妇之上。在“开皇制”中，皇太子妃的礼服地位同样突出，其所承理念就来自“北齐制”。

另外，相较于北齐、北周两“制”，“开皇制”中的皇帝妃嫔礼服等级相对要少（见表2），如其即无传统的三夫人（或三妃[6]）之设，但这并非是史籍

---

[1]《隋书·礼仪志七》记，“开皇制”下的皇太子妃礼服大带为“下朱里”（第260页），其义不通。按“开皇制”，皇太子妃的一等礼服褕翟之制，略依皇太子衮冕，如其佩、绶，即是“瑜玉佩，纯朱绶”“章采尺寸，与皇太子同”（第261页）。而皇太子的衮冕大带为“不朱里”（第256页），循此，皇太子妃的褕翟大带，也当是“不朱里”。“下朱里”当为“不朱里”之误。

[2]（元）马端临：《文献通考》卷一一一《王礼考六·君臣冠冕服章》，北京：中华书局，1986年，第1005页中—下。

[3]此处的“从”，指中国古代妇女的身份遵从“三从”之义，“妇人，从人者也，幼从父兄，嫁从夫，夫死从子”（《礼记·郊特牲》，载《十三经注疏》本，第1456页下）。

[4]《宋书·礼志》仅记皇太子妃的玺绶佩，未载头服、身服、足服等配置（第507页）。

[5]《隋书》卷一一《礼仪志六》，第243页。

[6]《周礼》郑注、魏晋、南朝、北齐称“三夫人”（《周礼注疏·内司服》，第691页下—692页上；《晋书·舆服志》，第774页；《宋书·礼仪志五》，第505页；《隋书·礼仪志六》，第237、243页）；北周称“三妃”（《隋书·礼仪志六》，第248页）。

缺载，而是开皇妃嫔制在礼服制上的反映。

表2 北齐、北周、开皇三“制”的妃嫔礼服等级与主要配置对比表

	身份	礼服等级	主要配置						
			头服	身服		足服	佩	绶	章印
北齐制	左右昭仪、三夫人	褕翟 青纱公服	假髻，9钿				山玄玉	紫绶	银章
	九嫔	鞠衣 青纱公服	7钿				水苍玉	青绶	银印
	世妇	展衣 青纱公服	3钿					青绶	铜印
	八十一御女	椽衣 青纱公服	1钿					墨绶	
北周制	三妃	鳪衣 鷩衣 翙衣 青衣 朱衣 黄衣 素衣 玄衣 髾衣	华9	雉9等	领褾鳪雉各9	舄、屦			
	三妣	鷩衣 翙衣 青衣 朱衣 黄衣 素衣 玄衣 髾衣	华8	雉8等	领褾鷩雉各8	舄、屦			
	六嫔	翙衣 青衣 朱衣 黄衣 素衣 玄衣 髾衣	华7	雉7等	领褾翙雉各7	舄、屦			
	上媛	青衣 朱衣 黄衣 素衣 玄衣 髾衣	华6			屦			
	中媛	朱衣 黄衣 素衣 玄衣 髾衣	华5			屦			
	下媛	黄衣 素衣 玄衣 髾衣	华4			屦			
	御婉	素衣 玄衣 髾衣	华3			屦			
开皇制	嫔	青服（制同褕翟，无雉） 鞠衣	大小花7树，两博鬓				水苍玉	紫绶	
	世妇	青服	大小花6树，两博鬓				水苍玉	墨绶	
	女御	朱服（制与青服同）	大小花3树，两博鬓						

关于开皇的妃嫔制，文帝在开皇二年颁布“内官式”，其“略依《周礼》，省减其数。嫔三员，掌教四德，视正三品。世妇九员，掌宾客祭祀，视正五品。女御三十八员，掌女工丝枲，视正七品”。此式就并无三妃之设。至于其缺置的原因，史记：“初，文献皇后功参历试，外预朝政，内擅宫闱，怀嫉妒之心，虚嫔妾之位，不设三妃，防其上逼。”[1]对照开皇二年的“内官式”和

[1]《隋书》卷三六《后妃传序》，第1106页。

“开皇制”的妃嫔礼服等级，两者是相契合的。仁寿二年（602），独孤皇后去世，妃嫔制随之也有所扩充，但此时已距文帝去世不远。

（三）礼服等级

在礼服等级设置上，“开皇制”既有承袭，又有创新。

在礼服的总体设计上，“开皇制”是在部分承袭前制的基础上，综合而成了新的等级系统。“开皇制”中，后妃命妇女官的礼服共计十类、十一种，即袆衣、鞠衣、青衣、朱衣、褕翟（织、绣）、阙翟、青服、朱服、朱丝布公服和青纱公服。在这十类、十一种中，后妃命妇的礼服有远袭《周礼》、近承“北齐制”者，其为袆衣、鞠衣、阙翟三服；也有袭“北周制”五色衣者，它们是青衣和朱衣；而女官的两类礼服朱丝布公服、青纱公服，则是“开皇制”的创新。

在各等级的礼服中，皇后的四等礼服最具创新性。有鉴于“北周制”的繁缛，“开皇制”自我作古，而将皇后的礼服等级，由“北齐制”的六等、“北周制”的十二等减至四等，且功用简洁。四等礼服名称，则分别节自“北齐制”和“北周制”的两等礼服。

自皇太子妃以下，内外命妇的两等礼服制，为略依“北齐制”而有变化。“北齐制”中，内外命妇的礼服均为两等。但“开皇制”则以从三品为界，其上有两等——“嫔及从三品已上官命妇，青服……助祭朝会，凡大事则服之。亦有鞠衣”，其下则仅一等——“世妇及皇太子昭训，从五品已上官命妇，服青服。助祭从蚕朝会，凡大事则服之”[1]。

“开皇制”对诸侯妻与诸臣妻礼服的等级设计，则是融合了北齐和北周两“制”的产物。所谓诸侯妻，其指五等封爵者之妻。秦汉魏晋以来，封爵制下的诸侯是社会的特权阶层，但在北朝专制集权加强的形势下，他们则与拥有现实政务之权的诸臣产生了等级碰撞。命妇“从”于夫，故而这一特点，也在命妇礼服的等级设计上凸显出来。

先看“北周制”。在中国古代礼服史上，北周或是男、女礼服最对称的时代，如帝、后同有十二服，诸公与其妻均为九服。再如，北周的冕服制将《周礼》的大裘冕一分为六，随此，皇后的一等礼服袆衣，也受分为六。又如，北周依五行思想设计了皇帝的五色冕，同样，皇后也有五色礼服之设。但也正因

[1]《隋书》卷一二《礼仪志七》，第261页。

着这样的“从夫”之制，北周冕服设计中的诸侯、诸臣矛盾，也被带入了诸侯妻与诸臣妻的礼服中。

关于北周冕服等级中的矛盾，阎步克先生指出：“北周的公爵与三公都是九命，三公冕服却比公爵低三级……这样一来，官阶上已比肩并立的诸侯与诸臣，在冕服上一肩高一肩低了，命数相同者冕服等级却不相同。只是为了符合千百年前的‘周礼’，就把行政官僚压低了好几级。”[1]在同一设计理念下的诸侯妻与诸臣妻礼服，也存在着相同的矛盾。解决诸侯与诸臣冕服等级矛盾的切入点是服数、章数、等数和旒数；而诸侯妻与诸臣妻礼服等级矛盾的解决，则在服数、华数、翟衣的翟数及领褾的雉纹与数量上，其制见表3：

表3 “北周制”的诸侯妻、诸臣妻礼服等级与主要配置表

身份	礼服等级	主要配置			
		头服	身服		足服
			雉及等数	领褾的雉类及等数	
公夫人	摇衣 鷩衣 鳪衣 鵫衣 翐衣 朱衣 黄衣 素衣 玄衣	华9	雉9等	摇雉各9	舄履
侯夫人	鷩衣 鳪衣 鵫衣 翐衣 朱衣 黄衣 素衣 玄衣	华8	雉8等	鷩雉各8	舄履
伯夫人	鳪衣 鵫衣 翐衣 朱衣 黄衣 素衣 玄衣	华7	雉7等	鳪雉各7	舄履
子夫人	鵫衣 翐衣 朱衣 黄衣 素衣 玄衣	华6	雉6等	鵫雉各6	舄履
男夫人	翐衣 朱衣 黄衣 素衣 玄衣	华5	雉5等	翐雉各5	舄履
三公夫人	鳪衣 鵫衣 翐衣 青衣 朱衣 黄衣 素衣 玄衣 䯧衣	华9	雉9等	鳪雉各9	翟衣舄，其他履
三孤内子	鵫衣 翐衣 青衣 朱衣 黄衣 素衣 玄衣 䯧衣	华8	雉8等	鵫雉各8	翟衣舄，其他履
六卿内子	翐衣 青衣 朱衣 黄衣 素衣 玄衣 䯧衣	华7	雉7等	翐雉各7	翟衣舄，其他履
上大夫孺人	青衣 朱衣 黄衣 素衣 玄衣 䯧衣	华6	无	无	翟衣舄，其他履
中大夫孺人	朱衣 黄衣 素衣 玄衣 䯧衣	华5	无	无	翟衣舄，其他履
下大夫孺人	黄衣 素衣 玄衣 䯧衣	华4	无	无	翟衣舄，其他履
士妇	素衣 玄衣 䯧衣	华3	无	无	翟衣舄，其他履

[1] 阎步克：《服周之冕——〈周礼〉六冕礼制的兴衰变异》，北京：中华书局，2009年，第301页。

在“北周制”下，公夫人的翟衣等级、身衣与领褾的翟饰种类，都高出三公夫人两等，但在礼服数量、头服华树、身服及领褾的雉数上，又将三公夫人与公夫人做了平衡。

对比之下，“北齐制”的设计相对简单，其诸侯妻与诸臣妻的配置等级，大略依品而定，“内外命妇从五品已上，蔽髻，唯以钿数花钗多少为品秩”，“外命妇章印绶佩，皆如其夫”[1]。“北齐制”下，同品诸侯妻与诸臣妻的礼服种类、花钿数量相同，但在佩、绶、章上，因诸侯的等级总体高于诸臣，故诸侯妻的礼服等级也总体高于诸臣妻，如散县侯、县伯为第三品，散县伯为从三品，其妻之佩、章为山玄玉和金章，但三品妻则仅为水苍玉和银章（见表4）。

表4　“北齐制”的诸侯妻、诸臣妻礼服等级与主要配置表[2]

身份	礼服等级	主要配置					
		头服		佩	鞶囊	绶	章印
		花钿	钿材				
国公、郡公夫人	阙翟　青纱公服	7钿蔽髻	金玉	山玄玉	金缕	玄朱绶	金章
散郡公、县公、散县公、县侯夫人	阙翟　青纱公服	7钿蔽髻	金玉	山玄玉	金缕	玄朱绶	金章
散县侯、县伯、散县伯夫人	鞠衣　青纱公服	5钿蔽髻	金	山玄玉	金银缕	青朱绶	金章
县子、散县子夫人	展衣　青纱公服	3钿蔽髻	金	水苍玉	银缕	素朱绶	银章
县男、乡男、散县男夫人	禒衣　青纱公服	1钿蔽髻	金	水苍玉	采缕	素朱绶	银章
一品妻	阙翟　青纱公服	7钿蔽髻	金玉	山玄玉	金缕	紫绶	金章
二品妻	阙翟　青纱公服	7钿蔽髻	金玉	水苍玉	金缕	紫绶	金章
三品妻	鞠衣　青纱公服	5钿蔽髻	金	水苍玉	金银缕	青绶	银章
四品妻	展衣　青纱公服	3钿蔽髻	金	水苍玉	银缕	青绶	银印
五品妻	禒衣　青纱公服	1钿蔽髻	金	水苍玉	采缕	墨绶	铜印

[1]《隋书》卷一一《礼仪志六》，第243、244页。

[2] 表中的佩绶章印，依《隋志》所载如下规定及对应的品官佩绶填充：“外命妇章印绶佩，皆如其夫。”（第244页）北齐品官的佩绶印之制，见《隋书》卷一一《礼仪志六》，第241、242页。

在设计理念上，“开皇制”承袭的是“北齐制”（见表5）。首先，五品以上命妇的等级也与华树多少挂钩：

> 三师、三公及公夫人，一品命妇，并九树。侯夫人，二品命妇，并八树。伯夫人，三品命妇，并七树。子夫人，世妇及皇太子昭训，四品已上官命妇，并六树。男夫人，五品命妇，五树。女御及皇太子良娣，三树。[1]

其次，佩绶也依夫品而定，“三师、三公、五等国夫人及从五品已上官命妇，皆准其夫。无夫者准品”[2]。再次，也是最重要的，其也是诸侯妻的礼服等级要高于诸臣妻，如公、侯、伯妻的一等礼服为褕翟（绣），但从三品已上官命妇，则仅是“制与褕翟同”的青服[3]；侯、伯夫人之佩为山玄玉，二品、三品命妇则为水苍玉[4]。

与此同时，“开皇制”还承“北周制”，增加了翟饰这一重要配置。翟饰在“开皇制”中，也是平衡诸侯妻与诸臣妻礼服等级的一项重要内容（见表5）。

表5 “开皇制”的诸侯妻、诸臣妻礼服等级与主要配置表[5]

身份	礼服等级		主要配置			
			头服	翟饰及等级	佩	绶
公夫人	褕翟（绣）	鞠衣	大小花各9树，两博鬓	褕翟9等	山玄玉	玄朱绶
侯夫人	褕翟（绣）	鞠衣	大小花各8树，两博鬓	褕翟8等	山玄玉	青朱绶
伯夫人	褕翟（绣）	鞠衣	大小花各7树，两博鬓	褕翟7等	山玄玉	青朱绶
子夫人	阙翟（刻）	鞠衣	大小花各6树，两博鬓	阙翟6等	山玄玉	素朱绶
男夫人	阙翟（刻）	鞠衣	大小花各5树，两博鬓	阙翟5等	山玄玉	素朱绶
三师、三公妻	褕翟（绣）	鞠衣	大小花各9树，两博鬓	褕翟9等	山玄玉	纁紫绶
一品命妇	青服（无雉）	鞠衣	大小花各9树，两博鬓		山玄玉	纁紫绶
二品命妇	青服（无雉）	鞠衣	大小花各8树，两博鬓		水苍玉	紫绶
三品命妇	青服（无雉）	鞠衣	大小花各7树，两博鬓		水苍玉	紫绶
四品命妇	青服		大小花各6树，两博鬓		水苍玉	青绶
五品命妇	青服		大小花各5树，两博鬓		水苍玉	墨绶

[1]《隋书》卷一二《礼仪志七》，第260页。

[2]《隋书》卷一二《礼仪志七》，第262页。

[3] 见《隋书》卷一二《礼仪志七》，第261、262页。

[4] 此据诸侯与诸臣品级及佩玉推定，见《隋书》卷一二《礼仪志七》，第259页。

[5] 表中的佩绶，依《隋志》所载的如下规定及对应的品官佩绶填充：“佩绶，嫔同九卿，世妇及皇太子昭训同五品，公主、王妃同诸王，三师、三公、五等国夫人及从五品已上官命妇，皆准其夫。”（第262页）开皇的品官佩绶规定，见《隋书》卷一二《礼仪志七》，第258、259页。

综上对“开皇制”渊源的分析，我们看到，在礼服分配人群、礼服等级和主要配置等三方面，都可见“开皇制”对“北周制”的因袭，特别是在主要配置上，“北周制”的影响更不可小觑。而《隋志》所言“采用东齐之法”，其旨在强调“开皇制”对“北齐制”简化理念的承继，文帝君臣批北周制“迂怪”，针对的正是它的繁缛复杂。

二、隋“大业制”：“宪章古制”

炀帝即位，他以开皇服制未备，“始诏吏部尚书牛弘、工部尚书宇文恺、兼内史侍郎虞世基、给事郎许善心、仪曹郎袁朗等，宪章古制，创造衣冠，自天子逮于胥吏，服章皆有等差”，至大业“二年总了，始班行焉”[1]。大业改制的基本理念虽是“宪章古制”，但就其后妃命妇礼服制而言，其当是大框架承“开皇制”，并融合古制，且因时而制的综合体。下面仍从礼服分配的人群、礼服等级和主要配置等三方面，来看“大业制”的渊源。

（一）礼服的人群分配

“开皇制”的礼服分配给了六类人，即皇帝后妃、皇太子妃嫔、宫人女官、皇室女性成员、诸侯妻、品官妻，“大业制”承其五类，但将宫人女官排除在外。而这一排除，明显是对北齐、北周、开皇三“制”的脱离，而重新回归的是汉晋南朝之制——汉晋南朝诸制均无宫人女官礼服。

另外，在礼服分配的人群上，“大业制”也有明显的时代特点，这点突出反映在妃嫔礼服上。兹将“大业制”的妃嫔礼服等级与主要配置列表显示如下：

表6　“大业制”的妃嫔礼服等级与主要配置表

身份	礼服等级	主要配置				
		头服	佩	鞶囊	绶	玺章印
三妃	褕翟	首饰花9钿，两博鬓	于阗玉	金缕兽头	紫绶	金章龟钮
九嫔	阙翟	首饰花8钿，两博鬓	采瓄玉	金缕兽头	紫绶	金章龟钮
婕妤	阙翟	首饰花7钿，两博鬓	采瓄玉	银缕兽头	紫绶	金章龟钮
美人、才人	鞠衣	首饰花7钿，两博鬓	水苍玉	彩缕兽爪	青绶	银印珪钮
宝林	展衣	首饰花5钿，两博鬓	水苍玉	彩缕兽爪	艾绶	银印环钮
承衣刀人、采女	褖衣					
良娣	鞠衣	7钿，两博鬓	采瓄玉	兽爪	青绶	银印珪钮
保林、八子	展衣		水苍玉	兽爪	艾绶	铜印环钮

[1]《隋书》卷一二《礼仪志七》，第262、278页。

对比其前诸朝，我们看到，“大业制”的妃嫔等级划分更细，而这也正是大业妃嫔制变化的结果。关于大业的妃嫔制，《隋书》记：

> 炀帝时……贵妃、淑妃、德妃，是为三夫人，品正第一。顺仪、顺容、顺华、修仪、修容、修华、充仪、充容、充华，是为九嫔，品正第二。婕妤一十二员，品正第三，美人、才人一十五员，品正第四，是为世妇。宝林二十四员，品正第五；御女二十四员，品正第六；采女三十七员，品正第七，是为女御。总一百二十，以叙于宴寝。又有承衣刀人，皆趋侍左右，并无员数，视六品已下。[1]

依此，大业的妃嫔制不但再次增入三妃，而且将《周礼》以来的世妇和女御，再细化为若干等。“大业制”的妃嫔礼服等级增加，与大业妃嫔制的这些变化完全契合。

（二）礼服等级

“大业制”的礼服等级，杂糅了“开皇制”的皇后四等礼服和《周礼》的六服。在“大业制”所承的《周礼》六服中，袆衣依北齐、开皇二“制”，而为皇后专用；妃嫔命妇的礼服，则均统一到《周礼》的其他五服之下。如此整齐规划后，“大业制”的礼服大类和小种都有所减少，其由“开皇制”的十类、十一种，减至八类、九种，即袆衣、鞠衣、青服、朱服、褕翟（织和绣）、阙翟、展衣、褖衣。

在礼服等级上，“大业制”还有其他因时而制之处。如一些妃嫔礼服的配置等级有所提高，而这也与大业妃嫔制的变化相连。较开皇妃嫔制，大业制将世妇再细化为三品婕妤和四品美人、才人，女御也有五品至七品的宝林、御女、采女之分。因着妃嫔制的这些细化，“大业制”下，世妇之一的婕妤的首饰花，由六树提至七钿，女御之一的宝林，也由三树升至五钿。

（三）礼服配置

在礼服配置的总框架上，“大业制”无疑承袭的是“开皇制”，但在具体配置上，它也吸收了南朝制度，并且也有因时而制的创新。

先看皇后的礼服，兹将开皇、大业二“制”的相关内容，对比显示如下：

---

[1]《隋书》卷三六《后妃传序》，第1107页。

表7　开皇、大业二“制”的皇后礼服等级与主要配置对比表

礼服等级	制度	主要配置						
		头服	身服		足服	佩	绶	玺
			翟饰	大带及朱里				
袆衣	开皇制	花12树，两博鬓	翚翟12等（织），蔽膝翟3等	大带朱里	金饰青舄	白玉佩	玄组绶	
	大业制	首饰花12钿，小花毦12树，两博鬓	—		—	—	—	金玺，盘螭钮
鞠衣	开皇制	花12树，两博鬓		大带朱里	金饰黄舄	白玉佩	玄组绶	
	大业制	小花12树，两博鬓	翚翟12等（织），蔽膝翟3等		—	—	—	
青衣	开皇制				金饰青舄			
青服	大业制				金饰履			
朱衣	开皇制				金饰青舄			
朱服	大业制				金饰履			

由上表可见，“大业制”的皇后礼服主要配置，基本沿袭的是“开皇制”，但有一减一增，减的是“大带朱里”，增的是玺制。关于皇后之玺，“开皇制”规定，“皇后玺，不行用，若封令书，则用内侍之印”；而“大业制”则改为：“有金玺，盘螭钮，文曰‘皇后之玺’。冬正大朝，则并黄琮，各以笥贮，进于座隅。”[1]依“冬正大朝”之说，玺应是袆衣的配置。

此外，“大业制”对“开皇制”的皇后礼服配置，也有若干调整。首先是头服，“开皇制”中，皇后的袆衣、鞠衣头服相同，但“大业制”的袆衣、鞠衣，则存在着有无大花的明显区别。其次是身服，“开皇制”中的鞠衣“无雉”，而“大业制”则缺“无雉”之说。再次是足服，“开皇制”是皇后四等礼服的足服相同，同为金饰舄，而“大业制”则将其分为两等，后两等礼服青衣、朱衣的足服，降一等而为金饰履。

再看皇太子妃礼服，下面也将开皇和大业两“制”的相关内容，列表进行

[1]《隋书》卷一二《礼仪志七》，第261、276页。

对比：

表8　开皇和大业两“制”的皇太子妃礼服等级与主要配置对比表

	礼服等级	头服	主要配置									
			身服			足服	佩	绶			鞶囊	玺
			翟饰	蔽膝	大带朱里			绶	绶长	绶首		
开皇	褕翟（织）	大、小花各9树，两博鬓	摇翟9等	摇翟3等	不朱里	金饰舄	瑜玉	纯朱绶				
	鞠衣[1]	—	—	—	—	—	—	—				
大业	褕翟（织）	首饰花9钿，两博鬓	摇翟9章	摇翟2章		金饰舄	瑜玉	纁朱绶	2丈	160首	兽头	金玺龟钮
	鞠衣	—	—	—		—	—	—	—	—	—	

按上表，“大业制”的皇太子妃礼服主要配置，其项目变化与皇后一致——减大带不朱里、增玺。玺制上，“开皇制”是“皇太子妃玺，不行用，若封书，则用典内之印”，“大业制”增“金玺龟钮，文如其职”[2]。

另外，“大业制”下的皇太子妃服，还有其他一些值得关注之处。首先，也是最突出的，是一些配置等级的降低。如褕翟的花钿，其由“开皇制”的大、小花各九树，减为“首饰花九钿”；再如蔽膝的翟数，也由“开皇制”的三等降为二等。其次，关于皇太子妃礼服，《隋志》记：“准宋孝建二年故事而增损之。”[3]按，“宋孝建二年故事”的具体内容，史书无载；而《宋书·礼志》对刘宋皇太子妃礼服配置的记载，也仅止于“金玺，龟纽，纁朱绶。佩瑜玉”[4]。以此推测，大业修礼官对“宋孝建二年故事”的吸收，或也在玺、绶、佩上，我们看到，“大业制”的皇太子妃绶，就由“开皇制”的纯朱绶，变为了宋制的“纁朱绶”。

[1]关于“开皇制”的皇太子妃鞠衣，《隋书·礼仪志》仅记“亦有鞠衣”，而不载其具体配置（第261页），本表对此所做的补充，依据的是皇太子妃褕翟比照皇后袆衣、绶佩“从”皇太子两原则。

[2]《隋书》卷一二《礼仪志七》，第261、277页。

[3]《隋书》卷一二《礼仪志七》，第278页。

[4]《宋书》卷一八《礼志五》，第507页。

除皇太子妃礼服外，“大业制”的其他妃嫔礼服，也有对南朝制的吸收，如：

承衣刀人、采女，皆服褖衣，无印绶。参准宋泰始四年及梁、陈故事，增损用之。……

良娣，鞠衣之服，银印珪钮，文如其职。佩采瓄玉，青绶，八十首，长一丈六尺，兽爪鞶囊。余同世妇。

保林、八子，展衣之服，铜印环钮，文如其职。佩水苍玉，艾绶，八十首，长一丈六尺，兽爪鞶囊。自良娣等，准宋大明六年故事而损益之。[1]

依此记载，承衣刀人等的礼服内容分为两部分，一是循《周礼》六服而来的礼服等级，二是佩绶印之制。按《宋书》，刘宋的妃嫔礼服名称非袭《周礼》六服而来，其所依为“汉制”[2]。故承衣刀人等的“参准宋泰始四年及梁、陈故事”、良娣以下的“准宋大明六年故事而损益之”，针对的当非其礼服等级——“褖衣”“鞠衣”“展衣”，其所“准”者，当是印、绶、佩之制，也即“大业制”承袭了宋制中的相关印、绶、佩规定。

最后是诸侯妻与诸臣妻的礼服，兹将“大业制”的相关内容，列表显示如下：

表9　“大业制”的诸侯妻、诸臣妻礼服等级与主要配置表

身份	礼服等级			翟数	钿数	佩	鞶囊	绶
公夫人	褕翟（绣）		鞠衣	8章	8钿	水苍玉	金织	玄朱绶
侯夫人	褕翟（绣）		鞠衣	7章	7钿	水苍玉	金织	青朱绶
伯夫人	褕翟（绣）		鞠衣	7章	7钿	水苍玉	银织	青朱绶
子夫人		阙翟（刻）	鞠衣	6章	6钿	水苍玉	綖织	青朱绶
男夫人		阙翟（刻）	鞠衣	5章	5钿	水苍玉	綖织	素朱绶
三公夫人	褕翟（绣）		鞠衣	9章	9钿	山玄玉	金织兽头	绿綟绶
一品命妇	褕翟（绣）		鞠衣	9章	9钿	山玄玉	金织兽头	纁紫绶
二品命妇	褕翟（绣）		鞠衣	8章	8钿	水苍玉	金织	纁紫绶
三品命妇	褕翟（绣）		鞠衣	7章	7钿	水苍玉	银织	绀紫绶
四品命妇		阙翟（刻）	鞠衣	6章	6钿	水苍玉	綖织	青绶
五品命妇		阙翟（刻）	鞠衣	5章	5钿	水苍玉	綖织	墨绶

[1]《隋书》卷一二《礼仪志七》，第277、278页。

[2]《宋书》卷一八《礼志五》，第505页。

在诸侯妻和诸臣妻的礼服制上，“大业制”出现了一个重大变化，那就是两者的等级上下发生了变化。前文谈到，“北齐制”的理念虽是拉平诸侯与诸臣妻的等级，但诸侯妻的礼服等级，总体上仍是高于诸臣妻的；而“北周制”的设计初衷，本就是诸侯妻高于诸臣妻，但在一些配置上，又将两者适当拉平。“开皇制”在此问题上，所采为“北齐制”，理念也是既欲平衡两者，又略有高下。

“大业制”则既未袭北齐和开皇之“制”，也未依“北周制”，而是因时创新，它在历史上首次将诸臣妻的礼服等级，提升到了诸侯妻之上。我们看到，依北齐的封爵制，国公、郡公为从一品[1]，其妻之礼服当与一品、二品臣妻同，“一品、二品，七钿蔽髻，服阙翟”[2]；“开皇制”下，“三师、三公及公夫人，一品命妇，并九树”，三师、三公夫人“服褕翟”“九等”[3]。而“大业制”下，虽然公夫人与三公夫人[4]的礼服依然同为褕翟（绣），但公夫人的翟数、花数、佩玉，却都下降了一等，公夫人“服褕翟，绣为八章。首饰八钿”，佩水苍玉；而三公夫人则是“褕翟之服，绣为九章。首饰花九钿，佩山玄玉”[5]。同时，一品至三品命妇的礼服，也由“开皇制”的“制与褕翟同”的青服，上升为绣饰的褕翟，而与公夫人持平，且一品命妇的礼服翟数和头服钿数，还高出了公夫人一等，而为九章、九钿。“大业制”的这些变化，反映的是现行官品制对传统五等爵制的超越。

综上分析我们看到，“大业制”在“宪章古制”的理念下，总体将后妃命妇的礼服之制规整化了，同时也在具体配置上做出了进一步的细化。但在唐人看来，这些规整与细化，显示的或非设计的精心，而是制度的繁缛，故而唐武德令弃大业令，而重返开皇令[6]。

---

[1] 见《隋书》卷二七《百官志中》，第765页。并请参见杨光辉《汉唐封爵制度》，北京：学苑出版社，2001年，第6页。

[2]《隋书》卷一一《礼仪志六》，第244页。

[3]《隋书》卷一二《礼仪志七》，第260、261页。

[4]“大业制”下无三师妻，其因炀帝即位后废三师（见《隋书》卷二八《百官志下》，第793页）。

[5]《隋书》卷一二《礼仪志七》，第278页。

[6] 唐武德令采开皇令而弃大业令，或也有政治上的原因。李渊起兵时，指向的就是隋炀帝的暴政，故其定制，自当有避免踵继其后的考虑。李渊的起兵檄文，见（唐）温大雅撰，李季平、李锡厚点校：《大唐创业起居注》卷之二，上海古籍出版社，1983年，第18—20页。

三、唐“武德制”：“大略以开皇为准”

武德七年（624），唐王朝颁布了首个衣服令，“（高祖）仍令尚书令、左仆射裴寂……等，更撰定律令……至七年三月二十九日成，诏颁于天下”[1]，此令也包含了后妃命妇的礼服制度（简称“武德制”）。

关于武德令所本，《唐会要》称“大略以开皇为准”。这一说法的另一层含义，就是未以大业令为准。那么，就后妃命妇礼服制而言，“开皇制”与“大业制”最主要的区别是什么？上文虽具体分析了此两“制”的同异，但总体来看，“开皇制”区别于“大业制”的，还在于如下两点：一是简化的理念，二是对古制的进一步脱离。

先看简化的理念。无论是在等级的划分、礼服的种类，还是在礼服的配置上，“开皇制”都较“大业制”更简化。如“开皇制”中，皇后的袆衣、鞠衣头服相同，“大业制”则分作两等；“开皇制”中，皇后四等礼服的足服相同，“大业制”也分为两等——舄和履；“开皇制”的内命妇礼服等级，也相对较少，等等。

而“开皇制”对古制的进一步脱离，首先在于皇后的礼服分为四等，这样的礼服等级，与《周礼》六服和“汉制”两等[2]都不同。其次，在礼服的配置上，起于《周礼》、“汉制”之后的花钿，则成了“开皇制”中重要的配置之一；而另一重要配置翟饰，虽首倡于《周礼》，但“汉制”至南朝、北齐诸制，则均未将其付诸实践，“开皇制”独承“北周制”而设有此配置，这既可被视作对《周礼》的回归，更可被看成是对影响甚久的“汉制”的脱离。

“武德制”的“大略以开皇制为准”，其所“准”者，就当是“开皇制”的这些精神。为说明这一点，兹将“武德制”的相关内容，列表显示如下：

表10　“武德制”的后妃命妇礼服等级与主要配置表

身份	礼服等级	命妇等级	头服	身服			足服	佩	绶
				翟饰	蔽膝翟饰	大带			
皇后	袆衣		首饰花12树，两博鬓	翚翟，12等	翟3等	大带朱里	金饰舄	白玉双佩	玄组双大绶
	鞠衣		—			—	—	—	—
	钿钗礼衣		小花12钿			—	金饰履		

[1]《唐会要》卷三九《定格令》，第701页。

[2]“汉制”的“三后”服，分谒庙服和蚕服两等（见《后汉书志》卷三〇《舆服志下》，载《后汉书》，第3676、3677页）。

续表

身份	礼服等级	命妇等级	头服	身服			足服	佩	绶
				翟饰	蔽膝翟饰	大带			
太子妃	褕翟		大、小花各9树，两博鬓	摇翟（织），9等	摇翟2等	大带朱里	金饰舄	瑜玉佩	红朱双大绶
	鞠衣		—			—	—	—	—
	钿钗礼衣		9钿			—	金饰履		
内外命妇	花钗礼衣	王妃，公主	花钿、宝钿各9，两博鬓	绣雉，9等	雉2事		舄	山玄玉	纁朱绶
		郡主，国公妻，一品官妻	花钿、宝钿各9，两博鬓	绣雉，9等	雉2事			山玄玉	绿綟绶
		嫔，县主，二品官妻	花钿、宝钿各8，两博鬓	绣雉，8等	雉2事			水苍玉	紫绶
		婕妤，太子良娣，三品官妻	花钿、宝钿各7，两博鬓	绣雉，7等	雉2事			水苍玉	紫绶
		美人，太子良媛，四品官妻	花钿、宝钿各6，两博鬓	绣雉，6等	雉2事			水苍玉	青绶
		才人，太子承徽，五品官妻	花钿、宝钿各5，两博鬓	绣雉，5等	雉2事			水苍玉	墨绶
	钿钗礼衣	四妃，王妃，公主，郡主，国公妻，一品官妻	9钿				履		
		嫔，县主，二品官妻	8钿						
		婕妤，太子良娣，三品官妻	7钿						
		美人，太子良媛，四品官妻	6钿						
		才人，太子承徽，五品官妻	5钿						
	礼衣	六尚、宝林、御女、女官、太子昭训					履		

由上表可见，“武德制”明显有对“开皇制”两个主要特点的承袭与发展。

关于简化理念，“武德制”的传承和发展可见如下三点：首先，皇太子妃与皇后的礼服对比减少，两者之间的等差进一步缩小。“武德制”下，皇后的礼服等级进一步减少，其由“开皇制”的四等，再减为三等；同时，皇太子妃的礼服，则由“开皇制”的两等增至三等。如此增减后，皇后与皇太子妃的礼服等级被拉平。同时，皇太妃的礼服大带，也由“不朱里”提至“朱里”，而与皇后拉平。

其次，“武德制”的礼服种类继续减少，其由“大业制”的八类、九种，减至六类且再无小种之分，六类礼衣即袆衣、褕翟、鞠衣、花钗礼衣、钿钗礼衣和礼衣。

再次，诸侯妻与诸臣妻的礼服等级，重回“开皇制”的持平理念。“武德制”下，除公主、王妃外，内外命妇礼服的具体配置，皆依品而定：

> 内外命妇服花钗……第一品花钿九树，宝钿准花数，以下准此也。翟九等。第二品花钿八树，翟八等。第三品花钿七树，翟七等。第四品花钿六树，翟六等。第五品花钿五树，翟五等。……
>
> 钿钗礼衣，通用杂色，制与上同，唯无雉及珮绶。去舄，加履。第一品九钿，第二品八钿，第三品七钿，第四品六钿，第五品五钿……
>
> 诸公主、王妃珮绶同，诸王县主、内命妇准品。外命妇五品已上，皆准夫、子，即非因夫、子别加邑号者，亦准品。[1]

举凡花钗、翟饰、佩、绶，内外命妇皆依品而定；即便是“依夫、子”而定的佩绶，也指的是依夫、子之品级而定。

“武德制”也继续着“开皇制”对古制的脱离，其也可见如下两点：首先，在礼服的人群分配上，“武德制”承“开皇制”，而重回齐、周二“制”，它再将六尚、女官纳入礼服系统，这一作法也是对汉晋南朝诸制的再次脱离。

其次是礼服名称的变化，“武德制”较“开皇制”，其后妃命妇礼服名称进一步与《周礼》六服脱离。“武德制”中，除皇后的前两等礼服——袆衣和鞠衣、皇太子妃的前两等礼服——褕翟和鞠衣外，其他命妇礼服均不再沿《周礼》，代之而行的是全新的礼服名称——花钗礼衣、钿钗礼衣、礼衣。另外，

[1]《旧唐书》卷四五《舆服志》，第1956、1957页。

在皇后的礼服名称上，“武德制”损去了“开皇制”的青衣、朱衣，而此两等礼服，本源于“北周制”的五行思想，此举也是唐制对北周复古思想的进一步脱离。

在以“开皇制”为主要承袭对象的前提下，“武德制”对“大业制”也有吸纳，这主要表现在若干具体配置上。如皇帝妃嫔的礼服等级，就基本承袭的是“大业制”[1]；再如，在足服上，不但将皇后、皇太子妃的足服分为两等——金饰履和金饰舄，且将内外命妇的一等和二等礼服足服，也分为两等——舄和履；又如，皇太子妃蔽膝的翟数，承“大业制”而为两等。

“大略以开皇为准”的“武德制”，是唐朝颁布的首个后妃命妇礼服制，它也为其后的唐朝诸制奠定了基本框架，其后诸制中出现的变化，仅是对“武德制”做出的调整和延伸而已。

四、结　语

关于隋唐制度的渊源，陈寅恪先生指出：“隋唐之制度虽极广博纷复，然究析其因素，不出三源：一曰（北）魏、（北）齐，二曰梁、陈，三曰（西）魏、周。……在三源之中，此（西）魏、周之源远不如其他二源之重要。”[2]本文对隋唐后妃命妇礼服制渊源的考析，也印证了陈先生的如上论点，但同时，也存在着须做进一步说明的问题。

首先是（北）魏、（北）齐之源。关于北魏后妃命妇礼服制的内容，因史书无载而暂不可知，从现有的材料看，其制的出台，似与君臣冕服并不同步。关于北魏冕服的制订，《隋书·礼仪志》载：

> 自晋左迁，中原礼仪多缺。后魏天兴六年，诏有司始制冠冕，各依品秩，以示等差，然未能皆得旧制。至太和中，方考故实，正定前谬，更造衣冠，尚不能周洽。及至熙平二年，太傅、清河王怿、黄门侍郎韦廷祥等，奏定五时朝服，准汉故事，五郊衣帻，各如方色焉。[3]

依此，北魏于天兴六年（403）、太和中（494或其后）、熙平二年（517），曾三次制订冕服。但后妃命妇礼服制，则在太和中方才初建，其机缘则是宋将

[1] 此因武德后妃制承袭的是大业制。关于武德后妃制的渊源，《旧唐书·后妃传序》仅称“唐因隋制”（第2161页），但此“隋制”为大业制，而非开皇制。

[2] 陈寅恪：《隋唐制度渊源略论稿》，北京：中华书局，1963年，第1、2页。

[3] 《隋书》卷一一《礼仪志六》，第238页。

殷孝祖妻萧氏的归魏，“（萧氏）多悉妇人仪饰故事。太和中，初制六宫服章，萧被命在内预见访采，数蒙赐赉”[1]。由萧氏的出身和在订制中的作用，可以推见宋制对太和制的影响。

北齐建立之初，承袭北魏之制，至河清时，始“改易旧物，著令定制云”[2]，此即河清二年（563）令，《隋志》所载北齐后妃命妇礼服制，就是此次改制的产物，也即本文简称的“北齐制”。因北魏的后妃命妇礼服制不存，故“北齐制”对北魏之制的承袭与变化，都暂不可知。

其次是三源的重要性，从上文的分析我们看到，“开皇制”对“北周制”的吸收其实并不少，而唐制又承“开皇制”而来，故北周一源的重要性并不应被忽视。但以“开皇制”和“武德制”为主的隋唐后妃命妇礼服制，其承袭的主要精神来自“北齐制”，“北齐制”的具体配置也多为隋唐所承继，故“北齐制”自如陈先生所言，是为隋唐后妃命妇礼服制重要的来源之一。而南朝制度的影响，陈寅恪先生强调经魏、齐吸收后，隋唐制度对东晋、宋齐制度的间接承袭，以及对梁、陈制度的直接沿用，但北魏后妃命妇礼服制的内容不存，故宋、齐对北魏之制的影响、“北齐制”对北魏制承袭的情况，都不易做判断。但可以看到的是，在“大业制”中，是有对宋制直接承袭的，如妃嫔制中的“准宋孝建二年故事而增损之”“参准宋泰始四年及梁、陈故事，增损用之”“准宋大明六年故事而损益之”等，故隋制对刘宋制度的吸收，也并非全是转于魏、齐的二手制度。

（作者单位：北京大学历史学系）

[1]（北齐）魏收：《魏书》卷九四《阉官·张宗之传》，北京：中华书局，1974年，第2019页。

[2]《隋书》卷一一《礼仪志六》，第238页。

A Textual Research and Analysis on the Origin of Ritual Dresses of Empress, Concubines and Ladies with Royally Granted Titles in the Sui and Tang Dynasties

Li Zhisheng

[Abstract] There are two systems of Ritual Dresses introduced in the Sui Dynasty for empress, concubines and ladies with royally granted titles. One is called Kaihuang System (开皇制) and another one is Daye System (大业制). It is recorded that Kaihuang System adopted Northern Qi Dynasty's System (东齐之法) and Daye System inherited ancient system (古制) in history. In fact, Kaihuang System also used Northern Zhou Dynasty's System (北周制) and Daye System is a synthesis of ancient and Sui systems. The system of Tang Dynasty began from Wude System (武德制), and it was said that based on Kaihuang System. Wude System mainly inherited the idea of simplifications and the separation with ancient system of Kaihuang System. Meanwhile, it also absorbed some contents of Daye System. This paper confirms the origin theory of Chen Yinque (陈寅恪) and the characteristics of Ritual Dresses Systems in some aspects.

大周万国颂德天枢上的火珠装饰论

彭丽华

一、引　论

大周万国颂德天枢，或称大周万国述德天枢，是武则天所建的代表武周政权的象征性建筑。兴建万国颂德天枢（以下简称为天枢）的目的，诚如《资治通鉴》所载，“武三思帅四夷酋长请铸铜为天枢，立于端门之外，铭记功德，黜唐颂周”[1]，又，《旧唐书》亦载“造天枢于端门之外，立颂以纪上之功业”[2]，是为了铭记武周的功德，歌颂武则天的功业。正是因为天枢对武周政权有着强烈的象征意义，因此中外学者都试图通过考察天枢来了解武则天及其所创建的武周王朝，如罗香林《景教徒阿罗憾等为武则天皇后营造颂德天枢考》讨论阿罗憾的宗教信仰及其与天枢的关系[3]，张乃翥《武周万国天枢与西域文明》认为天枢的建造受到了阿育王石柱、图拉真圆柱等西域纪念性建筑文化的影响[4]，梁恒唐、郭绍林等人则对天枢的细节问题，如天枢的兴造、形状、高度、性质、方位、毁弃进行了讨论[5]。意大利学者富安敦（Antonino Forte）曾撰文讨论了天枢

[1]（宋）司马光：《资治通鉴》卷二〇五，延载元年七月条，北京：中华书局，1956年，第6496页。

[2]（后晋）刘昫：《旧唐书》卷六《则天皇后本纪》，北京：中华书局，1975年，第124页。

[3] 罗香林：《景教徒阿罗憾等为武则天皇后营造颂德天枢考》，载氏著《唐元二代之景教》，香港：中国学社，1966年，第57—70页。

[4] 张乃翥：《武周万国天枢与西域文明》，《西北史地》1994年第2期，第44—46页。

[5] 梁恒唐：《武则天时代的天枢》，《晋阳学刊》1990年第3期，第54、55页；郭绍林：《大周万国颂德天枢考释》，《洛阳师范学院学报》2001年第6期，第72、73、76页。

的营建与废弃始末[1]，美国学者罗汉（Norman Harry Rothschild）也讨论了子来使泉献诚及高足酉与天枢营建的问题[2]。金子修一也指出玄宗通过废毁天枢来作为否定武后统治的一种象征[3]。旅美学者陈怀宇则关注了天枢上的狮子麒麟装饰[4]。受到陈先生的启发，我曾撰文讨论了天枢上的狮子形象，认为在天枢上之所以选择狮子作为装饰，是因为狮子作为王权与佛陀、诸神化身的集合体，能够非常贴切地表达武则天政权与神权的结合之深意，又能够承载并体现武周帝国统制四夷的政治理想与现实，与武则天制作天枢的意图完美贴合，从而被选择用来装饰具有纪念碑性质的大周万国颂德天枢[5]。

在持续的研究过程中，我发现除狮子麒麟外，天枢上的火珠也有特殊的意义，值得深入研究。我想要解决的核心问题是：在这个作为武周政权象征性建筑的天枢顶端上，为何会选择火珠作为装饰？本文认为火珠作为金转轮王的七宝之一，具备荡涤黑暗、为人世间带来大光明的美好寓意；同时火珠的功能与道教的神器阳燧相似，能聚集太阳能并沟通天人，与称帝后的武则天“通天”的思想诉求相吻合；其名还与外来贡献之物“火珠”契合，能够体现出武则天作为华夷共主的政治宏愿。今作此文，以求教于方家。

二、火珠与转轮王之神珠

关于天枢上的火珠，《大唐新语》载：

> 天枢……上有云盖，盖上施盘龙以托火珠，珠高一丈，围三丈，金彩荧煌，光侔日月……开元初，诏毁天枢，发卒销烁，弥月不尽。洛阳尉李

[1] Antonino Forte, “Mingtang And Buddhist Utopias in the History of Astronomical Clock: The Tower, Statue and Armillary Sphere Constructed by Empress Wu,” Roma: Istituto Italiano per il Medio ed Estremo Oriente, and Paris: école Française d’Extrême-orient, 1988, pp.235-245.

[2] Norman Harry Rothschild, “The Koguryan Connection: The Quan (Yon)Family in the Establishment of Wu Zhao’s Political Authority,” *China yongu* 4 (2008:2): 199-234.

[3] ［日］金子修一：《玄宗的祭祀和则天武后之关系》，载《国际武则天学术研讨会暨中国武则天研究会第十一届年会会议讨论论文集》，2013年9月，第268页。

[4] 陈怀宇：《动物与中古政治宗教秩序》，上海古籍出版社，2012年，第308页。

[5] 彭丽华：《大周万国颂德天枢上的狮子造型论》，载杜文玉主编《唐史论丛》第三十辑，西安：三秦出版社，2020年，第31—50页。

休烈赋诗以咏之曰："天门街里倒天枢，火急先须卸火珠。"[1]

火珠原是一种外来宝石，"大如鸡卵，圆白皎洁，光照数尺，状如水精"，由于火珠能够聚集太阳能而燃火，"正午向日，以艾承之，即火燃"[2]，所以一直被视为神秘之器。盛产火珠的地方主要有箇失蜜，或曰迦湿弥逻国，以及婆利、天竺、波斯等地。唐代的火珠主要来自林邑、婆利、堕和罗、天竺等国的进贡，《旧唐书》载，"贞观四年，其（林邑）王范头黎遣使献火珠"[3]。"贞观二十三年，（堕和罗王）又遣使献象牙、火珠，请赐好马，诏许之"[4]。"贞观十五年，尸罗逸多自称摩伽陀王，遣使朝贡……太宗以其地远，礼之甚厚，复遣卫尉丞李义表报使。尸罗逸多……复遣使献火珠及郁金香、菩提树"[5]。因此，这些进贡而来的火珠，不仅是中外物质文化交流的体现，更是唐帝国四夷来朝的现实表现。

火珠与佛教密切相关。佛教撰述中的火珠又称神珠、摩尼珠、宝珠，因其能够满足一切愿望，所以又被称为"如意珠""如意宝珠"[6]。由于其发光发亮的特性，被视为佛教圣物，被描绘成能够照亮黑暗、普照一切的大光明物。在佛教三藏文献中，火珠被认为是具足德行及福报之转轮圣王出现时的七宝之一，《经律异相》云：

> 时王清旦在正殿上，自然神珠忽现在前。质色清彻无有瑕秽。王见念言："此珠妙好，若有光明，可照宫内。"王欲试珠，即召四兵，以此宝珠置高幢上，于夜冥中赍幢出城。其珠光明照一由旬，见城中人皆起作

[1]（唐）刘肃：《大唐新语》卷八《文章》，北京：中华书局，1984年，第126页。另，《新唐书》《资治通鉴》均有记载，个别地方与《大唐新语》所载不同。见（宋）欧阳修、宋祁：《新唐书》卷七六《则天武皇后传》，北京：中华书局，1975年，第3483页。《资治通鉴》卷二〇五，天册万岁元年九月条，第6503页。

[2]《旧唐书》卷一九七《南蛮西南蛮传·林邑》，第5270页；《新唐书》卷二二二《南蛮下·环王传》载"婆利者，直环王东南，自交州汎海，历赤土、丹丹诸国乃至。地大洲，多马，亦号马礼。袤长数千里。多火珠，大者如鸡卵，圆白，照数尺，日中以艾藉珠，辄火出"。第6298页。

[3]《旧唐书》卷一九七《南蛮西南蛮·林邑传》，第5270页。

[4]《旧唐书》卷一九七《南蛮西南蛮·堕和罗传》，第5273页。

[5]《旧唐书》卷一九八《西戎·天竺传》，第5307页。

[6]（东晋）跋陀罗译：《佛说观佛三昧海经》卷一《六譬品》载"转轮王得为如意珠"。《大正新修大藏经》（以下简称《大正藏》）第15册，No.643，第646、659页。

务，谓为是昼。[1]

这颗神珠有求必应，能够实现所有的愿望，《大智度论》载："若得此珠，则能随心所索无不必得。"[2]这颗神珠的更大作用是，通过放出犹如白天的光亮来驱除黑暗、荡涤罪恶，给人世间带来光明、良善。

拥有这颗神珠的转轮王，名曰蠰佉，被称为王之尊者，是佛教中最伟大的君主。据说，转轮王统治之时，"阎浮地极为平整如镜清明，举阎浮地内谷食丰贱，人民炽盛多诸珍宝，诸村落相近，鸡鸣相接。是时弊华果树枯竭秽恶亦自消灭，其余甘美果树香气殊好者皆生于地。尔时时气和适四时顺节，人身之中无有百八之患，贪欲瞋恚愚痴不大慇懃，人心均平皆同一意，相见欢悦善言相向，言辞一类无有差别"，"尔时阎浮地内自然生粳米亦无皮裹，极为香美食无患苦。所谓金银、珍宝、车磲、马瑙、真珠、虎珀，各散在地无人省录"[3]。阎浮地，又作阎浮提、阎浮利、赡部提、阎浮提鞞波。阎浮，梵文为jambu，乃树之名；提，意为洲、地。阎浮提意为盛产阎浮树之国土，本指印度之地，后泛指人间婆娑世界。当转轮王为婆娑世界之王时，四时和顺、风调雨顺，土地肥沃、物产丰富，珠宝满地、贱如尘土，人民丰衣足食、安乐无虞，无劳苦、疾病之患；诸恶辟除、奸邪消失，国泰民安、人心向善、万众欢悦；世界和平、国界消弭，天下大同、言语无别。这是前所未有的大好世界。

转轮王之治之所以世间少有，不但因为其威德具足、伟大无俦，用"正法治化"婆娑世界，还因为其具足"四德"，成就"七宝"。《长阿含经》云："佛告比丘：'世间转轮圣王，成就七宝，有四神德'"[4]。转轮王的四神

---

[1]（南朝梁）僧旻、宝唱等集：《经律异相》卷二四《转轮圣王诸国王部第一》，载《大正藏》第53册，No.2121，第129页。

[2]［南天竺］龙树造，（后秦）鸠摩罗什译：《大智度论》卷一一，载《大正藏》第25册，No.1509，第150页。

[3]（晋）竺法护译：《佛说弥勒下生经》，载《大正藏》第14册，No.453，第421页。

[4]（后秦）耶舍、竺佛念译：《长阿含经》卷一八《佛说长阿含第四分世记经转轮圣王品第三》，载《大正藏》第1册，No.1，第119页。《杂阿含经》亦载："尔时，世尊告诸比丘：'转轮王七宝具足，成就人中四种神力，王四天下，身坏命终，生于天上。'"（南朝宋）求那跋陀罗译：《杂阿含经》卷三〇，载《大正藏》第2册，No.99，第214页。

德，也称四德，即大富、颜色端正姝好、安隐无疾病及长寿[1]。所谓“七宝”，便是“轮宝、象宝、马宝、珠宝、玉女宝、典兵宝、守藏之宝”[2]。七宝之中，以轮宝为首，《阿差末菩萨经》载“犹转轮王紫磨金轮以为始元，然后七宝辄来具足”[3]。《大乘大集地藏十轮经》亦云：“善男子，如转轮王具足七宝，凡所行动，轮宝导前，余宝随后，巡四大洲。”除轮宝外，其余六宝各有所掌，给转轮王及世间带来威德、贤善、光明、愉悦自在、智略勇猛、宝藏[4]等殊胜之美好。

关于转轮王及其四德七宝，并其含义，武则天必然是熟稔于心的。天授三年（692）四月，“大赦天下，改元为‘如意’，禁断天下屠杀”[5]，当年九月，又改年号为“长寿”。其实，“如意”“长寿”两个年号都与“七宝四德”相关。“诸宝一切具足”，令转轮王“获大如意”“心大欢喜”。七宝中的“宝珠”又被称为“如意珠”或“如意宝珠”[6]。而转轮王所具四德，第四德便是“安隐长寿，天下人无有常安隐长寿如转轮王者”[7]。长寿二年（693）九月，武则天加尊号“金轮圣神皇帝”，长寿三年（694）五月，又加尊号为“越古金轮圣神皇帝”[8]，天册万岁元年（695）九月，加号“天册金轮大圣皇帝”[9]，“太后……置七宝于廷：曰金轮宝，曰白象宝，曰女宝，曰马宝，曰珠宝，曰主兵臣宝，曰主藏臣宝，率大朝会则陈之”[10]，更加表明了她对转轮王及其七

[1]（晋）法立、法炬译：《大楼炭经》卷二《转轮王品第三》载“一者大富。珍宝、田宅、奴婢、珠玉、象马、工巧者众多。天下人富，无有如转轮王者。是为转轮王第一德。二者转轮王最端正姝好，颜色无比。天下人端正姝好，无有如转轮王者。是为转轮王第二德。三者转轮王常安隐无疾病，亦不寒热，适其意诸所饮食皆安隐。天下人无有如转轮王无疾病者。是为转轮王第三德。四者转轮王常安隐长寿，天下人无有常安隐长寿如转轮王者。是为转轮王四德”。载《大正藏》第1册，No.23，第290、291页。

[2]《佛说弥勒下生经》，第421页。

[3]（晋）竺法护译：《阿差末菩萨经》卷二，载《大正藏》第13册，No.403，第588页。

[4]（宋）施护译：《佛说轮王七宝经》，载《大正藏》第1册，No.38，第822页。

[5]《旧唐书》卷六《则天皇后本纪》，第122页。

[6]（东晋）跋陀罗译：《佛说观佛三昧海经》卷一《六譬品》，载《大正藏》第15册，No.643，第646、659页。

[7]《大楼炭经》卷二《转轮王品第三》，载《大正藏》第1册，No.23，第291页。

[8]《旧唐书》卷六《则天皇后本纪》，第123页。

[9]《资治通鉴》卷二〇五，天册万岁元年九月条，第6503页。

[10]《新唐书》卷七六《后妃·则天武皇后传》，第3482页。《资治通鉴》卷二〇五，长寿二年九月，“作金轮等七宝，每朝会，陈之殿庭”。第6492页。

宝四德之了如指掌[1]。武则天将七宝置于明堂，遇有大朝会便大加展示，传达的信息正是：她希望群臣百僚及外国使臣、天下万民认可她是金轮王化身、前所未有的伟大君王。

转轮王有金、银、铜、铁之别。天竺三藏法师真谛所译《阿毗达磨俱舍释论》云：

> 由轮成王位为法故，名转轮王。此王有四种。偈曰：“金银铜铁轮。”释曰：“若人以金为轮，此人是上上品；以银为轮是上品；以铜为轮是中品；以铁为轮是下品。”[2]

在这四轮王之中，金轮王最为尊贵，为上上品，统帅四洲，生而为四洲王，不似银、铜、铁转轮王，或“自往彼土”，或遣使商讨，或“擐甲捉仗示攻伐相”，方可令诸王下心归附。金轮王甫一现世，天下诸王便已亲自来迎，主动拜伏表达臣服之意[3]。《阿毗达磨俱舍释论》虽是南朝陈时天竺僧人真谛法师所译，但这部经文唐人并不陌生。因为玄奘在贞观末年、永徽时期曾先后译出《阿毗达摩俱舍论本颂》一卷、《阿毗达摩俱舍论》三十卷，所以，武则天要接触到这部佛经中有关金轮王的观点是相当容易的。

武则天的三大尊号“金轮圣神皇帝”“越古金轮圣神皇帝”“天册金轮大圣皇帝”，表明她自视为金轮王，她及她的武周政权能够给天下民众创造前所未有的美好世界。作为金轮王的武则天，不仅仅是中国之主，也是世界各国之主，“四洲之王”。《阿毗达磨俱舍释论》偈曰：“四随下次第，一二三四洲。”释曰：“若人以铁为轮，此人为一洲王，以铜为轮为二洲王，以银为轮为三洲王，以金为轮为四洲王。”[4]正是出于颂扬自己作为四洲之王的目的，

[1] 孙英刚：《武则天的七宝——佛教转轮王的图像、符号及其政治意涵》，《世界宗教研究》2015年第2期，第43—52页。

[2]（南朝陈）真谛译：《阿毗达磨俱舍释论》卷九《中分别世间品之四》，载《大正藏》第29册，No.1559，第222、223页。

[3]《阿毗达磨俱舍释论》卷九《中分别世间品之四》云：“由金轮等制伏天下。云何能制伏次第？偈曰：‘他迎自往彼，争伏胜。’释曰：‘若王得金轮为具，剡浮洲诸国王，各自来迎候，各云“我等国土，富乐平安丰壤，遍多人众，皆属天尊，愿天尊教敕，我等皆是天尊翼从”。若王得银轮为具，王自往彼土，诸王皆下心归伏。若王得铜轮为具，王往近彼土，遣使去还与共讨争，然后诸王方下心归伏。若王得铁轮为具，王自往彼土，擐甲捉仗示攻伐相，然后诸王方下心归伏。’”第222、223页。

[4]《阿毗达磨俱舍释论》卷九《中分别世间品之四》，第222页。

她才打造了天枢，在天枢作成之后，她又令“悉镂群臣、蕃酋名氏”[1]，“刻百官及四夷酋长名”[2]于其上，正如李峤《奉和天枢成宴夷夏群寮应制》诗中所赞：“辙迹光西崦，勋名纪北燕。何如万国会，讽德九门前？”天枢的目的是纪念金轮圣神皇帝武则天作为华夷之主的丰功伟绩，歌颂武周政权的威德大业。因此，天枢实际上具有纪念碑的性质，这也是用难以腐朽之铜铁等金属而非其他材质铸造天枢的原因。这个具有纪念碑性质的天枢，不仅具备罗马图拉真纪功柱、印度孔雀王朝阿育王柱的功能，也是为了描绘并向世人展示不世金轮王武则天所统治下的无上盛世，即世尊向阿难等众弟子所描绘的无上世界，“尔时阎浮地，人民……言辞一类无有差别，如彼优单越人，而无有异。是时阎浮地内人民大小皆同一向，无若干之差别也”[3]。这与唐太宗所达到的“天可汗”成就相比，显得更为宏大。

在这一思想背景及政治诉求下，为世间祛除黑暗、荡涤邪恶的神珠，能够完美地满足武则天的伟大宏愿。火珠被置于象征武周政权的天枢之顶端，犹如采其光明照耀武周帝国，意为在普照一切的火珠照耀下，在武周统治下的国家，必将黑暗散去、妖孽荡尽，光明如白昼，祥和富裕，如王者之尊金轮王治下的美好国度。

三、“四龙人立捧火珠”辨析

天枢上火珠的支撑部位被设计成与龙相关的造型，这一部位则以盘形云盖相托。关于承托火珠的具体造型，各书所载有所不同。前引《大唐新语》记作“上有云盖，盖上施盘龙以托火珠，珠高一丈，围三丈”，是盘龙托火珠。《新唐书·则天武皇后传》记为“柱颠为云盖，出大珠，高丈，围三之。作四蛟，度丈二尺，以承珠”[4]，是四蛟龙承珠。《资治通鉴》则载为：

> （天册万岁元年）夏四月，天枢成。高一百五尺，径十二尺，八面，各径五尺。下为铁山，周百七十尺，以铜为蟠龙麒麟萦绕之。上为腾云承露盘，径三丈，四龙人立捧火珠。[5]

明确记载为“四龙人立捧火珠”。

[1][4]《新唐书》卷七六《则天武皇后传》，第3483页。

[2][5]《资治通鉴》卷二〇五，天册万岁元年九月条，第6503页。

[3]《佛说弥勒下生经》，第421页。

承托火珠的，到底是盘龙，还是四蛟龙，或是“四龙人立”？尽管龙吐珠、龙戏珠后来尤其是明清时代成为常见的艺术造型，有单龙、双龙或多龙戏珠等形象，被龙所戏之珠，也被部分学者视为月亮的象征[1]，但是我认为天枢上火珠的承托者应该以《资治通鉴》所记为准，即为“四龙人立”。虽然就《大唐新语》《新唐书》《资治通鉴》的成书时间而言，当以《大唐新语》最早〔《大唐新语》成于元和二年（807）[2]〕，但考虑到其作为笔记小说的体裁，以及将“大周万国颂德天枢”误记为“大周万国述德天枢”的差失，再对照其他两种文献的记载，我推测盘龙之载可能有误。因为，在盘龙的造型中，龙需要攀盘的对象，而所有的记载都表明，天枢云盖上的龙除了攀盘火珠之外，别无他物可盘可攀。可这样一来，天枢顶端最突出的装饰主体就不再是火珠，而是龙了。这与武则天加尊号为“金轮圣神皇帝”、将七宝置于明堂的思想行为相乖离，也与各书关于天枢顶部装饰突出“高丈，围三之”火珠的记载相违。相较而言，我认为《资治通鉴》的记载更为可信，有三个理由：

第一，天枢的云盖下已有了蟠龙的造型，“以铜为蟠龙麒麟萦绕之”“负以铜龙”，蟠龙与麒麟盘曲环绕天枢主柱，并由铜龙背负铁象山作为天枢之基，因此在云盖之上再将龙以同样造型攀盘火珠的可能性较小。

第二，范祖禹、司马光等人在修唐纪时，《旧唐书》《新唐书》均已成书，当时《新唐书》的记载便未被取用，《资治通鉴》征引史料极为丰富，除正史资料外，所引杂史、野史、别史等资料多达数百种。书中叙事，往往一事用数种材料写成。遇年月、事迹有歧义处，均加以考订。这表明在承托火珠一事的记载上，范祖禹、司马光并不认可欧阳修、宋祁等人的记载。

第三，“四龙人立捧火珠”更加符合天枢的总体设计思想，也与明堂重建时武则天对明堂的改造、命名等行为所反映出来的思想更为契合。

证圣元年（695）四月，天枢建成。万岁登封元年（696）三月，“重造明堂成，号为通天宫”[3]。当年四月，武则天亲享明堂，大赦天下，改元“万岁

---

[1] Joseph Needham, *Science and Civilization in China: Volume 3, Mathematics and the Sciences of the Heavens and the Earth*, Cambridge University Press, 1959，p.252；〔英〕李约瑟：《中国科学技术史》第三卷，北京：科学出版社、上海古籍出版社，1991年，第176页。

[2]《大唐新语》有刘肃元和丁亥（807）年自序，署衔为“登仕郎前守江州浔阳县主簿”，第1页。

[3]《旧唐书》卷二二《礼仪志》，第867页。

通天”[1]。将明堂命名为“通天宫”、明堂建成后改年号为“万岁通天”，再考虑到下文所论重造明堂顶部装饰，将宝凤改为火珠，与这些事件之间的紧密联系，我们不能视而不见。

要揭示这些事件间的联系，必须首先梳理龙的寓意。龙在佛教中主要是以龙王的角色呈现。龙王是佛陀及佛法的护法神，主宰湖、海水域，与陆上大力神象相对，是水中的大力神。然而，龙的地位在佛教中并不是至高无上的，仅是八部之一，地位低于狮子、金翅鸟及象等生灵，龙甚至还是金翅鸟的食物来源，《佛说观三昧海经》云“有金翅鸟，名正音迦楼罗王，于诸鸟中快得自在。此鸟以业报之故，得以诸龙为食，于阎浮提一日之间可食一龙王及五百小龙”[2]。与金翅鸟、狮子、象等动物相比，龙也缺少升天入地并沟通天、人的神性，故而也未能列入佛、菩萨的坐骑之列。

与佛教中的龙相比，中国本土文化中的龙则拥有至高无上的地位。在龙文化的早期阶段即图腾崇拜时期，龙已在各地域民族文化中占据了重要的地位。在神灵崇拜阶段及之后[3]，尤其是在与帝王形象、权威结合起来成为传统政治文化的重要组成部分之后，龙已经跃居独尊之位，不但是主宰雨水之神，更是帝王的象征，是神圣不可侵犯之神灵。同时，龙还是道教徒沟通天人、升天为仙的主要媒介。《太平经》云“成事乘云驾龙，周流八极矣。大道坦坦已得矣，命已长寿无极矣”[4]。“仙道至重……乘云驾龙，周遍乃止”[5]。得道成仙之后，便能“乘云驾龙周游八方”，《太平经》卷九九还绘有乘云驾龙图，充分表明了龙在道教中的重要角色与地位。黄帝、颛顼、帝喾、夏启乘龙升天、往来，也是古籍中常见的记载。

在龙的众多形象中，人首龙身、人身龙首是其中极为常见亦是最重要的两种。这两种形象都源于雷神崇拜。鉴于雷与雨水、早期农牧业关系密切，何星

[1]《旧唐书》卷六《则天皇后本纪》，第125页。

[2]《佛说观三昧海经》卷一《六譬品》，第646页。

[3]何星亮指出，中国龙文化的发展阶段主要经历了图腾崇拜、神灵崇拜、龙神崇拜与帝王崇拜相结合、印度龙崇拜与中国龙崇拜相结合四个阶段。何星亮：《中国龙文化的发展阶段》，《云南社会科学》1999年第6期，第57—64页；《中国龙文化的重大变迁及其发展阶段》，《中国艺术报》2012年1月30日。

[4]王明编：《太平经合校》卷七一《致善除邪令人受道戒文》，北京：中华书局，1960年，第288页。

[5]王明编：《太平经合校》卷一一二《写书不用徒自苦诫》，第571页。

亮先生推测雷神很可能是较早形成的神灵之一，而龙很可能是当时人们所塑造的最早的雷神形象[1]。《山海经·海内东经》记雷神形象为“龙身而人头”“龙首人身”，《淮南子·地形训》载其为“龙身人首”，均是其例。《易·说卦传》“震为雷，为龙”，即将震雷视如龙，表明了雷与龙之间的对应关系。基于此，龙与自然界的雨对应了起来，成为雷雨之神[2]。此外，龙作为万虫之长，具备“登天”“潜渊”的非凡能力，许慎《说文解字》云：“龙，鳞虫之长。能幽，能明，能细，能巨，能短，能长；春分而登天，秋分而潜渊。”龙能升天入渊、兴云布雨，充满旺盛生机与阳刚之气，被视为“四灵”之首。而人首龙身、人身龙首等形态正是这种神灵崇拜下的产物，《山海经》载“凡南次三经之首，自天虞之山以至南禺之山，凡一十四山，六千五百三十里。其神皆龙身而人面”，“又东百三十里，曰光山，其上多碧，其下多木。神计蒙处之，其状人身而龙首，恒游于漳渊，出入必有飘风暴雨”[3]。这些人身龙首、人首龙身的神灵，能够沟通天人、鬼神。

龙首人身或是人首龙身的实物形象，后世并不罕见。美国华盛顿弗利尔美术馆（Freer Gallery of Art）收藏了一件商代的青铜“人面龙身盉”[4]。2002年，西安南郊发现了一座唐代墓葬，其中也有两件镇墓龙，便是陶制的人身龙面俑。龙首微微扬起，龙手高举，双足似人类之足，身体如人一般直立，憨态可掬[5]。

唐代人身龙首陶俑的出土表明，唐人对于龙首人身、人首龙身的寓意是清楚的。考虑到“四龙人立捧火珠”的造型设计，应当是龙如人一般站立，或者干脆就是人身龙首这种形象（人身龙首较之人首龙身更易呈站立之姿）。由于唐代道教徒洞察了人身龙首沟通天、人的能力，所以与知名道士保持着密切关系的武则天很可能了解到人身龙首这一造型的具体含义，她在天枢上选择了

---

[1] 何星亮：《中国龙文化的重大变迁及其发展阶段》，《中国艺术报》2012年1月30日。

[2]（汉）司马迁：《史记》卷二七《天官书》引《史记索隐》曰：“轩辕十二星，后宫所居。”石氏星赞以轩辕龙体，主后妃也。正义轩辕十七星，在七星北，黄龙之体，主雷雨之神，后宫之象也。阴阳交感，激为雷电，和为雨，怒为风，乱为雾，凝为霜，散为露，聚为云气，立为虹蜺，离为背璚，分为抱珥。二十四变，皆轩辕主之。北京：中华书局，1959年，第1301页。

[3] 袁珂校注：《山海经校注》卷一《南山经》,成都：巴蜀出版社，1992年，第23页；卷三《中山经》，第184、185页。

[4] http://blog.sina.com.cn/s/blog_4bdf98910101hne9.html.

[5] 秦子撰文，王智摄影：《西安南郊出土两件罕见镇墓龙》，《华商报》2002年11月28日。

由龙人来捧托火珠，体现的其实是一种沟通天人的心理诉求。这与明堂再造之后，武则天舍弃其原名“万象神宫”，而改明堂为“通天宫”，并将年号“万岁登封”改为“万岁通天”，其心理动向是一致的。天枢通高一百零五尺，高可通天，这与汉武帝当初招引仙人以达到延年益寿甚至成仙入道的目的，而在甘泉宫作益延寿观、通天台，并令齐地方士公孙卿“持节设具而候神人”[1]，其初衷如出一辙。

事实上，不但龙具备沟通天人的寓意，火珠也因为与神秘力量、道教的深刻渊源，从而具备感知太阳、上天的能力。天枢上的火珠并非直接取自外来贡献之物，与佛经撰述中的摩尼珠的材质也不一样，而是由铜铁等材料冶炼而成的金属球。据《杂宝藏经》载，摩尼珠是从“磨竭大鱼脑中出，鱼身长二十八万里”[2]。《大智度论》则载，摩尼珠“出自佛舍利”[3]，“自龙王头上出”[4]。尽管三者材质不同，但功能相似。美国汉学家谢弗（Edward H.Schafer）认为火珠具备烧灼的功能，实质上是印度的火透镜，与公元前九世纪亚述王亚述纳西拔皇宫里的水晶透镜外形、性质相似，其功能与中国古代的凸透镜及被称为“阳燧”的凹面青铜镜一致，即通过聚集太阳能、集中能量达到点火发光的目的[5]。正因为火珠具备这一特性，所以与阳燧一样，被尊为神器。不过需要指出的是，天枢上所安放的火珠，并非水晶或其他可透视材质，而是金属材质，这是因为这颗火珠并非为了向天取火（否则会带来很严重的现实问题），而只是借其可带来大光明之意，以驱逐世间黑暗，造福武周天下。

关于阳燧的功能，宋人沈括剖析得极为详细，《梦溪笔谈·阳燧照物》云：

> 阳燧照物皆倒，中间有碍故也。算家谓之“格术”。如人摇橹，臬为之碍故也。……阳燧面洼，向日照之，光皆聚向内。离镜一二寸，光聚为一点，大如麻菽，着物则火发，此则腰鼓最细处也。[6]

[1]《史记》卷一二《汉武帝传》，第479、480页。

[2]（北魏）吉迦夜、昙曜译：《杂宝藏经》卷七《婆罗门以如意珠施佛出家得道缘》，《大正藏》第4册，No.203，第480页。

[3]《大智度论》卷九，第133页。

[4]《大智度论》卷一一，第150页。

[5] Edward H.Schafer, *The Golden Peaches of Samarkand: A Study of T'ang Exotics*, University of California Press, 1985, p.65.

[6]（宋）沈括撰，侯真平校点：《梦溪笔谈》卷三《阳燧照物》，长沙：岳麓书社，2002年，第15、16页。

“碍”，乃今所谓之“焦点”。由于阳燧面洼，即镜面凹陷，犹如凹面镜，当太阳光束射到凹面镜上，反射光线聚集于一点，待聚集于一处的光达到燃点温度时，便能够点燃附着的点火之物。

阳燧又名火燧、金燧、夫燧，《礼记·内则》载：“子事父母……妇事舅姑，如事父母……左佩……金燧，右佩……木燧。”唐人孔颖达注曰：“金燧，可取火于日。”[1]据《周礼》所载，周天子曾于秋官府司寇下设“司烜氏”，其职掌为“以夫遂（燧）取明火于日，以鉴（鉴）取明水于月，以共祭祀之明齍、明烛，共明水”。东汉郑玄注曰“夫遂，阳遂也。鉴，镜属，取水者，世谓之方诸。取日之火，月之水，欲得阴阳之絜气也”。唐贾公彦疏曰“‘夫遂，阳燧也’者，以其日者太阳之精，取火于日，故名阳遂。取火于木，为木遂者也。‘鉴，镜属’者，《诗》云‘我心匪鉴，不可以茹’，彼鉴是镜，可以照物。此鉴形制与彼鉴同，所以取水也。云‘取水者，世谓之方诸’者，汉世谓之方诸，言取水谓之方诸，则取火者不名方诸，别名阳遂也。明者，洁也，日月水火为明水明火，是取日月阴阳之洁气也”[2]。

关于阳燧的材质与形状，主要有两种。一种是由天然水晶制成的球形，或称为火珠、火齐珠。《管子》载“珠者，阴之阳也，故胜火”。其注曰“珠生于水，而有光鉴，故为阴之阳。以向日则火烽，故胜火”[3]。晋张华《博物志》亦载：“取火法，如用珠取火，多有说者，此未试。”[4]东晋王嘉《拾遗记》载有一个因火珠聚集热量而引起火灾的事故，“以方诸盆瓶设大珠如卵，散满于庭，谓之宝庭……旬日火从库内起，烧其珠玉十分之一，皆是阳燧干燥自能烧物”[5]。除水晶、石英等透明物质构成的球状阳燧外，还有一种阳燧是由铜、锡铸造而成的凹面镜形状。制作凹面镜的铜、锡比例为1:1，《考工记》载“金有六齐：六分其金而锡居一，谓之钟鼎之齐……金锡半，谓之鉴燧之齐”。贾公彦疏曰“鉴燧，云取水火于日月之器也”[6]。随着考古文物的出

[1]（东汉）郑玄注，（唐）孔颖达疏：《礼记正义》卷二七《内则第十二》，载李学勤主编《十三经注疏》标点本，北京大学出版社，1999年，第829—831页。

[2]（东汉）郑玄注，（唐）贾公彦疏：《周礼注疏》卷三六《秋官司寇》，载李学勤主编《十三经注疏》标点本，北京大学出版社，1999年，第976页。

[3]黎翔凤：《管子校注》卷一二《侈靡第三十五》，北京：中华书局，2004年，第634页。

[4]（晋）张华：《博物志》第四《戏术》，南京：凤凰出版社，2018年，第52页。

[5]（东晋）王嘉撰，齐治平校注：《拾遗记校注》卷八，北京：中华书局，1981年，第193页。

[6]《周礼注疏》卷四〇《冬官考工记》，第1078页。

土，阳燧的具体形制也为世人所知。三门峡上村岭虢国墓地1052墓虢国太子墓出土了一件西周时期的阳燧，天津博物馆也存有东汉阳燧一件，表面还有铭文两周，内周铭文为："宜子先（孙），君子宜之，长乐未央。"外周铭文为："五月丙午，火燧可取，天火保死，祥兮。"[1]阴阳五行家认为，五月为火月，丙、午日均为火性，故五月丙午日被视为一年之中火气最旺盛的日子，这天日中之时，用阳燧取火最易成功。王充《论衡·率性篇》载"阳遂取火于天，五月丙午日中之时，消炼五石铸以为器，磨砺生光，仰以向日，则火来至，比真取火之道也。今妄以刀剑之钩月，摩拭朗白，仰以向日，亦得火焉。夫钩月非阳遂也，所以耐取火者，摩拭之所致也"[2]，指出不仅阳燧可以取火，就是那些具备一定光亮度的反射曲面经过摩擦，也能向日取火。然而这一认识，并未广为流传。

因为能够取火于日，阳燧一直以来都被当作神器，具备神秘力量，被运用到诸如封禅、祭天等重大祭祀场合。麟德二年（665）十二月，高宗率皇后武则天及众臣封禅泰山，李敬贞论封禅祭祀即须明水实樽略云："今司宰有阳燧，形如圆镜，以取明火……但比年祠祭，皆用阳燧取火，应时得。"[3]祭祀昊天上帝、太庙祖先时，也用到阳燧取火之礼，"旧仪，光禄欲为祭馔，将阳燧望日取火，谓之明火"[4]。掌管阳燧取火之事的当是太常寺太官署，《旧唐书》载"凡祭之日，（太官令）与卿诣厨省牲镬，取明水于阴鉴，取明火于阳燧"，其目的是"火以供爨"[5]，在取火过程中，还需光禄卿在场监督，"光禄卿监取明水火"[6]。

作为向日取火的神器，阳燧也为神仙方术道士所用。王充《论衡·乱龙篇》载："今伎道之家，铸阳燧取飞火于日……阳燧取火于天，五月丙午日中之时，消炼五石，铸以为器，乃能得火。"[7]与取水的阴燧——方诸一起，成为

[1] 陈邦怀：《汉"火燧"铭文考释》，《天津文物简讯》1977年第7期；该文又载孙进已、苏天钧、孙海主编：《中国考古集成》华北卷（北京市、天津市、河北省、山西省）"战国秦汉"，哈尔滨出版社，1994年，第338页。

[2]（东汉）王充：《论衡》卷二《率性篇》，上海人民出版社，1974年，第76、77页。

[3]《旧唐书》卷二三《礼仪志》，第887页。

[4]《旧唐书》卷二四《礼仪志》，第935页。

[5]《旧唐书》卷四四《职官志》，第1878页。

[6]（唐）杜佑撰，王文锦等点校：《通典》卷一〇九《礼典》"开元礼·吉礼"，北京：中华书局，1988年，第2822页。

[7]《论衡》卷一六《乱龙篇》，第691、692页。

沟通天人、调和阴阳的秘器。魏伯阳《周易参同契·二炁感化》云：

阳燧以取火，非日不生光。方诸非星月，安能得水浆？二气玄且远，感化尚相通，何况近存身？切在于心胸。阴阳配日月，水火为效征。[1]

魏伯阳以阴阳相携感召观念神化了阳燧取火现象，并从天人合一的角度阐释修炼人体内丹应当模仿自然界促使阴阳相谐。提出阳燧之所以能够取火，是因为玄远的太阳与阳燧相互感应的缘故，神化玄乎了阳燧取火之能。

后来，阳燧又成为道士开炉炼丹取火之神器。陶弘景率弟子自天监四年（505）至普通六年（525），先后七次为梁武帝封鼎炼丹，“先生平居，凛然如斋戒。自摄心转炼，弥能谨笃。至于燃鼎，用阳燧日中取火，盖其精如此”[2]。自从陶弘景将阳燧取火法引入炼丹术后，阳燧不但被当作炼制外丹的必备器具，阳燧取火法还被道教徒广泛运用于道教仪式的各个场合，成为告神灵借天火降妖驱魔的法器。如灵宝派在恭请神真登临坛场的斋醮科仪时，有燃灯、点烛、焚符等行为，燃灯、点烛、焚符之火必须用阳燧所取太阳之火，因为阳燧能够“提日魂”，所以阳燧所取之火能够“荡积阴之垢”“蠲万劫无名之垢”。宋元时期的灵宝派斋醮仪式依然延续了这一做法。林灵真《灵宝领教济度金书》载：

伏以阳燧凝华，焕三宫之明景……肃建然灯威仪于天门上。然二灯以照宅舍，为斋主驱邪捕害，保护合门。[3]

阳燧煌煌……变化阳灵，陶生死以仙飞……今斋主某禀资劫劫，赋命生生……还元返本，永超劫会之期。出有入无，常享太平之运。心无苦恼，身有光明。[4]

道士以阳燧取太阳之火燃灯来为斋主“驱邪捕害”，由于阳燧所取之火源自日之精魂，所以能够变化阳灵，帮助斋主度过劫难、超越生死，还元返本甚至飞天成仙，将阳燧神化到无以复加的程度。

[1]（东汉）魏伯阳：《周易参同契》，（后蜀）彭晓《周易参同契分章通真义》本，黄瑞节附录，载《正统道藏》太玄部，北京：文物出版社、上海书店、天津古籍出版社，1988年影印本，第20册，第126页。

[2]（唐）贾嵩：《华阳陶隐居内传》卷中，载《道藏》洞真部记传类，北京：文物出版社、上海书店、天津古籍出版社，1988年影印本，第5册，第506页。

[3]（元）林灵真：《灵宝领教济度金书》卷一五，载《道藏》洞玄部威仪类，北京：文物出版社、上海书店、天津古籍出版社，1988年影印本，第7册，第113页。

[4]《灵宝领教济度金书》卷四七，载《道藏》第7册，第239页。

尽管武则天在称帝前后对佛教展现出特殊的喜好，但是她对道教也并不排斥，道教在武则天的政治生活、信仰世界里一直以来都充当了相当重要的角色[1]。从追随高宗崇道、“天皇”“天后”二圣的采用、通过尊崇道教中女性神灵而提升女性尤其是武则天自己的地位提供理论支持并制造舆论、“圣母神皇”尊号的出炉，都与道教密切相关。

在载初元年（690）薛怀义、法明等上《大云经》之前，武则天对道教保持着一种特殊的关注与旨趣。咸亨元年（670），荣国夫人杨氏薨，武则天令唯一的女儿太平公主为女冠，“后丐主为道士，以幸冥福”[2]，以为佛教徒外祖母杨氏祈福。由于太平时年不及龆龀，武则天此举其实是一种姿态，但以太平之尊而入道，已表明道教在武则天心目中的分量。仪凤年间，吐蕃赞普“请主下嫁”，“后不欲弃之夷，乃真筑宫，如方士薰戒，以拒和亲事”[3]。由于吐蕃赞普请求与太平联姻，武则天故技重施，再次令太平入道，为其兴建太平观，受戒入观。上元、调露、永淳、弘道年间，武则天随高宗多次登临嵩山，面晤著名道士潘师正等人，祭祀道教诸神，调露二年（680）二月，高宗与皇后等人登临少室山，亲谒少姨庙、启母庙[4]。少姨庙是供奉祭祀夏禹妃涂山氏次女女攸之庙。启母庙则是供奉夏禹后涂山氏长女女娇之庙。女娇生启而殁，女攸抱启寻禹，于柏塔山筑邑而居，教之以德，诲之以礼，最终将启培养成一代圣贤，继禹为王。启母、少姨对夏王朝而言，一有诞育初王之功，一有抚育训导开国之君之德，可谓女圣贤也。（永淳）二年春正月甲午朔，武则天又“幸奉天宫，遣使祭嵩岳、少室、箕山、具茨等山，西王母、启母、巢父、许由等祠”[5]，唐高宗、武则天借道教女仙、传统女贤，以提高女性尤其是武则天在现实政治中的地位。英国汉学家巴雷特（Timothy Hugh Barrett）特别指出，高宗在位时，

[1] 关于武则天与道教的论述，笔者管见所及，有饶宗颐：《从石刻论武则天之宗教信仰》，载氏著《饶宗颐二十世纪学术文集》第五卷《宗教学》，第31—46页；牛志平：《武则天与宗教》，《社会科学战线》1990年第1期，第162—167页；王永平：《论武周朝政治与道教的继续发展》，载《武则天研究论文集》，1997年，第258—271页；王永平：《从泰山道教石刻看武则天的宗教信仰》，《东岳论丛》2007年第3期，第92—97页；寇养厚：《武则天与唐中宗的三教共存与佛先道后政策——唐代三教并行政策形成的第二阶段》，《陕西师范大学学报（哲社版）》1999年第3期，第19—26页；［英］巴雷特（Timothy Hugh Barrett）：《唐高宗和武则天时期的道教与政治》，《宗教学研究》2011年第2期，第47—51页。

[2][3]《新唐书》卷八三《太平公主传》，第3650页。

[4]《旧唐书》卷五《高宗本纪下》，第106页。

[5]《旧唐书》卷五《高宗本纪下》，第110页。

武则天对于道教的兴趣主要集中在与老子之母、西王母、夏启之母及许多其他女性神灵相关的内容。因为在中国传统宗教中，只有道教给予了女性较高的地位，从吸收远古信仰女性崇拜的西王母，到老子之母玄妙玉女，再到茅山上清派历史中的女性创建者魏华存，都可以看出女性在道教中的作用与地位[1]。高宗驾崩后，道教女仙的优势地位也变得日渐突出。先是在文明元年（684）出现了九天玄女赐金丹于武则天的传闻[2]，接着在光宅元年（684）九月武则天又将老子之母尊为先天太后[3]。而后，太后是紫薇夫人转世的言论便广泛流传开来[4]。垂拱四年（688），武则天采纳曾作为老子之母称号的“圣母神皇”[5]作为自己的尊号。

由于《大云经》中有“以女身当王国土”[6]一语，“（薛怀）义与法明等造《大云经》，陈符命，言则天是弥勒下生，作阎浮提主。唐氏合微，故则天革命称周”[7]，所以佛教得到了武则天的特别眷顾，武则天在天授二年（691）夏四月令“释教在道法之上，僧尼处道士女冠之前”[8]。但是，在推崇佛教的同时，武则天也宽容地对待道教，颁布《释教在道法上制》后不久，武则天又颁布《禁僧道毁谤制》，云“佛道二教，同归于善，无为究竟，皆是一宗……僧既排斥老君，道士乃诽谤佛法，更相訾毁……自今僧及道士敢毁谤佛道者，先决杖，即令还俗”[9]。此制表面看来是将佛、道各打五十大板，但由于当时佛教得势，佛教徒对道教及道士女冠颇多诋毁污蔑，所以武则天此制实质上是在敲打佛教徒。

[1] ［英］巴雷特：《唐高宗和武则天时期的道教与政治》，第47—51页。

[2] Antonino Forte, *Political Propaganda and Ideology in China at the End of the Seventh Century: Inquiry into the Nature, Authors and Function of the Tunhuang Document S.6502*, Followed by an Annotated Translation. Istituto Universitario Orientale, Napoli,1976, p.237.

[3] 《新唐书》卷四《则天皇后本纪》，第83页。

[4] Antonino Forte, *Political Propaganda and Ideology in China at the End of the Seventh Century: Inquiry into the Nature, Authors and Function of the Tunhuang Document S.6502*, Followed by an Annotated Translation, p.228.

[5] ［日］楠山春树：《老子伝说の研究》，东京：创文社，1979年，第328—331页。

[6] （北凉）昙无谶译：《大方等无想经》卷三《大云初分如来涅盘健度第三十六》，载《大正藏》第12册，No.387，第1097页。

[7] 《旧唐书》卷一八三《外戚·薛怀义传》，第4742页。

[8] 《旧唐书》卷六《则天皇后本纪》，第121页。

[9] （清）董诰等：《全唐书》卷九五《高宗武皇后》“禁僧道毁谤制”，北京：中华书局，1983年，第983、984页。

在完成登基称帝的大业之后，在大周政权基本稳固之时，武则天的信仰天平又逐渐倾向于道教。她在天枢建成后，于万岁通天元年（696）下了一道《僧道并重敕》，指出“老释既自元同，道佛亦合齐重”，目的便是要佛、道并重，融合老释。

综合龙在中国文化中的特殊寓意，火珠的性质与寓意、天枢建成后武则天改元为“万岁通天”，以及火珠与道教神器阳燧的相似功能，我认为天枢上的火珠，其实表明了武则天试图融合佛道、混一老释的愿望，以及自己所开创的武周是前所未有的大光明世界的政治诉求。关于武则天的这一愿望，从重建后的明堂顶部装饰选择火珠代替宝凤，并将明堂改名为“通天宫”也可以看得出来。

四、从宝凤到火珠

火珠不仅是天枢的顶部装饰，也是重建后的明堂的顶部装饰。明堂是武周政权的议政之所，其对于武周政权的象征意义不言而喻。明堂的顶部装饰，原本是一只紫金鸑鷟，后来才改为火珠。证圣元年（695）春正月，梁国公、白马寺主薛怀义因忌恨武则天新宠御医沈南璆，怒烧天堂泄恨，火势蔓延及明堂，明堂因此被焚为灰烬。“则天寻令依旧规制重造明堂”，万岁登封元年（696）三月，“重造明堂成，号为通天宫”，“上施宝凤，俄以火珠代之”[1]。天枢上与明堂上的火珠，其寓意是一致的。在选择火珠之前，明堂的顶部装饰曾为一只紫金鸑鷟。这一顶部装饰的改变，体现了武则天的心理变化，与明堂号“通天宫”及最终选择火珠来装饰明堂也密切相关。

关于重建后的明堂为何用火珠替代宝凤，史书记载是因为宝凤“后为大风所损”[2]，这一解释也为富安敦所接受，他推测火珠取代宝凤的时间有可能是唐中宗时期[3]。大风折断金凤，确实会给武则天带来心理压力，因为这种能够折断宝凤的大风是“君行蒙暗”的反映，是上天“怒甚”的表现，“其及物也，象人君诰命，其鼓动于天地间，有时飞沙扬尘，怒也，发屋拔木者，怒甚

[1]《旧唐书》卷二二《礼仪志》，第867页。

[2]《资治通鉴》卷二〇五，万岁通天元年三月条，第6505页。

[3]富安敦注意到前后两个明堂的顶部装饰从金凤变为金火珠，并指出第二次兴建的明堂所用的大火珠，到820年刘肃去世前还依然留存于世。但对这一改变的原因，惜其未能着墨。Antonino Forte, *Mingtang and Buddhist Utopias in the History of the Astronomical Clock: The Tower, Statue and Armillary Sphere Constructed by Empress Wu*, Roma: Istituto Italiano per il Medio ed Estremo Oriente, and Paris: école Française d’Extrême-orient, 1988, pp.155-158.

也。其占：‘大臣专恣而气盛，众逆同志，君行蒙暗，施于事则皆伤害，故常风’”[1]。然而，这不应该是武则天舍弃宝凤选择火珠的根本原因。从宝凤到火珠，这一转变的背后大有文章。遗憾的是，不管是唐代的刘肃还是现代的富安敦都未有讨论。作为武周政权象征的明堂的顶部装饰从宝凤改为火珠，不但与凤凰、火珠的内涵密切相关，更与武则天称帝后的宗教信仰及内心世界相关。因此，关于火珠取代宝凤的时间，我也不能认同富安敦的推测。我认为火珠应是在武则天当政时期即已代替金凤被装饰在了明堂之上。将火珠置于明堂之顶，其构思源于证圣元年（695）四月建成的天枢顶端的火珠，其时间当在万岁通天元年。

我们先来看明堂第一次兴建时的情况。《旧唐书·礼仪志》载：

> 垂拱三年春，毁东都之乾元殿，就其地创之。四年正月五日，明堂成。凡高二百九十四尺，东西南北各三百尺。有三层：下层象四时，各随方色；中层法十二辰，圆盖，盖上盘九龙捧之；上层法二十四气，亦圆盖。亭中有巨木十围，上下通贯，栭、栌、欂、㮰，借以为本，亘之以铁索。盖为鸑鷟，黄金饰之，势若飞翥。刻木为瓦，夹纻漆之。明堂之下施铁渠，以为辟雍之象。号万象神宫。[2]

这段资料涉及明堂的兴建时间、大小、形状、装饰、赐名等内容。明堂的顶部装饰，是鸑鷟，以黄金饰之，势若飞翥。“鸑鷟”，意为凤也，《国语·周语上》：“周之兴也，鸑鷟鸣于岐山。”三国东吴韦昭注曰：“鸑鷟，凤之别名也。”《朝野佥载》云：“凤之类有五：其色赤者，文章凤也；青者，鸾也；黄者，鹓鸰也；白者，鸿鹄也；紫者，鸑鷟也。”[3]知鸑鷟为紫色之凤。因此，初建明堂的顶部装饰，是一只展翅腾飞的饰金紫凤。

《旧唐书》等典籍中的宝凤，其具体形色便是一只饰金紫凤，而这只宝凤实际上是武则天作为天下之主的象征。

凤为百鸟之王，《尔雅·释鸟》云：“凤，神鸟也，俗呼鸟王。羽虫三百六十，而凤凰为之长。”[4]《论衡·讲瑞篇》云：“夫凤凰，鸟之圣者也。”[5]

[1]《新唐书》卷三五《五行志·常风》，第899、900页。

[2]《旧唐书》卷二二《礼仪志》，第862页。

[3]（唐）张鷟：《朝野佥载》卷三，北京：中华书局，1979年，第61页。

[4]王聘珍：《大戴礼记解诂》，北京：中华书局，1983年，第259页。

[5]《论衡》卷一五《讲瑞篇》，第255页。

凤在先秦之时就与圣贤、俊异之人结合起来[1]，以凤命名及贤人俊士以凤相称的修辞手法，一直延续至今日。如历史典籍中保留的大量带有“凤”字的人名，又如被人誉为“凤雏”的三国庞统、西晋陆云等。而且，凤作为鸟之王者的身份，还衍生出更加显著的象征意义，即与人之王者相对应。早在秦汉间，凤已与皇室、皇权紧密关联起来。秦始皇“建翠凤之旗”[2]；汉武帝所作建章宫有“凤阙”[3]，上设铜凤凰；汉宣帝神爵时期于上林苑中起凤凰殿以答嘉瑞[4]；耿纯劝刘秀登基之说辞为“天下士大夫捐亲戚，弃土壤，从大王于矢石之闲者，其计固望其攀龙鳞，附凤翼，以成其所志耳”[5]。天子所乘车曰翠凤之驾，车以凤凰为饰[6]，华盖为凤盖，太皇太后等人发戴凤凰爵。所谓“凤凰爵”，即凤凰形的装饰。《后汉书》云“太皇太后、皇太后入庙服……簪以玳瑁为擿，长一尺，端为华胜，上为凤皇爵，以翡翠为毛羽，下有白珠，垂黄金镊”[7]。这些证据表明政治话语体系在构建人世间权力秩序时，对自然禽虫界等级秩序的模仿与比拟。

鸟之王者与人之王者之间的这一对应关系，也同样体现在唐高宗时期的政治形态之中。上元三年（676）十一月，高宗敕令新造《上元舞》，在圜丘、方泽、享太庙等重要祭祀场合才能使用，“余祭则停”[8]。其后，陈州又奏“凤凰见于宛丘”，因而当年便改年号为仪凤[9]。《上元舞》使用场合的规范与以“仪凤”为年号，这之间关联甚为明显。在中国传统文化里，凤向来与舞、曲辅车相依。《尚书·益稷》云：“戛击鸣球，搏拊琴瑟以咏，祖考来格，虞宾在位，群后德让。下管鼗鼓，合止柷敔，笙镛以间；鸟兽跄跄，《箫韶》九成，凤皇来仪。”[10]《史记·五帝本纪》亦云“禹力兴《九招》之乐，致异

[1]《史记》卷四七《孔子世家》，楚狂接舆便将孔子称为凤。楚狂接舆见孔子曰：“凤兮，凤兮，何德之衰！往者不可谏兮，来者犹可追也！”北京：中华书局，1959年，第1933页。

[2]《史记》卷八七《李斯传》，第2543页。

[3]《史记》卷一二《武帝本纪》，第482页。

[4]《汉书》卷二五《郊祀志下》，第1252页。

[5]（南朝宋）范晔：《后汉书》卷一《光武帝纪上》，北京：中华书局，1965年，第13页。

[6]《汉书》卷八七《扬雄传》“于是乘舆乃登夫凤皇兮翳华芝”，其后载唐颜师古注曰：“翠凤之驾，天子所乘车，为凤形而饰以翠羽也。先景，为马行速疾，常在景前也。”第3524页。

[7]《后汉书》卷一一九《舆服志下》，第3668页。

[8][9]《旧唐书》卷五《高宗本纪下》，第102页。

[10]（汉）孔安国传，（唐）孔颖达疏：《尚书正义》卷五《益稷》，北京大学出版社，1991年，第127页。

物，凤皇来翔”[1]。当天下大治、礼乐大成时，便有凤凰翔集来舞之瑞象。又，“黄帝使伶伦……制十二管，以听凤鸣，以定律吕”[2]；“骐驎蹑足舞，凤凰拊翼歌”[3]；“舞灵凤，跃潜龙”[4]，也道出了凤与乐曲、舞蹈的紧密关系。

先是敕令《上元舞》仅限于祭祀天地、祖先等重大祭祀场合，而后又改年号为“仪凤”，这不仅反映了唐高宗对于凤的推崇，也与当时的政治转型紧密相关。从即位至总章三年（670）的二十年间，唐高宗励精图治，不但解除了以长孙无忌为首的顾命大臣的掣肘，成功加强了皇权，而且在经济、军事等方面都取得了令人瞩目的成就。然而，自咸亨年间开始，高宗的统治出现了问题。先是咸亨元年（670）天下大旱百姓饥乏，紧接着在军事行动上唐军又惨败于吐蕃，被迫废弃安西四镇，吐谷浑亦被吐蕃占据，此外，朝鲜半岛烽火再起，试图一统朝鲜的新罗与唐朝纷争不断[5]。武则天以“息兵，以道德化天下”的“建言十二事”正是在这一背景下提出的，这也是唐高宗统治政策重大转变的开始，是高宗放弃东西两线全面作战的战略转移，以集中力量对付西线的吐蕃[6]，统治政策从外张转向内敛。在这一政策转型的大背景下，高宗转向“以道德化天下”的文治，借“凤凰见”“凤凰翔舞”“仪凤”表达四方和宁、天下大治、主者大仁的愿望。

高宗借凤寓意，以凤在羽虫界的王者地位，来比喻唐高宗至高无上的皇权及其礼乐文治的政策转型。这种以凤自喻的政治象征，也被武则天所接受。因为“雄曰凤，雌曰凰”，凤凰如影随形、比翼双飞，不仅比喻夫妻恩爱、地位相仿，更有着王者仁德、天下安宁之意。咸亨五年（674）八月，高宗称天皇，武则天称天后。上元二年（675），高宗因患风疹不能听朝，“政事皆决于天后。……上每视朝，天后垂帘于御座后，政事大小皆预闻之，内外称为‘二圣’”[7]，可见在高宗以凤自喻的象征手法下，武则天也被囊括其中。

高宗崩后，武则天临朝称制，其法理依据正是从“天皇天后”“二圣”之尊号及高宗“军国大事有不决者，兼听天后处分”的遗诏而来。同时，武则天

[1]《史记》卷一《五帝本纪》，第43页。

[2]（梁）沈约：《宋书》卷一一《律历志序》，北京：中华书局，1974年，第206页。

[3]《宋书》卷二二《乐志》，第627页。

[4]《宋书》卷二〇《乐志》，第595页。

[5]《旧唐书》卷五《高宗本纪下》，第94—97页。

[6]孟宪实：《唐高宗的真相》，北京大学出版社，2008年，第222页。

[7]《旧唐书》卷五《高宗本纪下》，第100页。

也继承了高宗以凤凰寓意的政治象征手法。光宅元年（684），武则天将中书省改称凤阁、门下省改称鸾台，中书省曾被称为凤凰池，而鸾为瑞鸟，传说是凤凰所生，“凤皇之佐”，而门下省号称是“所谓佐天子而统大政者也”[1]，表明武则天对凤这类祥瑞鸟王的特殊喜好，用凤、鸾来命名佐天子、统大政的中书省、门下省。废唐建周之前，武则天依然借用有凤来仪、明君出而凤凰见、凤凰见则天下大宁等典故来为登基称帝制造舆论，载初元年（690）九月五日，“群臣上言：有凤凰自明堂飞入上阳宫，还集于左台梧桐之上，久之，飞东南去，及赤雀数万集朝堂”[2]。九月九日，武则天便“革唐命，改国号为周，改元为天授”[3]。武则天以凤自喻还带来了另一个影响，那就是凤凰女性化色彩的增强[4]。

武则天在称帝前如此钟爱凤凰的缘故在于，作为鸟王的凤凰不仅是四灵之一，更是神鸟、瑞鸟，是祥瑞的象征，具备深厚且广为人知的政治意义。《说文解字》释：“凤，神鸟也……见则天下大安宁。”《春秋繁露》载：“王正，则元气和顺、风雨时、景星见、黄龙峡。……凤凰、麒麟游于郊。”《史记》卷八四《屈原贾生列传》：“凤皇翔于千仞之上兮，览德辉而下之。”司马贞索隐云：“言凤皇翔，见人君有德乃下。”[5]凤凰是天下安、圣主出、王位正、主有德的象征。而且，凤凰在两汉以来已开始用来指代女性，尤其是西汉王政君临朝称制，大臣赞曰“太皇太后临政，有龟龙麟凤之应，五德嘉符，相因而备”[6]。凤凰所蕴含的女性特质，被武则天采纳并进一步发扬。

凤鸟翔、河出图、洛出书往往接踵而至，孔子曾经哀叹：“凤鸟不至，河不出图，吾已矣夫。”[7]颜师古曰：“凤鸟河图，皆王者之瑞。”建元三年（前138）五月贤良诏曰“麟凤在郊薮，河洛出图书”。凤鸟与《河图》，都是圣哲之主现世的祥瑞。因此，在凤鸟之祥出现之后，河图之瑞也如约而至。垂拱四年（688）夏四月，魏王武承嗣伪造瑞石，文曰“圣母临人，永昌帝业”，并令雍州人唐同泰上表称获之洛水。皇太后大悦，号其石为“宝图”，封洛水

---

[1] 杜文玉：《论武则天时期的官制改革》，载王文超、赵文润主编《武则天与嵩山》，北京：中华书局，2003年，第58页。

[2]《资治通鉴》卷二〇四，载初元年九月条，第6467页。

[3]《旧唐书》卷六《则天皇后本纪》，第121页。

[4] 吴艳荣：《论凤凰的“性”变》，《江汉论坛》2005年第5期，第93—97页。

[5]《史记》卷八四《屈原贾生列传》，第2494、2496页。

[6]《汉书》卷八四《翟方进传》，第3432页。

[7]《论语·子罕篇》，上海古籍出版社，1987年，第37页。

神为“显圣”。在这之后，武则天加尊号曰“圣母神皇”，又改“宝图”曰“天授圣图”，并亲自祭拜洛水，受“天授圣图”[1]。在凤鸟见、河图出的祥瑞下，武则天一步步接近武周帝位。

还需注意的是684年的旗帜改易。旗帜是一个国家、一个政权的象征。旗帜改易时间发生在武则天废中宗、立睿宗、废皇太孙、杀废太子李贤等事情之后，即在解决临朝称制的一系列阻碍之后，武则天于九月大赦天下，改元为光宅，而后对旗帜进行了改易。“旗帜改从金色，饰以紫，画以杂文”[2]，这一金、紫配色方案，与三年后所建明堂顶部“盖为鸑鷟，黄金饰之，势若飞翥”的颜色一致，清晰无误地表明这两者之间的关系，及明堂顶部之紫金“鸑鷟”作为武则天及其统治的象征意义。

可是，倾注了众多心血的紫金鸑鷟及其俯视下的明堂，却一朝被焚毁，虽然宰相姚崇认为“此实人火，非是天灾”，但作为武周布政、祭祀、教化之所——明堂的焚毁，给武则天带来了严重的心理冲击，因此她才不再容忍肇事者薛怀义，证圣元年（695）二月壬子，使“建昌王武攸宁帅壮士殴杀之”[3]。武则天又下诏“令文武九品已上各上封事，极言无有所隐”，左拾遗刘承庆之疏略云：

> 日者变生人火，损及神宫，惊惕圣心，震动黎庶。臣谨按《左传》曰：“人火曰火，天火曰灾。”人火因人而兴，故指火体而为称；天火不知何起，直以所灾言之。其名虽殊，为害不别。……臣以为明堂是正阳之位，至尊所居，展礼班常，崇化立政，玉帛朝会，神灵依凭。[4]

刘承庆认为，明堂虽因人火而毁，但人火、天火其名虽殊其来虽异，但为患实同。“王者举措营为，必关幽显。幽为天道，显为人事，幽显迹通，天人理合”[5]。明堂失火被焚，实为上天借此警示人主。同时，刘承庆在上疏中还指出，“明堂是正阳之位，至尊所居”，其潜台词是，作为正阳之位的明堂却被一只阴柔化的鸑鷟所制，违背了阴阳正道。刘承庆疏中的弦外之音，武则天应当能够捕捉得到。在明堂遭受火灾后，她“以明堂灾告庙，手诏责躬”“欲责

[1]《旧唐书》卷六《则天皇后本纪》，第119页。

[2]《旧唐书》卷六《则天皇后本纪》，第117页。

[3]《资治通鉴》卷二〇五，证圣元年二月条，第6502页。

[4][5]《旧唐书》卷二二《礼仪志》，第866页。

躬避正殿”、寻求大臣“极言正谏”“去慈氏越古之号”等行为[1]，事实上正是心里有所疑虑、有所顾忌的表现。

明堂上的宝凤最终被舍弃，还因为至万岁通天时期（696），武则天所开创的武周政权已经巩固，酷吏作为扫清反对势力的工具也基本被停用，朝廷、社会总体上都已接受并认可武周政权及武则天的统治。在这种情况下，秉承“天皇”遗志“处分军国大事”已无从谈起，借用凤凰来隐喻“二圣”之一的“天后”亦可成为天下之主也不再是武则天的首要之务。因此，在天册万岁元年（695）四月建成的铭记武周功德、歌颂武则天功业、作为武周政权象征的天枢上，武则天不再纠结于性别的差异，不但天枢上的装饰部件如铜龙、麒麟、狮子等均无明显或隐喻的女性色彩，而且八棱铜柱的天枢其本身便形似男性生殖器[2]，表明此时武则天已经超越了性别意识的局限。因此，在这个作为武周政权象征的天枢上，武则天及其设计者在其顶部装饰了一个金属火珠，“珠高一丈，围三丈，金彩莹煌，光侔日月”。相比垂拱时期用宝凤装饰明堂之顶寓意武则天以女性作为天下之主的政治含义而言，万岁通天时期的武则天更加关注武周政权的长治久安、协和万邦、四夷来宾及自己的健康长寿。正是在这一背景下，她最终选择了拥有更为特殊寓意的火珠作为明堂顶端的装饰。

五、结　论

天枢对武周政权、武则天而言，具有特殊的象征意义，一方面与图拉真纪功柱、阿育王柱一样是为了铭记功德颂扬伟业，另一方面更是武周政权的不朽象征，是作为女主临世创建大周的永恒纪念。天枢上的各个构件，都拥有各自的特殊意义，而作为天枢的顶端部分，也是最耀目的构件，其选择必然要精挑细选。最后，武则天及其设计者选择了能够充分表达武则天及其政权诉求的火珠。

火珠不仅被装饰在天枢上，还取代宝凤成为重建明堂的顶部装饰，这一演变过程，给我们梳理武则天建周称帝之后的心理世界、宗教信仰的变动提供了

[1]《旧唐书》卷六《则天皇后本纪》，第124页。《旧唐书》卷二二《礼仪志》，第865页。《资治通鉴》卷二〇五，证圣元年二月条，第6502页。

[2]这一观点，系美国北佛罗里达大学罗汉（Norman Harry Rothschild）在2013年9月中国广元国际武则天学术研讨会上提出，他还绘有天枢图像，特别强调天枢与男性生殖器之间的相似性。他另作文专门讨论了天枢兴建、子来使等问题，见“The Koguryan Connection: The Quan (Yon)Family in the Establishment of Wu Zhao's Political Authority,” *China yongu* 4 (2008:2): 199—234.

契机。在高宗时期，由于高宗的倾力支持[1]，武则天积极地从儒家、道教等本土文化中寻找能够支撑自己辅助高宗掌权当政的思想痕迹。一方面，高宗与武后大力发扬雄雌相伴的凤凰文化，并将凤凰运用为政治象征符号，选择“仪凤”作为年号；另一方面，又利用祭祀嵩山的机会广泛搜罗道教中的女性角色，并通过大力加封尊号的方式来提高女性神祇、女仙的地位，从而提高女性在现实政治生活中的地位，以论证武则天作为女性参与朝政的合理性。在高宗死后，武则天继续沿着此前的路径，借用被视为鸟王、神鸟、瑞鸟的凤凰在传统政治文化中作为圣主出、王位正、天下安、主有德的丰富寓意，为自己掌权制造思想基础与舆论。这直接促成了明堂上“宝凤”的选择与“圣母神皇”尊号的使用。

当她接触到《大云经》后，由于有“女主当王国土”的内容，就迅速转向佛教，运用佛教的形象、符号来构建武周帝国的世界秩序、话语体系与权力符号。佛教中最圣明最伟大的金轮王，成为武则天的自喻，她先后三次为自己所加的尊号都以“金轮”为中心，而作为金轮王七宝之一的火珠，由于其“最上色相妙好殊胜，有大光明圆满具足，其光广大普照一切有大功能”，能够驱除黑暗、消弭邪恶，给世间带来无穷无尽的大光明，事实上是金轮王所治之世的隐喻，深刻地契合了武则天对于武周政权所能达到成就的规划与想象。

在明堂被焚毁后，武则天的思想世界一度出现了困惑。以凤凌驾于明堂掌控天下竟遭到大火焚毁、大风折毁，一定程度上表明了武则天以凤自喻的失败。而金轮王及其火珠，不但解决了武则天关于凤凰的困惑，而且还极大地开阔了她的思想世界，重建了阎浮提的天下格局、权力结构、世界秩序。所以金轮、火珠乃至七宝，被她广泛地运用到武周政权之中。加尊号、备七宝、改明堂、建天枢、变年号，无不与金转轮王及其四德七宝相关。

而且，火珠能够发光、发亮，其功能与具备神秘力量的阳燧相似，从而也被附上了深刻的神秘色彩。阳燧既被运用到封禅、祭天等重要祭祀中，也被道士方术之士用来封鼎炼丹，不但能够沟通天人，还承载了延年益寿、成仙入道的美好心愿，在能够沟通天人的龙人的捧托下，火珠“金彩莹煌，光侔日月”，

[1] 孟宪实先生认为，在废王立武事件之后，唐高宗为了证明自己的正确，先是让武则天上表嘉奖反对自己为皇后的韩瑗、来济等人，以此显示皇后武则天的高尚风格，之后，又令百官在肃义门朝见新立的武皇后，开创了百官朝见皇后的新礼仪，利用皇权为新皇后树立威信，动员天下臣民尊重武皇后。高宗又通过追赠武士彟、重修氏族谱、颁布显庆《姓氏录》等方式高抬武则天的家族地位与出身，并让武则天参与朝政，成为高宗政治上得力的助手。见《唐高宗的真相》，第177—196页。

普照一切。以火珠为顶部装饰的天枢既是象征、颂扬武周政权的纪念柱，也是武则天通天近神、益寿成仙的心理诉求，还是武则天融合佛道、混一宇内的思想写照。

后记：本文于2014年6月26日提交到中国台湾第十一届唐代文化国际学术研讨会上报告，得到了吴丽娱、宋德熹、林冠群、李锦绣、李军等多位师长的指正，匿名评审专家也提出了极有价值的修改意见，在此一并致以谢忱。

（作者单位：湖南师范大学历史文化学院）

The Ornament of Flaming Pearl on the Eulogia Tianshu (Axis of Heaven) in Empress Wu Zetian' s Wu Zhou Dynasty

Peng Lihua

[Abstract] Chosen as the top decoration of the Eulogia Tianshu (Axis of Heaven) and a substitute top decoration of reconstructed Mingtang Hall instead of precious phoenix, the Flaming Pearl had three special meanings as follows. Firstly, in the Buddhism texts, the Flaming Pearl was one of seven treasures of the Chakravartin who was the greatest King of the time-space world. It could satisfy Chakravartin every wish. It had the miraculous capabilities of fending off darkness and evil, bringing boundless bright and goodness to the world, and helping the Chakravartin to be the unprecedented great King. Secondly, the name of Flaming Pearl was the same as the precious tribute from the foreign countries. It was a significant symbol that the mighty of Wu Zhou was acknowledged by so many foreign states and people from the whole world kneeled down to Empress Wu Zetian in humility. It can satisfy the great political ambitions of Empress Wu Zetian, who wanted to be the Chakravartin in the real world. Thirdly, the Flaming Pearl shared same function with Yangsui (mirror with a concave center), a magical artifact of Daoism which was used in some significant ritual occasions, such as sacrifices of heaven and mountains. It was regarded as an artifact to connect the Heaven and humanity in Taoism and was able to fulfill Empress Wu Zetian' s desire of being an immortal.

唐代恐慌谣言与社会危机

——开元年间明堂“埋小儿”谣言考释*

冯 昊

开元二十七年（739）八月，当唐玄宗遣人前往洛阳改建明堂时，引发了民间恐慌谣言，“二十七年八月，东京改作明堂，讹言官取小儿埋于明堂下，以为厌胜。村邑童儿藏于山谷，都城骚然，或言兵至。玄宗恶之，遣主客郎中王佶往东都及诸州宣慰百姓，久乃定之”[1]。谣言爆发于开元二十七年八月开始改作明堂时，到十月为止，持续盛行达两月之久，其间导致工程被迫暂停，直到十一月甲辰才最终完成[2]。不仅持续时间久，而且影响范围也很大，“遣主客郎中王佶往东都及诸州宣慰百姓”[3]，表明其影响不限于东都洛阳，甚至波及邻近诸州。学界对于这起谣言事件已有所关注，荷兰汉学家田海认为人们对玄宗改建明堂政策的误解是导致谣言盛行的重要原因，他还注意到新建筑落成后的奠基祭祀为这一谣言提供了观念基础[4]。国内学者游自勇也认为在中国古代建筑行业里有各种镇邪压胜巫术的秘传，民众出于对巫术的恐慌导致了这

*本文系浙江省哲学社会科学重点研究基地课题（项目编号：20JDZD057）阶段性成果。

[1]（后晋）刘昫：《旧唐书》卷三七《五行志》，北京：中华书局，1975年，第1358页。

[2]（宋）司马光：《资治通鉴》卷二一四，开元二十七年十一月甲辰条，北京：中华书局，2011年，第6959页。

[3]《旧唐书》卷九《玄宗本纪》，第212页。

[4]［荷］田海：《讲故事：中国历史上的巫术与替罪》，赵凌云等译，上海：中西书局，2017年，第101、102页。

次谣言的爆发[1]。但民众对玄宗政策的误解具体是如何产生的，以建筑祭祀为文化原型的谣言是如何形成的，这一类型谣言在传统日常政治抗争中又有怎样的社会文化意涵，既往研究鲜有论及。本文将在前贤时彦研究的基础上，试从这些方面展开进一步的讨论。

一、被唤醒的集体记忆：开元年间明堂“埋小儿”谣言的爆发

在这起谣言事件中，民众将政府的复建明堂工程理解为一种厌胜行为，这一理解或源于武则天重建明堂以厌胜的集体记忆。证圣元年（695）正月，武则天所建明堂发生火灾，为了应对明堂火灾所带来的政治危机，武则天在姚璹的建议下，“御端门观酺”，并“引建章故事，令薛怀义重造明堂以厌胜之”[2]，可见，武则天重建明堂是出于厌胜。其中所言“建章故事”，指汉武帝太初元年（前104）柏梁殿发生火灾后，在越巫勇“越俗有火灾，复起屋必以大，用胜服之”[3]的建议下，汉武帝于原址作建章宫以厌胜防火。可知，武则天重建明堂时，沿袭了汉武帝作建章宫时所采用的防火厌胜之术。武则天在明堂发生火灾后公开御端门酺宴，并大张旗鼓地宣扬重建明堂一事，势必在当时民众心中烙下深刻印记，并进而沉淀为集体记忆。有研究者指出：“往日的重大事件往往封存于集体记忆中，为了保存社会组织的连续性，集体记忆中的印记在岁月的流逝中留存下来，并用文化‘水泥’将各种心理连接起来。”[4]开元年间，唐玄宗曾多次改拆明堂，开元二十五年（737）曾改拆明堂为乾元殿，仅隔两年后，唐玄宗又再次派人重建明堂[5]，这或许使当时的洛阳民众恍惚间回忆起了当年武则天重建明堂以厌胜之事。谣言往往潜伏在集体记忆中，当某个具体事件的细节触发了这一记忆，谣言就会被激活，并呈现出“根据这种集体认识进行的解释”[6]的特征。

武则天重建明堂时所采用的厌胜之术主要是为了防火，而玄宗重建明堂

---

[1] 游自勇：《唐代长安的非常事件——以两〈唐书·五行志〉所见讹言、阉官为中心》，载荣新江《唐研究》第十二卷，北京大学出版社，2006年，第226页。

[2]《旧唐书》卷三七《五行志》，第1366页。

[3]（汉）司马迁：《史记》卷一二《孝武本纪》，北京：中华书局，2014年，第610页。

[4]［法］弗朗索瓦丝·勒莫：《黑寡妇：谣言的示意及传播》，唐家龙译，北京：商务印书馆，1999年，第12页。

[5]（唐）杜佑：《通典》卷四四《大享明堂》，北京：中华书局，1988年，第1228、1229页。

[6] 蔡静：《流言：阴影中的社会传播》，北京：中国广播电视出版社，2008年，第26页。

所诱发的谣言则是“官取小儿埋于明堂下，以为厌胜”。这即表明，此谣言中所谓“厌胜”实有别于武则天重建明堂时的厌胜之术。显然，集体记忆在其唤醒过程中出现了偏误。此偏误或源于开元二十三年（735）夏六月，洛阳民间爆发的鬼兵谣言：“帝在东京，百姓相惊以鬼兵，皆奔走不知所在，或自冲击破伤。其鬼兵初过于洛水之南，坊市喧喧，渐至水北。……帝恶之，使巫祝禳厌，每夜于洛水滨设饮食。”[1]鬼兵谣言所造成的恐慌，迫使玄宗“使巫祝禳厌”。玄宗在洛水滨公开举行的厌胜禳灾仪式，也势必会让洛阳民众留下深刻印象。开元二十四年（736）十月，玄宗又以“宫中有怪”为由离开东都洛阳，返回长安[2]。因此可推断，开元二十七年，玄宗遣人再次重建明堂的行为，不免使洛阳民众误认为是针对“宫中之怪”（厉鬼）所施行的厌胜之术。南宋时期的高丽亦出现过类似谣言，“密补（捕）童男女，衣以五色，埋四隅，以禳土木气”[3]。其中“衣以五色”即中国民间信仰中的五彩衣，它被认为有驱鬼辟邪之效。根据《风俗通义》的说法，人们普遍相信穿上题有“游光”的五彩衣，便可在疾疫流行时，避免厉鬼带来的伤害[4]。可见，高丽谣言中取童男童女埋于四隅的厌胜对象便是厉鬼，而唐代“埋小儿”谣言与此如出一辙，可推知，厉鬼即是唐代“埋小儿”谣言中的厌胜对象。

此外，开元后期，玄宗颇信鬼神，常有厌胜禳灾之举，甚至以厌胜术防范安禄山[5]。这些举措不免让人们对他进行明堂重建的动机产生怀疑与误解。开元二十五年，玄宗擢王屿为祠祭使，其所行祠祭多类巫觋，“玙祈祷或焚纸钱，类巫觋，习礼者羞之”[6]。胡三省注云：“汉以来葬丧皆有瘗钱，后世里俗稍以纸寓钱为鬼事，至是玙乃用之。”[7]焚纸钱既有厌胜的作用，又能满足厉鬼对纸钱的索求[8]。王屿在工程营造中涉厌胜之术，“用妖人王玙为宰相，或命巫媪乘

[1]（宋）李昉等：《太平广记》卷三三一《洛阳鬼兵》，北京：中华书局，1961年，第2630页。

[2]《资治通鉴》卷二一四，开元二十四年十月戊辰条，第6942页。

[3]［朝］郑麟趾：《高丽史》卷一二九《崔忠献传》，重庆：西南师范大学出版社、北京：人民出版社，2013年，第3897页。

[4]（东汉）应劭撰，王利器校注：《风俗通义校注》，北京：中华书局，1981年，第605页。

[5]沈睿文：《安禄山服散考》，上海古籍出版社，2015年，第241—257页。

[6][7]《资治通鉴》卷二一四，开元二十五年十月辛丑条，第6951页。

[8]赵睿才、杨广才：《“纸钱”考略》，《民俗研究》2005年第1期，第119、124页。

驿行郡县以为厌胜。凡有所兴造功役，动牵禁忌”[1]。他频繁地进行祠祷活动，也扰乱了社会秩序，“玙乃遣女巫分行天下，祈祭名山大川。巫皆盛服乘传而行，上令中使监之，因缘为奸，所至干托长吏，以邀赂遗。一巫盛年而美，以恶少年数十自随，尤为蠹弊”[2]。当身着盛服的女巫与“恶少年”们横行于闾里巷间时，必然会扰乱民众的日常生活。由上可知，王玙在进行祷祠活动时，将官方行为抹上了巫术色彩，并对民间生活秩序造成干扰，使民众对官方行为产生巫术化的认知与想象。

综上可知，开元二十三年，玄宗在洛水之滨公开举行厌胜禳灾仪式，以辟厉鬼谣言，但仅隔一年后，他又以宫中有鬼为由离开洛阳，使洛阳民众误认为其遣人重建明堂是为了厌胜宫中厉鬼。同时，玄宗任用王玙所进行的祷祠活动，不仅扰乱了社会秩序，也将政府的工程营造行为抹上了巫术色彩，并形塑了一般民众对官方行为巫术化的想象，使他们误认为官方的营造活动本就有厌胜术掺杂其中。洛阳民众对政府行为的想象与误读重新激活了民间对武则天重建明堂以厌胜的集体记忆，并在恐慌情绪的渲染下最终诱使谣言爆发。

二、明堂“埋小儿”谣言兴起的社会背景

考察一则谣言的兴起，除了要追溯诱使谣言出现的集体记忆外，也要揭示出谣言爆发时的空间因素及其中的群体互动。正如法国社会学家勒莫所言：“一则谣言的历史，首先应该是一群体有能力相互交流的历史，而集体记忆、实验的社会空间和机遇则是不同方式促成谣言形成的工具。”[3]营建明堂是一项需要消耗大量人力物力的艰巨工程[4]。在中国传统社会中，信息传递主要靠人际间的直接沟通，谣言爆发的一个必要前提条件就是存在着大规模的人群聚集。建造规制宏伟的明堂，会因工程需要，骤然调集大量的建筑工匠。当人群集聚之际，也是传统社会中信息传播最快之时，这意味着以明堂施工场地为中心的社会空间很容易成为酝酿谣言的场域。而大兴土木之工在古人认知中亦为不祥之兆，“盖土神好静，或动作则必不安，轻则工者仆役见咎，重则祸灾及主人。吾尝见长官好兴土木修庙宇者，皆不得美任，虽未究事理，亦劳民动众，

[1]《旧唐书》卷一三〇《李泌传》，第3623页。

[2]《旧唐书》卷一〇三《王玙传》，第3617、3618页。

[3]［法］弗朗索瓦丝·勒莫：《黑寡妇：谣言的示意及传播》，第126页。

[4]张一兵：《明堂制度研究》，北京：中华书局，2005年，第395页。

俾土神不安之所致也”[1]。因此，因工程施工而导致谣言爆发的事件在历史上屡见不鲜，如高丽武臣崔忠献“尝营第于阔洞，毁人家百余，务为宏丽……土木役剧，国内嗷嗷。谣言：‘密捕童男女，衣以五色，埋四隅，以禳土木气。’凡有儿者，皆深匿之，至有抱负远遁”[2]。可见，高丽发生的“埋小儿”谣言即因“土木役剧”而起。元朝时，引发民变的童谣“石人一只眼，挑动黄河天下反”，也因工程劳役繁重所致[3]。可见，明堂的营造工程使大量人群聚集，明堂的施工地址及周围场所成了滋生谣言的社会空间。

明堂虽然是举行祭天配祖仪式的王朝祭祀场所，但这类官方主导的王朝仪式显然不会对普通民众开放。明堂所具备的国家祭祀与皇帝布政功能并不被普通民众所熟知，因此容易激发出不切实际的群体臆想，而谣言便酝酿于这些对明堂功能的臆想中。人们对未知事物所进行的揣度，往往构成谣言兴起的基础，谣言的出现经常是因为信息解释的缺失[4]。位于洛阳繁华地带的明堂，其本身也是万人瞩目的政治景观，从视觉上对士庶形成触动与震撼，并进而受到民众的关注与热议[5]，在信息的反复交流中激发出某种臆构的社会想象。这种社会想象亦是促使谣言生成的重要因素，因为谣言即一种即兴创作的新闻（Improvised News），是人们共享认知资源、构建出对他们而言有意义的关于处境的诠释[6]。同时，在明堂改建过程中不断形成的大规模人员调动，也可能对当地居民的日常生活秩序造成干扰。外来的施工队伍在洛阳城中往来不断，则很有可能与洛阳原住民产生摩擦与矛盾。人际间的互不信任通常会造成地方社会的冲突与紧张,这是促使谣言产生的重要诱因[7]。在安全感普遍缺失的社会心态下，焦虑不安的情绪促使不同个体之间进行频繁的信息交换，谣言便催生于集体的信息交换中。因此，当社会失序与个体焦虑交织在一起时，也构成了催生谣言的推动力之一。

[1]（元）孔齐等：《至正直记》卷四，上海古籍出版社，第139页。

[2]《高丽史》卷一二九《崔忠献传》，第3897页。

[3]（明）宋濂：《元史》卷六六《河渠三》，北京：中华书局，1976年，第1654页。

[4]［法］卡普费雷：《谣言：世界最古老的传媒》，郑若麟译，上海人民出版社，2008年，第40页。

[5]陈明治：《唐代的明堂制度文化及其政治》，佛光大学硕士学位论文，2008年，第92—107页。

[6] Elihu Katz, Tamotsu Shibutani, *Improvised News: A Sociological Study of Rumor*, New York: Irvington Publishers, 1966, p.17.

[7] Terry Ann Knopf, *Rumors, Race, and Riots*, Piscatawa: Transaction Publishers, 1975, pp.90-91.

如前文所述，玄宗重用王屿，致使当时社会巫风盛行，妖言流布。但政府行为从来都是只许州官防火，不许百姓点灯。开元二十七年（739）四月，唐廷发布敕令："古之圣王，先禁左道，为其蠹政，犯必加刑。至如占相吉凶，妄谈休咎，假托卜筮，幻惑闾阎，矜彼愚蒙，多受欺诳，宜申明法令，使有惩革。自今已后，缘婚礼、丧葬、卜择者听，自余一切禁断。"[1]从敕令中不难看出当时社会巫风盛行，而这样的社会风气可谓是滋生谣言的绝佳土壤。仅隔不到一年，开元二十八年（740）三月，玄宗再次下诏："蠹政之深，左道为甚。所以先王设教，犯者必诛，去其害群，盖非获已。自今已后，辄有托称佛法，因肆妖言，妄谈休咎，专行诳惑，诸如此类，法实难容。宜令所在长官，严加捉搦。"[2]据此可知，玄宗在开元二十七年四月进行舆论管控并未收效，否则也不会在一年内再次颁布禁令。这也意味着，在开元二十七年八月至十月期间爆发的谣言事件，正处于巫风盛行、妖言肆虐的社会风气中。

综上所述，这次谣言产生的空间因素与社会背景有如下几点：其一，大量施工人员骤然聚集在明堂施工现场，使得谣言更容易传播；其二，作为政治景观而广受瞩目的明堂是士庶热议的中心话题，而一般民众或许并不熟知明堂的政治属性，因此施工中的明堂很容易激发出他们不切实际的社会想象，而谣言便酝酿于对明堂施工目的的臆想与猜测中；其三，往来于洛阳的施工队伍很可能造成地方社会的紧张与冲突，由此产生的焦虑与不安的社会心态也是谣言产生的诱因之一；其四，巫风盛行、妖言流布的社会风气也是促使谣言爆发的一个重要因素。

三、认知错配：明堂"埋小儿"谣言的文化原型与情节构建

唐朝"埋小儿"谣言内容虽然荒诞无稽，但这类谣言却广泛流传于世界范围内。除上文所引《高丽史》中有类似谣言外，在泰勒所著《原始文化》中也记载了很多来自欧洲和非洲的建筑献祭类谣言，其中包括人牲或其代替物，如牛马、公鸡等。在泰勒看来，举行献祭仪式是为了"用牺牲来慰藉地上的妖

---

[1]　（宋）王钦若等编纂，周勋初等校订：《册府元龟》卷一五九《帝王部》，南京：凤凰出版社，2006年，第1776页。

[2]《册府元龟》卷六三《帝王部》，第676页。

魔，或者把牺牲本身的灵魂变成庇护的鬼神”[1]。在亚洲，这类建筑献祭谣言中的施害者通常是政府官员。在中国近代就出现过类似的谣言，如1916年在杭州就谣传政府窃取儿童灵魂去打桩，建造钱塘江铁路大桥；1928年国民党政府修建的中山陵墓将要竣工之际，社会上也曾传言政府需要小儿灵魂定奠基事[2]。庄士敦所著《狮龙共舞：一个英国人笔下的威海卫与中国传统文化》中也提道："在中国的一些地方也盛行一种奇怪的说法，即当政府和官员进行任何一项浩大的工程时，都习惯于以人的生命为代价。歹徒和被误导的爱国者之所以憎恨外国人，是因为人们散布谣言说野蛮的西方人绑架小孩将他们埋在铁路、要塞、码头或者其他重要的公共建筑下。"[3]这类谣言甚至流传至今，2007年重庆奉节县谣传，因修高速公路，施工方需18名童男童女献祭，填埋于桥墩下，以确保高架桥的稳固[4]。此外，殖民时期的印度尼西亚也曾爆发过类似谣言："国家官员绑架并杀害儿童，把他们的尸体置于大坝之类的建筑之中，用以加固建筑，抵御环境的破坏力。"[5]

在中国历史上，建筑献祭类谣言背后有着古老的文化原型，即所谓的"奠基牲"。"奠基牲"是指在工程营建过程中埋于房基下、墙基下、墙体中的人牲，盛于殷商时期。奠基牲的身份多为战俘、奴隶，先民们普遍相信敌人死后会化为厉鬼作祟于人间。为了防止厉鬼复仇，人们在进行工程营建时，以埋入人牲的方式将其鬼魂封镇于内[6]。后世多以动物牲代替人牲作为奠基牲，并成了禳灾驱鬼的民俗，名曰"磔牲"，其中又以"磔犬"为主。如秦德公就曾"作伏祠。磔狗邑四门，以御蛊菑"[7]，王子今认为初见于秦德公时期的磔犬于门的

[1]［英］泰勒：《原始文化》，连树声译，桂林：广西师范大学出版社，2005年，第108—112页。

[2] 徐茂明：《明清以来江南妖术恐慌的衍变及其社会根源》，《史林》2012年第3期，第70、71页。

[3]［英］庄士敦：《狮龙共舞：一个英国人笔下的威海卫与中国传统文化》，刘本森译，南京：江苏人民出版社，第255页。

[4]《重庆奉节谣传高速公路建桥需18名童男童女祭神》，《新京报》2007年1月16日，http://news.sina.com.cn/s/2007-01-16/010612044976.shtml.

[5]［美］安德鲁·斯特拉森等：《人类学的四个讲座：谣言·想象·神体·历史》，梁永佳等译，北京：中国人民大学出版社，2005年，第19页。

[6] 何丹：《"奠基牲"的渊源及其文化内涵考辩》，《石河子大学学报》2012年第6期，第102—105页。

[7]《史记》卷二八《封禅书》，第699页。

习俗，传衍久远，至今犹可见其遗存，并进一步指出，殷商用人牲奠基宫殿以驱厉鬼的习俗，便是后来“犬磔于门”的早期形式。在唐代除“犬磔”外，还有“鸡磔”等其他动物牲[1]。隋唐傩仪中有“磔牲”仪式，《通典》载：

> 隋制，季春晦，傩，磔牲于宫门及城四门，以禳阴气。秋分前一日，禳阳气。季冬旁磔、大傩亦如之。其牲，每门各用羝羊及雄鸡一。选侲子，如北齐法……有司素备雄鸡羝羊及酒，于宫门为坎。未明，鼓噪以入。方相氏执戈扬楯，周呼鼓噪而出，合趣明阳门，分诣诸城门。将出，诸祝师执事，与䣛牲焜，磔之于门，酌酒禳祝。举牲并酒埋之。[2]

在傩仪的最后环节将磔牲于宫门及城门外，并连同禳祝之酒一并埋掉。而在傩仪过程中，官方要选“侲子”操演驱鬼仪式，《东京赋》李善注曰：“侲子，童男童女也。”[3]《后汉书》李贤注云：“侲子，逐疫之人也，音振。”[4]在唐代，诸州县都要举行傩仪，并由政府在民间选取 “侲子”，“侲子，都督及上州六十人，中下州四十人，县皆二十人”[5]。傩仪开始后，作为驱鬼“侲子”的童男女在太仆令的带领下进入宫中操演驱鬼仪式。在方相氏的指挥下，数百人同唱十二神以驱恶鬼。仪式完成后，在城之四门及宫门处磔杀雄鸡，酌酒禳祝，将肢解后的牲物一并埋掉。

如上文所揭，傩仪一般在三个时辰举行，“季春晦，傩，磔牲于宫门及城四门，以禳阴气。秋分前一日，禳阳气。季冬傍磔、大傩亦如之。其牲，每门各用羝羊及雄鸡一”[6]。依照《月令》的说法，一年中举行傩仪的时节分别是季春之月、仲秋之月及季冬之月，明堂“埋小儿”谣言则恰好发生在仲秋之月（农历八月）。《礼记·月令》对仲秋之月举行傩仪所举理由是“天子乃难，以达秋气。以犬尝麻，先荐寝庙。是月也，可以筑城郭，建都邑”[7]。郑玄对“天子乃难（傩），以达秋气”进行了解释：

> 此难，难阳气也。阳暑至此不衰，害亦将及人。所以及人者，阳气左

[1] 王子今：《秦德公“磔狗邑四门”宗教文化意义试说》，《中国文化》1995年第2期，第133—137页。

[2][6]《通典》卷七八《时傩》，第2125页。

[3]（南朝梁）萧统编：《文选》卷三《赋乙》，上海古籍出版社，1986年，第123页。

[4]（南朝宋）范晔：《后汉书》卷十《皇后纪上》，北京：中华书局，1965年，第425页。

[5]《通典》卷一三三《大傩》，第3420页。

[7]（清）孙希旦撰，沈啸寰等点校：《礼记集解》卷十七《月令》，北京：中华书局，1989年，第474页。

行，此月宿直昴毕，昴毕亦得大陵积尸之气，气佚则厉鬼亦随而出行，于是亦命方相氏帅百隶而难之。《王居明堂礼》曰："仲秋，九门磔禳，以发陈气，御止疾疫"。[1]

首先，在郑玄看来，厉鬼出行于仲秋之月，因此要在此时举行傩仪驱疫禳灾。而厉鬼之所以选择在仲秋之月出行，则是因为"阳暑"至此未衰，容易使人染上热毒厉疫之病，孔颖达疏曰 ："秋凉之后，阳气应退，至此不退，是凉反热，故害及于人。"[2]此外，厉鬼出行于"阳气左行"之时的观念还被赋予了星占学的理论色彩，"阳气左行，此月宿直昴毕，昴毕亦得大陵积尸之气，气佚则厉鬼亦随而出行"。再次，郑玄引《王居明堂礼》曰："仲秋，九门磔禳，以发陈气，御止疾疫"，则表明明堂正是古代时政观念中举行傩仪禳灾的理想场所。在传统政治的理解中，明堂是天子授时颁月令、逐月布政的理想空间。按照《礼记·月令》的说法，在仲秋之月时，天子应该"以犬尝麻，先荐寝庙。是月也，可以筑城郭，建都邑，穿窦窖，修囷仓"。[3]郑玄引《王居明堂仪》注曰："仲秋，命庶民毕入于室，曰：'时杀将至，毋罹其灾'。"[4]孔颖达疏：

《王居明堂礼》证此月"筑城郭，建都邑"之意。云："杀气将至，无罹其灾"者，于此仲秋之时，戒敕于民曰："此时杀害气将欲至，民当入室，无在田野，罹被其灾。"……但仲秋之时，耘锄既了，暂时入室，以避阴灾。未尽成熟，须出野收敛。至十月之后，又入室避寒，所以不同。[5]

据上引注疏可知，仲秋八月适合政府营建大型工程，"可以筑城郭，建都邑"，但同时仲秋八月也是阳气左行、厉鬼出行之时，因此须戒敕民众躲于屋内，避免外出，以免遭受厉鬼的侵害，"此时杀害气将欲至，民当入室，无在田野，罹被其灾"。据此可知，在先民观念中，八月仲秋正是阳气左行、厉鬼出行之时，为此天子需要在明堂处举行磔禳仪式（秦德公"磔狗邑四门"仪式也是在八月举行的）。孔颖达还提到"阳气左行"要持续三月之久才不会与阴气相竞，这也意味着要到十一月，"积尸疫气"才将最终消散，所谓"阴气

[1][2]《礼记正义》卷十六《月令》，载《十三经注疏》影印本，上海古籍出版社，1997年，第1374页上。

[3][4][5]《礼记正义》卷十六《月令》，第1374页中。

阳气至大陵，俱致积尸疫气。按十一月阳气至于危虚而不难……以十一月阳气初起，未能与阴相竞，故无疫疾可难”[1]。而“明堂埋小儿”谣言的持续时段正好是在“阳气左行，厉鬼出行”的八月到十月间，且谣言也正好针对的是政府对于明堂的营建活动。根据《明堂王居礼》的描述，此时不仅是官府进行营建活动的吉日，也是天子在明堂举行磔牲仪式的时段。由此可推断，明堂“埋小儿”谣言的爆发或与《月令》中所反映出的“时政”理念有关。《礼记·月令》是整合了先秦时期不同地域的风俗、月忌，依凭儒家经典获得权威性而传承下来的著作。汉代以后，随着“《月令》相关著作大批涌现，思想知识逐渐传播、下移，对传统社会的环境适应、生产生活和岁时风俗，都发挥了重要塑模作用”[2]。可以推想，不管是自上而下的官方塑造，还是源于民间社会的岁时风俗，在普通民众的日常感知中，仲秋八月是一个阳气左行、厉鬼出没，弥漫着肃杀与不祥之兆的时节。

玄宗选择在仲秋八月重建明堂，而仲秋八月又恰好是政府举行傩仪之时。在“阳气左行，厉鬼出行”的时节里，玄宗却要对作为傩仪举行场所的明堂进行工程营建活动。而在傩仪准备过程中，官员们又会在民间选取童男童女作为“侲子”进行驱鬼仪式，这一切举措不免让洛阳的普通民众产生怀疑。他们可能会误以为官员们会将这些作为“侲子”的童男童女当作磔牲一并埋掉。毕竟“侲子”的驱鬼仪式是在宫内进行的，而普通民众只能在宫外依靠想象去解释宫中发生的一切。当宫内仪式完毕后，官员们会在可供围观的宫门和城四门处举行掩埋牲物的磔牲仪式。这也意味着，在整个傩仪过程中，普通民众仅能见到最后掩埋牲物的磔牲仪式。因此，政府主导的傩仪在当时民众印象中可能仅等同于最后举行的磔牲仪式。而磔牲不仅见于政府主导的傩仪中，也是流传唐代民间的岁时风俗，“风俗相传，腊日磔鸡，立春日磔狗”[3]，可见，普通民众对磔牲并不陌生。此外，先天二年（713）玄宗曾颁布过《禁屠杀鸡犬诏》：

> 犬以守御，鸡以司晨，有用于人，不同常畜。好生之德，遍宜令及，

[1]《礼记正义》卷十六《月令》，第1374页中。

[2]王利华：《〈月令〉中的自然节律与社会节奏》，《中国社会科学》2014年第2期，第198—202页。

[3]（唐）佚名：《灌畦暇语》卷十一，载《丛书集成初编》，北京：中华书局，1991年，第11页。

自今并不得屠杀。[1]

这意味着，在玄宗朝举行的磔牲仪式中，或许不会以鸡犬作为牲物。但普通民众则会去设想，既然官府再次复建明堂是为了厌胜驱傩，而政府官员又不能再以鸡犬为牲，那么，他们则很有可能选取民间“侲子”作为磔牲以厌胜禳灾。值得注意的是，在古代民间确有将磔牲厌胜中的动物牲与人牲混为一谈的事例。据《桯史》记载，有一处名曰“铜钉丘”的地方，相传这里有对朝廷不利的“休符”，于是朝廷决定遣人将其铲除。然而，每当工程要完工时，则会出现一神仙（鬼王）役万鬼（即厉鬼，鬼兵也）将施工之处重新填上。后来，睡在工地旁的工人夜晚听见有鬼对其说：“以为（厉鬼）所畏者犬厌（犬磔）耳。”于是人们“遂烹群犬而置骨焉，钉以铜，为书符篆以绝地脉”。另外又有鬼对其曰：“杀童男女瘗其下为厌胜，是为童丁。”虽然岳珂表示并不相信以上传闻，但他最后也提到自己曾听闻有杀人为牲行厌胜的故事，“妄一男子，谓某所有某气，辄随而发之，戕人用牲，劳民以夷堙”[2]。可见，在古人看来，厌胜厉鬼的磔禳仪式既能以动物为牲，也不排除埋人牲厌胜的可能。此可旁证，明堂“埋小儿”谣言是因民众将磔禳仪式中的动物牲误作人牲所引起的。

综上可知，在古人的时节感知中，仲秋八月是阳气左行、厉鬼出没，充满不祥之征的时节，而唐廷却恰好选择在此时节遣人前往洛阳复建明堂。这使生活在洛阳的民众误以为官府会在这一时节里选童男童女作为驱鬼侲子，前往明堂施工处举行驱傩仪式，并最终将他们作为磔牲掩埋掉，以禳厌宫中厉鬼。由此，谣言在民众大而化之的逻辑推演下，搭接构建成为完整自洽的叙事情节——“东京改作明堂，讹言官取小儿埋于明堂下，以为厌胜”[3]。

四、余论：谣言下的信任缺失与社会危机

开元二十七年八月，当唐玄宗再次派人来到洛阳改作明堂之时，当地民众显然不会从王朝政治宣传与儒家政治哲学中去解读与推导他们身边所发生的事情。他们更关心在他们日常生活节奏和空间安排中所出现的异常与疑点，并据此构建出源自民间俗信的社会想象。仲秋八月，当改作明堂的施工队伍在厉鬼出行、充满不祥之征的时节里突然出现于洛阳城中；当武则天重建明堂以厌胜

[1]（清）董诰等：《全唐文》卷二六《禁屠杀鸡犬诏》，北京：中华书局，1983年，第327页。

[2]（宋）岳珂：《桯史》卷二，北京：中华书局，1981年，第18页。

[3]《旧唐书》卷三七《五行志》，第1358页。

的集体记忆由此被唤醒之时；当四年前，洛阳鬼兵谣言所带来的民间大恐慌，以及玄宗在洛水河畔公开举行的禳灾仪式还让民众记忆犹新时；当三年前，玄宗以宫中有鬼为由而选择匆忙离开洛阳时；当带着恶少年的女巫们在王屿的指使下四处祷祠、滋扰民间之际，谣言爆发的一切主观想象基础与客观社会条件就此奠定。

谣言的爆发深刻地反映出官民之间的隔阂和社会信任机制的缺失。而正是这种来自官民互不相信的态度，以及朝廷与官府自身的一些非常态举措，使双方的紧张关系进一步升级，并最终促使谣言爆发，引发民间恐慌。就政治精英而言，改作明堂或是政治意识形态博弈下的产物，但普通民众显然无法洞悉其背后的政治意图，他们只能从周遭生活场景中去汲取想象资源与认知经验，并以最质朴的方式对政府行为中的可疑之处进行提问：为什么朝廷会再次复建明堂？若四年前皇帝确实因宫中有鬼而离开洛阳，那么明堂的再次重建是否就是为了禳厌宫中之鬼？毕竟当年武则天重建明堂就是以厌胜为由的。而仲秋八月又恰好是官府举行傩仪禳灾的时候，但玄宗朝又有关于禁止屠宰鸡犬的诏令，那么官府会不会在民间抓取作为驱鬼侲子的童男女，代替作为磔牲的鸡犬为即将再建的明堂奠基？在经过民众间的一番猜想、揣测与信息交换后，一个引发民间集体恐慌的谣言就此诞生了。

明堂"埋小儿"谣言的指控对象直指政府官员。民众这种指控政府幕后阴谋的做法，很像他们在村落中指控妖巫的做法，惟其场域乃是不同于民间社会的政府组织及其政策而已。谣言填补了信息与知识的缺失，起到了斗争武器的作用，强行制造出危机，将官民冲突与政治社会危机摆到了台面上来。关于这种官员绑架民间小儿进行建筑献祭（Construction Sacrifice）的谣言并不只发生在中国，它也曾在印度尼利西亚爆发并引起西方学界的高度关注[1]。这些研究揭示了这个谣言背后的民间习俗——猎头习俗（Head-hunting）。同时他们也注意到谣言与暴力的产生机制，在他们看来，谣言在诸多方面构成暴力过程的基础。在印度尼西亚的个案中，西方学者认为关于"建筑献祭"的谣言是一种抵

[1] Drake, Richard allen, "Construction Sacrifice and Kidnapping Rumor Panics in Borneo," *Oceania*, 59(4), 1989, pp.269-279; R.H.Barnes, "Construction Sacrifice, Kidnapping and Head-Hunting Rumors on Flores and Elsewhere in Indonesia," *Oceania* , 64(2), 1993, pp.146-158.; Robert Wessing, Roy E.Jordaan, "Death at the Building Site: Construction Sacrifice in Southeast Asia," *History of Religions*, 1997, (2), pp.101-121; Pamela J. Stewart , Andrew Starthern, *Witchcraft, sorcery, Rumors, and Gossip*, Cambridge University Press, 2004, pp. 168-193.

抗国家权力的形式。有人指称，国家官员绑架并杀害儿童，并将他们的尸体置于大坝之类的建筑中，用以加固建筑，抵御环境的破坏。而正如研究者所指出的那样，这类关于"建筑献祭"的谣言曾是由政府本身散布的，"国家把边缘群体视为有魔力的绑架者和猎头者。而现在这些边缘群体以其人之道还治其人之身，将官僚权力视为压制性权力。因此中心与边缘就这样用相同的谣言，辩证地构成了一个对立模式"[1]。

这一对立模式也反映在中国的传统政治结构与运作机制中。一方面，政府官员为解决社会危机、平息地方冲突，常常不惜以谣言的方式将社会中的弱势与边缘群体打上"妖异"或"妖术"使用的标签，一旦当他们被定义为邪恶的化身或邪恶之源时，政府就可动用他们手中的"合法迫害权"对其施展暴力，官员通过寻找并惩罚"替罪羊"（Scapegoat）的方式以期重新缓和趋于紧张的地方秩序。诚如卡普弗雷所言："谣言永远的循环往复是替罪羊的必然命运。一切社会都曾经历过危机，就像接受惩罚一样，因此必须找到一些替罪羊不自觉地来负担集体的罪孽。"[2]例如在政府对付旱魃时，往往要严惩那些被谣言认定为生过妖怪的妇女，十六国时期北燕国就发生过这类事件：太平十五年（423），自春季到五月持续干旱。有人上告右部官王荀之妻曾产一妖，先是妖物已经失踪云云。于是朝廷派人逮捕王妻，将她押在社坛上暴晒，不久竟大雨普洽[3]，而政府的这一惩罚机制直到清代仍未绝迹[4]。谣言通过想象构建了异端，并落实在具体的个人身上，用报复的方式创造了政府应对政治与社会危机的模式。作为异端的"替罪羊"一旦被谣言建构出来，就成为一个事实，一个可以通过司法程序解决的刑事案件，于是在官僚的日常行政处理中，来自政府的暴力迫害在这一应对模式中得以合法化与公开化。正如在历代王朝法典和官员判词中关于妖言、妖术等律例与案例中所见到的那样，它们形成了一种争取公众支持，并用暴力惩罚"肇事者"的国家法律机制。

另一方面，普通民众通常会利用谣言来消除他们周围生活世界中的不确定性。社会群体也会利用谣言来获得社会认知，产生社会想象，甚至在极端情况

---

[1] Pamela J. Stewart, Andrew Starthern, *Witchcraft, sorcery, Rumors, and Gossip*, Cambridge University Press, 2004, pp.168-177.

[2]［法］卡普费雷：《谣言：世界最古老的传媒》，第126页。

[3]（宋）李昉编纂，夏剑钦等点校：《太平御览》卷十一引高闾《燕志》，石家庄：河北教育出版社，1994年，第100页。

[4] 胡新生：《中国古代巫术》，济南：山东人民出版社，2005年，第261、262页。

下成为一种社会抗议，以舆论作为社会动员机制实现大规模的集体行动。统治者本身也可能成为谣言指控中的替罪羊，诚如田海所言："在传统中国的绝大多数人眼中，皇帝是天界与人类社会中最首要的超自然媒介。因此，他和其他替罪羊一样，都离人群很远，已经超越了人群的触及范围。"[1]如同政府通过谣言将社会中的弱势与边缘群体建构为"妖异"一般，下层民众也能以谣言作为"弱者的武器"将政府妖魔化，当权者自身则也反讽般地成了替罪羊。在此情境中，谣言构成了一种反权力，形成了某种对权力的制衡机制[2]。就此而言，在所有寻找"替罪羊"的谣言中，社会上的弱势群体与权贵精英互为谣言中的指控对象。双方的冲突与怨恨都源于"他们公开或隐藏的权力"[3]。

恐慌谣言泛滥的背后往往潜藏着更为深刻的社会危机，古今中外，概莫能外。18世纪的法国巴黎，警察为了维持秩序逮捕了大量流民，连儿童也不能幸免。于是谣言开始传播，据传法国国王得了麻风病，需要儿童净血来洗浴疗疾。1750年，巴黎市民在谣言的煽动下，发起了许多反对政府的暴乱。在此之后，谣言流布所释放的暴力和恐惧使民众对政府的态度大变，以前巴黎人对国王的尊敬不复存在，其政权合法性也大为削弱。甚至有史家指出，1750年的谣言及暴动已彻底摧毁了法国官民间的互信，并为1789年法国大革命的爆发奠定了基础[4]。由于史料阙如，我们无法通过更多确凿的证据来证明唐代"埋小儿"谣言事件究竟在多大程度上削弱了唐王朝的政权合法性，不过正如葛兆光所指出的那样，虽然现代学者并不相信所谓的"灾异"与"祥瑞"，但有时一些社会的异常现象却可以充当时势转化的象征。开元二十七年关于明堂"埋小儿"的谣言，以及天宝三载（744）京师再次爆发"官遣枨枨捕人肝以祭天狗"的恐慌谣言[5]，这些似乎都象征着盛唐社会有一种潜在的病症。可是，"这个时代的主流知识和思想世界却已经不能正视甚至不能察觉这一危机

[1]［荷］田海：《讲故事：中国历史上的巫术与替罪》，第105、106页。

[2]［法］卡普费雷：《谣言：世界最古老的传媒》，第14页。

[3]［美］安德鲁·斯特拉森等：《人类学的四个讲座：谣言·想象·神体·历史》，第100页。

[4]［法］阿莱特·法尔热：《谣言如何威胁政府：法国大革命前的儿童失踪事件》，杨磊译，杭州：浙江大学出版社，2017年，第1—109页。

[5]《旧唐书》卷三六《天文志下》，第1323页。

了，终于，在8世纪中叶发生了‘惊破霓裳羽衣曲’的一幕”[1]。

（作者单位：四川大学历史文化学院）

Rumors, Scapegoats and Social Crises: Interpretation of the “Burying Children” Rumor in Mingtang Hall at Kaiyuan Reign in the Tang Dynasty

Feng Hao

[Abstract] During the twenty–seventh year of Kaiyuan reign in the Tang Dynasty, the construction activities of rebuilding Mingtang Hall in Luoyang triggered a folk panic rumor. It was rumored that the officials would bury children under the Mingtang Hall for exorcism and blessing. Rumors aroused from the awakening of collective memory, however, the special political ecology and social atmosphere also provided a breeding ground for rumors at that time. It was the cognitive mismatch between government and civil society as well as the lack of social trust mechanism that led to the outbreak of rumors directly. In particular, government officials were accused in rumors, which indicated that in addition to marginalized groups, the ruling class could also be the scapegoat for rumors. On the one hand, the rumors became a weapon of public opinion against the central power among the masses of the people, on the other hand, the panic feeling from the rumour further revealed the social crisis caused by the lack of mutual trust between the government and the masses of the people.

[1] 葛兆光：《中国思想史：七世纪至十九世纪中国的知识、思想与信仰》（第二卷），上海：复旦大学出版社，2007年，第39页。

论唐代内诸司使的定义及其影响

杜文玉

有关唐代内诸司使系统的研究成果已经非常之多，这主要是指内诸司使的个案研究[1]，然而对有些基本问题尚没有清晰的结论，比如关于这一系统的定义与始置时间，或语焉不详，或有异说存在，故有必要论述清楚。此外，唐代出现的这一内诸司使系统对后世有哪些具体的影响，也是需要论述清楚的。本文只是一个初步的探讨，不当之处，希望能够得到指正。

一、内诸司使系统的定义

唐代宦官专权并非通过内侍省系统，而是通过内诸司使系统进行，这一点在中外学术界已经形成了共识。最早提出这一观点的是日本学者矢野主税，其在《唐代宦官权势获得因由考》一文中认为：宦官掌握诸多内诸使，向各方面伸展权力。宦官通过诸职制——特别是军事的、政治的、财政的使职，获得很大的权势，并通过养子制将这些已经获得的权势继承下来[2]。文中所说的“诸职

[1] 此类论文颇多，只能择其要者列举：李鸿宾：《唐代枢密使考略》，《文献》1991年第3期，第82—91页；王永平：《论唐代宣徽使》，《中国史研究》1995年第1期，第73—79页；贾艳红：《试谈唐中后期的内诸司使》，《齐鲁学刊》1997年第4期，第103—106页；戴显群：《唐代的枢密使》，《中国史研究》1998年第3期，第82—91页；杜文玉：《唐代内诸司使考略》，《陕西师范大学学报》1999年第3期，第27—35页；黄洁琼：《唐代枢密使与神策中尉之比较研究》，《福建论坛》2005年第12期，第76—80页；王颜、杜文玉：《论唐宋时期的文思院与文思院使》，《江汉论坛》2009年第4期，第89—96页；杜文玉：《关于唐代内诸司使与威远军使研究的几个问题》，《河北学刊》2011年第3期，第44—48页。此外，唐长孺与香港学者赵雨乐亦有涉及，具体情况下面还会提到。

[2] ［日］矢野主税：《唐代宦官获得权势因由考》，《史学杂志》第63卷第10号，1994年，第34—48页。

制”，即中国大陆学者所说的内诸司使。当然矢野主税先生在其文中也论及宦官获得权势的其他因素，但由于这些与本文所论主题无关，故暂不涉及。台湾学者王寿南先生撰写了《唐代宦官权势之研究》一书[1]，后来又出版了《唐代的宦官》一书，后一书实际上是前一书的再版，只是书名有所变化而已。其中部分内容涉及内诸司使，但是没有进行详细地论述[2]。大陆学者对唐代内诸司使研究较早的是唐长孺先生，他具体研究了内诸司使中的一些使职，并对其权力与地位给予了评价[3]。宁志新的《隋唐使职制度研究》一书，也涉及一些属于内诸司使的使职[4]。王守栋出版了《唐代宦官政治》一书，其中第二章第二项，涉及内诸司使[5]。不过此书不够严谨，把凡是宦官充任过的使职统统视为内诸司使，这样就混淆了属于南衙系统的使职与内诸司使系统的区别。香港学者赵雨乐出版了《唐宋变革期之军政制度——官僚机构与等级之编成》一书，其中第二章“唐代内诸司使之权力构造”，涉及部分内诸司使[6]。此外，还有不少学者陆续发表了一些有关内诸司使的论文，大都属于内诸司使个案的研究[7]。所有这些研究成果的涌现，反映了中外学术界对唐代内诸司使这一问题的重视，也说明其在唐代政治史上占有极其重要的地位。

统观目前的这许多有关唐代内诸司使的研究论著，涉及的使职五花八门，将不少本不属于内诸司使的使职都囊括进来，这就说明有些学者对唐代内诸司使的定义还不清楚，需要对这一问题加以研究，以明确其基本定义。

关于内诸司使，宋人王旦说：“唐设内诸司使，悉拟尚书省：如京，仓部也；庄宅，屯田也；皇城，司门也；礼宾，主客也。虽名品可效，而事任不同。唐朝诸司所领，惟京邑内外耳。”[8]王旦为什么说其“悉拟尚书省”呢？

---

[1] 王寿南：《唐代宦官权势之研究》，台北：正中书局，1971年。

[2] 王寿南：《唐代的宦官》，台北：商务印书馆，2004年，第94—110页。

[3] 最早以《唐代的内诸司使》为名，发表在《魏晋南北朝隋唐史资料》第五、六辑，1983年、1984年。后改名为《唐代的内诸司使及其演变》，收入氏著《山居存稿》，北京：中华书局，1989年，第244—272页。

[4] 宁志新：《隋唐使职制度研究》，北京：中华书局，2005年，第167、187、189、195、249、253、255、257页。

[5] 王守栋：《唐代宦官政治》，北京：中国社会科学出版社，2009年，第38—75页。

[6] 赵雨乐：《唐宋变革期之军政制度——官僚机构与等级之编成》，台北：文史哲出版社，1994年，第49—101页。

[7] 具体情况参见文章开头的第一个注释。

[8] （元）脱脱：《宋史》卷一六八《职官志八》，北京：中华书局，1977年，第4003页。

这是因为唐内诸司使的许多权力皆是侵削南衙诸司而来的，但并不仅限于尚书省，如崔胤在天复三年（903）上疏请求罢去内诸司使时，要求将“其事务尽归之省、寺”[1]。可见其还侵削了九寺的职权。实际上唐内诸司使侵削的对象是整个南衙系统，包括省、寺、监。正因为如此，唐长孺先生才指出，这个由宦官指挥内诸司使行政系统，组织宠大，“与南衙宰相为首的行政系统相互对立”[2]。附带再强调一下，从理论上看，内诸司使系统的权力要大于南衙朝官系统，因为其不仅大量地侵削了南衙诸司的权力，还掌握了内廷的大量权力，而这一方面却是南衙无法问津的。不过其权力主要还是来自南衙系统，从而使有些学者产生了误解，以为凡唐朝使职只要是宦官充任过的，皆可视为内诸司使，而忽略了内诸司使必须是“内司”“内使”性质的这一关键问题。

为了更方便地说明这个问题，有必要举几个例子。如有人将左右神策军护军中尉视为内诸司使[3]。其虽为宦官阶层之首领，在唐代将其与枢密使合称“四贵”，但却不是内诸司使系统的使职。理由有三：其一，在唐代凡使职官皆无品阶的规定，内诸司使的品阶是由其所带之散官或所兼的其他职事官阶决定的。而护军中尉却有品阶的规定，史载：“左、右神策中尉，准令式二品官。”[4]可见这一品阶是《官品令》规定的。之所以确定其为二品官，是因为唐朝在大历二年（767）把中书令、侍中升为正二品，神策中尉作为北衙首领，为了与南衙平衡也只能被定为二品官。其二，神策中尉在设置之初即为职事官。德宗贞元十二年六月，“以监句当左神策窦文场、监句当右神策霍仙鸣皆为护军中尉，监左神威军使张尚进、监右神威军使焦希望皆为中护军”。胡三省注曰：“此职事官之掌禁兵者。”[5]胡三省的这种说法是有依据的，因为护军中尉，古官也。《汉书》载：“拜（陈平）以为护军中尉，尽护诸将。”[6]又据《后汉书》李贤注引《魏略》曰：“曹公置都护军中尉，置护军将军，亦皆比

[1]（宋）司马光：《资治通鉴》卷二六三，天复三年正月条，北京：中华书局，1956年，第8594页。

[2] 唐长孺：《唐代的内诸司使及其演变》，第244页。

[3] 唐长孺：《唐代的内诸司使及其演变》曰：“北衙诸司使之首是左右神策军护军中尉、枢密使和宣徽使。”第244页。

[4]（宋）王钦若等编纂，周勋初等校订：《册府元龟》卷五〇七《邦计部·俸禄三》，南京：凤凰出版社，2006年，第5770页。

[5]《资治通鉴》卷二三五，贞元十二年六月条及胡注，第7571页。

[6]（东汉）班固：《汉书》卷四〇《陈平传》，北京：中华书局，1962年，第2041页。

二千石，旋军并止罢。”[1]且中尉作为职事官早在秦代已有设置。可知护军中尉早在唐之前就已有之，唐朝只不过沿袭古制而已。且使职官必有使名，神策中尉显然与此不符。其三，神策中尉并不掌管内诸司使系统，负责此事的乃是南、北院宣徽使，这一点后面还要详论。

还有人将招讨使、粮料使、馆驿使、市舶使、铸钱使、营田使、市鸟兽使、长春宫使等，皆视为内诸司使[2]。之所以出现这一状况，主要是因为没有弄清内诸司使的定义之故，把凡宦官充任过的使职均视为内诸司使。有唐一代，设置过的使职甚多，学术界有人进行过统计，有一百几十种、二百多种，乃至三百余种之说，如果把宦官充任过的使职均视为内诸司使，则又遗漏了不少使职，如吊祭使、宣敕使、入新罗使、聘国使、大食市马使等，这些都是宦官充任过的使职，但却是事罢即废，非常设的使职。上述的招讨使、粮料使、市鸟兽使等，均属此类，而诸司使却是常设使职。再说招讨使、粮料使更多的还是朝官或武臣充任，宦官只是偶尔为之。馆驿使、营田使、铸钱使、长春宫使虽是常设使职，但非宦官专任，其中营田使在唐后期是节度使兼任的使职，他人不得染指；馆驿使本来由监察御史充任，由于皇帝宠信宦官，一度由其充任，引起南衙朝官们的激烈反对后，遂又恢复旧制，其间虽有反复，但此职始终不是由宦官专任；长春宫是唐朝的离宫之一，其使职虽有宦官充任，但总的来看，南衙系统充任此职的人远远多于宦官，并且为同州刺史兼领，直到唐后期仍是如此[3]。铸钱使的情况亦是如此。至于市舶使，不论是在唐代还是宋代，从来都不属于内诸司使系统，本来由岭南节度使兼任，只是一度命岭南监军使兼任过。故唐人李肇说：“开元已前，有事于外则命使臣，否则止。……宦官内外悉属之使，旧为权臣所管，州县所理，今属中人者有之。”[4]市舶使等的情况就属于这种情况，虽为宦官所领，但绝非内诸司使。

---

[1]（南朝宋）范晔：《后汉书》卷二四《百官志一》李贤注引，北京：中华书局，1965年，第3563页。

[2] 王守栋：《唐代宦官政治》，第39—75页。

[3] 如《旧唐书》卷一三《德宗本纪下》载：贞元十四年九月，“以太常卿杜确为同州刺史、本州防御、长春宫使”（北京：中华书局，1975年，第388、389页）。同书卷一六《穆宗本纪》载：长庆二年六月，“谏官论责裴度太重，元稹太轻，乃追稹制书，削长春宫使”（第498页）。当时元稹任同州刺史、兼长春宫使。同书卷三八《地理志一》载：“同州防御、长春宫使。同州刺史领之。”（第1390页）

[4]（唐）李肇：《唐国史补》卷下《内外诸使名》，上海古籍出版社，1957年，第53页。

还有一个问题需要说清楚，即充任内诸司使的不一定都是宦官。仍以唐朝为例，唐昭宗天复元年（901），宰相崔胤请尽诛宦官，“以宫人掌内诸司事”[1]。天祐元年（904），“敕内诸司惟留宣徽等九使外，余皆停废，仍不以内夫人充使”[2]。即以士人充任内诸司使，这一点史籍中有明确记载，“内诸司使，自天祐以来以士人代之”[3]。后梁的内诸司使全都以士人或武臣充任，胡三省曰：“唐昭宗天复三年诛宦官，以士人为内诸司使，时所存者九使而已。……后唐虽不用梁制，而复唐之旧，内诸司使其官亦多。”[4]可知内诸司使可用宦官亦可用士人。尽管唐朝的这种变化发生在唐末，但是它说明了一个情况，即内职并非必须以宦官充任。之所以如此，是因为唐之前的历朝内职亦有杂用士人的情况，至唐才改为全用宦者。

众所周知，唐朝的内诸司使属于北衙系统，而北衙系统之官多为内职，即设在内廷的机构和官职，在这里所谓“内”，即指内廷、宫内，这是决定其职官性质的基本要素。在唐代，由于北衙不断侵削南衙诸司的权力，故内诸司使所掌管的事务不一定都在宫内。之所以将宦官充任的一些使职仍视为内诸司使，有两个要素：一是此使职必须是常设的，其机构设在宫内；二是其必须归宣徽院管理与领导[5]，否则就不能视为内诸司使。

那么，监军使算不算内诸司使系统内的使职呢？实际上是有争议的，唐长孺、赵雨乐认为不算[6]，王守栋之书将监军使算在内[7]。唐前期以御史监军，“开元二十年后，并以中官为之，谓之监军使”[8]。唐人陆贽亦曰：“至有一城之将，一旅之兵，各降中使监临，皆承别诏委任。”[9]可知监军使的设置并不仅限于诸道节镇，凡有兵之处大都有设置，如神策军在京西北所置诸镇中亦各有监军使。值得注意的是，在唐前期御史监军时只称监军，而不称使，自从开

[1]《资治通鉴》卷二六二，天复元年闰六月条，第8555页。

[2]《资治通鉴》卷二六四，天祐元年闰四月条，第8631页。

[3]《资治通鉴》卷二七三，同光二年正月条，第8912页。

[4]《资治通鉴》卷二七三，同光二年正月条胡注，第8912页。

[5]王永平：《论唐代宣徽使》，《中国史研究》1995年第1期，第73页。

[6]唐长孺《唐代的内诸司使及其演变》一文与上引赵雨乐之书，均没有将监军使算在内诸司使内。

[7]王守栋：《唐代宦官政治》，第46、47页。

[8]（唐）杜佑：《通典》卷二九《职官典十一》，北京：中华书局，1988年，第805页。

[9]（唐）陆贽：《陆贽集》卷一八《请减京东水运收脚价于缘边州镇储蓄军粮事宜状》，北京：中华书局，2006年，第586页。

元时以中官充使后始有使名。这种情况的出现，固然是唐代普遍置使的一种反映，然亦是监军这一职事性质发生变化的反映。监军使在设置之始，还不能算是内诸司使之一，自从枢密使（早期称掌枢密、知枢密）设置后，其就应属于内诸司使系统了。众所周知，枢密院设在大明宫内，具体方位在宣徽院以南、中书省以北[1]。天下诸道监军使皆隶属于枢密使管辖[2]，其视枢密使为“长官”，说明监军使的管理机构在内廷，符合内诸司使皆置于宫内的要素，加之皆由中人充任，故自此以后直到唐末，监军使可视为内诸司使之一种。

综上所述，可以给唐代的内诸司使下一个基本定义，即管理机构设在内廷，使职须由宦官充任，并且为常设之职。之所以把宦官充任作为一个必备的要素，是考虑到有唐一代的特殊情况，因此这一定义并不适合其他历史时期。

二、内诸司使系统的始置时间

关于内诸司使的始置时间，胡三省说：“唐中世以后，置内诸司使，以宦官为之。”[3]可见胡三省亦认为内诸司使必须由宦官充任，只是其所说的这个时间比较笼统，还需要进一步探讨。宋人薛季宣则认为：“唐明皇始置内诸司使，百官用皆失职。”[4]从目前关于唐代内诸司使研究的情况看，这一系统并非一蹴而就，而是陆续设置、逐渐增多的。据《高力士神道碑》载：高力士曾经充任过内属箭及三宫内飞龙厩大使，又充开漕使[5]。开漕使为临时设置的使职，事罢即废，内飞龙厩大使即后来的飞龙使，为内诸司使之一，因为高力士地位尊贵，故在使名上加“大”字。内属箭即内弓箭库使，亦为内诸司使之一。另据《高力士墓志铭》载：玄宗即位后，“攀龙附凤，公实亲焉。录其翼戴之勋，遂有骤迁之命。特加朝散大夫、内给事，充内弓箭库使”[6]。关于高力士充任这两种使职的时间，以上两种资料均未有明确的记载，另据《旧唐书》载：天宝十一载（752），王𫟹叛乱，“骠骑大将军、内侍高力士领飞龙小儿甲骑四

[1] 杜文玉：《大明宫研究》，北京：中国社会科学出版社，2015年，第263页。

[2] 杜文玉：《唐代宦官管理制度述论》，《社会科学动态》2017年第3期，第86—93页。

[3]《资治通鉴》卷二三八，元和五年九月条胡注，第7679页。

[4] 曾枣庄、刘琳主编：《全宋文》卷五七七七薛季宣《召对札子》，上海辞书出版社，合肥：安徽教育出版社，2006年，第257册，第105页。

[5] 吴钢：《全唐文补遗》第一辑，西安：三秦出版社，1994年，第36页。

[6] 吴钢：《全唐文补遗》第七辑《高力士墓志铭》，西安：三秦出版社，2000年，第59页。

百人讨之，綷为乱兵所斩”[1]。据此可知，飞龙使至迟在天宝十一载之前就已经设置了。文献中记载的飞龙厩，为仗内六闲之一，原隶属殿中省尚乘局，杜佑《通典》载：“武太后万岁通天二年五月，置仗内闲厩，令殿中丞袁怀哲检校。至圣历二年，改为少监闲厩使，自后他官相循为之。”[2]可知仗内六闲设置以来置使或不置使，掌其事者皆为朝官，从目前所能掌握的记载看，高力士应是首位充任飞龙使的宦官，此后陆续有程元振、鱼朝恩、彭献忠、刘弘规等充任，这些人无一不是宦官，遂使其发展为内诸司使之一。

至于弓箭库使的始置时间，从以上记载看似乎是在玄宗即位之时的先天元年（712）。据《新唐书·高力士传》载：“已平韦氏，乃启属内坊，擢内给事。”《旧唐书》本传亦载：“及唐隆平内难，升储位，奏力士属内坊，日侍左右，擢授朝散大夫、内给事。”说明高力士所获内给事之职是玄宗为太子时。又据上引其墓志载，高力士所任的内给事与内弓箭库使是同时授与的，如此则内弓箭库使很可能在唐睿宗景云时就已经设置了。

关于内教坊使的设置时间，《旧唐书》载：“内教坊。武德已来，置于禁中，以按习雅乐，以中官人充使。则天改为云韶府，神龙复为教坊。”[3]这一记载极不可靠，似乎教坊使自武德以来就以中官充任。另据《新唐书》载：“武德后，置内教坊于禁中。武后如意元年，改曰云韶府，以中官为使。开元二年，又置内教坊于蓬莱宫侧，有音声博士、第一曹博士、第二曹博士。京都置左右教坊，掌俳优杂技。自是不隶太常，以中官为教坊使。”[4]可知武则天如意元年（692）改内教坊为云韶府时，才以中官为使。至开元二年（714），始不隶太常寺，单独成署，并以宦官为使，遂成为内诸司使之一，说明从如意元年至开元二年这一时期，并不全以宦官为使，否则《新唐书》也不会强调开元二年以中官为使。不过内教坊使并非全由宦官充任，据《唐语林》卷一载：玄宗“乃敕教坊使范安及曰‘唐崇何等，敢干请小客奏事？可决杖，递出五百里外’”[5]。唐崇乃教坊音声人。范安及曾任将作大匠，当为士人无疑，只不知其

---

[1]《旧唐书》卷一〇五《王鉷传》，第3231页。

[2]《通典》卷二六《职官典八》，第744页。

[3]《旧唐书》卷四三《职官志二》，第1854页。

[4]（宋）欧阳修、宋祁：《新唐书》卷四八《百官志三》，北京：中华书局，1975年，第1244页。

[5]（宋）王谠撰，周勋初校证：《唐语林校证》卷一《政事上》，北京：中华书局，2008年，第53页。

何时任教坊使，从两《唐书》所记其数条事迹看，其主要活动于开元十五年至十八年，故其任教坊使当在开元二年之后。又据《经济类编》载："宣宗时，教坊使祝汉贞滑稽敏给，宠冠诸优"云云[1]。《山堂肆考》卷一六九《技艺》抵掌诙谐条亦记其为教坊使，当有所本。《东观奏记》卷下、《唐语林》卷二皆其记为优人，说明其非中官。可知直到唐后期内教坊使亦有非中官充任的现象。尽管如此，内教坊使属于内诸司使系统则是无可怀疑的，因为《册府元龟》卷六六五《内臣部·总序》记载唐内诸司使使名时，其中就有内教坊使，后梁取代唐朝统治后，其内诸司使中亦有此使。

通过对以上几个内诸司使设置时间的考证，可知唐代内诸司使的设置有一个逐渐发展的过程，其始置时间最早不会超过武则天统治时期，至唐玄宗开元、天宝时期，设置的使职职数大大增加了，初步形成了规模。这就是宋人薛季宣认为内诸司使始置于唐玄宗时期的根本原因。

不过，管理内诸司使的宣徽院的设置时间却要晚一些。马端临说："枢密、宣徽院皆始于唐，然唐之职官志及会要略不言建置本末。盖因肃、代以后，特设此官以处宦者，其初亦无甚司存职业，故史所不载。及其后宦者之势日盛，则此二官日尊。"[2]这条记载没有枢密、宣徽设置的确切时间。另据《宫闱令西门珍墓志铭》载："大历之末，擢居宣徽。"[3]可知其最迟置于唐代宗大历年间（766—779）。关于枢密使的始置时间，据《旧唐书》载："永泰二年，……时中官董秀掌枢密用事。"[4]永泰二年（766），亦是唐代宗的年号，当时尚未称枢密使。马端临亦曰："永泰中，宦官董秀参掌枢密事，……亦无视事之厅。"又引洪迈《容斋随笔》曰："唐世枢密使，专以内侍为之，与他使均称内诸司。"[5]洪迈说枢密使为内诸司使是不错的，但其却不归宣徽使管辖，且地位较宣徽使高。由于内诸司使是逐渐设置的，最初设置的职数并不很多，加之枢密、宣徽设置之初，皆无视事之厅，推断其分别管理监军使与内诸司使乃是后来的事情，当是后来内诸司使越置越多，唐朝为了加强管理，遂分别将其隶属于枢密院与宣徽院。

---

[1]（明）冯琦、冯瑗：《经济类编》卷十九，载文渊阁《四库全书》，台北：商务印书馆，1983年，第960册，第620页。

[2]（元）马端临：《文献通考》卷五八《职官考十二》，北京：中华书局，2011年，第1723页。

[3]（清）陆耀遹：《金石续编》卷一〇《宫闱令西门珍墓志铭》，清同治十三年双白燕堂刻本。

[4]《旧唐书》卷一二六《陈少游传》，第3563页。

[5]《文献通考》卷五八《职官考十二》，第1713、1715页。

唐代内诸司使到底有多少，史书中缺乏详细的记载，《册府元龟》卷六六五《内臣部·总序》载：

> 盖唐室中叶之后，诸司、诸使多以中人主之（如宣徽使、閤门使、飞龙使、内坊使、内弓箭使、鸿胪礼宾等使、内教坊使、五坊使、学士使、粮料院、馆驿等使之比）。[1]

这一数字与实际情况相差甚远。西安出土的《大唐重修内侍省之碑》，为翰林学士郑璘撰于唐昭宗光化二年（899）六月，在记载内诸司使时写道：

> 内则内园、客省、尚食、飞龙、弓箭、染房（坊）、武德留后、大盈、琼林、如京、营幕等司，并命妇院、高品、内养两院。外则太仓、庄宅、左右三军、威远、教坊、鸿胪、牛羊等司，并国计库、司天台。曹署并臻华局，克叶旧规，徘徊翼张东西，鳞次列秩峻美。[2]

其中包括了一些南衙机构，如太仓署、左右三军、威远营、鸿胪寺、国计库以及司天台等，此次一并进行了修葺。其中涉及的内诸司仅有十几处，远远不是其全部情况。

从目前学术界关于内诸司使研究的情况看，比较可靠使职有以下几类。（1）政务类：枢密使、宣徽使、东西上閤门使、翰林院使、学士院使等。（2）军事类：飞龙使、军器使、弓箭库使、小马坊使、左右三军辟仗使、皇城使、监军使、排阵使、威远军监军使、步驿使等。（3）经济与生产类：大盈库使、琼林库使、丰德库使、内庄宅使、文思院使、内酒坊使、内作使、染坊使、中尚使、如京使、毡坊使、毯坊使等。（4）内廷及苑囿管理类：武德使、少阳院使、内坊使、十王宅使、内园使、洛苑使等。（5）宫廷服务类：五坊使、鸡坊使、御厨（食）使、口味库使、翰林医官使、牛羊使、内教坊使、冰井使等。（6）宗教事务类：两街功德使；（7）外事接待与礼仪类：鸿胪礼宾使、客省使、仗内使等。由于唐宋时期的政书极少记载内诸司使的设置情况，相关资料散见于各种文献与碑志之中，在一定程度上影响了这一问题的研究。相信随着考古事业的发展，新资料的涌现，有关唐代内诸司使的职数将会越来越多。

尽管目前尚无法了解唐代内诸司使设置的全部情况，但从以上情况看，其

---

[1]《册府元龟》卷六六五《内臣部·总序》，第7665页。

[2] 陈尚君：《全唐文补编》卷九二《唐重修内侍省碑》，北京：中华书局，2005年，第1121页。

职能已经涵盖了唐代政治、军事、经济、内廷与苑囿管理、宫廷服务、宗教事务以及外事接待等各个方面，与南衙朝官系统相比，其占有绝对的优势地位。以中枢决策权为例，枢密使掌管机要，既能参与皇帝与宰相商讨军国大事的延英召对，又可赴政事堂与宰相会商军政大事，拥有决定宰相人选的权力，甚至还有拥立皇帝的权力。

> 宣宗崩，内官定策立懿宗，入中书商议，命宰臣署状，宰相将有不同者。夏侯孜曰："三十年前，外大臣得与禁中事；三十年以来，外大臣固不得知。但是李氏子孙，内大臣立定，外大臣即北面事之，安有是非之说？"[1]

这里所谓的"内大臣"，即指神策中尉、枢密使等高级宦官，夏侯孜时为宰相，可知宦官拥立皇帝的这种权力得到了南衙朝官的承认。唐后期重要的制敕皆由学士院拟定，学士院使负责沟通翰林学士与皇帝之间的联系，从而得以参与政事的讨论。至于东上、西上阁门使则负责阁门以及宣政门的启闭和皇帝命令的传宣，百官及四方表章亦通过其进呈。由于宦官在政治上控制了这几个关键的职位，从而使唐朝政治天平不断地向其倾斜。

在军事上，宦官更是具有绝对的优势地位，左右神策军被中尉控制，天子六军尽管兵力寡弱，但其兵权却被左、右三军辟仗使控制。驻在长安城内的威远军，由于宦官担任了监军使，其兵权亦被宦官控制。皇城使掌皇城巡警与诸门，其部下将士直接在其统率之下。宦官在军事上的势力并不仅此，飞龙使与小马坊使控制了唐朝的全部马政，军器使与弓箭库使控制了军器的生产与分配，而诸道军队监军使虽不能完全控制，但节帅的兵权却受到了其极大的制约，有些强势的监军使甚至凌驾于节帅之上，把持着这些方镇的控制权。如果说中枢决策权宰相还能与枢密使对掌外，军权则为北司一方牢牢地控制在手中，从而在南衙北司之争中处于绝对的优势地位。

在经济地位方面，北司掌握了除左、右藏之外的全部经济大权，甚至左藏也曾一度被掌握在北司手中。另外，手工业生产也被一些内诸司使所掌管，至于苑囿、内廷服务等方面，南衙更是不能染指。即使外事接待与宗教事务，这些本应为南衙掌管的事务，宦官也不断地插手，被南衙职权侵削。对外出使唐

[1]（唐）裴庭裕：《东观奏记》附录三《唐宣宗遗闻轶事汇编》，北京：中华书局，1994年，第197页。

前期均由士大夫承担，唐后期皇帝则越来越多地派遣宦官出使周边各国甚至泛海远赴绝域，尽管此类使职不属于内诸司使，但亦可反映出北司系统对外事工作广泛的介入情况。内诸司使系统是与南衙朝官系统相对应的北司行政系统[1]，由于其权力来自对南衙系统的侵削，故随着这一系统的不断膨胀，南衙系统的职权不断萎缩，从而使双方本来的平衡关系不断地遭到破坏。分析唐代宦官专权，不仅要看到宦官对军权尤其是禁军兵权的控制，也要对其通过内诸司使系统控制更多的行政、经济以及其他方面的权力予以足够的关注。

三、内诸司使制度的影响及变化

以往在分析唐朝灭亡的原因时，常常把宦官专权作为主要因素之一，然而唐宋时期的人们并不如此认识这一问题。宰相崔胤献策于唐昭宗，欲诛杀全部宦官，时任给事中的韩偓劝谏说："陛下不若择其尤无良者数人，明示其罪，置之于法，然后抚谕其余曰：'吾恐尔曹谓吾心有所贮，自今可无疑矣。'乃择其忠厚者使为之长。其徒有善则奖之，有罪则惩之，咸自安矣。今此曹在公私者以万数，岂可尽诛邪！"[2]韩偓反对尽诛宦官，是因为其所掌之枢机及所充任的内诸司使乃是国家机器不可或缺的组成部分，如果全部摧毁必然会造成国家机器运转的停摆，后果十分严重。司马光在其所编撰的《资治通鉴》一书中，多次对宦官专权提出过严厉的批评，然其对唐末尽诛宦官之事也提出了不同的看法，他说此举"虽快一时之忿而国随以亡。是犹恶衣之垢而焚之，患木之蠹而伐之，其为害岂不益多哉"[3]！可见司马光也把诛杀宦官视为唐朝灭亡的重要原因之一。在国家制度改革与调整之前，仓促地作出如此之大举动，势必会造成制度紊乱、社会恐慌，这是这些有识之士反对全部诛杀宦官的根本原因。

正因为内诸司使系统在国家制度中占有相当重要的地位，所以后世并没有将其全部罢废，而是有所继承、沿袭，如五代、两宋时期就是如此，可见其影响之大。

五代时期继承了唐朝的内诸司使制度，《五代会要》记载有后梁的内诸司使，引之如下：

（有）崇政院使、租庸使、宣徽院使、客省使、天骥使、飞龙使、庄

[1] 唐长孺：《唐代的内诸司使及其演变》，244页。

[2] 《资治通鉴》卷二六二，天复元年六月条，第8554页。

[3] 《资治通鉴》卷二六三，天复三年正月庚午条"臣光曰"，第8599页。

宅使、大和库使、丰德库使、仪鸾使、乾文院使、文思院使、五坊使、如京使、尚食使、司膳使、洛苑使、教坊使、东上閤门使、西上閤门使、内园栽接使、弓箭库使、大内皇城使、武备库使、引进使、左藏库使、西京大内皇城使、闲厩使、宫苑使、翰林使。[1]

以上使职全部改为士人担任，其中崇政院使由枢密使改名而来，天骥使为小马坊使所改，司膳使为御食使所改，皇墙使为皇城使所改，以避梁讳；乾文院使本为文思院使，梁开平元年（907）五月改。同月，又改同和院使为仪鸾院使[2]。同和院何时所置，史籍缺载，另据宋人高承《事物纪原》载："《宋朝会要》曰：唐置营幕使，后置同和院，梁开平初改仪鸾院使，宋朝置仪鸾使。"[3]据此可知同和院使乃营幕使的改名，唐玄宗于开元十九年（731）十一月颁布《巡幸东都赐赉从官敕》，其中有"知顿使、知营幕使、各六十匹、知顿御史、三十匹"之文[4]，可知早在开元时已有此使职。从已出土的唐代宦官墓志看，此职设置不久即成为宦官专职，如刘遵礼、刘士环、李好古、孟秀荣等[5]，故其应为内诸司使无疑。《五代会要》所载后梁诸使中的乾文院使、文思院使，其中文思院使重复。大和库本为唐朝设置在东都洛阳的内库，是否置使不详；唐朝未见武备库之置，但有备边库之置，后改延资库，其使由宰相兼任[6]，颇疑武备库即延资库的改名。引进使不见于唐制，当是后梁新置，乃唐中书通事舍人之职也。

后梁开平元年四月置建昌宫，掌管"四镇所管兵车、税赋、诸色课利"，置判院事以掌之。同年五月，置建昌宫使。乾化二年（912）废建昌宫使，改置为国计使，"凡天下金谷、兵戎，旧隶建昌宫者悉主之"[7]，实为国家最高财税

[1]（宋）王溥：《五代会要》卷二四《诸使杂录》，上海古籍出版社，1978年，第388页。

[2]（宋）薛居正：《旧五代史》卷三《梁太祖本纪三》，北京：中华书局，1976年，第51页。

[3]（宋）高承：《事物纪原》卷六《仪鸾》，北京：中华书局，1989年，第298页。

[4]（宋）宋敏求：《唐大诏令集》卷七九，北京：中华书局，2008年，第454页。

[5]分见周绍良主编：《唐代墓志汇编》咸通〇七二《唐故彭城刘公墓志铭》，上海古籍出版社，1992年，第2435、2436页；周绍良、赵超主编：《唐代墓志汇编续集》会昌〇〇九《刘士环墓志铭》，上海古籍出版社，2001年，第949页；景亚鹂：《新见唐宦官李好古墓志研究》，载杜文玉主编《唐史论丛》第二十九辑，西安：三秦出版社，2019年，第376—386页；赵力光：《西安碑林博物馆新藏墓志汇编》之《孟秀荣墓志铭》，北京：线装书局，2007年，第766页。

[6]参见杜文玉：《论唐五代时期的延资库与延资库使》，载杜文玉主编《唐史论丛》第二十三辑，西安：三秦出版社，2016年，第20—31页。

[7]《五代会要》卷二四《建昌宫使》，第378页。

官员。唐朝是否置有国计库使，暂不可考，但唐朝置有国计库，上引《大唐重修内侍省之碑》有明确的记载。前蜀亦置有国计库，当是沿袭唐制而来。从这些情况看，后梁之国计使，当是掌管国计库的使职，包括建昌宫原所掌职事亦归其所掌。

后唐庄宗灭梁后，仍然沿袭了这些使职，将其中改名的又恢复了唐朝旧称，并且多以宦官充任这些使职。史载："内诸司使，自天祐以来以士人代之，至是复用宦者，浸干政事。"[1]但是并非全都以宦官充任内诸司使，如时任枢密使者为郭崇韬、张居翰，郭崇韬即为士人。再如"后唐庄宗同光二年五月，以教坊使陈俊为景州刺史，内园使储德源为宪州刺史，皆梁之伶人也"[2]。陈俊与储德源亦非宦官。后唐明宗即位后，内诸司使多用士人或武官担任，改变了庄宗时期多用宦者的状况。

五代时期除了以上使职外，新出现的使职主要有：鞍辔库使、法酒库使、毡毯坊使、内客省使、翰林茶酒使、绫绵使、六宅使、供备库使、内衣库使、宣和库使、内染院使、榷易使等。这些使职有些是唐代使职的合并或调整，如毡毯坊使、六宅使、内客省使、绫绵使、内染院使等，真正新增置的并不多。总的来看，五代时期虽然增设了一些使职，但内诸司使的职数却没有唐代多，且在其后期已出现了阶官化的趋势[3]。

两宋时期仍然沿袭了内诸司使制度，最大的变化就是枢密使成为外朝执政官，为二府之一。宣徽使地位尊贵，位在参知政事之下、节度使之上，虽为阶官，却不轻易授人。其余使职大都作为武臣之官阶，现将各级使职制表表示如下：

宋初各级使职一览表[4]

横班	东班	西班	使臣
内客省使	皇城使、副	宫苑使、副[5]	内殿承制
客省使	翰林使、副	左骐骥使、副	内殿崇班

[1]《资治通鉴》卷二七三，同光二年正月条，第8912页。

[2]《册府元龟》卷一八〇《帝王部·失政》，第1995页。

[3]李军：《论五代内诸司使的变化》，《陕西师范大学继续教育学报》2002年第4期，第37—40页。

[4]此表见赵雨乐：《唐宋变革期之军政制度——官僚机构与等级之编成》，第172页。

[5]另据《宋史》卷一六九《职官志九》载："内客省使至閤门使谓之横班，皇城使以下二十名谓之东班，洛苑使以下二十名谓之西班。"（第4033页）上表西班之首为宫苑使，与《宋史》所载不同。另据龚延明：《宋史职官志补正》八《建隆以后合班之制》，"洛苑"系"宫苑"之误。北京：中华书局，2009年，第509页。

续表

横班	东班	西班	使臣
引进使	尚食使、副	右骐骥使、副	东头供奉使
四方馆使	御厨使、副	内藏库使、副	西头供奉使
东上閤门使	军器库使、副	左藏库使、副	左侍禁
西上閤门使	仪鸾使、副	东作坊使、副	右侍禁
	弓箭库使、副	西作坊使、副	左班殿直
	衣库使、副	庄宅使、副	右班殿直
	东绫锦使、副	六宅使、副	三班奉职
	西绫锦使、副	文思院使、副	三班借职
	东八作使、副	内园使、副	
	西八作使、副	洛苑使、副	
	牛羊使、副	如京使、副	
	香药使、副	崇仪使、副（闲厩使）	
	榷易使、副	西京左藏库使、副	
	毡毯使、副	西京作坊使、副	
	鞍辔库使、副	东染坊使、副	
	酒坊使、副	西染坊使、副	
	法酒库使、副	礼宾使、副	
	翰林医官使、副	供备库使、副	

武臣从使臣最低一级依次升迁，至最高阶内殿承制后，再从西班、东班、横班依次进行，直至为内客省使。需要说明的是，宋初的这一套武臣之阶官制度，是在五代之制的基础上形成的，其阶官之排序也大体上沿袭了五代制度，但更加完备、更加详尽。关于这一切，学界多有研究，就不再赘述了。

在北宋初期，虽然武臣之阶已调整完成，但任内诸司使者并非完全不履实务，如宋太祖召翰林学士窦仪草诏，窦仪因太祖衣冠不整而不肯入内，“閤门使以奏，上自视微笑，遽索冠带而后召入”[1]。宋太祖“促閤门集百官，将下制逐（赵）普”[2]。这些都是閤门使履行实职的例子。再如宋太宗命“翰林使程德玄为东上閤门使兼翰林司公事”[3]，即将程德玄从翰林使升迁为东上閤门

[1]（南宋）李焘：《续资治通鉴长编》卷七，乾德四年十一月，北京：中华书局，2004年，第182页。

[2]《续资治通鉴长编》卷一二，开宝四年三月条，第262页。

[3]《续资治通鉴长编》卷一九，太平兴国三年三月戊申条，第425页。

使，却仍然掌管翰林司公事，在这里东上閤门使为阶官，而其负责的翰林司为实务。直到宋仁宗时仍有内诸司使履实务的事例，嘉祐（1056—1063）时，“营卒桑达等醉斗，指斥乘舆，皇城使捕送开封，弃达市”[1]。仁宗嘉祐元年（1056）十月敕曰：“若医官使奏医学，教坊使奏色长之类，仍只许奏一人，不惟使世专其艺，诚足以革入官之滥。”[2]限制医官使、教坊使从本部门中奏荐的人数，说明直到这一时期这些使职仍然可以履行实务。故《宋史》记载叙迁之制时，指出内诸司使“初犹有正官充者，其后但以检校官为之，或领观察使、防御使、团练使、刺史”[3]。宋朝还时常命内诸司使负责一些其他事务，如“凡赐酺，命内诸司使三人主其事，于乾元楼前露台上设教坊乐”[4]。每举行大礼仪时，以“内诸司使、副使三员同押仪仗，别二员编排导引官”[5]。内诸司使同样也可以享受恩荫，如真宗大中祥符四年（1011）六月规定，“内诸司使有子者，恩例外更特与改转一人”[6]。从可以履实务到完全成为阶官，这一过程是一个漫长的时期，直到北宋中后期仍偶有掌实务者出现，可见其影响之深远。

（作者单位：陕西师范大学历史文化学院）

[1]《宋史》卷三一九《刘敞传》，第10385页。

[2]《续资治通鉴长编》卷一八四，嘉祐元年十月丙申条，第4456页。

[3]《宋史》卷一六九《职官志九》，第4033页。

[4]《宋史》卷一一三《礼志十六》，第2700页。

[5]《宋史》卷一四五《仪卫志》，第3400、3401页。

[6]《续资治通鉴长编》卷七六，大中祥符四年六月庚辰条，第1728页。

The Definition and Influence of the Nei Zhu Si Shi（内诸司使）in the Tang Dynasty

Du Wenyu

［Abstract］The basic definition of the Nei Zhu Si Shi in the Tang Dynasty was that the administrative organ was set up in the imperial court, the Shi Zhi（使职）must be staffed by eunuchs, and they were permanent posts. It was particular that the eunuchs were regarded as a necessary element in the Tang Dynasty, so this definition was not suitable for other historical periods. The system appeared in the reign of Wu Zetian, and formed basically in the Kaiyuan（开元）and Tianbao（天宝）periods in the Tang Dynasty. The number of the Shi Zhi continued to increase until the late Tang Dynasty, and finally formed another administrative system corresponding to Nanya（南衙）.This system had a great influence on the Five Dynasties. Except for the Zhuangzong reign in the Later Tang Dynasty, the Shi Zhi was basically staffed by scholars or military officials, and gradually became bureaucratization until the Northern Song Dynasty.

唐代藩镇宦官监军使选任初探*

吴宇翔

作为皇帝权威在藩镇的代表，藩镇宦官监军使是唐代宦官群体的重要成员。自安史之乱起，唐王朝在藩镇普遍设立宦官监军使，以更好地控制地方藩镇、维护王朝统一。藩镇监军使既是藩镇体制形成之后皇权在地方的延伸与渗透，又随着宦官权势的扩张，成为支撑宦官专权的重要一环。唐宦官之祸引起后世的警觉，而藩镇监军使也吸引了众多学者的关注[1]。有代表性的研究成果如张国刚先生研究了藩镇监军使的组织制度和基本职能，指出其在方镇的崇高地位和抑制方镇割据的显著作用[2]。赵和平先生通过对《记室备要》的研究详细地考证出藩镇监军使的长官是枢密使[3]。杜文玉先生揭示了唐代宦官管理机构前后的变化，指出宦官的选用、升迁、差遣、奖惩等均以皇帝的制敕为准[4]。黄楼先

---

*本文系国家社科基金项目“隋唐五代城市社会各阶层研究”（项目编号：18AZS006）专项资助。

[1] 对于20世纪唐代监军使相关研究成果的详细梳理，参见胡戟等：《二十世纪唐研究》（北京：中国社会科学出版社，2002年）第三章第六节和第一章第十节，此不赘述。本世纪的研究成果除正文所列外，还有仲亚东：《唐代宦官诸使研究》（福建师范大学硕士学位论文，2003年），张全民：《唐河东监军使刘中礼墓志考释》（《敦煌学辑刊》2007年第2期），赵晨昕：《唐代宦官权力的制度解析》（首都师范大学博士学位论文，2012年），吴宇翔：《关于唐代宦官监军使的若干问题研究》（中山大学硕士学位论文，2012年），徐成：《北朝隋唐内侍制度研究》（上海师范大学博士学位论文，2012年），刘凌婧：《唐代宦官监军体制研究》（上海师范大学硕士学位论文，2018年），黄楼：《中晚唐宦官监军体制的成立》（载《魏晋南北朝隋唐史资料》第三十九辑，2019年）等。

[2] 张国刚：《唐代监军制度考论》，《中国史研究》1981年第2期，第120—133页。

[3] 赵和平：《〈记室备要〉的初步研究》，载敦煌研究院编《段文杰敦煌研究五十年纪念文集》，北京：世界图书出版公司，1996年，第260—266页。

[4] 杜文玉：《唐代宦官管理制度述论》，《社会科学动态》2017年第3期，第86—93页。

生对宦官监军制度的建立、监军使及其组织机构、监军使与地方政局做了新的探讨[1]。

藩镇宦官监军使的权力从最基本的“监视刑赏、奏察违谬”延伸到藩镇各方面事务，可与藩帅分庭抗礼。“出护戎机，实为重寄”[2]，因此，其人选非常重要。合适的人选能与藩帅密切合作，维护地方稳定，不辱皇帝使命。若用人不慎，轻则监军使与藩帅失和，僚属遭殃；重则激起兵变，祸端肇起；更有甚者，驱逐藩帅，独掌大权[3]。对于藩镇监军使的选任，目前学界尚未见专文研究。故笔者不揣浅陋，试加探讨，庶几对唐代藩镇宦官监军制度有进一步的了解和认识。

一、藩镇监军使的遴选

中晚唐是使职差遣制盛行的时代，“为使则重，为官则轻”[4]。由宦官出任的监军主要有三种：一是藩镇常置的监军使，二是南北衙禁军系统的监军使，三是因战争需要而临时设置的行营监军使[5]。藩镇监军使作为一种使职，有一定的职掌但本身并无品秩，需要由任者带的职事官、散官、勋官、爵号、章服等来定其高下。唐代宦官专权的特点之一是宦官的官僚化，宦官在职、散、勋、爵等方面与普通士人官僚并无重大差别，同样享有丁忧、致仕、追赠父母、赠官等待遇及特权[6]。虽然贞元十一年（795）德宗“初铸河东监军印”[7]后，藩镇监军使制度化，但今天能看到的相关制度材料甚少。除了两《唐书·宦官（者）传》偶有某人任某地监军使这种极为简略的记载外，传世文献对于

---

[1] 黄楼：《神策军与中晚唐宦官政治》第四篇《宦官集团与地方政局》，北京：中华书局，2019年，第333—430页。

[2] 周绍良主编：《唐代墓志汇编》咸通〇七二《刘遵礼墓志》，上海古籍出版社，1992年，第2435页。

[3] 参见（清）赵翼著，王树民校证：《廿二史札记校证》卷二十“中官出使及监军之弊”条，北京：中华书局，1984年，第427—429页。

[4]（宋）王谠撰，周勋初校证：《唐语林校证》，北京：中华书局，1987年，第516页。

[5] 黄楼：《神策军与中晚唐宦官政治》，北京：中华书局，2019年，第497、498页。笔者同意黄楼先生的分类，但德宗之后，并非每一藩镇例置一监军使。例如黔中迟至大中六年才首次设置监军使，见下文。

[6] 余华青：《中国宦官制度史》，上海人民出版社，2006年，第295页。参见杜文玉：《唐代宦官管理制度述论》，第90—93页。

[7]（后晋）刘昫：《旧唐书》卷一三《德宗本纪下》，北京：中华书局，1975年，第382页。

藩镇监军使的选任几乎从未提及。不过墓志、神道碑等石刻资料中，不乏相关的材料，由此可对藩镇监军使的选任开展研究。

藩镇监军使持诏“临视诸侯”[1]，位高权重，故需“精选名望”[2]，“推择良能，护临藩镇”[3]。石刻资料在叙述宦官出任藩镇监军使时，常对其个人品质进行称颂。这些只言片语背后，可见宦官出任藩镇监军使必备的基础条件。其中首要的是宦官对皇帝的高度忠诚，获得君主充分的信任，即“欲求监抚之任，必先明信之臣”[4]。会昌二年（842）夏四月，梁匡仁时任内寺伯，“上知其勤，竭忠奉国，可守本官，出监凤府”[5]。大中五年（864）正月，吴德应刚从剑南西川回京，完成了慰谕羌蛮的使命，“上念公之忠佳，公之绩未历一旬，宠锡紫金，监护回乐”[6]。在考察藩镇监军使的人选时，宦官本人对于皇帝的忠诚在价值排序上甚至重于才干，即“首诚信而后智谋”[7]。王公操出任黔中监军使一事更可见君主在遴选藩镇监军使时的微妙心态。大中六年（865）季夏，“皇帝以黔中地连外蕃，不专信节察，而创监军”。黔中管内族群多元，人口成分复杂，唐宣宗对朝臣担任的地方长官不够信任，因此特地创设监军使一职，派遣心腹王公操出任黔中首任监军使。监军使名为护戎，实为监视，唐宣宗所虑也是安史之乱后唐朝皇帝的普遍心态。

在“忠”“信”之外，“劳”也是君主遴选藩镇监军使时经常考虑的因素。长庆初年，乐辅政参与枢密，“人君嘉在内久劳，特许以荆南监抚”[8]。大中七年（866），闾知诚任职于宣徽院上院，加供奉官，“天子思近侍之劳，充平卢军节度监军使”[9]。文宗以李升荣“谠直居心，刚柔合度，便繁左右，岁月滋深，擢护藩方，用观诚效”，选任为江西监军使；武宗“以公翊侍年深，辛

[1] 周绍良、赵超主编：《唐代墓志汇编续集》大和〇五三《姚存古墓志》，上海古籍出版社，2001年，第921页。

[2] 周绍良、赵超主编：《唐代墓志汇编续集》大和〇一七《骆明珣墓志》，第891页。

[3] 周绍良、赵超主编：《唐代墓志汇编续集》大中〇〇六《高克从墓志》，第973页。

[4] 周绍良、赵超主编：《唐代墓志汇编续集》会昌〇〇八《刘渶浰墓志》，第948页。

[5] 吴钢主编：《全唐文补遗》第八辑《梁匡仁神道碑》，西安：三秦出版社，第179页。

[6] 杜文玉：《唐代吴氏宦官家族研究》，载杜文玉主编《唐史论丛》第二十辑，2015年，第158页。

[7] 赵力光主编：《西安碑林博物馆新藏墓志汇编》三三一《刘中礼墓志》，北京：线装书局，2007年，第861页。

[8] 周绍良、赵超主编：《唐代墓志汇编续集》长庆〇〇九《乐辅政墓志》，第864页。

[9] 周绍良、赵超主编：《唐代墓志汇编续集》大中〇六三《闾知诚墓志》，第1015页。

勤岁久，若无甄拔，何以劝能”，除邠宁庆等州监军使[1]。许遂忠则是“识度宽明，智略精密”[2]，以见识和智谋获得穆宗青睐，长庆二年（822）被选任为天平军监军使。

至于藩镇监军使的遴选过程，墓志中也提供了宝贵的资料。大中十四年（872），平卢监军使杨玄略已年满六十，于是上表“乞骸归阙”[3]。朝廷需要选择一名宦官出任新的平卢监军使。《田公远墓志》云：“平卢护军告缺，简于东西掖。帝因语执政曰：‘吾已得矣。’虽辍吾左右，且惠此方。遂当其选。”[4]从杨玄略退休、田公远继任的过程可知，藩镇监军使一般由皇帝与宰相、权宦等最高权力核心层成员共同商议，从皇帝左右亲信宦官中选定。

宦官首领的推荐也是选择藩镇监军使的一种方式。唐代自安史之乱后，吏部铨选的一元化选官体系衰落，新兴的荐举制、辟署制蓬勃发展，演变成“选出多门”的多元化选官体系[5]。在宦官集团中，荐举制和辟署制同样盛行。《梁元翰墓志》记载了志主先是被韦光素辟为僚佐，后又被仇士良举荐为监军使的任职经历。大和七年（833），左军中尉韦光素以梁元翰“俊彦之器，简求是切，特□敷奏，举充护军都判官”。到了武宗朝，“会昌元年正月十四日，时在班列。又左神策护军军容仇公讳士良，器抱风云，德涵山岳。以公变通之才，忠义两全，……举充桂管监军”。唐武宗接受了仇士良的举荐，“委之重寄，特拜桂管监军使”[6]。足见作为宦官首领的两军中尉在藩镇监军使的遴选过程中发挥着重要的作用。而枢密使与两军中尉同为“四贵”，又是藩镇监军使的长官，依常理推之，其在监军使遴选过程中也应有一定的话语权。

此外，碑志材料中有许多关于宦官恋主怀阙的表述：东都畿汝州监军使杨良瑶“恋阙诚深，恳请归朝”[7]；河东监军使许遂忠“赴阙，上以陈恋主之

[1] 周绍良、赵超主编：《唐代墓志汇编续集》会昌〇二九《李升荣墓志》，第965页。

[2] 周绍良、赵超主编：《唐代墓志汇编续集》大和〇二四《许遂忠墓志》，第899页。

[3] 周绍良、赵超主编：《唐代墓志汇编续集》咸通〇二〇《杨玄略墓志》，第1049页。

[4]《田公远墓志》，转引自王育龙《唐长安城东出土的康令恽等墓志跋》，载荣新江主编《唐研究》第六卷，北京大学出版社，2000年，第402页。

[5] 宁欣：《唐代选官研究》，台北：文津出版社，1995年，第3页。

[6] 周绍良、赵超主编：《唐代墓志汇编续集》会昌〇一八《梁元翰墓志》，第956页；图版见《西安碑林全集》，广州：广东经济出版社、深圳：海天出版社，1999年，第88卷，第3843—3847页。

[7]《杨良瑶墓志》，转引自张世民《杨良瑶——中国最早航海下西洋的外交使节》，《咸阳师范学院学报》2005年第3期，第5页。

诚”[1]；鄜坊监军使杜英琦临终前恨“不得再睹天颜”，“遂引领北阙，涕恋玉睹”[2]；宣州监军使刘渶沺“心怀恋阙，志愿朝天”[3]……凤翔监军使梁匡仁更是“居岐才未周星，皇上思之非时，有诏追觐”[4]。宦官前往地方担任藩镇监军使前，长期在御前侍奉，又深受君主信任，自然与皇帝有较外臣更为深厚的情感。可见宦官作为皇帝代表出任藩镇监军使时，与皇帝的关系除君臣之分外，更有浓厚的私人性质。

二、藩镇监军使的身份待遇

除了对皇帝的忠诚、自身政治才能和在宦官群体中的声望这些相对不易把握的主观标准之外，藩镇监军使的选任是否有更为确定的客观标准呢？下文利用出土文物和传世文献中的相关碑志材料，仔细考察宦官在初次担任藩镇监军使时职、散、勋、爵、服等身份性待遇，以进一步探索藩镇监军使选任过程中更为客观的标准。据笔者所见，唐代140余名宦官和30余名宦官夫人的墓志（神道碑）已公布；其中藩镇监军使的墓志（神道碑）44方，3方信息不全，故本文以余下41方作为主要分析对象（见表1）。

表1　碑志所见宦官初任藩镇监军使时职、散、勋、爵、服一览表[5]

编号	时间	姓名	藩镇	年龄	职	散	勋	爵	服	资料来源	散职差
1	784	宋国良	淄青	52	内给事				绯	杜文玉文[6]	
2	795	李辅光	河东	54	内寺伯				绯	汇编元和〇八三	

[1] 周绍良、赵超主编：《唐代墓志汇编续集》大和〇二四《许遂忠墓志》，第899页。

[2] 赵力光主编：《西安碑林博物馆藏墓志续编》一六九《杜英琦墓志》，西安：陕西师范大学出版总社有限公司，2014年，第519页。

[3] 周绍良、赵超主编：《唐代墓志汇编续集》会昌〇〇八《刘渶沺墓志》，第948页。

[4] 吴钢主编：《全唐文补遗》第八辑《梁匡仁神道碑》，第179页。

[5] 资料缩写：汇编=《唐代墓志汇编》（周绍良主编，上海古籍出版社，1992年），续集=《唐代墓志汇编续集》（周绍良、赵超主编，上海古籍出版社，2001年），新藏=《西安碑林博物馆新藏墓志汇编》（赵力光主编，北京：线装书局，2007年），新藏续编=《西安碑林博物馆新藏墓志续编》（赵力光主编，西安：陕西师范大学出版总社有限公司，2014年），新入藏=《陕西省考古研究院新入藏墓志》（陕西省考古研究院编，上海古籍出版社，2019），补遗八=《全唐文补遗》第八辑（吴钢主编，西安：三秦出版社，2005年），蒐佚续编=《秦晋豫新出墓志蒐佚续编》（赵文成、赵君平编，北京：国家图书馆出版社，2015年），长安=《长安新出墓志》（西安市长安博物馆编，北京：文物出版社，2011年）。

[6] 杜文玉：《宦官家族的建构与唐后期政治研究——以宋国良家族为中心》，《江西社会科学》2019年第12期，第118页。

续表

编号	时间	姓名	藩镇	年龄	职	散	勋	爵	服	资料来源	散职差
3	799	杨良瑶	东都畿汝州	64	内给事	太中大夫		男	紫	前引张世民文	–5
4	800	杨志廉	郑滑	57	内给事	中大夫		男	绯	续集元和〇〇二	–4
5	807	董文萼	幽州	61	掖庭局令		上轻车都尉		紫	续集元和〇六二	
6	810	刘弘规	河东	36	内给事				紫	《李德裕文集校笺》[1]，第523页	
7	814	朱孝诚	忠武	45	内给事	朝散大夫			绯	《全唐文》卷七三〇	0
8	815	仇士良	平卢	37	内常侍	太中大夫			紫	《全唐文》卷七九〇	–3
9	820	杜英琦	鄜坊丹延	43	内给事				绯	新藏续编一六九	
10	820	姚存古	宣武	40	内侍少监	银青光禄大夫			绯	续集大和〇五三	–3
11	穆宗	乐辅政	荆南						绯	续集长庆〇〇九	
12	822	许遂忠	天平	43	内侍	银青光禄大夫	上柱国	男	紫	续集大和〇二四	–3
13	824	马存亮	淮南	46	左军中尉[2]	云麾将军			紫	《李德裕文集校笺》，第531页	2
14	825	王某	湖南	46	内府局丞		上柱国		绯	续集大和〇二五	
15	敬宗	段嘉贞	福建						绯	新入藏一〇九	
16	831	刘渶浰	宣州	50	内寺伯	银青光禄大夫	上柱国	子	绯	续集会昌〇〇八	–14
17	833	李升荣	江西	58	内寺伯	正议大夫	上柱国	子	绯	续集会昌〇二九	–13
18	836	似先义逸	荆南	51	内寺伯	朝散大夫			紫	新藏二九三	–6

[1] 傅璇琮、周建国校笺：《李德裕文集校笺》，石家庄：河北教育出版社，2000年。

[2] 马存亮由左军中尉出任淮南监军使，见（宋）司马光：《资治通鉴》卷二四三，长庆四年四月、六月条，北京：中华书局，1956年，第7836、7838页。关于神策中尉是使职还是职事官，学界有以唐长孺先生为代表的使职说（见《唐代内诸司使及其演变》，载氏著《山居存稿》，中华书局，2011年，第252页）和以杜文玉先生为代表的职事官说（见《唐代宦官俸禄与食邑》，《唐都学刊》1998年第2期，第26页）两种说法。本文采用杜文玉先生的说法。

[3] 经核对清晰图版（《西安碑林全集》第88卷，第3887页），笔者认为《唐代墓志汇编续集》录文“公当盛选，监守夏室”有误，“夏室”应为“夏台”。夏台即夏绥。如“公（李听）之节制夏台也。执专征之弓矢”（《全唐文》卷六二三宋申锡《义成军节度郑滑颍等州观察处置等使金紫光禄大夫检校司徒使持节滑州诸军事兼滑州刺史御史大夫上柱国陇西县开国公食邑一千八百户李公德政碑铭》，北京：中华书局，1983年，第6287页）。

续表

编号	时间	姓名	藩镇	年龄	职	散	勋	爵	服	资料来源	散职差
19	837	高克从	夏绥[3]	53	掖庭局令				绯	续集大中〇〇六	
20	837	王公素	湖南	51	内寺伯	正议大夫			绯	汇编大中一四八	−13
21	838	孟秀荣	湖南	54	内仆局丞		上柱国		绯	续集大中〇三五	
22	841	梁元翰	桂管	54	内给事				绯	续集会昌〇一八	
23	842	梁匡仁	凤翔	65	内寺伯	朝散大夫			紫	补遗八，第178页	−6
24	842	李好古	河东	34	内侍	银青光禄大夫			紫	景亚鹏文[1]	−3
25	843	吴元勉	浙东	50	内仆局丞	承奉郎			绯	杜文玉文[2]	−3
26	844	师全介	陕府	62	内给事	正议大夫	上柱国	男	绯	续集咸通〇一九	−7
27	847	杨玄略	浙西	47	内仆局令	朝请大夫			紫	续集咸通〇二〇	−11
28	宣宗	刘中礼	魏博		内谒者监	中大夫			紫	新藏三三一	−6
29	850	李敬实	广州	49	掖庭局令				绯	续集大中〇七八	
30	852	宋伯康	桂管	52	宫教博士				绯	新藏三一五[3]	
31	853	闾知诚	平卢	57	掖庭局令	朝散大夫	上柱国		绯	续集大中〇六三	−8
32	853	吴德鄘	岭南	55	掖庭局令	通议大夫			紫	新藏三二二	−14
33	854	王归厚	昭义		宫教博士				绯	蒐佚续编九三三	
34	855	刘遵礼	兖海	40	宫闱局令	朝散大夫		子	紫	汇编咸通〇七二	−8
35	860	田公远	平卢	61					紫	王育龙文[4]	
36	860	樊仲文	邕南	53		朝散大夫			绯	长安，第300页	

[1] 景亚鹂：《新见唐宦官〈李好古墓志〉研究》，载杜文玉主编《唐史论丛》第二十九辑，2019年，第376、377页。

[2] 杜文玉：《唐代吴氏宦官家族研究》，第166、167页。

[3] 参见杜海军辑校：《桂林石刻总集辑校·唐·宋伯康还珠洞造像记》，北京：中华书局，2013年，第23页。

[4] 王育龙：《唐长安城东出土的康令恽等墓志跋》，载荣新江主编《唐研究》第六卷，北京大学出版社，2000年，第402、403页。

续表

编号	时间	姓名	藩镇	年龄	职	散	勋	爵	服	资料来源	散职差
37	864	吴德应	灵武	52	奚官局令	通议大夫			紫	杜文玉文[1]	–16
38	865	王公操	黔中			儒林郎			绯	续集乾符〇二二	
39	869	梁承政	兖州	65	宫闱局令	朝请大夫			绯	补遗八，第214页	–9
40	872	吴全缋	盐州	56	内府局令	正议大夫	上柱国		紫	续集乾符〇一九	–17
41	昭宗	张居翰	幽州		内侍				紫	新藏三六二	

需要说明的是，宦官初次出任藩镇监军使时的职、散、勋、爵、服是否有记载，视碑志撰写人的行文风格而定。因此，若缺乏明确的记载，则选取宦官担任藩镇监军使前时间上最为接近的资料。此外，本表依据宦官首次担任藩镇监军使时的年代先后排列，主要集中在德宗朝至懿宗朝。现分析如下。

（一）散品高

初任藩镇监军使的宦官散官绝大多数均在五品以上。明确记载的散官的24人中，22人在五品以上，六品以下的仅有2人[2]。吴元勉任浙江监军使时为承奉郎。咸通二年（861）薨于官次的浙东监军使王归厚最后官阶为承务郎，比吴元勉还低一阶。可见浙东监军使散阶都不高，这可能与朝廷重江淮财赋而轻武力配置有关。王公操出任第一任黔中监军使时为儒林郎。开元二十六年（738），黔中诸州就被朝廷从江南西道划出而增置黔中道[3]，但管内道、州、县三级行政机构以及羁縻府州两种管理体制同时并存，经济发展程度较低，实力弱小。此外，一般情况下唐代藩镇监军使在任期结束后不是回朝任职就是转任其他藩镇监军使，而王公操是从黔中转任神策军下属军镇灵台镇的监军。可见黔中地位不高，加上初次设置监军使，这可能是王公操散品不高而能出任黔中监军使的原因。

唐代五品以上官员为高官，五、六品官员之间，在经济、政治上享有的特

[1] 杜文玉：《唐代吴氏宦官家族研究》，第157—159页。

[2] 据《孟秀荣墓志》（《唐代墓志汇编续集》大中〇三五，第994页）记载，志主任监军使前未见受罚，但散阶反而降低，疑是记载有误，故未加讨论。

[3] 付艳丽：《唐代“黔中道”设立论考》，《贵州大学学报（社会科学版）》2017年第5期，第102页。

权存在重大的差异[1]。吴丽娱通过对《开元礼》和《丧葬令》的研究，认为流内官三品以上、四五品、六品以下三等的定限是一个基本的约束和标准[2]。从生前的经济待遇、政治特权到死后的丧葬礼遇、荫及子孙，唐代官员都面临着五、六品之间的分水岭。据《唐律疏议》，唐代贵族和官僚集团大致分为议贵、通贵、卑官三级，四品以下五品以上职官，三品以下五品以上散官及二品以下五品以上爵，称为"通贵"[3]。初任藩镇监军使的宦官几乎都有五品以上散官，属于"通贵"阶层。

（二）职官低

初任藩镇监军使的宦官职事官多在五品以下。有记载的36人中，二品1人，四品4人，五品9人，六品1人，七品13人，八品3人，九品5人。内给事、内寺伯和掖庭局令是宦官初任藩镇监军使时最常带的职事官。

职事官最高的是淮南监军使马存亮。淮南"为诸道府军事最重"，从贞元年间开始，其节度使和监军使分别由宰相和"四贵"担任[4]。因此，宦官初任藩镇监军使一般不会派驻淮南。马存亮从左军中尉出镇淮南，"辞荣畏满，名遂身退"[5]不过是美化之词，实际上是受右军中尉梁守谦等人的排挤，与当时的宫廷政治密切相关[6]。

吐突承璀也曾任淮南监军使。两《唐书》本传对于吐突承璀从宪宗即位到出镇淮南间的事迹记载甚详，除征讨王承宗外，吐突承璀自入仕东朝起便一直在宪宗御前侍奉，从未离开。吐突承璀出镇淮南应是首次担任藩镇监军使。因征讨王承宗无功，在朝臣的压力下，宪宗将吐突承璀从左军中尉"罢为军器庄

[1] 张泽咸：《唐代阶级结构研究》，郑州：中州古籍出版社，1996年，第88—91页。张国刚先生在《唐代阶官与职事官的阶官化论述》（《中华文史论丛》1989年第2期，第77—78页）中也指出了唐代散官不同的官员在章服、俸禄、职田、叙爵、封荫等方面的待遇差距。

[2] 吴丽娱：《终极之典——中古丧葬制度研究》，北京：中华书局，2012年，第431页。

[3] 刘俊文：《唐律疏议笺解》卷二一"流外官殴议贵"条，中华书局，1996年，第1517页。

[4]（唐）杜牧撰，何锡光校注：《樊川文集校注》卷十《淮南监军使院厅壁记》，成都：巴蜀书社，2007年，第755页。

[5]《唐故开府仪同三司行右领军卫上将军致仕上柱国扶风马公神道碑铭》，载《李德裕文集校笺》，第533页。

[6] 关于马存亮平定张韶之乱后，因神策军左右军之间的矛盾而出任淮南监军使的详细考证，见黄楼：《唐代"元和"系宦官与穆、敬、文、武四朝皇位之更迭》，载童岭主编《皇帝·单于·士人：中古中国与周边世界》，上海：中西书局，2014年，第280—283页。

宅使，寻拜左卫上将军知省事”[1]。元和六年（811）十一月，因弓箭库使刘希光受贿案牵连而出镇淮南[2]。此外，李绛时为翰林学士时“苦论其过”，宪宗才下定决心遣吐突承璀出京。“帝后欲还承璀，为罢绛宰相，召为内弓箭库使，复左神策中尉”[3]。吐突承璀任淮南监军使正好与李绛任宰相相始终，两者一升一降，背后有着内外廷之间政治斗争的影响。由此可见，前护军中尉首次担任藩镇监军使都有着非常复杂的高层政治斗争的因素，他们初任监军使时所带的职事品也远高于同侪。

（三）勋爵少

初任藩镇监军使的宦官记载了勋官的不多，共有上柱国8人、上轻车都尉1人。另有刘弘规、仇士良、樊仲文、王公操4人是在初次担任监军使后加勋上柱国。而杨玄略和似先义逸都是以上柱国致仕。目前笔者所见藩镇监军使的碑志材料中，除董文萼是上轻车都尉外，其他最终都获得了上柱国头衔，虽然获得时间不详。勋官本以赏战功。在唐初，高勋者可以回授周亲。高宗咸亨五年（674）之后，“战士授勋者动盈万计”，“据令乃与公卿齐班，论实在于胥吏之下”[4]，因受勋太滥，人员众多，勋官地位迅速下降，特权减少。麟德元年（664），刘仁轨在上表中称，勋官“与白丁无别”[5]，可见勋官地位之低。胡三省云：“唐自至德以后，勋阶轻而职事官重。”[6]结合中晚唐勋官的地位来看，勋官相对于职事官和散官而言并不那么重要。

爵位的记载也较少。绝大多数藩镇监军使的碑志材料中都记载了墓主何时获得最高爵位，而初任藩镇监军使时是否带有爵位则很少提及。39人中明确记载的只有开国县子3人、开国县男4人。唐代封爵共有九级，最低的开国县男爵品为从五品下。除皇室与外戚以血缘关系易受封外，唐代的爵位多被赐予有功之臣。宦官获得爵位者较少，宦官封爵都是在唐朝制度下正常运作，与南衙朝

[1]（宋）欧阳修、宋祁：《新唐书》卷二〇七《吐突承璀传》，北京：中华书局，1975年，第5870页。

[2]《资治通鉴》卷二三八，元和六年十一月条，第7686页。

[3]《新唐书》卷二〇七《吐突承璀传》，第5870页。

[4]（后晋）刘昫：《旧唐书》卷四二《职官志一》，北京：中华书局，1975年，第1808页。

[5]《旧唐书》卷八四《刘仁轨传》，第2793页。

[6]《资治通鉴》卷二二九，建中四年十一月条，第7386页。

官系统相比既无歧视性的规定，也不存在明显的倾斜性规定[1]。“爵邑列恩宠之荣”[2]，对宦官而言，能受封爵位，其重要意义并不在于封户，而在于皇帝的恩宠。因此，宦官在初任藩镇监军使时是否带有封爵，视其受皇帝宠信程度而定。

（四）服绯紫

41人中赐绯24人，赐紫17人。唐代官服因其鲜明的颜色差异，成为官员身份高下最直观的标志。上文已指出，初任藩镇监军使的宦官绝大多数散官都在五品以上。大体而言，宦官的散品与服色的吻合度较高[3]。黄正建先生认为，从元和年间起，外朝官等级档次减少，逐渐演变为三品以上、四品五品和六品以下三等[4]。宦官群体中同样出现了简化分等的趋势。不同的是，服色而非官品在宦官等级划分中更为重要[5]。元和六年规定：“内侍省品秩高，各随本秩。有章服者，紫同三品，绯同五品以上，绿及应官，并同九品以上。”[6]就宦官的丧葬待遇而言，紫服对应三品以上，绯服对应五品以上，绿服对应九品以上，品秩低的宦官也可以通过等级高的服色享有更优的丧葬待遇。大中八年唐宣宗谈及宦官时云：“自衣黄、衣绿至衣绯，皆感恩，才衣紫则相与为一矣！”[7]宣宗不用职、散、勋、爵而用服色来区分宦官的等级，可见服色在晚唐是划分宦官地位最为重要的标志。

乐辅政出任荆南监军使一事也可见服色对于藩镇监军使的重要性。乐辅政在元和十三年“小有误旨，书降于私”，被罚夺色归家；第二年任殿硙院长；穆宗即位初“以公枢密是属”，接着先“复赐绯章”，然后才外任荆南监

[1] 王丽梅、杜文玉：《唐代宦官封爵问题探微》，《江汉论坛》2012年第31期，第42页。

[2] 周绍良主编：《唐代墓志汇编》咸通〇七二《刘遵礼墓志》，第2435页。

[3] 关于唐代服色与品级之间的对应关系，参见孙机《中国古代舆服论丛》（增订本）卷三《两唐书舆（车）服志校释稿》，北京：文物出版社，2001年，第469页。

[4] 黄正建：《唐后期车服制度的变化》，载氏著《走进日常——唐代社会生活考论》，上海：中西书局，2016年，第 63 页。

[5] 李瑞华女史指出，服色对于宦官群体日渐重要，赐服普遍化加强了皇帝与宦官群体的私人连接，而且以服色为根基构建了使职差遣的等级序列。见《唐代宦官诸问题研究》，北京师范大学博士学位论文，2019年，第46—51页。

[6]（宋）王溥：《唐会要》卷三八《葬》，上海古籍出版社，2006年，第 813、814页。

[7]《资治通鉴》卷二百四十九，大中八年条，第8055页。

军使[1]。正因为绯服已成为高级宦官的标志，所以穆宗才在将乐辅政派驻荆南前，特地赐绯，以彰显其作为皇帝代表的尊贵地位。

（五）年过知命

初任藩镇监军使的宦官大多已过知命之年。35位宦官初任藩镇监军使时年龄可推知，其中30—39岁有3人，40—49岁有9人，50—59岁有17人，60—69有6人，平均51.3岁。

宦官初任藩镇监军使年龄曲线图

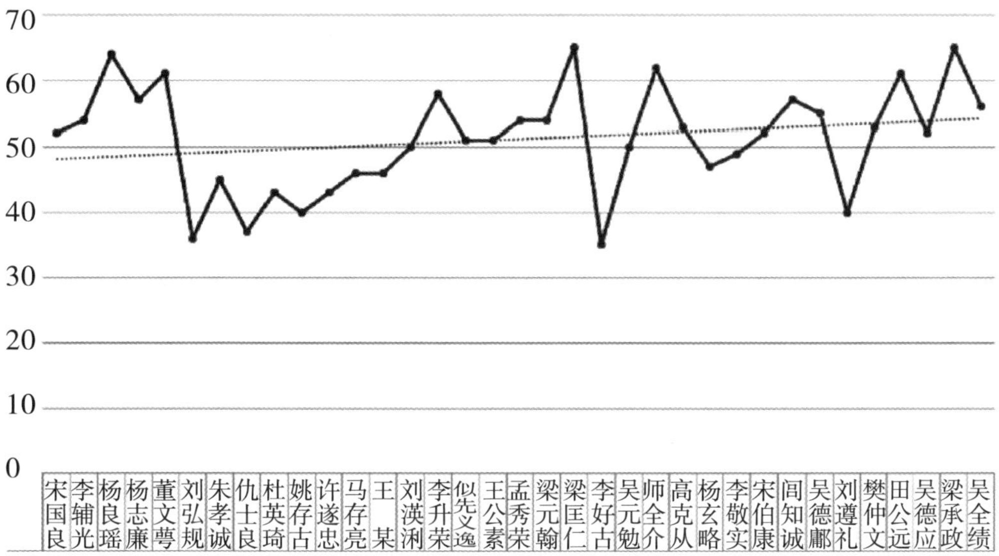

从上图可以看出，宦官在首次出任藩镇监军使时的年龄有逐渐增大的趋势。年龄增长可能的原因之一是宦官人数的不断增长。《册府元龟》记载：

> 太宗贞观中定制，内侍省不置三品官，内侍为长官，阶四品。……武后称制，差增员位。……（中宗神龙初）中官三千余人，超授七品已上员外官者凡千余人，然衣朱紫者尚寡。明皇尊重宫闱，……品官黄衣已上三千余人，衣朱紫者不下千数。……德宗贞元四年，增内给事二人，内谒者监、内侍伯各四员。……十五年，又增内给事二员。二十年，增掖庭局令四员。……（元和）十五年，内省所管高品官、白身共四千六百一十八人，内一千六百九十六人，高品诸司、诸使并内养诸司、判官等。[2]

[1] 周绍良、赵超主编：《唐代墓志汇编续集》长庆〇〇九《乐辅政墓志》，第864页。

[2]（宋）王钦若：《册府元龟》卷六六五《内臣部·总序》，北京：中华书局，1960年，第7955页。

整个唐代，宦官总人数不断增长。唐初宦官人数不会很多[1]，武后起逐渐增加。从中宗神龙（705—706）初年到元和十五年（820）的110多年间，宦官总人数从3000余人增长到4618人；昭宗晚年更是“食度支者乃八千人，公私牵属不减二万”[2]。众所周知，甘露之变后，宦官权势大张，史称“自是天下事皆决于北司，宰相行文书而已”[3]。以常理推之，随着宦官权势日盛而来的必然是宦官总人数的大量增加。

与此同时，内侍省员额增加甚少。宦官人多与职位有限之间的矛盾必然导致整个宦官系统高级职位更加难以获得。元和之后至黄巢之乱前藩镇数量大体保持稳定，因此藩镇监军使的总数差别不大。宦官人数大增不仅导致出任藩镇监军使的难度增加，而且从筮仕到被派往藩镇监军的时间更长。因此，后期初任藩镇监军使的宦官平均年龄比前期要大。

个别宦官初任藩镇监军使时非常年轻。仇士良“年未弱冠入仕东朝，……亲奉再饭，共欢九龄”，是宪宗在东宫时旧臣，屡任要职；而刘弘规先后两次掌枢密，“弘规”也为宪宗赐名：两人都深得宪宗的宠幸。李好古出自监军使世家，祖父为洪、邠两州监军，父为鄜、广、山南西道三镇监军；其夫人为“左神策军观军容楚国公之女”[4]。仇士良受封楚国公，又曾任观军容使[5]。以李好古活跃年代、仇氏、楚国公、观军容使四要素推之，李好古必为仇士良女婿。甘露之变后仇士良为宦官领袖，又有拥戴武宗之功，权势日隆。李好古能在34岁出任河东重镇的监军使，当与仇士良密切相关。刘遵礼祖父刘弘规深得宪宗信任，敬宗朝任左军中尉[6]，其父刘行深则官至开府仪同三司，以内侍监致仕，封徐国公[7]。杨玄略祖父杨志廉为开府仪同三司、知省事、赠扬州大都督，

---

[1] 根据《唐六典》的记载，除去无定员的宫闱局和内坊局两局下属内给使外，内侍省共有定员522人。唐初宦官总人数大概不会超过千人。（唐）李林甫：《唐六典》卷一二“内侍省”条，中华书局，1992年，第355页。

[2]《新唐书》卷一百八十三《韩偓传》，第5387页。

[3]《资治通鉴》卷二四五，太和九年十一月条，第7919页。

[4] 景亚鹂：《新见唐宦官〈李好古墓志〉研究》，第377页。

[5]《文苑英华》卷九三二《内侍省监楚国公仇士良神道碑》，北京：中华书局，1966年，第4903页。

[6]《唐故左神策军护军中尉兼左街功德使知内侍省事刘公神道碑》，载《李德裕文集校笺》，第523—526页。

[7] 周绍良主编：《唐代墓志汇编》咸通〇七二《刘遵礼墓志》，第2435页。

父杨钦义为左军中尉、开府仪同三司、知省事[1]。这五位年轻的藩镇监军使都深得皇帝宠幸或是权宦后代。

三、藩镇监军使的职散差

初任藩镇监军使的宦官职事品与散品差距较大，职事官为六品以下时尤为明显。可比较的23人中，除朱孝诚和马存亮外，其余21人所带职事品都比散品低，平均低8.2阶。职事官在五品以上的平均低2.9阶，六品以下的平均低10.3阶，差距明显。值得注意的是，从杨良瑶（799）到吴全缋（872）的70多年中，初任藩镇监军使散品与职事品的差距并没有明显的时代变化。

唐代职事官“随才录用”，而散官以“劳考进叙”[2]。职事官可灵活调动，而散官升迁严格。因此，职事品与散品不吻合是常见的现象。黄正建先生认为，唐代散官的升迁速度较职事官为慢。同一官员散品常处于低于职事品的状态[3]，这大概是针对朝官而言。在初任藩镇监军使的宦官中，我们看到了截然相反的现象，即职事官的升迁速度较散官为慢，同一官员的散品常高于职官品[4]。这除了两者晋升方式不同外，还与内侍省的组织结构和唐代官阶制度的变化有关。

唐代内侍省组织结构的第一个特点是职事官员额不多。唐初规定了内侍省编制和员额。玄宗置正三品的内侍监两员[5]，提升了内侍省长官的地位；德宗三次增加内侍省员额后，内侍省编制未见增加。贞元二十年后内侍省职事官定额仅有21种87员（见表2），其员额之少与宦官数量之多形成了巨大的矛盾。为了将所有宦官纳入既有的官僚体系之中，唐代官僚管理制度不得不加以变通。最显著的是员外官的大量出现。所谓“正缺不足，加以员外”[6]。正因为员外官

[1] 周绍良、赵超主编：《唐代墓志汇编续集》咸通〇二〇《杨玄略墓志》，第1048页。

[2]《旧唐书》卷四二《职官志》，第1785页。

[3] 黄正建：《唐代散官初论》，《中华文史论丛》1989年第2期，第94页。

[4] 赵晨昕先生已经注意到唐代前期宦官职事官品比散阶低的规律并用杨志廉和杨玄略的履历说明唐代后期宦官散阶和职事官品有所脱离（《唐代宦官权力的制度解析》，首都师范大学博士学位论文，2012年，第46、67页），但归因为两人活跃年代、最后达到的官职级别不同“这两种原因可能是前者，也可能是后者，也可能二者兼而有之”，仍有继续探讨的余地。

[5]《旧唐书》卷一八四《高力士传》，第4758页。

[6]（清）董诰等：《全唐文》卷二四七李峤《请减员外官疏》，第2496页。

“受不占员”[1]，所以大量宦官带有“员外置同正员”的头衔。这在一定程度上满足了宦官群体对官衔的需求，缓解了内侍省员额少与宦官人数多的矛盾。

表2　贞元二十年后内侍省职事官员额表

品秩	职事官及员额	合计
正三品	内侍监2人	2
从四品上	内侍少监2人、内侍4人	6
正五品下	内常侍6人	6
从五品下	内给事12人	12
正六品下	内谒者监10人	10
正七品下	内寺伯6人	6
从七品下	掖庭局令6人、宫闱局令2人	8
正八品下	奚官局令2人、内仆局令2人、内府局令2人	6
从八品下	内谒者12人、掖庭局丞3人、宫闱局丞2人	17
正九品下	奚官局丞2人、内仆局丞2人、内府局丞2人	6
从九品下	内侍省主事2人，掖庭局宫教博士2人、监作4人	8
总计		87

注：此表结合《唐六典》《册府元龟·内臣部》《旧唐书·职官志》《新唐书·百官志》《唐会要》等相关记载整理而成。

第二个特点是品阶覆盖范围不广。玄宗朝后内侍省职事官包括从正三品到从九品下十一阶。官僚集团的特质决定了每一个官员在仕途中都会追求更高的品阶，不断提升自己在整个官僚集团中的地位。宦官人数大增导致宦官在职事官序列上晋升的难度增加。相对而言，九品二十九阶的散官序列覆盖面更广，且每一阶的人数并不像职事官那样有法定限额。因此，朝廷更多地维持宦官职事官不变而授予其更高的散官，以满足宦官仕进的需要，笼络人心，保证其对皇权的忠诚。

此外，唐代中期开始的散官滥授，也是造成宦官散官高于职事官的原因。据《唐会要》记载：“乾封以前，未有泛阶之恩。”[2]乾封元年（666）是唐代

[1]（唐）陆贽撰，王素点校：《陆贽集》卷一四《又论进瓜果人拟官状》，北京：中华书局，2006年，第450页。

[2]《唐会要》卷八一《阶》，第1768页。

泛阶之始。此后，官员的阶品不仅是依劳考进叙，还有皇帝在某种规定范围内的普遍赐予，包括大赦赐阶、优待进阶和特宠加阶等多种情况[1]。散官滥授的对象包括南衙北司全体官员。小岛浩之先生指出，唐朝后半期泛阶被常规化，在贞元、元和时期甚至呈现出滥阶的状况[2]。但是，逢大赦四品以下进一阶的泛阶无法解释宦官散品的跨越性晋升。为展现唐代宦官职事品和散品差距的时代变化，我们选取三个有代表性的宦官加以分析。

表3　苏永、杨良瑶、吴德鄘散官、职事官对照表

姓名	时间	散官	职事官	品差	姓名	时间	散官	职事官	品差
苏永	显庆	将仕郎			杨良瑶	784	朝散大夫		0
	麟德	登仕郎				788	中大夫		4
	乾封	儒林郎				796	太中大夫		5
	总章	承奉郎			吴德鄘	元和	将仕郎	宫教博士	0
	咸亨	宣义郎	内谒者	4			征事郎		2
	仪凤	宣德郎		6		长庆	朝议郎		15
	681	通直郎	内寺伯	2		宝历	朝散大夫		16
	684	奉议郎		3				宫闱局丞	12
	684	朝议郎		5			朝请大夫		13
	垂拱	朝散大夫	内谒者监	2		会昌	中散大夫		15
	垂拱		内给事	0		847		内仆局令	13
	689	中散大夫		3		848	太中大夫		15
	天授	中大夫		4		850	通议大夫		16
杨良瑶	永泰	文林郎	监作	1		851		掖庭局令	12
	771	朝议郎	宫闱局丞	11		859	银青光禄大夫		14
	777		宫闱局令	7		859		内常侍	4
	784		内给事	–1					

[1] 张国刚：《唐代阶官与职事官的阶官化论述》，第74、75页。关于唐代职事官和散官的滥授，参见刘琴丽：《唐代武官选任制度初探》，北京：社会科学文献出版社，2006年，第72—77页；吕博：《践更之卒，俱授官名——“唐天宝十载制授张无价游击将军告身”出现的历史背景》，《中国史研究》2019年第3期，第101—103页。

[2] ［日］小岛浩之：《唐代泛阶考》，载戴建国主编《唐宋法律史论集》，上海辞书出版社，2007年，第127—129页。

三人都无显赫的家世，且墓志中有详细的履历。苏永（630—693）除龙朔（661—663）中曾奉使岭南外，从显庆（656—660）至总章（668—669）年间一直担任内侍省直官。直官本身无品级，其待遇要借任直者原来身份的官品给[1]。自任内谒者后，苏永的散官品阶几乎都在职事官之上，但差距不大。其散官和职事官都是从低到高稳步晋升，未见明显的跳跃性。杨良瑶（735—806）主要侍奉代、德二帝，其散官的升迁速度远比职事官快，职散差也较苏永大。在从文林郎、监作提升到朝议郎、宫闱局丞时，散品跨越幅度（14阶）远大于职事品（4阶）。与苏永按部就班的晋升过程相比，杨良瑶从文林郎到朝议郎（升14阶）、宫闱局令到内给事（升8阶）的晋升过程中，散品和职事品都出现了较大的跨越性，且散品的提升幅度远大于职事品。吴德鄘（798—867）自元和中筮仕至咸通八年（867）薨，共侍奉七帝。与杨良瑶相似的是，吴德鄘在征事郎至朝议郎（升13阶）、掖庭局令到内常侍（升8阶）的升迁过程中，实现了跨越式的晋升。从长庆年中任朝议郎到懿宗即位拜内常侍前，其散品一直比职事品高至少12阶，与苏、杨相比差距明显加大。

三人散官进阶的频率远大于职事官，这也跟上文所说的朝廷更多地提升宦官散官而非职事官相符。唐代文武官员应入五品者，其出身、考限和程序都有严格的规定[2]。杨、吴两人的散品在大幅度提升时，都是仅升至朝议郎，未跨越五六品之间的界线，可见制度并未完全紊乱。晋升至朝散大夫时，苏永年龄不会小于56岁，杨良瑶是50岁，而吴德鄘不超过29岁，越往后越年轻。

由此可见，唐朝前期宦官职事官和散官的晋升严格按照相关制度执行，散品与职事品差距不大。从8世纪开始，宦官散官逐渐出现跨越式晋升的现象，职散差开始拉大；到9世纪，职散差日益增大。而且越到后期，宦官散官晋升至五品所需时间越来越短。总之，唐代中后期，相对于职事官而言，宦官散官滥授的情况更加严重，导致宦官散品常常远高于职事品。

四、结 语

藩镇宦官监军使置印，具有完备的组织机构、固定的办公场所、确定的权力范围、核定的俸禄和相对固定的任期，是高度官僚化的宦官使职。在藩镇

[1] 李锦绣：《唐代制度史略论稿》，北京：中国政法大学出版社，1998年，第5页。

[2]《唐会要》卷八一《阶》，第1772、1773页；《旧唐书》卷四二《职官志一》，第1806、1807页。

监军使的遴选标准中，除了具备对皇帝的忠诚、个人的才干和名望这些主观评价标准外，我们可从石刻材料中看到宦官的身份性待遇有高度的相似性：所带散阶在五品以上；已赐绯或赐紫；职事官多为内侍省局丞，任内给事、内寺伯和掖庭局令的最多；大多年过五十，有丰富的政治经验。勋官和爵号相对而言并不那么重要。对于个别实力较弱的藩镇，监军使的身份性待遇会低于平均水平。结合宦官高度官僚化、藩镇监军使制度化的大背景和宦官初任藩镇监军使时身份性待遇的高度相似性，本文认为，作为官僚集团中的“通贵”阶层，藩镇监军使的选任在8世纪末以后遵循官僚机构理性化发展的趋势，形成了规律性的“惯例”。

在皇帝专断的高度集权的政治体制中，藩镇监军使个体之间也有着微妙的差异。个别皇帝宠臣或者权宦后代出任藩镇监军使时非常年轻，便是皇权专断的一例。皇帝指派亲信的宦官到藩镇以加强对地方的掌控。朝廷为满足宦官晋升的需要，更多地提升其散官而非职事官，以在法定框架内保证宦官群体的忠诚。权宦则力图通过藩镇监军使的选派来维护自身家族的利益，保证既有权力的扩大和传承。随着宦官群体人数的增长，每一个宦官出任藩镇监军使的难度都在增加，初任时的年龄也逐渐增大。宦官官僚化后的理性发展与皇权专断的并存，让宦官在符合担任藩镇监军使的“惯例”之外，偶尔展现出了细微而重要的差异，让我们窥知更为立体丰富的历史群像。

（作者单位：北京师范大学历史学院）

A Study on the Selection of Eunuchs as Provincial Army Supervisors in the Tang Dynasty

Wu Yuxiang

[Abstract] Although no specific regulations have been found on the selection of provincial army supervisors, regular record can still be found in the epitaphs and stone tablets. The eunuchs appointed as provincial army supervisors for the first time were normally selected from the top eunuchs, who were above rank 5 in prestige title and dressed in scarlet or purple. Under the background that the original organizational structure of Neishi Sheng (Inner Palace Intendancy) was basically stable, the provincial army supervisors' prestige title was much higher than the functioning official generally because of the prestige title abuse in the Late Tang Dynasty. Most of the provincial army supervisors were over fifty, but the emperor's favorites or the descendants of powerful eunuchs were much younger than their peers when they were first appointed. The individual differences reflected the contradiction between the arbitrariness of the imperial power and the rationality of the bureaucratic group.

晚唐凉州所见郓州兵一事再考察

孙培岗

大中十二年（858）至咸通二年（861），经三年苦战，张议潮领导的归义军收复凉州[1]。其后不久，唐朝派一支2500人的郓州军队戍守凉州[2]。对于郓州天平军戍守凉州一事，学界已有较多研究。总体来看，前贤对此事的看法可以分为两类，一类是荣新江[3]、郑炳林[4]、冯培红[5]、李军[6]诸先生，认为郓州兵戍守凉州是唐朝政府与归义军争夺凉州，我们姑且称之为“争夺说”；另一类是杨宝玉、吴丽娱[7]二先生，认为在凉州的郓州兵不过是一支防秋兵，我们姑且称之为“防秋兵马说”。杨宝玉、吴丽娱二先生所持之“防秋兵马说”诚为卓识，令笔者深感“于我心有戚戚焉”。但杨、吴一文论述过于简略，尚未道尽其中全意。鉴于此问题对我们认识咸通年间归义军与唐朝中央关系有重大意义，实有必要对其进行详细讨论。故笔者不揣谫陋，草成此文，略陈管见。

---

[1] 荣新江：《归义军史研究——唐宋时代敦煌历史考索》，上海古籍出版社，1996年，第151、152页。

[2] 详见下文。

[3] 荣新江：《〈新中国出土墓志·河南〉壹》，载荣新江主编《唐研究》第一卷，北京大学出版社，1995年，第559页；《归义军史研究——唐宋时代敦煌历史考索》，第15页。

[4] 郑炳林：《敦煌写本〈张议潮处置凉州进表〉拼接缀合与归义军对凉州的管理》，载《敦煌吐鲁番研究》第七卷，北京：中华书局，2004年，第387页。

[5] 冯培红：《敦煌的归义军时代》，兰州：甘肃教育出版社，2013年，第125页。

[6] 李军：《敦煌写本〈归义军僧官书仪〉拼接缀合及相关问题研究》，《敦煌学辑刊》2006年第3期，第47、48页；《晚唐（公元861—907年）凉州相关问题考察》，《中国史研究》2006年第4期，第78页。

[7] 杨宝玉、吴丽娱：《唐懿宗析置三节度问题考辨》，《中国史研究》2017年第4期，第105页。

进驻凉州的郓州天平军只是唐朝派遣的防秋兵马，并非是与归义军争夺凉州。恰恰相反，郓州兵是来协助归义军守卫凉州的。而郓州兵的西来，很有可能是张议潮主动向唐朝请求的结果。这是笔者对此事总的看法，下文即为证成此说而作。

为了此公案，我们不得不回到问题的源头，对关于此事的记载作一全面的回顾。

传世史籍记载郓州兵进驻凉州的有以下数种。

《新五代史》卷七四《四夷附录第三》记载：

> 唐长兴四年，凉州留后孙超遣大将拓拔承谦及僧、道士、耆老杨通信等至京师求旌节，明宗问孙超等世家，承谦曰："吐蕃陷凉州，张掖人张义朝募兵击走吐蕃，唐因以义朝为节度使，发郓州兵二千五百人戍之。唐亡，天下乱，凉州以东为突厥、党项所隔，郓兵遂留不得返。今凉州汉人皆其戍人子孙也。"明宗乃拜孙超节度使。[1]

《资治通鉴》卷二七八记载：

> 凉州大将拓拔承谦及耆老上表，请以权知留后孙超为节度使。上问使者："超为何人？"对曰："张义潮在河西，朝廷以天平军二千五百人戍凉州，自黄巢之乱，凉州为党项所隔，郓人稍稍物故皆尽，超及城中之人皆其子孙也。"[2]

《宋史》卷四九二记载：

> 天成中，权知西凉府留后孙超遣大将拓拔承诲来贡，明宗召见，承诲云："凉州东距灵武千里，西北至甘州五百里。旧有郓人二千五百为戍兵，及黄巢之乱，遂为阻绝。超及城中汉户百余，皆戍兵之子孙也。其城今方幅数里，中有县令、判官、都押衙、都知、兵马使，衣服言语略如汉人。"即授超凉州刺史，充河西军节度留后。乾祐初，超卒，州人推其土人折逋嘉施权知留后，遣使来贡，即以嘉施代超为留后。[3]

《宋会要辑稿·方域二一·西凉府》记载：

[1]（宋）欧阳修：《新五代史》卷七四《四夷附录第三》，北京：中华书局，1974年，第914页。

[2]（宋）司马光：《资治通鉴》卷二七八，长兴四年二月条，北京：中华书局，1956年初版，2011年第2版，第9208页。

[3]（元）脱脱：《宋史》卷四九二《外国传八》，北京：中华书局，1977年，第14152页。

天成中，权知西凉府留后孙超遣大将拓拔承诲来贡。明宗召见，承诲云："凉州者，东距灵武千里，西北至甘州五百里。旧有郓人二千五百为戍兵，及黄巢之乱，遂为阻绝，超及城中汉户百余，皆戍兵之子孙也。"[1]

涉及该事的敦煌文献有以下数种。

S.4397《观世音经》题记：

广明元年（880）肆月拾陆日，天平军凉州弟（第）五般防戍都右厢厢兵马使梁矩，缘身戍深蕃，发愿写此经。[2]

藏文文书P.t.1082《甘州登里回鹘可汗诏令》也提到"嗢末Wou-mo"和"天平军T'ien-P'ing-kiun"[3]。

P.3715+P.2729+P.5015《归义军僧官书仪》记载：

贺赐防秋兵马

圣朝与（以）边为国，保静河湟，特借天威，颁师出□，

旌旗飏月，剑动星牛。蕃丑波逃，边疆永古（固），

厶乙下情无任庆抃。[4]

赵和平先生即认为这里的防秋兵马就是指的郓州兵。[5]

唐代吐蕃等少数民族常趁秋高马肥而入寇，唐朝为抵御入侵，常于秋季预先调集军队驻防西北边疆，这就是唐代的西北防秋。防秋在安史之乱前就已存在。安史之乱后，唐朝河西、陇右数十州陷于吐蕃，国土大为缩减，"平时安西万里疆，今日边防在凤翔"[6]。为应对吐蕃入侵，唐朝在代、德之际形成了制度化、常态化的防秋制度。如胡三省注曰："秋高马肥，吐蕃数入寇，唐岁调关东之兵屯京西以防之，谓之防秋。"[7]又如《旧唐书·陆贽传》记载：

---

[1]（清）徐松辑：《宋会要辑稿·方域二一·西凉府》，北京：中华书局，1957年，第7668页。

[2]［日］藤枝晃：《沙州归义军节度使始末》，（京都）《东方学报》第12本第3分，1942年，第90页。转引自荣新江：《归义军史研究——唐宋时代敦煌历史考索》，第159、160页。同时参考了冯培红的录文，见冯培红：《敦煌的归义军时代》，第125页。

[3]冯培红：《敦煌的归义军时代》，第125页。可参看荣新江：《归义军史研究——唐宋时代敦煌历史考索》，第160页。

[4]李军：《敦煌写本〈归义军僧官书仪〉拼接缀合及相关问题研究》，第43页。

[5]赵和平：《敦煌表状笺启书仪辑校》，南京：江苏古籍出版社，1997年，第292、293页。

[6]（唐）白居易撰，谢思炜校注：《白居易诗集校注》卷四《西凉伎》，北京：中华书局，2006年，第367页。

[7]《资治通鉴》卷二二四，大历六年八月条，第7337页。

> 河陇陷蕃以来，西北边常以重兵守备，谓之防秋，皆河南、江淮诸镇之军也，更番往来，疲于戍役。[1]

对于防秋制度，齐勇锋、曾超、马勇、朱德军等人都曾进行过研究，可以参看[2]。

那么，在凉州的郓州兵是否是防秋兵呢？是否具有中晚唐防秋兵的特点呢？细细比较，我们会发现郓州兵至少在以下三个方面符合防秋兵的特点。

第一，籍在关东，而镇守在西北边境。安史之乱后，唐朝形成藩镇林立的局面。各地藩镇皆拥重兵，军队地方化[3]。如果唐朝中央征调藩镇军队出境作战，是需要度支供应“出界粮”的，因此唐朝并不会轻易调地方军队出境作战。但防秋兵则不同，防秋兵的衣粮由当道提供[4]。地处关东的天平军军队出现在西北边境的凉州，已经越出天平军的辖境，但当时唐朝在凉州并未有征调藩镇军队进行征讨的军事行动。因此，天平军不可能是仰给于度支、出境作战性质的藩镇军队，而是符合胡三省所说“岁调关东之兵屯京西”的防秋兵特点，只可能是防秋兵。

第二，人数在3000人左右。根据上文所引诸种史籍的记载，在凉州的郓州兵有2500人。这一数字与中晚唐时期每个藩镇每次所派的防秋兵数字接近。

黄永年先生认为每支防秋兵通常有两三千人[5]。朱德军认为，中原藩镇所发防秋兵多数在一至三千的规模[6]。而郓州兵有2500人，正与唐代防秋兵规模相合，暗示着这支军队的防秋兵性质。

第三，人不土著。上引诸种史籍在提到这支军队时，都提到了种种“阻隔”。虽然诸书所记阻隔原因并不完全一致，但是这却提示我们：这部分留在

---

[1]（后晋）刘昫：《旧唐书》卷一三九《陆贽传》，北京：中华书局，1975年，第3804页。

[2] 齐勇锋：《中晚唐防秋制度探索》，《青海社会科学》1983年第4期，第102页。曾超：《试论唐代防秋兵的地位及影响》，《内蒙古大学学报》2003年35卷第2期，第83页；《唐代防秋兵力考证》，《雁北师范学院学报》2004年第1期，第23页；《试论唐代中期边兵的重建》，《昭乌达蒙族师专学报》2004年第1期，第88页。马勇：《唐德宗朝在长安西北地区的御边措施》，《云南民族大学学报（哲学社会科学版）》2007年第24卷第4期，第109页。朱德军：《中晚唐中原藩镇“防秋”问题的历史考察》，《宁夏社会科学》2011年第2期，第92页。

[3] 孟彦弘：《论唐代军队的地方化》，载《中国社会科学院历史研究所学刊》第一集，北京：社会科学文献出版社，2001年，第264页。

[4] 齐勇锋：《中晚唐防秋制度探索》，第104页。

[5] 黄永年：《六至九世纪中国政治史》，上海书店出版社，2004年，第404页。

[6] 朱德军：《中晚唐中原藩镇“防秋”问题的历史考察》，第96页。

凉州的军队是由于不可抗拒的外力因素而留下的，正常情况下他们会“东归”，并非是长驻边地。而这种“人不土著”的特点是与防秋兵定期番代的制度相一致的。《唐大诏令集》记载：“其盐州防秋将士，三年满与代。”[1]《资治通鉴》亦记载：“旧制，戍卒三年而代。”[2]齐勇锋、朱德军也都认为防秋兵是三年一代[3]。而郓州兵并不在当地入籍的特点，正是防秋兵人不土著、三年一代制的体现。

根据以上种种特点，我们基本可以确定这支郓州兵其实就是一支被唐朝派遣到凉州的防秋兵[4]。

唐代在西北边境防秋之例极多，笔者在此仅举与天平军相似的两例加以说明。

《旧唐书·列女传》记载：

> 大中五年，兖州瑕丘县人郑神佐女，年二十四，先许适骁雄牙官李玄庆。神佐亦为官健，戍庆州。时党项叛，神佐战死，其母先亡，无子。女以父战殁边城，无由得还，乃剪发坏形，自往庆州护父丧还，至瑕丘县进贤乡马青村，与母合葬。[5]

郑神佐为兖州人，但作为官健却戍守在西北的庆州，那么他应该是兖海观察使派往庆州的防秋士兵，可见天平军的邻道兖海在大中年间就已经派兵在西北防秋了。《资治通鉴》卷二五二亦记载：

> 去岁，感化军发兵诣灵武防秋，会南诏寇西川，敕往救援。[6]

感化军即原武宁军，也是天平军的邻道。由此观之，直到乾符元年，天平军的邻道还有军队在与凉州相近的灵武防秋。

天平军是在咸通年间防秋凉州的（详见后文），其前有邻道兖海发兵于庆

[1]（宋）宋敏求：《唐大诏令集》卷九九《城盐州诏》，北京：中华书局，2008年，第500页。

[2]《资治通鉴》卷二三二，贞元三年六月条，第7615页。

[3]齐勇锋：《中晚唐防秋制度探索》，第103页。朱德军：《中晚唐中原藩镇“防秋”问题的历史考察》，第102页。

[4]朱德军就将这支军队径作防秋兵处理。见朱德军：《中晚唐中原藩镇“防秋”问题的历史考察》，第94页。

[5]《旧唐书》卷一九三《列女传》，第5152页。

[6]《资治通鉴》卷二五二，乾符二年三月条，第8299页。

州防秋，其后有邻道感化军诣灵武防秋，尤其是感化军与天平军防秋时间相近（约有十年之隔），地点相邻（由凉州东来多经灵武）。由此观之，天平军在咸通年间防秋凉州岂非合情合理之事？

归义军收复凉州后，曾留有沙州部队驻防当地，此为学界所熟知[1]。因而当时在凉州是一种本地沙州兵与作为防秋兵的郓州兵共存的局面。防秋兵与边兵共存，恰是一种和其他西北藩镇相似的军事格局（唐朝西北藩镇境内往往还驻有神策军）。那么郓州兵与沙州兵是什么关系呢？郓州兵既然是一支防秋兵，其与本地军队的关系也应符合一般的防秋兵惯例。而按照惯例，防秋兵到达防秋地点后，是由当地节度统领的[2]，是协助当地军队御边的，起的是一种“协防”的作用。因此，郓州兵不仅不是来争夺凉州的，反而是协助归义军守卫凉州的。

那么，这支郓州兵到底是如何进入凉州的呢？冯培红先生持“争夺说”，认为郓州兵进入凉州，张议潮内心不愿意但在表面上又不得不表示欢迎[3]。这就把郓州天平军进入凉州看成了是唐朝强加于归义军的结果。但笔者认为唐朝派防秋兵去凉州不仅可能，而且这还很可能是应归义军的要求。

之所以如此说，主要是基于归义军与唐朝的关系、河西复杂的民族形势和归义军自身的实力三方面来考虑的。

首先，归义军在唐代只是一个边远的藩镇[4]。正如杨宝玉、吴丽娱所说，归义军只是晚唐诸多藩镇和军事力量中的一支，远没有强大到令唐廷不安的地步，既无实力也无任何反状，不可能是唐廷在西部处心积虑对付的目标[5]。不仅如此，笔者认为在归义军与唐朝的交往中，占据主动地位的是唐朝，归义军对唐朝中央政府的需要要远甚于唐朝对归义军的需要。

河陇陷蕃近百年，在这近百年中唐政府依然安然地渡过了一次次危机，在

[1] 唐长孺：《关于归义军节度的几种资料跋》，载兰州大学历史系敦煌学研究室、兰州大学图书馆合编《敦煌学文选（上）》，第179—189页。荣新江：《归义军史及其与周边民族的关系初探》，《敦煌学辑刊》1986年第2期，第30页。邓文宽：《〈凉州节院使押衙刘少晏状〉新探》，《敦煌学辑刊》1987年第2期，第62—68页。冯培红：《P.3249背〈军籍残卷〉与归义军初期的僧兵武装》，《敦煌研究》1998年第2期，第143页。

[2] 齐勇锋：《中晚唐防秋制度探索》，第103页。

[3] 冯培红：《敦煌的归义军时代》，第127页。

[4] 荣新江：《归义军史研究——唐宋时代敦煌历史考索》之《前言》，第2页。

[5] 杨宝玉、吴丽娱：《唐懿宗析置三节度问题考辨》，第110页。

西北边境也建立起了没有河陇地区参与的国防体制。而在归义军逐渐建立的大中、咸通年间，唐政府所面临的其实是近百年来最有利的国际局势：曾经雄踞漠北的回鹘汗国已分崩离析，部众不是远徙就是归附唐化，纵有少数散兵游勇在边境骚扰，也难逃最终被剿灭的命运；曾把大唐天子赶出长安的吐蕃也陷入内乱，那个居高临下如噩梦般缠绕着几代大唐天子的对手已烟消云散；而牵动咸通一朝统治者神经的南诏问题才刚刚萌芽。但归义军则不然。“敦煌郡，四面六蕃围……若不远仗天威力。河湟必恐陷戎夷”[1]，处于“六蕃”包围中的归义军亟须中央政府的支持，否则就有“恐陷戎夷”的灭顶之灾。反观唐朝，失去归义军也不会从根本上动摇唐朝的统治。

其次，河西复杂的民族形势。

河陇陷蕃近百年，当地少数民族众多。《张淮深碑》记载：“河西创复，犹杂蕃浑，言音不同，羌龙嗢末，雷威慑服，训以华风，咸会驯良，轨俗一变。”[2]P.3720《张淮深造窟记》记述道：“河西异族狡杂，羌、龙、嗢末、退浑，数十万众。”[3]P.3451《张淮深变文》载：“甘、凉、瓜、肃，雉堞彫残，居人与蕃丑齐肩，衣著岂忘于左衽。独有沙州一郡，人物风华，一同内地。”[4]《新唐书·吐蕃传》记载：“浑末，亦曰嗢末，吐蕃奴部也。虏法，出师必发豪室，皆以奴从，平居散处耕牧。及恐热乱，无所归，共相啸合数千人，以嗢末自号，居甘、肃、瓜、沙、河、渭、岷、廓、叠、宕间，其近蕃牙者最勇，而马尤良云。”[5]而凉州作为吐蕃在河西地区的最后一个据点[6]，即使被归义军收复，在周围也必定有残余吐蕃势力盘踞，何况凉州还有一支嗢末势力。《资治通鉴》卷二五〇，咸通三年记载：“是岁，嗢末始入贡。”[7]荣新江先生认为，这表明嗢末已形成一支独立的政治力量，其势力的中心区域在凉州[8]。之后嗢末在凉州的势力逐渐壮大。李宗俊认为，李行素在咸通七年底至八年初曾出

[1] 任半塘编著：《敦煌歌辞总编》〇〇九二《望江南》，上海古籍出版社，2006年，第445页。

[2] 荣新江：《归义军史研究——唐宋时代敦煌历史考索》，第403页。

[3] 冯培红：《P.3249背〈军籍残卷〉与归义军初期的僧兵武装》，第144页。

[4] 王重民等：《敦煌变文集（上）》，北京：人民文学出版社，1957年，第124页。

[5]（宋）欧阳修、宋祁：《新唐书》卷二一六下《吐蕃传下》，北京：中华书局，1975年，第6108页。

[6] 郑炳林：《敦煌写本〈张议潮处置凉州进表〉拼接缀合与归义军对凉州的管理》，第385页。

[7]《资治通鉴》卷二五〇，咸通三年十二月条，第8224页。

[8] 荣新江：《归义军及其与周边民族的关系初探》，第30页。

使凉州，代表中央“和断”嗢末与张议潮对凉州控制权的争夺，这说明双方可能势均力敌，长期胜负难分[1]。而根据《唐咸通十一年或十二年（870或871）九月五日瓜沙节度使张议潮奏表并十月三日唐廷批答》的记载，到了咸通十一年至十二年间，嗢末似已控制了凉州[2]。从咸通二年至咸通十二年，短短的十年间，凉州就由归义军易手于嗢末，可见嗢末在凉州的势力不容小觑，很可能归义军在刚收复凉州时就已面临着嗢末势力的挑战。

最后，归义军实力有限，在凉州的势力更是微弱。

《资治通鉴》卷二五〇记载：

> 三月，归义节度使张义潮奏自将蕃、汉兵七千克复凉州。[3]

张议潮收复凉州在咸通二年，《资治通鉴》此处的时间有误，但其他记载应该是有根据的。由此观之，归义军为收复凉州调集了数千人的军队，这个数量其实是很少的，因为中晚唐时期的藩镇军额通常在两三万乃至以上[4]。而且即使这数千人的军队，也是归义军在进行广泛动员后才集结起来的。郑炳林先生就认为归义军收复凉州的战争是经过长期准备后才进行的[5]。王使臻撰有《张议潮付张淮深“委曲”书信考》一文，认为法藏敦煌文献P.3750是大中十二年张议潮出征凉州前夕，从肃州写给沙州张淮深的“委曲”书信，催促张淮深从沙州发遣兵马和重要物资[6]。从该件文书中我们可以感受到归义军为攻打凉州进行广泛准备、动员的紧张气氛。而冯培红先生对敦煌文书P.3249背《军籍残卷》进行了研究，认为这是归义军收复凉州后，前线将领上报给节度使张议潮的残剩军士名单。而这份名单中僧兵军将赫然在目，且约占总数的九分之一[7]。冯培红先生认为僧兵武装在归义军中出现，和敦煌佛教长期兴盛、僧俗关系密切

[1] 李宗俊：《晚唐张议潮入朝事暨归义军与嗢末的凉州之争再探——以新出李行素墓志及敦煌文书张议潮奏表为中心》，《敦煌研究》2017年第4期，第92页。

[2] 冯培红：《敦煌的归义军时代》，第133页。

[3]《资治通鉴》卷二五〇，咸通四年三月条，第8226页。

[4] 朱德军：《唐代中原藩镇研究》，陕西师范大学博士学位论文，2009年，第144—149页。

[5] 郑炳林：《敦煌写本〈张议潮处置凉州进表〉拼接缀合与归义军对凉州的管理》，第385页。

[6] 王使臻：《张议潮付张淮深“委曲”书信考》，《敦煌学辑刊》2016年第4期，第13—19页。

[7] 冯培红：《P.3249背〈军籍残卷〉与归义军初期的僧兵武装》，第143页。

大有关系[1]，这当然是不错的。但僧兵武装的出现也反映了归义军兵力不足的现实，否则通常赋役都被豁免的僧人怎可能亲服兵役、身临白刃呢？何况这是在“善国神乡”的敦煌。

以上是从归义军与唐朝的关系、河西复杂的民族形势和归义军自身的实力三方面来论述的。从中我们可以看出，在归义军收复凉州前后，在其版图扩张到最大时，其势力亦已发展至极限，已呈强弩之末之势：归义军为收复凉州进行了广泛动员，以至于在军队中出现了大量的僧兵；凉州一战耗时三年，在此战中归义军损失必不小[2]；凉州又距沙州千里之遥，归义军管理困难。因此，归义军对凉州的控制必是力不从心。而河西民族局势复杂，尤其是在凉州存在着一支嗢末势力，在归义军收复凉州之初势力已然不小。在此种情况下，如何守住辛苦夺来的凉州就成为张议潮不得不考虑的问题。作为唐朝地方藩镇的归义军，在此时向唐朝求援其实是再正常不过的事情，而唐朝中央的援助形式就是派遣防秋兵，就如其前唐朝为加强西北边防向京西北藩镇派遣防秋兵一样。

归义军向唐朝请派防秋兵，既能在事实上加强凉州的防御力量，又能借助唐朝的声威，即敦煌文献中曾提到的“远仗天威”“特借天威”，从而“蕃丑波逃，边疆永古（固）”[3]，巩固归义军在凉州的统治。李行素在咸通七年至八年间代表唐朝出使凉州，调解张议潮与嗢末的凉州之争；张议潮在咸通十一年或十二年间欲再复凉州，不得不在表奏中苦心孤诣地为唐朝指出凉州收复之必要——从中我们可以看出唐朝在凉州地区确实具有一定的影响力。何况根据《〈佛说摩利支天菩萨陀罗尼经〉序》，在凉州收复之初归义军又确实从唐朝灵州得到了物资支援[4]。而归义军从灵武运粮和归义军请派防秋兵犹如一体之两面，都是基于归义军在凉州实力有限所致[5]。

反观唐朝，则无必须出兵凉州的需要。归义军不过是唐朝的一个地方藩镇，唐朝没有必要处心积虑地对付归义军，乃至和归义军争夺凉州。对唐朝而

[1] 冯培红：《P.3249背〈军籍残卷〉与归义军初期的僧兵武装》，第144页。

[2] 冯培红：《P.3249背〈军籍残卷〉与归义军初期的僧兵武装》，第143页。

[3] 李军：《敦煌写本〈归义军僧官书仪〉拼接缀合及相关问题研究》，第43页。

[4] 颜廷亮：《有关张球生平及其著作的一件新见文献》，《敦煌研究》2002年第5期，第102页。

[5] 其实归义军在这之前并非就不需要唐朝的防秋兵，只是中途阻隔，难以实现。凉州收复后，归义军与唐朝可以直接往来，唐朝派遣防秋兵才有可能。因此，在归义军与唐朝的交往中，此时出现防秋兵并不是偶然的。但防秋兵的出现并不能说明归义军与唐朝的关系出现了重大改变。

言，凉州是曾沦陷百年的失地，并非利害攸关、志在必得。何况当时的凉州还是“粮料欠阙”、城池不完的边荒之地。因此，若无归义军的主动要求，唐朝实在没有必要向凉州强制派遣军队，更不可能强制派遣一支防秋兵。

综上所述，笔者认为张议潮在收复凉州后，基于凉州的形势，曾主动向唐朝请派过防秋兵，郓州兵出现在凉州就是唐朝对这一请求回应的结果。

那么，史籍中是否有反映归义军请求发遣防秋兵的记载呢？《资治通鉴》中的一条记载应该引起我们的注意。

《资治通鉴》卷二五〇记载：

> 上游宴无节，左拾遗刘蜕上疏曰：“今西凉筑城，应接未决于与夺；南蛮侵轶，干戈悉在于道涂。旬月以来，不为无事。”[1]

冯培红先生认为“西凉筑城”是张议潮所为，笔者深表赞同。但冯培红先生将“应接未决于与夺”解释成唐朝君臣正在商量是否接管凉州城，乃至应接凉州会与张议潮发生冲突云云，则未免偏离了事实[2]。从唐朝君臣考虑是否应接来看，张议潮已经开始筑城，且消息已经传递到唐朝中央。但问题不止于此。与筑城紧连的一个问题就是守卫问题，如果不能守住城池，最终的结果只能是为“羯胡修造”。因此张议潮在筑城时必已考虑过凉州的戍守问题，请求唐朝军事支援的决定应是在此时作出的。唐朝中央在得到筑城消息的前后必亦收到归义军调兵助守的请求。因此，这条记载西凉筑城的史料反映的实是归义军请求发遣防秋兵，而唐朝君臣对归义军这一请求与夺不定的情形。从后来郓州兵出现在凉州一事来看，唐朝君臣经过审慎考虑后，最终派出了防秋兵，由此一支2500人的郓州兵才会出现在凉州。而我们从此处唐朝对是否应接与夺不定的犹疑态度也可推知，唐中央属下的军事力量介入凉州不会是唐朝内部的动议，而应是来自外部归义军的请求。至于唐朝君臣与夺不定的原因可能有很多，而后勤供应可能是一个很重要的因素。《〈佛说摩利支天菩萨陀罗尼经〉序》中曾云：“以凉州新复，军粮不充，蒙张▭▭□武发运使，后送粮五千余石至姑臧。”[3]《唐咸通十一年或十二年（870或871）九月五日瓜沙节度使张议潮奏表并十月三日唐廷批答》中，面对张议潮殷殷切切地收复凉州的请求，唐朝

[1]《资治通鉴》卷二五〇，咸通四年正月条，第8226页。

[2] 冯培红：《敦煌的归义军时代》，第124页。

[3] 颜廷亮：《有关张球生平及其著作的一件新见文献》，《敦煌研究》2002年第5期，第102页。同时参考了冯培红的录文，见冯培红：《敦煌的归义军时代》，第127页。

拒绝的主要理由是“粮料欠阙”。由此可见粮料欠阙一直是统治凉州的一大问题[1]。

最后，我们要讨论下唐朝派遣郓州兵的时间。郑炳林先生认为唐朝发郓州兵戍守凉州的时间在张议潮入朝后[2]。李军先生认为当在咸通二年凉州收复至咸通四年凉州节度设置之前[3]。但与筑城紧连的就是守卫问题，当唐朝君臣在得知筑城消息的咸通四年时，张议潮请求唐朝派防秋兵一事必已入奏中央。由于在年初该问题已被提出，唐朝君臣对该问题的处理似不会拖延太久，当年中就应已做出了决策，故在该年的下半年唐朝就很可能已经派出了郓州兵。而根据李行素墓志，咸通七年至八年间张议潮与嗢末对凉州的争夺已到了需要唐朝遣使调停的地步[4]，在此情况下唐朝似不会再向凉州派遣防秋兵，故而派遣首批郓州兵最晚的时间应是咸通七年。因此，唐朝派遣首批郓州兵的时间应在咸通四年至七年之间，很有可能就在咸通四年。

在文章的最后，笔者将本文的观点总结如下：

在凉州的郓州兵其性质是一支防秋兵，并非是唐政府派遣与归义军争夺凉州的。恰恰相反，郓州兵是来协助归义军防守凉州的。郓州兵的西来也不是唐朝强加于归义军的，而是张议潮基于凉州的形势向唐朝主动请求的，唐朝是应张议潮的请求而发兵。郓州兵首次派遣到凉州应是咸通四年至七年间，很有可能是咸通四年。

（作者单位：北京师范大学历史学院）

[1] 冯培红：《敦煌的归义军时代》，第133页。

[2] 郑炳林：《敦煌写本〈张议潮处置凉州进表〉拼接缀合与归义军对凉州的管理》，第387页。

[3] 李军：《敦煌写本〈归义军僧官书仪〉拼接缀合及相关问题研究》，第43页。

[4] 李宗俊：《晚唐张议潮入朝事暨归义军与嗢末的凉州之争再探——以新出李行素墓志及敦煌文书张议潮奏表为中心》，第92页。

Further Investigation of Yunzhou Soldiers Stationed in Liangzhou in the Late Tang Dynasty

Sun Peigang

[Abstract] When the Gui Yi Jun（归义军） recaptured Liangzhou in the second year of Xiantong Reign, a force of 2500 Yunzhou soldiers was sent to defend Liangzhou. Most researchers believed that these soldiers were sent to fight against Gui Yi Jun for Liangzhou. But these soldiers were actually sent there to help Gui Yi Jun to defend Liangzhou. According to the analysis about the relationship between Gui Yi Jun and Tang Dynasty, the complex national situation of Hexi and the strength of Gui Yi Jun, it can be seen that the Yunzhou soldiers were not dispatched by the Tang Dynasty, but were requested by Zhang Yi Chao. The first time of Yunzhou soldiers were sent to Liangzhou was between the fourth and the seventh year of Xiantong reign, and it was most likely to be the fourth year of Xiantong reign.

后唐至后周方镇类型研究

——基于方镇长官平均任期的考察

屈卡乐

方镇的类型，是考察方镇与中央之间政治关系，以及不同方镇之间差异的重要内容。目前，学界研究较为全面、深入的是唐中后期的方镇类型[1]，而关于五代时期方镇类型的专题研究尚较为薄弱。刘喆认为后梁延续了唐末以来梁晋“两极并立”的局面，方镇类型基本保留了唐末“强藩—依附型藩镇—属镇”的模式，而后唐至后周方镇的差异主要表现为御边型藩镇和内地型藩镇两种类型，前者主要“负责抵御敌国”，后者主要是“提供兵员和财赋”[2]。本文认为，后唐至后周边防压力较大，在此形势下，边镇确与内地诸镇存在一定的差异。但是，将边防作为影响方镇类型的唯一因素，显然不能全面反映出这一时期方镇的内在差异。就当时实际的政治局势而言，与时弛时紧的边防形

[1] 王寿南根据方镇对中央政治态度的区别，将唐后期方镇划分为跋扈、叛逆、恭顺三类。张国刚综合考察方镇的地域特点和与中央的政治关系，将唐代中后期的方镇划分为河朔割据型、中原防遏型、边疆御边型、东南财源型，揭示出不同类型方镇与唐代中央政府之间相互制约的关系。何灿浩认为唐末“方镇之间在相攻兼并中形成了主附关系或主属关系”，因此，方镇除了存在幅员、实力上的差异，还存在“主镇、附镇、属镇之别”。依从上述认识，何先生将唐末方镇分为以下四类：（1）兼并邻镇并参与朝政争夺的强藩；（2）专注于方镇兼并，基本不参与争夺朝政的强藩；（3）与强藩结成主附性联盟的附镇；（4）强藩的属镇。参见王寿南：《唐代藩镇与中央关系之研究》，台北：大化书局，1978年，第42—101页；张国刚：《唐代藩镇研究》，北京：中国人民大学出版社，2010年，第42—59页；何灿浩：《唐末政治变化研究》，北京：中国文联出版社，2001年，第101—120页。

[2] 刘喆：《五代十国时期藩镇制的变化及特点》，载杜文玉主编《唐史论丛》第二十一辑，西安：三秦出版社，2015年，第277—293页。

势相比，如何有效控制方镇、维系政权稳定才是多数政权所面临的主要问题。因此，内部因素应作为划分方镇类型的主要因素。而方镇长官的平均任期，与中央控制力、方镇与都城距离、方镇战略、边防形势等因素密切相关，是考察方镇内在差异的有效途径。本文通过对各个方镇长官（节度使、留后、权知军府事等）的任期进行尽可能精确的考证，研究这一时期方镇长官任期的地理分布，并在此基础上探讨后唐至后周方镇类型及其地理结构的变化。文中观点或失于详察，甚至存在谬误，以就教于方家。

一、方镇长官平均任期的概况

后唐至后周方镇长官平均任期的研究存在一定难度。这一时期考课制度的对象主要是刺史、州县官以及方镇幕府僚佐[1]，而对于方镇长官并没有明确的考限规定。方镇长官的任免、迁转等带有浓厚的政治色彩，密集调整多发生于政权更迭、新帝初立、对外用兵、边患压力陡增或中央强化地方控制的时期，换言之，方镇长官的调整，很大程度上是因具体政治军事需要而做的应时举措，而非成熟、稳定的制度性运作。此外，由于关于唐末五代方镇长官任期的史料记载较为有限，直接记载更是十分缺乏。本文对方镇长官平均任期的研究，主要是通过对方镇长官始任、去职年月的考定而确定的（实际未之任的长官不计在内），任期以月数来计，闰月也均统计在内[2]。

部分方镇长官任职横跨多个朝代，本文将这部分长官任期分为数段，在前朝为一任，在后朝则为另一任。还需要指出的是，这一时期，前任长官去职与后任长官就职之间多有一段间隔。前任长官徙任别镇，或“受代归阙”，以前资官（前某某军节度使、留后等）居京供奉，往往要在一段时间之后，朝廷方才委任新任长官就镇。其间相隔的时间一般不长，短的不足一个月，长的多为数月。而文献中对于方镇前后任长官的去职、始任时间多有阙载。对于这种情况，本文统一将前任长官的去职时间认定为后任长官的始任时间，因此，本文

[1] 参见（宋）王钦若等编纂，周勋初等校订：《册府元龟》卷六三二《铨选部·条制四》、卷六三三《铨选部·条制五》，南京：凤凰出版社，2006年，第7303、7307、7314页；（宋）王溥：《五代会要》卷一五《考功》，上海古籍出版社，1978年，第251页。

[2] 关于五代时期方镇长官的始任、去职时间，万斯同、栗原益男、朱玉龙等先后进行过史料梳理，表1中，各镇长官的始任、去职时间，基本参考上述研究。参见（清）万斯同：《五代诸镇年表》，载《二十五史补编》，北京：中华书局，1955年；［日］栗原益男：《五代宋初藩镇年表》，东京堂，1988年；朱玉龙：《五代十国方镇年表》，北京：中华书局，1997年。

所考定的方镇长官任期可能偏长。

还需要说明的是，本文的研究时段始自后唐同光元年（923）十月庄宗灭后梁，终至后周显德七年（960）正月周宋嬗替，以月数计，共有449个月（包括13个闰月）。该研究课题不包括后梁，主要考虑如次：其一，研究中央与方镇政治关系，必须要以相对统一的政治局面为前提。后梁时期，北方始终处于梁、晋、岐等地域性军政集团的对峙之中，后梁控制力很难深入河北、河东、关中等地区，因此，以中央与方镇关系的视角来研究后梁与上述地区的方镇之间的关系，与史实不合。其二，即便是后梁境域内的方镇，其任期也受到军事斗争局势的较大影响，部分区域战时色彩浓厚，这与后唐以后相对稳定的政治局面有着明显的不同。

综合上述考量，本文对后唐至后周方镇长官的平均任期进行考察，概况如下表所示。

表1 后唐至后周方镇长官任职概况表[1]（单位：月）

方镇		后唐	后晋	后汉	后周	平均任期
中原	汴州	11.0				11.0
	河阳	14.6	8.9	24.5	16.3	13.1
	许州	14.1	15.0	24.0	14.9	15.2
	滑州	17.9	18.6	12.5	12.0	15.3
	曹州		15.0		15.8	15.7
	陕州	17.8	14.8	17.0	21.2	16.7
	郓州	16.2	18.0	13.3	18.8	16.8
	洛阳		18.4	18.0	19.6	18.7
	宋州	19.3	21.2	21.5	16.1	19.0
	兖州	20.0	21.7	17.3	17.0	20.1
	陈州		20.0		21.0	20.8
	徐州	23.7	21.3	16.3	23.2	21.9
	青州	27.0	31.7	17.0	19.6	23.9
河东	潞州	13.8	12.0	24.5	56.5	17.0
	云州	17.6				17.6
	晋州	15.4	16.3	48.0	28.8	20.0
	朔州	21.3				21.3

[1] 表格中阴影部分表示，相关地区在该时段内未设置方镇。

续表

方镇		后唐	后晋	后汉	后周	平均任期
河东	应州	22.0				22.0
	太原府	15.9	31.8	47.0		22.2
	河中府	21.0	32.0	17.3	23.2	23.2
	府州				54.5	54.5
河北	澶州		7.7	16.7	16.8	14.3
	相州		17.0	11.2	14.6	14.4
	贝州		14.7	20.5	24.0	17.4
	邢州	15.5	15.8	21.5	23.2	17.5
	魏州	17.1	13.1	16.7	56.0	18.6
	沧州	15.5	25.4	50.0	22.8	21.0
	镇州	16.6	31.3	19.0	31.8	22.8
	新州	27.6				27.6
	定州	31.8	21.3	50.0	56.5	32.1
	幽州	54.3				54.3
山南	邓州	13.7	11.7	16.3	16.6	13.9
	安州	19.3	14.7	17.3	24.0	18.6
	襄州	23.7	73.0	44.0	38.0	33.1
关中	华州	15.6	18.4	13.3	14.7	15.9
	京兆府	16.9	20.8	15.7	14.3	17.1
	同州	19.1	21.3	17.3	16.6	18.9
	耀州	19.0				19.0
	鄜州	23.7	16.5	15.7	23.0	20.0
	邠州	20.1	23.0	17.0	28.3	22.3
	延州	26.0	19.0	49.0	21.2	23.3
	泾州	31.6	15.5	50.0	36.0	24.4
	秦州	22.0	39.0		27.5	27.6
	凤翔府	27.3	122.0	13.3	26.0	30.4
	金州		32.5			32.5
	灵州	33.6	30.3	50.0	56.5	34.8

由上表可知，诸镇长官并未有稳定的任职期限，不同朝代、不同地域的方镇长官的平均任期存在较大差异[1]。平均任期最长的是府州永安军（54.5个月），幽州卢龙军次之（54.3个月），最短的是汴州宣武军（11.0个月），然而以上三镇设置时间均为一朝，故应视作方镇长官任期的特例。若就四朝均设置的方镇而言，平均任期最长的则是朔方（34.8个月），山南东道（33.1个月）、定州义武军（32.1个月）、凤翔（30.4个月）等次之，最短的是河阳（13.1个月）、邓州威胜军（13.9个月）等。以十月一考、三十个月为考限的例制来看[2]，长官任期在10至20个月（不包括20个月）之间的方镇有22个，在20至30个月之间（不包括30个月）的方镇有17个，在30个月以上的方镇则有7个（详参图1）。

具体而言，影响方镇长官任期的主要有四个因素：

其一，与都城距离的远近。从地理分布上来看，诸镇长官任期呈现出明显的内外圈层结构，并大体上自内向外逐层递增，说明与都城距离的远近是影响方镇长官任期的重要因素。唐代即有偏远州县官员（刺史、县令等）任期较长，而近畿州县任期较短的现象[3]。偏远方镇在公文传达，以及长官赴任、去职时路途中所耗时间较长，这应是造成偏远方镇长官任期较长的重要原因[4]。

其二，中央对方镇控制力的强弱。一般而言，中央控制力较强的方镇，朝廷任免长官的阻力较弱，长官调整较为频繁，平均任期较短，而较短的长官任期反过来又可巩固中央对方镇的控制。中央控制力较弱的方镇，任免长官的阻力则较强，长官调整较少，平均任期较长，而较长的长官任期反过来不利于中央加强对方镇的控制，特殊情况下，新任长官除了朝廷诏敕以外，还需要率军

[1] 需要补充的是，虽然诸镇长官任期存在较大差异，但多数方镇的长官任期有一个相对稳定的时限。若援引天成三年（928）诸州刺史“二十五月”的考限规定，长官平均任期超出“二十五月”的方镇则仅有11个，而平均任期在25个月以内的方镇多达37个，占方镇总数的77%。若援引州县官“三十月”的考限规定，方镇长官的平均任期在30个月以下的方镇则接近80%。这种情形显示出中央政府对方镇长官的任期似乎有一个相对的把控，尽量不让方镇长官任期过长，从而规避方镇割据的隐患。

[2] 《册府元龟》卷六三三《铨选部·条制五》，第7314页。

[3] 参见张卫东：《唐代刺史的任期与特点》，《中州学刊》2009年第4期，第163—168页；张玉兴：《唐代县令任期变动问题研究》，《史学月刊》2007年第9期，第41—45页。

[4] 按，北宋仁宗年间，范仲淹、富弼等在论述远官、近官任期差异的原因时，指出其中一个重要因素为“或因公事非时移替在道月日”。参见（南宋）李焘：《续资治通鉴长编》卷一四三，庆历三年九月条，北京：中华书局，2004年，第3433页。

前往，才能保证成功赴任[1]。

其三，边防压力的强弱。由于受边疆攻防形势的影响，边镇长官的平均任期与内镇存在一定差异。后唐至后周，边境战事频仍，如若频繁更替边镇长官，势必不利于边境戍防。在这种状况下，中央政府不得不适度延长边镇长官的任期，以发挥其戍卫边境的职能，因此，多数边镇长官的平均任期长于内镇。

此外，影响方镇长官任期的还有一个较为隐性的因素，即中央的方镇控制战略。在图1中，方镇长官任期最短的圈层除了包括河阳、许州忠武军等近畿方镇以外，还包括较为外围的邺都、潞州昭义军、邓州威胜军等，地域分布上呈现出中部宽阔而东西两端束狭的态势，反映出中央方镇战略的部分意图。这部分方镇战略地位重要，甚至直接关系到中央政权的安危，也是中央政权控制偏远方镇的重要助力（详参下文“内地拱卫型方镇”的相关论述）。

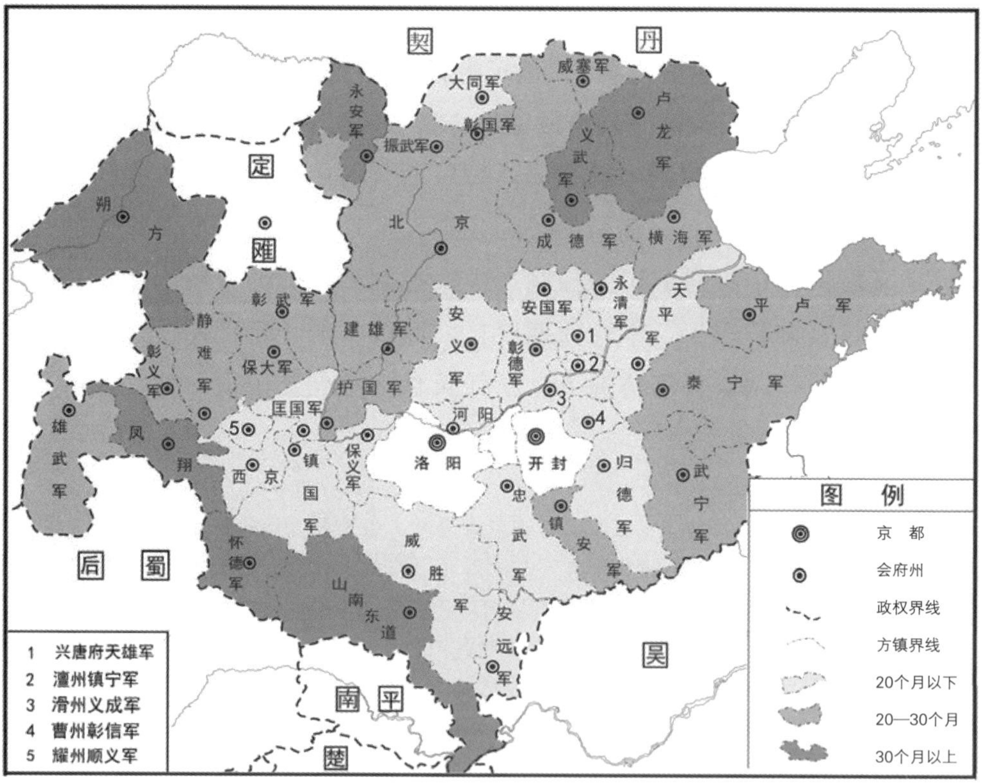

图1　后唐至后周诸镇长官平均任期的分布[2]

[1] 参见（宋）薛居正：《旧五代史》卷七六《高祖本纪二》，北京：中华书局，2015年，第1170、1172页。

[2] 李晓杰在所著《中国行政区划通史·五代十国卷》中对五代十国时期各政权、方镇界线，

二、方镇的三种类型

由上可知，方镇长官的平均任期是考察内镇差异的一个较为理想的指标。基于方镇长官任期地理分布的状况，本文将后唐至后周方镇划分为三种类型：内地拱卫型、内地绥靖型、边地戍防型。下文对各类方镇的内在特征、地理分布以及职能侧重等方面进行考察。需要说明的是，部分方镇可能具有多重特征，如拱卫型、戍防型方镇也承担绥靖地方秩序的职能，不过，这两类方镇的政治职能更侧重于拱卫中央政权、戍防边境，而绥靖型方镇拱卫中央政府的作用较小，也多与边防无直接关联。

1.内地拱卫型方镇

所谓内地拱卫型方镇，是指对内拱卫中央政权，对外经略、震慑偏远方镇的内地方镇。这些方镇多处近畿，中央的控制力较强，且为方镇战略的重点控制对象。

由图1可知，拱卫型方镇不仅包括河阳、滑州义成军、陕州保义军等近畿方镇，还包括邺都、潞州昭义军、邓州威胜军等外围方镇。之所以会呈现出上述分布态势，主要是由各朝代内部的政治斗争环境而决定的。后唐建都于洛阳，后晋、汉、周定都开封，均处“四战之地”，而周边地势平坦，“并无险固”，“四方有变，直到城下”[1]。由此可见，若将拱卫政权的重点集中于都城周边的平原地区，则中央政权势必陷入战略被动的局面。有鉴于此，各朝代将政权拱卫的重点外拓至更为外围的区域，试图借重外围的山川地利的优势，改善政治中心的戍防形势。具体而言，包括黄河以北的邺都、潞州昭义军，面向关中诸镇的华州镇国军等，紧邻山南东道的邓州威胜军，以及夹处于中原南部边镇、河北诸镇之间的郓州天平军。邺都、潞州昭义军、邓州威胜军等方镇犹如深嵌于河北、河东、山南等地区的楔子，既可显著扩大都城的防御纵深，又可作为

及方镇沿革等方面内容进行了详尽考察，本文图1、2基本参考李先生的研究成果，所绘地图分别以该书“929年后唐辖境政区示意图”“936年后晋辖境政区示意图”“949年后汉辖境政区示意图”“958年后周辖境政区示意图”为底图。参见李晓杰：《中国行政区划通史·五代十国卷》，上海：复旦大学出版社，2014年，第62、63、114、115、148、149、174、175页。而关于四朝方镇军政长官任期整体状况的研究，本文选取后唐后期的疆域作为代表进行考察。之所以作出上述处理，主要有以下两个方面的考虑：其一，四朝之中，后唐疆域较大，基本可以涵盖各朝疆域的大部分境域。其二，后周后期攻取江淮之间大片地区，超出后唐疆域。但至周亡，淮南诸镇纳入中央版图仅有三四年时间，不宜与中央政府统治三四十年余的方镇拢作一盘。

[1]《续资治通鉴长编》卷一四三，庆历三年九月条，第3452页。

中央控制外镇的重要力量，具体分析如下。

邺都素为强藩，“繁富为天下之冠，而土俗犷悍”[1]。该镇在两个战略方向上担负着中原王朝的重大“忧寄”：北向可压制镇、定二镇，西向则控扼河东自泽潞东出的山口[2]。后晋高祖将魏博镇一分为三后，此镇政治军事实力大为削弱。后晋少帝时期，契丹南侵的压力渐增，邺都为中央所倚重，被视作“国家藩屏”[3]。至后汉隐帝时，郭威以枢密使兼任邺都留守，“受诏率师赴北边”[4]，以禁军力量补充邺都的驻屯军力，阻遏契丹骑兵南下。

潞州昭义军是中央政权控遏河东的战略要地。该镇境内的“上党山路”是中原、河东之间最为近捷的行军路线，中央自洛阳、开封发兵，经天井关，纵穿泽潞山路，至石会关，可直抵河东腹地。而河东经此镇南下，“下太行，直抵怀、孟，塞虎牢，据洛邑，东向而争天下”[5]。梁晋相争时期，双方围绕潞州昭义军展开数十年的反复争夺。后唐末帝北上攻河东、契丹助石敬瑭南下灭唐，以及后周世宗大败北汉于高平关，争夺重点均在此镇[6]。由此可见，潞州昭义军的得失直接关系着中央政权的存亡安危。

而邓州威胜军则是中央防制山南东道的重要力量。山南东道为南境大镇，赵匡凝、安从进等先后以此镇行割据之事，对洛阳等地造成一定的战略威胁。邓州原为山南东道属州，后梁开平三年（909）五月升为宣化军，割山南东道所领的泌、随、复、郢州属之，“与襄州分江心为界限”[7]。邓州威胜军的设置，既在一定程度上削弱了山南东道的实力，又使得洛阳与山南东道之间形成了一个战略缓冲区，为中央政府应对山南东道的威胁增添了一层屏障，这层屏障在后晋高祖平定山南东道安从进之乱中起到重要作用[8]。

郓州天平军是开封的东北门户，是中央应对河北诸镇以及契丹威胁的重要

[1]《旧五代史》卷七五《高祖本纪一》，第1143页。

[2]参见《旧五代史》卷八《末帝本纪上》，第138页。

[3]（宋）司马光：《资治通鉴》卷二八二，天福六年六月条，北京：中华书局，1956年，第9224页。

[4]《旧五代史》卷一〇三《隐帝本纪下》，第1595页。

[5]（元）脱脱：《宋史》卷四八四《李筠传》，北京：中华书局，1985年，第13973页。

[6]《旧五代史》卷四六《末帝本纪上》、卷七六《高祖本纪二》、卷一一四《世宗本纪一》，第757—759、1156、1157、1758—1760页。

[7]《五代会要》卷二四《诸道节度使军额》，第382页。

[8]参见（宋）欧阳修：《新五代史》卷五一《安从进传》，北京：中华书局，2015年，第661页。

防线。该镇以南，地势平坦开阔，几无险阻，向西可直抵开封。梁晋在此镇陷入长时间的胶着鏖战，而在后唐袭取天平军之后，双方攻防形势丕变，开封门户洞开，庄宗得以避实就虚，轻骑奔袭开封[1]。此外，天平军还是中央政府经略东南诸镇的重要辅助力量。天福元年（936）十二月，青州平卢军节度使房知温去世，平卢军乱，天平军成为救急安乱的重要力量："诏郓州王建立以所部牙兵往青州安抚。"[2]后晋少帝天福八年（943），青州平卢军节度使杨光远称兵叛乱，少帝先后派遣侍卫步军都指挥使郭谨、左领军卫将军蔡行遇等"将兵戍郓州"，并"遣使城南乐及德清军，征近道兵以备之"[3]，南乐、德清军在濮州，均隶属郓州，可见，郓州天平军在后晋应对平卢军叛乱中也发挥了重要作用。

陕州保义军是拱卫洛阳的西方门户，是中央应对关中威胁的要冲。此镇战略地位为各政权所倚重，驻屯着相当数量的捧圣军等精锐禁军[4]，长官也多由统治者高度信任的心腹出任。同光四年（926）四月，庄宗被弑，"魏王继岌至兴平，闻洛阳乱，复引兵而西，谋保据凤翔"，"监国（李嗣源）恐征蜀军还为变"，任命心腹石敬瑭担任陕州留后，扼守征蜀军东进中原的通道[5]。

由上可知，邺、潞、邓、郓等镇具有重要的战略意义，与中央政权的稳定密切相关。因此，各政权均注重对上述方镇的掌控，长官任免、迁转的频率自然也较高，平均任期在10—20个月之间。某种意义上说，上述方镇的外缘界限可视为维持中央政权稳定的底线，可姑且称之为内镇拱卫型方镇的基线。如果中央可以有效控制基线以内的方镇，或者有效控制的区域超出这一基线，就意味着中央能够维系政权稳定，或者还有余力加强边远方镇的控制。而如果中央无法实效控制这一基线内的部分方镇，可能就意味着中央在维系政权稳定方面已较为吃紧，更难以集中力量加强对边远方镇的控制。

2.内地绥靖型方镇

与内地拱卫型方镇相较，内地绥靖型方镇距离都城较远，中央控制力有所

---

[1] 参见方积六：《中国军事通史》第十五卷《五代十国军事史》，北京：军事科学出版社，1998年，第110—116页。

[2]《旧五代史》卷七六《高祖本纪二》，第1158页。

[3]《资治通鉴》卷二八三，天福八年十二月条，第9256、9257页。

[4]《资治通鉴》卷二七九，清泰元年三月条载："先是，捧圣五百骑戍陕西，为潞王（李从珂）前锋，至城下，呼城上人曰：'禁军十万已奉新帝，尔辈数人奚为！徒累一城人涂地耳。'于是捧圣卒争出迎，（康）思立不能禁，不得已亦出迎。"第9111页。

[5]《资治通鉴》卷二七五，天成元年四月条，第8977、8980页。

衰减，与中央政权的安危多无显著关联，也非方镇战略重点控制对象，且所面临的外政权入侵的压力较小，其主要政治职责在于维持地方统治秩序[1]。内在特征上主要具有两方面特点：其一，中央对该类方镇控制力多弱于拱卫型方镇，但强于戍防型方镇；其二，一般而言，绥靖型方镇的军事实力有限，难以割据一方、挑战中央权威。后梁以降，历代统治者多致力于推行“强干弱枝”的政策，多数方镇兵力受到大幅削弱，个别方镇甚如后汉广顺年间的京兆府永兴军竟仅有数百兵力[2]。而从相关史实来看，当政权嬗替之际，叛军一旦攻取政治中心，大多数绥靖型方镇即可传檄而定，武力反抗或政治上跋扈难驯的多为邺都、北京（河东）、山南东道、镇州成德军等拱卫型、戍防型方镇，由此亦可反观绥靖型方镇军事力量的虚弱程度。

从地理分布上来看，内地绥靖型方镇居于内地拱卫型方镇和边地戍防型方镇之间，主要包括关中中东部的西京、邠州静难军等，河东西南部的河中府护国军、晋州建雄军等，河北地区的邢州安国军，以及河南地区的青州平卢军等。

需要注意的是，内地绥靖型方镇的范围随着中央权威的消长，可能会发生相应的盈缩。当中央政权处于强盛时期，会致力于加强对偏远方镇的控制，原以地方绥靖为主要职能的绥靖型方镇也可能发挥拱卫型方镇的职能。如后唐明宗时期，中央致力于强化对关中地区的控制，邠州静难军等成为中央政府经略边境的重要助力[3]。此外，由于边防形势的变化，部分绥靖型方镇也可能转变为戍防型方镇。后晋初年，幽州卢龙军、云州大同军等镇割入契丹，河东、沧州横海军等与契丹接壤，边防压力增大，方镇职能向对外戍防转变。

3.边地戍防型方镇

所谓边地戍防型方镇，是指承担边疆攻防职责的边地方镇。根据所处区域以及戍防对象的不同，边地戍防型方镇可以分为以下三类：

其一为北境戍防型方镇。后唐以降，契丹南侵压力渐增，幽州卢龙军、云州大同军等成为北境边防的重点。后晋初年，幽云诸州为契丹所占，北方边防形势急剧恶化，河东、镇州成德军、定州义武军、沧州横海军等镇直面契丹

[1] 内地绥靖型方镇与边地戍防型方镇的区别主要在于绥靖、戍防职责的偏重不同，因此，邠州静难军、晋州建雄军等虽有小部分区域为边地，但由于这些方镇戍防压力较小，更偏重于内部绥靖，因此，本文将这些方镇归为内地绥靖型方镇。

[2] 《宋史》卷二五二《李洪信传》载：广顺年间，“本城（京兆府）兵不满千，王峻西征至陕州，以援晋州为辞，又取去数百人”。第8854页。

[3] 参见《旧五代史》卷四四《明宗本纪十》，第693页。

骑兵的侵扰。后周时期，北汉自立，河北、河中诸镇俱成边防要地，河东、河北地区多个方镇（如潞州昭义军、晋州建雄军、河东、魏州天雄军、镇州成德军、定州义武军等）平均任期大多长于后唐、后晋时期。

其二为西境戍防型方镇。关中地区北有西戎“剽攘之患”，南则有后蜀窥伺，边防压力也较大，而中央对关中诸镇经营力度普遍较低，常驻于此的禁军力量较为有限，边镇军力是关中边防不可或缺的力量。在此形势下，关中边镇长官的调整频率较低，任期普遍较长。如后唐张希崇长期主政朔方，“清泰中，希崇厌其杂俗，频表请觐，诏许之。至阙未久，朝廷以安边有闻，议内地处之，改邠州节度使。及高祖入洛，与契丹方有要盟，虑为其所取，乃复除灵武”[1]。又如凤翔镇在后晋时期长期由李从曮主政，任期长达122个月。

其三为南境戍防型方镇。兖州泰宁军、安州安远军等镇不时受到杨吴以及其后的南唐的侵扰。如后晋开运三年（946）“河南、河北大饥，殍殕甚众，沂、密、兖、郓寇盗群起，所在屯聚，剽劫县邑，吏不能禁”，五月，“淮南遣海州刺史领兵一千五百人，应接贼头常知及”[2]。又如，后汉乾祐元年（948）十二月，“兖州奏，淮贼先于沂州界立栅，前月十七日已归海州，为李守贞牵制也”[3]。不过，与北、西境相比，杨吴、南唐的威胁较小，南境方镇边防压力较小，且兖州泰宁军等镇距离洛阳、开封较近，中央对这些方镇仍可保持较强的控制力，因此，这些方镇长官任期往往比河北、河东、关中等地区的多数边镇短。

三、方镇类型结构的历史考察

上文关于方镇类型及其政治特征的分析，反映的是后唐至后周40余年间方镇类型的总体状况。而由于各朝政局状况、军政实力、边防形势等方面存在较大差异，因此，各朝代方镇类型结构也各有其特殊性。下文结合各朝代方镇长官平均任期分布情况以及政治军事背景的分析，对各朝代方镇类型结构的具体情况及其变迁进行考察。

1.后唐

后唐方镇类型结构呈现出明显的内重外轻格局：内地拱卫型方镇分布范围

[1]《旧五代史》卷八八《张希崇传》，第1335页。

[2]《旧五代史》卷八四《少帝本纪四》，第1294、1295页。

[3]《旧五代史》卷一〇一《隐帝本纪上》，第1578页。

较广，且囊括河东、镇州成德军等强藩，边地戍防型特征较为明显的方镇主要集中在河北、关中地区部分边镇，而较为典型的绥靖型方镇主要集中于关中中东部、河东西南诸镇。

由图2-1可知，长官平均任期在10—20个月之间的方镇分布范围较广，囊括中原、河北、河东地区大多数方镇，以及关中、山南地区部分方镇，远超上文拱卫型方镇基线的范围。上述状况所反映的政治背景是，后唐时期政局相对稳定，中央的政治军事实力较为雄厚，尤其是明宗在位的7年多时间内，中央权威较强，方镇较为驯服，中央得以频繁任免、迁转方镇长官，以强化对方镇的控制。

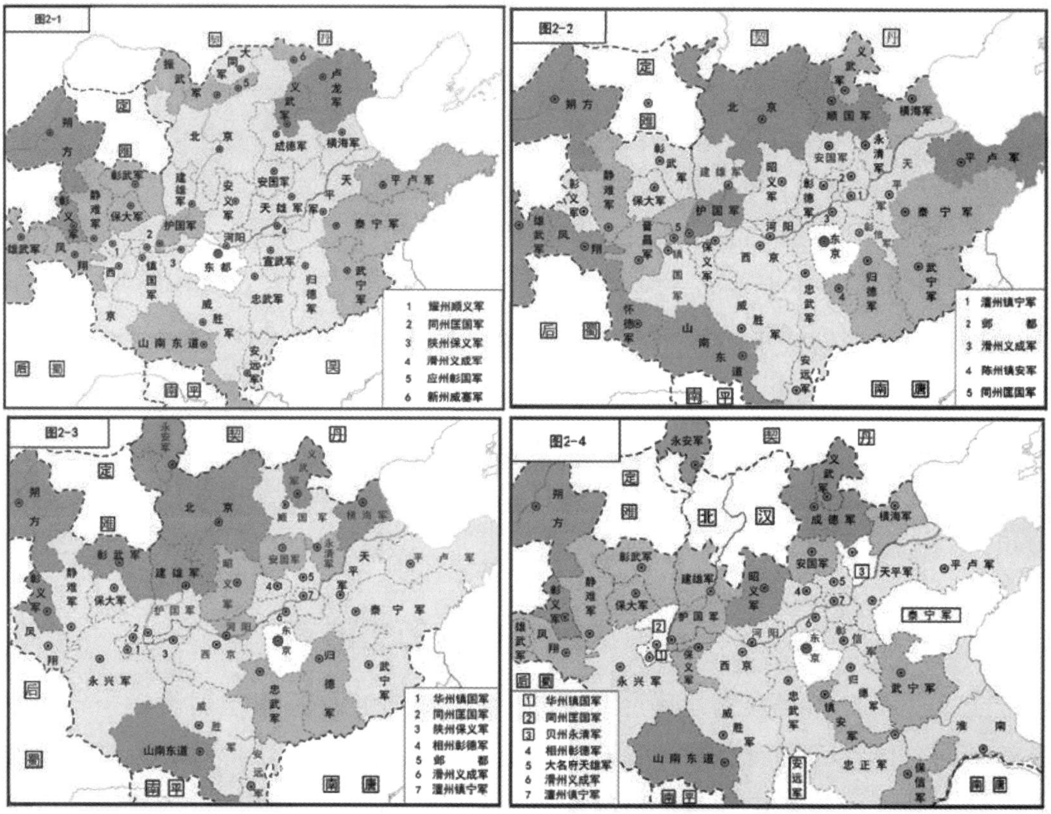

图2　后唐至后周方镇长官平均任期的分布[1]

此外，后唐时期边地戍防型特征较为明显的方镇集中于东北边隅，主要包括幽州卢龙军、定州义武军等。虽然契丹南侵压力渐增，但后唐北境仍占据一定的地利之势，对契丹南下形成扼制。如后唐末年，契丹南下援救河东节度使石敬瑭，“契丹主自以深入敌境，晋安未下，德钧兵尚强，范延光在其东，

[1] 图2-1、2-2、2-3、2-4分别代表后唐、后晋、后汉、后周时期的状况。图2诸图幅的图例与图1相近，故于此处不再重出图例，唯图2-4中，序号带有方框的方镇所指为后周时期废置的方镇。

又恐山北诸州邀其归路”[1]，此处引文中，“德钧”指幽州卢龙军节度使赵德钧，“山北诸州”当指恒山以北的云州大同军、新州威塞军、应州彰国军等，可见幽云诸镇对契丹南下构成牵制。

2.后晋

与后唐内重外轻的状况相比，后晋方镇类型的结构发生了较大变化，内地拱卫型方镇的范围向内大幅度收缩，中央对边远强藩的控制力减弱，边地戍防型方镇的数量增多，三种方镇类型的分布较为均衡。

由图2-2可知，与后唐相比，后晋时期北境边镇长官平均任期增加，戍防型特征也有所加强。后晋时期，幽州卢龙军、新州威塞军等割入契丹，北方边防方面丧失了河北边防的天然壁垒，门户洞开，契丹骑兵自幽州南下，可直抵黄河北岸，北方边防的形势大为恶化，镇州顺国军、沧州横海军、定州义武军等镇边防压力陡增。此外，由于后晋丧失了云州大同军等“山北诸州”，契丹骑兵沿飞狐道南下，经雁门关，即可直临河东，河东在北方边防的地位也进一步强化。

与后唐相比，部分强藩、边远方镇长官任期明显增加，长官任期在30个月以上的方镇数量明显增加，反映中央对这些方镇的控制力不足。“高祖取天下不顺，常以此惭，藩镇多务，过为姑息，而藩镇之臣，或不自安，或心慕高祖所为，谓举可成事，故在位七年，而反者六起”[2]。后晋前中期，镇州成德军节度使安重荣、山南东道节度使安从进、青州平卢军节度使杨光远等拥兵自重，中央难以通过行政方式任免这些强藩的长官。以山南东道节度使安从进为例，“自范延光反邺，（安）从进已畜异志，恃江为险，招集亡命，益置军兵……与安重荣阴相结托，期为表里。高祖患之，谋徙从进，使人谓曰：‘东平王建立来朝，愿还乡里，已徙上党。朕虚青州以待卿，卿诚乐行，朕即降制。’从进报曰：‘移青州在汉江南，臣即赴任。’高祖亦优容之”[3]。可见，中央政府已基本丧失了对该镇的实际掌控。

与后唐相比，长官任期在10—20个月之间的方镇范围收缩，与内地拱卫型方镇基线的范围大体相当，反映出后晋方镇控制战略的重点转为巩固和强化对内地拱卫型方镇的控制。后晋对边远方镇的跋扈屡屡纵容，但对拱卫型方镇的

[1]《资治通鉴》卷二九四，天福元年闰十一月条，第9155、9156页。

[2]《新五代史》卷五一《安从进传》，第660页。

[3]《新五代史》卷五一《安从进传》，第660、661页。

不臣却绝不姑息。天福二年（937），尚处政权草创时期的后晋与邺都留守范延光之间的冲突激化，是年六月，范延光公开反叛，开封宣武军、许州忠武军、河阳、滑州义成军等也先后发生动乱[1]。一时之间，“人情大震”，“时羽檄纵横，从官在大梁者无不恟惧”[2]。高祖平叛意志坚决，采取果断措施，“东巡汴州”，以便就近平定邺都的叛乱[3]，并分路进击，各个击破，不久即成功平息了内镇的动乱。

3.后汉

与后唐、晋相比，后汉方镇长官平均任期的分布出现了倒置现象：内部圈层的部分方镇（潞州昭义军、河阳、邓州威胜军、许州忠武军、宋州归德军等）平均任期较长，而外部圈层的部分方镇（青州平卢军、兖州泰宁军、鄜州保大军、凤翔等）平均任期较短。

上述现象的出现，与后汉时期的特殊政治形势密切相关。后汉高祖自太原起兵，经由晋州建雄军、河中护国军等镇南下，在陕州保义军赵晖等的响应下[4]，东进占领洛阳、开封。后汉初年，中央实质控制的区域主要是北起北京，南至许州忠武军、宋州归德军等镇之间的区域，而青州平卢军、兖州泰宁军等“东诸侯”、关中诸镇、山南以及河北方镇等仍多为前朝遗臣所控制，镇州成德军等河北少数方镇则为契丹所据。政权稳定后，后汉试图加强对河北、关中等地区的控制，与前朝遗臣的冲突渐趋激化，邺都杜重威叛乱以及河中护国军、大安府永兴军、凤翔三镇叛乱正是在此背景下发生的。至后汉末年，关中、河北等地区多数方镇的统治局面趋于稳定，虽然这些方镇的长官仍多为前朝遗臣，但是中央通过更替方镇长官的方式，加强了对这些方镇的控制力度，因此，“东诸侯”、关中、山南等方镇长官任期较短。

综上，后汉政权前后仅维持了3年多的时间，在加强对方镇控制的过程中，遇到强大的阻力，直至后汉灭亡，承接地方统治权的进程仍未完全完成，未能对朔方、泾州彰义军、府州永安军、定州义武军、沧州横海军、山南东道等边

[1] 参见《旧五代史》卷九七《张从宾传》，第1507页；《资治通鉴》卷二八一，天福二年七月条，第9177页。

[2]《资治通鉴》卷二八一，天福二年六月条，第9176页。

[3] 参见《资治通鉴》卷二八一，天福二年三月条，第9171、172页。

[4] 参见《旧五代史》卷一二五《赵晖传》，第1906页。

镇进行移镇[1]。因此，后汉方镇类型结构具有较强的过渡性，反映出中央政府对方镇控制力的不足，可以概括为未成型的圈层式方镇类型结构。

4.后周

后周方镇类型分布格局打破了后唐以来的圈层结构，境域之内大体上可以划分为两大区域：东南地区（北起河阳、郓州天平军，南至庐州保信军，西起邓州威胜军、西京，东至青州平卢军、淮南）多为内地拱卫型方镇或中央直辖府州；与契丹、北汉政权接壤的河北、河东以及关中诸边镇则呈现出较为显著的戍防型方镇特征。

后周时期，东南诸镇长官的平均任期较短，多在10—20个月之间。这种状况与后周“先南后北”的战略直接相关。王朴在《平边策》中建议后周世宗将对外用兵的重点移至南方，先从南唐入手，继而平定桂、广、岷、蜀，最后，再倾力北图河东[2]。世宗对外用兵基本与此战略相合，先后对南唐进行三次征伐，将东南边界由淮河沿线向南拓展至长江北岸，先后设置淮南、寿州忠正军、庐州保信军等镇[3]。西南方面，攻取后蜀的秦、凤等州，设置秦州雄武军[4]。此外，后周将兖州泰宁军、安州安远军二镇降为防御州，原隶属于此二镇的府州直属于京[5]。如此一来，中央政权对东南诸镇的控制力度得到很大的强化。

与东南诸镇相比，河北、河东诸镇长官任期较长。如王朴所述，这一时期，虽然契丹侵扰的力度相对减轻，而北汉政权“力已竭，气已丧”，但契丹、北汉实力仍较为强大，后周“必须以强兵攻”[6]，方有可能在此方向上取得显著进展。在此形势下，后周统治者将战略重心转向东南边境的进取上，北方边境基本处于战略相持状态。

[1] 事实上，后唐、晋在政权草创时期，均经历了一个从前朝遗臣手中承接地方统治权的阶段，但是，后唐、晋在较短的时间内即基本完成这一进程，加之统治时间较长，因此，这一过渡阶段对后唐、晋方镇长官任期的总体状况影响有限。

[2]《新五代史》卷三一《王朴传》，第387—389页。

[3]《旧五代史》卷一一八《世宗本纪五》，第1822、1823页。

[4]《资治通鉴》卷二九二，显德二年十一月条，第9532、9533页。

[5] 参见《旧五代史》卷一一四《世宗本纪一》，第1767页；《五代会要》卷二四《诸道节度使军额》，第384页。

[6]《新五代史》卷三一《王朴传》，第388页。

四、结　语

综上，本文通过方镇长官平均任期来进行后唐至后周的方镇类型研究，具有以下三方面意义：其一，通过方镇长官任期圈层结构的分析，在一定程度上廓清了内镇之间的类型差异，将中央控制力较强、方镇战略重点控制的拱卫型方镇与以维持地方秩序为主责的绥靖型方镇区隔出来。其二，本文的方镇类型研究，以四十余年间方镇长官任期为依据，以量化的方式来表述方镇的内在差异，结论更具客观性。其三，在既有的方镇类型研究中，主要以区域分析的方法来考察方镇的内在差异。但后唐至后周时期，河北、河东等地区内的方镇之间存在较大差异，不宜以区域分析的方法来硬性框定相关方镇的类型。本文方镇类型的圈层结构，有利于理解和把握各区域内方镇的内在差异。

总体而言，唐代中后期与后唐至后周的方镇类型结构存在一定的共通性，均采用“以方镇御方镇”的策略。但是，二者的稳定性存在较大区别。

唐代中后期，唐廷与方镇之间逐渐形成了较为稳定的共存关系，即如宋代尹源所述：“夫弱唐者，诸侯也。唐既弱矣，而久不亡者，诸侯维之也。”[1]从政治地理的视角而言，唐中后期方镇结构具有很强的稳定性，主要表现在以下两个方面：其一，各类方镇的分布与山川形便大体相合，方镇类型差异、政治职能与其所在地理区域的客观条件相契合，使其不会因政治军事形势的变化而轻易变动[2]。其二，中央直属区偏处关中，与河朔割据型方镇并不直接相接，唐廷防遏河朔割据的主要战略是以忠顺于朝廷的方镇，防御、遏阻不忠顺于朝廷的方镇。其中，最为关键的一环是中原防遏型方镇。而中原方镇“乐于自擅，欲倚贼自重”[3]，彻底铲除河朔区域性割据的意愿较为消极，因此，中央与区域性割据的方镇之间形成了稳定的战略相持关系。

后唐至后周时期，虽然河朔方镇区域性割据的局面被打破，但是，方镇类型结构的稳定性却远不如唐中后期，主要表现在两个方面：其一，各类方镇的分布打破了地理形势的限制，呈现出圈层结构，且随着中央控制力、方镇控制战略等因素的变化而变动。其二，政治中心东移至中原地区，缺少地理屏障，易攻难守。方镇类型结构的不稳定，使得后唐等政权的政治危机强于唐中后

[1]《宋史》卷四四二《尹源传》，第13082页。

[2]关于唐代中后期方镇格局得以长期维持的主要原因，张国刚从河朔割据形势、唐廷力量消长、边防压力强弱等因素进行论述。参见张国刚：《唐代藩镇研究》，第59页。

[3]《资治通鉴》卷二三九，元和十年九月条，第7717页。

期，从后唐灭梁至周宋嬗替，中央政权先后发生了7次更替。在此政治局势下，维持政权的存续成为各政权首要的战略目标，迫使各政权推行更为积极主动的方镇控制战略，将都城的拱卫圈层外拓至邺、潞、邓、郓等镇，以扭转都城易攻难守的不利态势，并以“内镇（拱卫型）”制“外镇（绥靖型、戍防型）”，进而控制全国政局，确保中央对方镇政治关系的主动权。但是，实施这种内部控制战略的前提条件在于中央实力较强，且掌握对大部分方镇的控制权。而由于后汉政权危机较重，对方镇控制力不足，中央处于四面受敌、左支右绌的困境之中，相当多的政治军事资源消耗在对内控制之中。至后周时期，边镇型方镇主要集中于西北诸镇，对内控制的压力大为降低，使得后周得以在对外拓展上投入更多的政治军事资源。因此，后唐、晋方镇类型结构侧重于内部控制，对外攻防上较为保守，而后周方镇类型结构则在对外拓展上更为积极主动。

还需要指出的是，本文所划分的方镇类型，是基于方镇长官平均任期的研究而进行的。事实上，方镇长官的政治身份、军事力量的地理分布（尤其是禁军力量的驻屯分布）等因素也能反映出这一时期方镇的内在差异，可为方镇类型的划分提供一定的参考价值。因此，对于后唐至后周方镇类型的研究，还有进一步深入研究的空间。

（作者单位：华东师范大学历史学系、河口海岸科学研究院）

The Types of Fangzhen from the Later Tang to Later Zhou Periods: Based on the Tenure of Governors of Fangzhen

Qu Kale

[Abstract] From the Later Tang to Later Zhou, the average tenure of governors of Fangzhen (militant prefecture, also refers to Fanzhen) was decided by the authority of central governments, the distance between Fangzhen and capital, Fangzhen management strategy and border defense situation, forming a Circle-layered spatial structure which increase successively from inner side to outer side. Based on the above arguments, three types of Fangzhen could be found: the inland guard type, the inland appeasement type and the frontier garrison type. Due to the change of political and military situation, the structure of Fangzhen in each dynasty also had its specific characteristics. The pattern of the Later Tang Dynasty showed the characteristics of over-concentration of power in the inland. In the Later Jin Dynasty, the scope of the inland guard type was greatly reduced, and the control of the centre over the outlying Fangzhen was weakened. The Later Han government failed to complete control of the local and the structure of Fangzhen had an obvious transitional nature. In the Later Zhou, the southeast Fangzhen was mostly guard type, while Fangzhen in the northwest region showed a distinct characteristic of the frontier garrison type. In addition, the type structure of Fangzhen from the Later Tang to Later Zhou was not as stable as that in middle and late Tang, forcing the regimes to pursue a more proactive Fangzhen strategy.

唐代渤海国王族族属抉微*

孙炜冉

渤海国（698—926）是唐代东北重要的民族政权，作为唐朝边疆的羁縻州“忽汗州”，同时也是其重要的藩属国，在东北亚发展进程中发挥了重要的历史作用，有着“海东盛国”的美誉[1]。围绕渤海国王族的族属问题衍生出对渤海国研究的诸多分歧，这些分歧的核心所在便是渤海建国者大祚荣家族族属未能明确。2013年，苗威先生提出渤海国建国者大祚荣族属契丹的新说之后[2]，由此引发了学界的巨大争议，使得许多问题有必要重新加以审视和辨析。本文本着考镜源流、辨章学术的精神，为述清渤海王族之渊源，就大祚荣之族属问题欲继续予以探讨，以就教于诸位方家。

一、渤海王姓“大氏”的由来

关于渤海王姓“大氏”的由来问题，学界争议颇多，众说纷纭，莫衷一是。金毓黻认为“王以其父尝官大舍利，遂以大为氏”[3]，即该“大氏”源于乞乞仲象曾任官职名称“大舍利”，取自于官名的首字[4]。罗继祖认为“胡人呼一部之长为部大，犹乌桓、鲜卑称大人也，渤海王族之氏大，殆源于此”[5]。

*本文系国家社科基金冷门“绝学”和国别史等研究专项项目“东亚视阈下的高句丽遗民史”（项目编号：19VJX034）阶段性成果之一。

[1]（宋）欧阳修、宋祁：《新唐书》卷二一九《渤海传》，北京：中华书局，1975年，第6182页。

[2] 苗威：《大祚荣族属新考》，《中国边疆史地研究》2013年第3期，第81—92页。

[3] 金毓黻：《渤海国志长编》（下编），长春：《社会科学战线》杂志社，1982年，第126页。

[4] 金毓黻：《关于渤海国三个问题》，《历史教学》1956年第4期，第10—12页。

[5] 罗继祖：《以大为氏》，《吉林大学社会科学学报》1982年第2期，第60页。

傅朗云、杨旸认为："渤海国王族大氏，出自古真番族。"[1]日本学者稻叶君山主张："大祚荣因族属靺鞨，靺鞨音近玛法，而女真语大人曰玛法，故因以为氏。"[2]王成国认为大姓源于靺鞨语酋长"大莫弗瞒咄"[3]；董万仑亦采此说[4]。刘振华也认为"大"源自靺鞨语，认为"大"就是"首领"之意[5]。何光岳认为"唐之封其为渤海，因其祖先大庭氏原乃居于山东高苑及河北河间一带，为汉、刘宋时渤海郡之地，故封大祚荣为渤海国（郡）王，以崇其祖先之地望"，所以"大祚荣之大氏为古大氏、大庭氏之后裔"[6]。张碧波也认同大氏源于中国上古东夷古大氏族团——大庭氏[7]。李德山认为大氏来源于太昊伏羲氏，"渤海王族以大为姓，犹是以'太'为姓，正是继承了他们先祖伏羲氏的称号"[8]。朝鲜半岛学者则以朝鲜王朝柳得恭为代表，认为"夫大氏者何人也，乃高句丽之人也，其所有之地何地也，乃高句丽之地也，而斥其东斥其西斥其北而大之耳"[9]。该认识被朴荣海等朝鲜学者所继承，其认为"渤海的创建者大祚荣，不但是任过高句丽武官的高句丽人，而且他的姓大氏与高句丽王族的姓高氏一样，是'高而且大'之意"[10]。

通过苗威先生关于"舍利"官职的论证可知，乞乞仲象与大祚荣为契丹贵族的解释更为合理[11]。从担任舍利参管王族事务便可看出，他们是来自跟李尽忠同一氏族的契丹"大贺氏"部族，这也就是"大舍利乞乞仲象"的释义，其实就是契丹大贺氏担任舍利官职的乞乞仲象之意。由此，就更加便于理解为何

[1] 傅朗云、杨旸：《东北民族史略》，长春：吉林人民出版社，1983年，第86页。

[2] 转引自王成国：《渤海王族大氏考》，《黑龙江文物丛刊》1983年第3期，第65页。

[3] 王成国：《渤海王族大氏考》，第66页。

[4] 董万仑：《东北史纲要》，黑龙江人民出版社，1987年，第151页。

[5] 刘振华：《有关渤海史的三个问题》，载王承礼、刘振华主编《渤海的历史与文化》，延吉：延边人民出版社，1991年，第348—350页。

[6] 何光岳：《东夷源流史》，南昌：江西教育出版社，1990年，第424、428页。

[7] 张碧波：《渤海大氏考》，《学习与探索》1998年第5期，第118页；《渤海大氏续考》，《北方文物》2001年第3期，第59页；《汉唐郡望观念与渤海大氏——渤海大氏三考》，《学习与探索》2002年第1期，第136页。

[8] 李德山：《东北古民族与东夷渊源关系考论》，长春：东北师范大学出版社，1996年，第367、368页。

[9] ［李氏朝鲜］柳得恭：《泠斋集》卷七《渤海考序》，古芸堂影印本，第113页。

[10] ［朝］朴荣海：《渤海是继承高句丽的国家》，李云铎译，《东北亚历史与考古信息》1987年第1期，第47页。

[11] 苗威：《大祚荣族属新考》，第84页。

大祚荣会以“大”为姓氏的初衷。此“大”者，盖源于“大贺氏”也，乃源自于以首字为姓氏的传统，这种传统无论是在汉民族中，还是在少数民族中都非常普遍[1]。而且，如果确认了大祚荣为契丹贵族的话，那么他与其父就不是所谓高句丽灭国后被从高句丽迁来的靺鞨人，而是贞观二十二年（648），随契丹蕃长大贺窟哥率领所部内属而来[2]。若大祚荣或其父是契丹大贺氏，此时内属，就不存在其为高句丽附属之臣的说法，不过是崔致远为引起唐朝对渤海的厌恶之情，而在晋表中的诋毁之辞[3]。所以，在东走建国集团中，只是带回了少部分曾经西迁而来的高句丽人和靺鞨人等，也就是说，大祚荣就生长在营州地区，自幼受唐朝文化和制度影响颇深，这也为其建国后积极效仿唐制找到了原因。

勿吉“渠帅曰大莫弗瞒咄”[4]，那么祚荣的“大姓”有没有可能是取自“大莫弗瞒咄”中的“大”字呢？我们认为，此“大”乃汉人著史者之形容词，盖称谓勿吉总帅者，而非小部落的酋长渠帅。在毗邻靺鞨的室韦中便可找到这样的例子。《隋书·室韦传》中说：“南室韦……渐分为二十五部，每部有余莫弗瞒咄，犹酋长也。”[5]就是说南室韦分为二十五部，而每部都有几位被称作“莫弗瞒咄”的首领，所以这个“大”是著史者对整个部族首领的形容称谓，非本族人自称中故有的词汇，是汉意结合词汇。“莫弗”系古代北方契丹、室韦与靺鞨部落首领的泛称。而前面冠以“大”字的除上述《隋书·靺鞨传》《北史·勿吉传》及《新唐书·黑水靺鞨传》中涉靺鞨、勿吉中的“大莫弗（拂）瞒咄”外，仅见《周书》中贺拔允、贺拔胜传中记载贺拔氏兄弟曾在魏初担任过“大莫弗”一职。而其他史料中概无“大”字形容，都是“莫弗”独立存在。如《魏书·契丹国传》“其莫弗贺勿于率其部落车三千乘、众万余

[1] 吴洪琳：《我国古代少数民族姓氏汉化》，《西北农林科技大学学报（社会科学版）》2003年第3期，第113页；谢钧祥：《论中华姓氏（上）》，《黄河科技大学学报》2006年第4期，第33页；李志前：《中华姓氏的起源与形成》，《法治与社会》2012年第6期，第179页；任国瑞：《中国姓氏起源、流变与姓氏学概述》，《艺海》2015年第10期，第125页。

[2]（后晋）刘昫：《旧唐书》卷三《太宗本纪下》，北京：中华书局，1975年，第61页；《旧唐书》卷一九九下《契丹传》，第5350页；《新唐书》卷四三下《地理志七下·羁縻州·契丹·营州都督府》，第1127页。

[3]［新罗］崔致远：《谢不许北国居上表》，收于《东文选》卷三三《表笺》，朝鲜古书刊行会，1914年，第174页。

[4]（唐）魏徵：《隋书》卷八一《靺鞨传》，北京：中华书局，1973年，第1821页；（唐）李延寿：《北史》卷九四《勿吉传》，北京：中华书局，1974年，第3124页。

[5]《隋书》卷八四《室韦传》，第1882页；《北史》卷九四《室韦传》，第3130页。

口，驱徙杂畜，求入内附”[1]，《北史·蠕蠕传》“吐贺真远遁，其莫弗乌朱驾颓率众数千落来降，乃刊石记功而还”[2]等多处。以该词出现频率最高的《北史》和《魏书》为例：《北史》中共有“莫弗”十五处，“大莫弗”两处（分别为《贺拔允传》和《勿吉传》）；《魏书》中则共有“莫弗”十二处，无“大莫弗”。足见“大莫弗”一词并不常见，而“莫弗”才是北方室韦和靺鞨民族首领的音译称谓，分析出现情况，更加证实其“大”字实为汉人著史者对其冠以的形容词汇，而非靺鞨语中首领称谓的原有词汇。故此，渤海“大氏”之源显然并非出自此。

清乾隆四十九年（1784），朝鲜王朝史学家柳得恭在所著《渤海考》自序中首次提出“南北国”论，认为渤海国是与新罗国南北对峙的“北国”，同属朝鲜之国域和历史，并进而对“大”姓的由来有了这样的解释：“高丽不修渤海史，知高丽之不振也。昔者高氏居于北，曰高句丽，扶余氏居于西南，曰百济，朴昔金氏居于东南，曰新罗，是为三国，宜其有三国史，而高丽修之，是矣。及扶余氏亡高氏亡，金氏有其南，大氏有其北，曰渤海，是谓南北国，宜其有南北国史，而高丽不修之，非矣。夫大氏者何人也，乃高句丽之人也，其所有之地何地也，乃高句丽之地也，而斥其东斥其西斥其北而大之耳。”[3]柳氏认为渤海王姓的“大氏”源于其斥地辽阔广大，故而以大为姓，与高句丽之“高”有着同源之意。那么，如何来看待渤海的疆域和祚荣以“大”为姓的时间差的问题呢？从魏国忠先生的《渤海疆域变迁考略》中可知：“渤海国的疆域由小到大经历了一个波浪式的漫长发展过程，大体上分为初期、前期和后期等三个阶段。初期为高王大祚荣之世，因靺鞨政权刚刚建立和周围强邻环伺，故其辖境局限于以旧国（今吉林省敦化盆地）为中心太白山（今长白山）东北一带的‘挹娄故地’及其邻近地带；前期为武王、文王两世，由于国力的强盛而一再‘斥大土宇’，疆域有了较大的拓展，确有可能‘南与新罗相接’‘东北至黑水靺鞨’而达到了‘方二千里’的规模；9世纪初期，宣王大仁秀入继大统后，革故维新，国势复兴，于是而‘南定新罗，北略诸部’，疆域得到进一步拓展，其后又经过彝震、虔晃两世的努力，建制有5京、15府、62州和上百个县，并终于迎来‘海东盛国’的全盛时代，其疆域则‘南比新罗、以泥河为

[1]（北齐）魏收：《魏书》卷一〇〇《契丹国传》，北京：中华书局，1974年，第2223页。

[2]《魏书》卷一〇三《蠕蠕传》，第2295页；《北史》卷九八《蠕蠕传》，第3255页。

[3]《泠斋集》卷七《渤海考序》，第113页。

界，东穷海，西契丹’而达到‘地方五千里’的局面。”[1]也就是说，初期大祚荣建国并以“大”为姓时，其所辖之境仅局限于以旧国（今吉林省敦化盆地）为中心太白山（今长白山）东北一带的“挹娄故地”及其邻近地带。直至大彝震、大虔晃两代，即九世纪中期，其疆域才达到全盛，但即便此时，仍不及高句丽全盛时之疆域。那么，仅以“挹娄故地”便敢自称为其“大”吗？我们认为以大祚荣当时的境况与政治视野，不会如此之短浅和自大。

显然，渤海王族之“大氏”既非靺鞨语中首领之意，亦非继承高句丽之“高”，更非“高”“大”一体之意。那么，整合金毓黻和罗继祖诸先生的观点，再综合前文认为的大祚荣父子族源于契丹的认识，便可对“大氏”出处看出端倪。《魏书》中言：鲜卑有“贺兰诸部氏。北方贺兰，后改为贺氏”[2]，而契丹“得鲜卑之故地，故又以为鲜卑之遗种……其部族之大者曰大贺氏”[3]，源出鲜卑的契丹[4]，对于族出之俗既有继承亦有发展，这种以头字简化为姓的习俗往往是其汉化过程中都要经历的过程，魏孝文帝有之，那么大祚荣亦同样如此，当是以本族出于大贺氏而简化头字为大氏，而且一定程度上是出自当时的政治需要。在契丹民族源出鲜卑的基础上，有的学者进一步认为契丹族源乃是鲜卑宇文部[5]。若此，则契丹内必有继承宇文鲜卑姓氏者，而《晋书·慕容廆载记》中便载：“太安初，宇文莫圭遣弟屈云寇边城，云别帅大素延攻掠诸部，廆亲击败之。素延怒，率众十万围棘城，众咸惧，人无距志。廆曰：‘素延虽犬羊蚁聚，然军无法制，已在吾计中矣。诸君但为力战，无所忧也。’乃

[1] 魏国忠：《渤海疆域变迁考略》，《求是学刊》1984年第6期，第87页。

[2]《魏书》卷一一三《官氏志九·姓氏》，第3013页。

[3]（宋）欧阳修：《新五代史》卷七二《四夷附录第一·契丹上》，北京：中华书局，1975年，第886页。

[4] 持此观点的学者很多，具有代表性的有：方壮猷：《契丹民族考》，《女师大学术季刊》1930年第2期，第5页；盛襄子：《契丹源流说略》，《新亚细亚》1936年第11卷第3期，第1页；嵇训杰：《关于契丹族名称、部落组织和源流的若干问题》，《中国史研究》1985年第2期，第75页；张正明：《契丹史略》，北京：中华书局，1979年，第1页；杨树森：《辽史简编》，沈阳：辽宁人民出版社，1984年，第1页。

[5] 持此观点的学者很多，具有代表性的有：冯家昇：《契丹名号考释》，载氏著《冯家昇论著辑粹》，北京：中华书局，1987年，第11页；李桂芝：《辽金简史》，福州：福建人民出版社，1996年，第1—7页；杨军：《契丹始祖传说与契丹族源》，《首都师范大学学报（社会科学版）》2014年第6期，第5页。

躬贯甲胄，驰出击之，素延大败，追奔百里，俘斩万余人。”[1]可知，宇文鲜卑内部有名大素延者，先称其全名“大素延”，之后全文简称其名“素延”，而“大”显然乃其姓氏。此“大”姓应即为后来契丹所承继，当为大祚荣祖上“大贺氏”简称为“大氏”的源出所在。

另有一说，亦可备一证，20世纪80年代在北京地区辽代塔基内出土一块纪年文字砖，上书“大蕃天显”字样，“天显”为阿保机的年号，而“大蕃”则是其政权的称谓。据考，民间对契丹有谓以“大蕃”之称谓，契丹则沿袭此号而自称[2]。而若大祚荣所部确亦有此称，则亦可能当是以此取“大”为王族姓氏[3]。

无论是作为部族姓氏的“大贺氏”首字之“大”，还是作为部族名称“大蕃”首字之大，都合乎对“大舍利乞乞仲象”的理解，或者为“大贺氏舍利官乞乞仲象”[4]，或者为“大蕃（契丹）舍利官乞乞仲象”，进而以部族姓氏或部族族称的首字简化作为自己的姓氏，我们认为更具合理性。

二、《类聚国史》中“土人”给学界造成的困围

日本古籍《类聚国史》中关于渤海“土人”有一段记载，其云：

> 渤海国者……延袤二千里，无州县馆驿，处处有村里，皆靺鞨部落，其百姓者，靺鞨多，土人少，皆以土人为村长。大村曰都督，次曰刺史，其下百姓皆曰首领。[5]

学界对这一段文字的理解分歧较大，大体有三种认识：一是认为这些“土人”是高句丽人，这样才便于理解“土人”与“靺鞨”对称的基本原因，足见其绝非靺鞨人，因而判断是为高句丽人[6]；二是认为“土人”是指渤海建国初期

[1]（唐）房玄龄：《晋书》卷一〇八《慕容廆载记》，北京：中华书局，1974年，第2805页。

[2] 齐心、刘精义：《“大蕃天显”纪年文字砖考》，《黑龙江文物丛刊》1984年第2期，第23页。

[3] 傅朗云：《渤海“土人”新释》，《黑龙江社会科学》1999年第3期，第77页。

[4]《五代会要》对“大舍利乞乞仲象”的注解为：“大姓，舍利官，乞乞仲象名也。”参见（宋）王溥：《五代会要》卷三〇《渤海》，上海古籍出版社，1978年，第473页。

[5]［日］菅原道真：《类聚国史》卷一九三《殊俗部·渤海上》，东京：经济杂志社，1916年，第1272页。

[6]［韩］金钟圆：《关于渤海的首领问题——与地方统治制度相关联》，李云铎译，《历史与考古信息·东北亚》（第32辑）1999年第2期，第93页。

在政治生活中起主导作用的粟末靺鞨人[1]；三是认为7世纪在渤海国已经形成一个融合境内多个民族的新的渤海族，而渤海族及其别支才是渤海“土人”[2]。我们认为，从《类聚国史》的记载来看，渤海百姓，“靺鞨多，土人少”，以“土人”与“靺鞨”对称，足见土人绝非靺鞨人。那么，“土人”是否是高句丽人呢？据苗威分析，东迁队伍中即便有高句丽人，数量也十分有限[3]，而且，高句丽灭亡之后，其域内民众四散而走，其中大量被迁往内地，“总章二年（669），徙高丽民三万于江淮、山南……仪凤二年（677），授藏辽东都督，封朝鲜郡王，还辽东以安余民，先编侨内州者皆原遣，徙安东都护府于新城。藏与靺鞨谋反，未及发，召还放邛州，厮其人于河南、陇右，弱窭者留安东”[4]。由此不难看出，随着高藏谋叛事件的流产，多数高句丽人被迁到了河南和陇右，仅“弱窭者”留在了故地。即便是这样，还因为高句丽“旧城往往入新罗，遗人散奔突厥、靺鞨”。就这些留在故地的“弱窭者”而言，无论是人口比重还是军事实力，与靺鞨人相比皆处于弱势地位。对于人口和军事实力占绝对优势的靺鞨人而言，是否还需要像高句丽未亡之前那样听命于高句丽人呢，答案当然是否定的。

因此，不能将“土人”局限在靺鞨和高句丽二者之间，以非此即彼的思路判断其中必有一方为所谓的“土人”，并担任村落里长，掌握着渤海国基层的统治权。我们认为，这里的“土人”，当是指在营州地区长期生活的以契丹人为核心的营州建国集团。他们从唐朝学习到先进的制度和技术，具有较高的战争经验和军事素养，无论科技文化还是军事实力皆更加具备控制当时处于政治真空的东北地区的条件。从由“土人”任职的“村长”称谓来看，“大村曰都督，次曰刺史”，“都督”“刺史”都是中原的职官称谓，李尽忠等大贺氏家族世袭松漠都督府“都督”，这些名称尽被东迁者所仿称。后来的历史也证明，效仿唐制是渤海一贯的政策和方针，这种初期官名的照搬便是其移植唐朝制度的开端。而高句丽的官职名称具有典型的本民族语言特征，如大对卢（或曰吐捽）、大使者、大兄、古邹大加等，而对于“都督”“刺史”这样的官职名称，据《新唐书·高丽传》载：“大城置傉萨一，比都督；余城置

[1] 杨军：《渤海“土人”新解》，《北方文物》2006年第2期，第74页。

[2] 傅朗云：《渤海“土人”新释》，第77页。

[3] 苗威：《大祚荣族属新考》，第85页。

[4] 《新唐书》卷二二〇《高丽传》，第6197、6198页。

处闾近支，亦号道使，比刺史。”[1]也就是说，高句丽人称都督这样的官员为“傉萨”、刺史为“处闾近支”，所以这种官称的设置显然不是高句丽人的习惯，由此进一步说明，高句丽人在国家政治机构设置上没有起到引导性作用。那么，渤海国为什么要使用“都督”“刺史”这样的中原官名呢？苗威文中已经阐明，在渤海建国之时，“大祚荣集团灵活地运用了武则天所赐乞乞仲象‘震国公’这个封号，一方面向唐朝示好，表示了臣服之意，另一方面，借唐朝为自己作势，在挹娄故地收拾残局，积蓄力量”[2]。也就是说，渤海国的前身震国（靺鞨国）是以唐朝在东北地区代言人的角色和借口迅速发展并立足的，使用中原固有官称，既可以取悦唐朝，表现出一种顺从与不逆的态度，又可以借唐朝之威，对周边部族行威慑、拉拢之实，使其迅速完成政权的建立并巩固。

从日本僧人永忠的归国时间来看，其是于桓武天皇延历（782—806）末年由大唐返回日本的[3]，所以其途经渤海国的时间当是在9世纪之交，距离渤海建国已达百年。所以，尽管学界对于渤海人形成时间有所争议，但相信在这一百年的时间里，早已形成了“渤海人”集团，这些人在这里已然繁衍生息了百年时间，说其为“土著”亦不为过。而被渤海人征服的北部靺鞨人当时还未融入渤海人系统，是处于被统治和被征服的角色[4]。在《唐会要·渤海》中便有相关佐证，其云：“贞元八年（792）闰十二月，渤海押靺鞨使杨吉福等三十五人来朝贡……十一年（795）十二月，以靺鞨都督密阿古等二十二人，并拜中郎将，放还蕃。”[5]贞元年间（785—805）在渤海使官中出现“押靺鞨使”和“靺鞨都督”的官称，说明8世纪末，渤海人已经与靺鞨人分野，渤海人已经在百年的时间内形成新的民族共同体，亦说明此刻，渤海完成了对北部靺鞨人的控制，于是才有了“押靺鞨使”“靺鞨都督”这样的二级管理官称，这都是对唐朝管理渤海这样的羁縻州所设置“押渤海新罗两蕃使”“渤海都督”的仿效。

当然，虽然渤海人自建国起便极力“宪象中国”，但是其并未完全成为如汉地那样的政权和民族，所以在久居唐朝的永忠看来，尚未完全开化。渤海

[1]《新唐书》卷二二〇《高丽传》，第6186页。

[2]苗威：《大祚荣族属新考》，第89页。

[3]［日］森鹿三：《中国茶传入日本》，《茶业通报》1980年第1期，第60页。

[4]孙炜冉、史话：《渤海国的靺鞨人构成解析》，《云南民族大学学报（哲学社会科学版）》2015年第6期，第116页。

[5]（宋）王溥：《唐会要》卷九六《渤海》，北京：中华书局，1955年，第1724页。

建国以后，所推行的以中原政治文化为蓝本的政治建置，令从唐朝学成路过此地的日本僧人永忠不明就里，对这些既非汉人亦非靺鞨人、高句丽遗民，更加脱离了契丹人传统外在表象的统治者们无法做到充分地认识。作为日本遣唐留学僧，永忠曾在唐朝经济最富庶、文化最繁荣的地区学习和生活，感受的是天朝大国的物丰民富、文盛国强，从中原而至东北，尤其时值渤海初创，永忠重点考察的龙原府日本道之经济文化所呈现的态势，与唐朝当然不可比拟，故而其对所见之民族会有轻蔑之语。《辞海》“土人”条称，土人即土著[1]，即世代居住于本地的人；《现代汉语词典》称，土人是“外地人称指经济、文化等不发达的土著（含轻视意）”[2]。综合考虑，僧永忠极有可能是出于第二种释义来称呼其并不熟识的“村长”，概因当时渤海国龙原府地区经济文化相对落后，故而将移来之渤海人与靺鞨人对称。一是因为百姓中有大量靺鞨人，而靺鞨人很早便被日本所熟知，具有较为明显的民族特征，故而僧永忠对其较容易辨识；二是“靺鞨”一词，本就是对落后民族的蔑称，从某种意义上说，其与“土人”并没有本质上的差异。所以，《类聚国史》所称“土人”，概因其并不了解渤海国内族众的复杂成分，导致永忠并不明确其族属的基层管理者而有误记。

三、渤海国俗“略等”契丹的分析

《旧唐书·渤海靺鞨传》载，渤海国“风俗与高丽及契丹同”[3]。《新唐书·渤海传》亦载其风俗“与高丽、契丹略等”[4]。这一记载传达了两个方面的信息：一是渤海习俗与高句丽相类似，从历史上来看，这种“略等”是可以理解的，因为渤海国初建之地是在故高句丽域内，且高句丽灭亡之后，其遗民尚有留居于此处者，因而，高句丽的某些习俗被渤海人因袭是正常的，因为其境内的高句丽遗民就是构成渤海族的重要组成，是其主体民族之一。二是渤海习俗与契丹相似，从地理的角度来看，渤海国与契丹人历史上的生活区域并无交集，而且相距较远，理论上不具备契丹习俗浸染于渤海的条件；从历史的角度来看，也未见有明确的渤海建国后大批契丹人居于渤海域内的记载。那么，

---

[1]《辞海》，上海辞书出版社，1989年，第583页。

[2]《现代汉语词典》，北京：商务印书馆，2005年，第1381页。

[3]《旧唐书》卷一九九下《渤海靺鞨传》，第5360页。

[4]《新唐书》卷二一九《渤海传》，第6183页。

根据习俗相近的情况可以推测：契丹人在渤海国有较高的地位，对于习俗有自然的引领作用，恰如《晏子春秋》所载："灵公好妇人而丈夫饰者，国人尽服之。"[1]因而，我们认为，仅从习俗上来看，契丹在渤海国居于统治核心地位亦是极有可能的。

渤海国称国王为"可毒夫"[2]，靺鞨人从未有此称谓。这里的"可"和"可汗"的"可"属同样性质的词头，所谓"毒夫"，即是"独夫"，从汉文字面理解也就是孤家、寡人之意。而"可汗"最早见载于3世纪，为柔然部落的最高首领的称谓，《魏书》中言："'可汗'犹魏言皇帝也。"[3]其后，东胡族系和突厥族系的柔然、突厥、回纥、契丹、蒙古以及肃慎族系的女真等民族的最高统治者皆曾以此为号，在北魏太武帝时期的嘎仙洞石壁祝文中亦有"皇祖先可寒"[4]的记载。由此可以看出，渤海国王自称的"可毒夫"实为"可汗"的异写和衍生词，属于东胡系（也包括匈奴系和突厥系）民族首领的称号，契丹恰恰属于该体系之列，而靺鞨的君长从未有此称号，只见"莫弗瞒咄""渠长（帅）""酋"等。及至肃慎系的女真人有此称号已经迨至辽代，概是受辽之契丹人影响所相沿袭的。契丹源于东胡族系，所以一般学者认为其语言亦当属阿尔泰语系中的蒙古语族[5]，而非肃慎族系的满—通古斯语族。从契丹文字的研究可以看出，契丹语近于蒙古语及通古斯语族。现今主要的语言学家都认为，与通古斯语族相较，契丹语与蒙古语的亲缘较近[6]。芬兰语言学家尤哈·杨虎嫩（Juha Janhunen）认为，与其说契丹语是一种蒙古语，不如说它是一种准蒙古语（Para-Mongolic）；也就是说，它可能是一种由所有蒙古语族的共同源头，即古代蒙古语（Proto-Mongolic Language）所衍生出来的旁系亲属语言[7]。正是因为大祚荣王族出身契丹，才有这样特殊趋近于东胡系"可汗"称谓的君主称号。当然，这种称号应该只存留于渤海初期，在后来效法唐制之后，很快就不再流

[1]（春秋）晏婴：《晏子春秋》卷六《内篇杂下第六》，北京：学苑音像出版社，2004年，第84页。

[2]《新唐书》卷二一九《渤海传》，第6182页。

[3]《魏书》卷一〇三《蠕蠕传》，第2291页。

[4]陶克涛：《论嘎仙洞刻石》，《民族研究》1991年第6期，第80页。

[5][7]Juha Janhunen, *The Mongolic languages,* London: Routledge，2011，P.391—402.

[6]清格尔泰、刘凤翥、陈乃雄等：《契丹小字研究》，北京：中国社会科学出版社，1985年，第3页。

行和使用了[1]。

此外，按照《旧唐书·渤海靺鞨传》的记述，高句丽为唐朝所灭之后，大祚荣率众西走，迁徙至营州，说明其对唐朝的统治是接受的。而至李尽忠、孙万荣发动反唐叛乱时，大祚荣父子却追随其于距离唐朝统治重心不远的营州反叛，表明其当非高句丽遗民或靺鞨人，原因有二：一是，高句丽权贵反叛唐朝而招致严厉打击已有先例。在营州之乱前十年，即仪凤二年（677），唐朝授高句丽末代王高藏为开府仪同三司、辽东都督，封朝鲜郡王，还至辽东以安辑高句丽余民[2]并“镇本蕃”[3]。但高藏到辽东任上伊始，便与靺鞨联合，意欲谋反，只是“未及发，召还放邛州（今四川邛崃）”[4]。辽东在营州之东，高藏以故国国王的身份谋叛尚以失败告终，此事当对大祚荣有相当震慑。二是，高句丽遗民在唐朝内地得到了较好的安置与发展空间，所以大体上是安居乐业的[5]。从这个意义上说，大祚荣是高句丽遗民的可能性也非常小。

四、结　论

渤海国是唐代东北重要的羁縻州、藩属国，关于渤海国王族族属问题学界争议颇多，就苗威先生提出的大祚荣家族源于“契丹说”，继续发微考证，从而得出三个结论：一是关于渤海王姓“大氏”，实则为当时契丹贵族之姓氏“大贺氏”的首字简化；二是关于日本史料《类聚国史》中“土人”的实质，其既非专指靺鞨人，亦非专指高句丽人，而是以契丹为主的东奔建国集团组成者“营州人”；三是《新唐书》中记载渤海国俗略等“契丹”，并非系因渤海国西界接缘契丹，而是王室贵族原为契丹人的缘故。

综上所述，正是由于家族出身于契丹贵族，大祚荣父子才追随李尽忠等于营州叛唐；在兵败之后返回契丹牙帐地区，并击败追剿的李楷固；其后，为形势所迫东走辽河，来到挹娄故地东牟山地区，并迅速发展壮大。由于其治下有大量靺鞨人，故而其在政权建立之后并未表明王室真实的家族出身，而是出于巩固统治的目的以靺鞨为国名，有效转移了治内外民族对其真实身份的关注，

[1] ［日］河上洋：《试论渤海的地方统治体制（下）》，刘世哲、邢玉林译，《世界民族》1985年第4期，第55页。

[2]《旧唐书》卷五《高宗本纪》，仪凤二年（677）二月丁巳，第102页。

[3]《旧唐书》卷一九九上《高丽传》，第5328页。

[4]《新唐书》卷二二〇《高丽传》，第6198页。

[5] 苗威：《高句丽移民研究》，长春：吉林大学出版社，2011年，第209页。

而误以为其家族族出为靺鞨人。然而，正是因为其国内大量契丹人的存在，并且占据着统治阶层的绝对优势，导致其国俗与“契丹同”。从这个层面上来看，诸多史料中难以解释的矛盾和疑问得以解开，也期望我们的解读能为学界以后研究渤海国相关问题找到新的切入点。

（作者单位：通化师范学院高句丽与东北民族研究中心）

A Study on the Nationality Origin of the Bohai Royal Family in the Tang Dynasty

Sun Weiran

［Abstract］Bohai State （698–926） was an important Jimi（羁縻） and vassal state in northeast of the Tang Dynasty. Under the background of many controversy about the issue of the Bohai royal family, based on Mr. Miao Wei’s theory that Da Zuorong’s family originated from the “Khitan”, this paper continued the research and led to three conclusions. Firstly, the surname “da shi”（“大氏”） of royal family was actually a simplification of the name of the Khitan nobility “Dahe shi”（“大贺氏”）. Secondly, the essence of the “natives”（“土人”）in the Japanese historical materials *Lei Ju Guo Shi* (A National History of Gathering Groups,《类聚国史》) was neither Mohe people nor Goguryeo people, it was the Yingzhou people who formed the state with the Khitan as the main group. Thirdly, according to the *Xing Tang Shu*（《新唐书》）, the folk custom of the Bohai is basically the same as the Khitan, because the Bohai royal family was originally Khitan instead of Bohai bordered to the Khitan in west.

唐回关系视角下的《九姓回鹘可汗碑》立碑原因探析*

徐承炎

《九姓回鹘可汗碑》全称《九姓回鹘爱登里罗汨没蜜施合毗伽可汗圣文神武碑》，又称《哈喇巴勒嘎逊碑》《保义可汗纪功碑》，系由俄国考古学家雅德林采夫于1889年在鄂尔浑河流域的回鹘故城哈喇巴勒噶逊附近发现[1]。石碑立于保义可汗时期（808—821），用汉文、突厥文和粟特文三种文字书写，其中汉文碑文保存较好、叙事完整，是研究回鹘汗国历史极其重要而珍贵的史料。

19世纪90年代以来，国内外学界的诸多学者，如拉德洛夫、施古德、沙畹、伯希和、哈密顿、羽田亨、安部健夫、森安孝夫、吉田丰、罗振玉、王国维、程溯洛、耿世民、陈得芝、华涛、林梅村等都曾对石碑内容进行过释读整理或研究[2]。客观而言，石碑的研究工作已开展得十分深入，但却鲜见学者探究立碑原因。笔者不揣固陋，拟从唐回关系的角度对此问题略作探析，以期能拓

*本文系2018年度国家社科基金青年项目“公元1—10世纪青藏高原与北方草原地带的文明联系研究”（项目编号：18CKG018）、2018年度教育部人文社会科学研究青年基金项目“新疆境内丝路南道上吐蕃遗存的调查整理与研究”（项目编号：18YJC780003）阶段性成果。

[1] 雅德林采夫发现《九姓回鹘可汗碑》的时间，耿世民先生初记为1890年，后修正为1889年。耿世民：《古代突厥文碑铭述略》，载中国社会科学院考古研究所编《考古学参考资料（3—4）》，北京：文物出版社，1980年，第160、165页；《回纥突厥文碑铭译文》，载林幹、高自厚《回纥史》，呼和浩特：内蒙古人民出版社，1994年，第395—406页。

[2] 林梅村等人在《九姓回鹘可汗碑研究》一文中对国内外学者关于该碑的相关研究成果有比较详细的介绍，故此仅列研究者而不录各人成果，详情参见林文。对林文未及介绍的耿世民先生之研究成果，现予补出。耿世民：《回纥突厥文碑铭译文》，载林幹著《突厥与回纥史》，呼和浩特：内蒙古人民出版社，2007年，第395—401页。林梅村、陈凌、王海城：《九姓回鹘可汗碑研究》，载《欧亚学刊》第一辑，北京：中华书局，1999年，第151—171页。

展《九姓回鹘可汗碑》的研究领域，深化研究内容，不妥之处，敬请方家指正。

一、保义可汗时期的唐回关系

保义可汗，回鹘汗国第九位、跌跌氏第三代可汗，全称“爱登里罗汨蜜施合毗伽保义可汗”，元和三年（808）至长庆元年（821）在位[1]。在位期间，唐回交往史事史书载录较多，兹据时先后汇录如下：

元和三年，“（五月）丙午，（唐廷）册回鹘新可汗为爱登里啰汨密施合毗伽保义可汗”。[2]

元和四年（809），“（九月）辛未，丰州奏吐蕃万余骑至大石谷，掠回鹘入贡还国者”。[3]

（元和）五年（810）五月戊午，麟德殿对归国回鹘伊难珠等三人，赐锦彩、器服有差。[4]

“阅三岁（元和六年，811），（回鹘）使者再朝，遣伊难珠再请昏”。[5]“六月戊申，三殿对回鹘及奚使者，颁赐有差”。[6]

（元和）七年（812）正月癸未，以鸿胪卿张茂宣充入回鹘使，通事舍人张贾副焉。[7]

“（元和）八年（813）四月，回鹘请和亲，使伊难珠还蕃，宴于三殿，赐以银器缯帛”。[8]“冬，十月，回鹘发兵度碛南，自柳谷西击吐蕃。

[1] 林幹：《突厥与回纥史》，第230、231页。

[2]（宋）司马光：《资治通鉴》卷二三七，元和三年五月条，北京：中华书局，1956年，第7651页。

[3]《资治通鉴》卷二三八，元和四年九月条，第7666页。

[4]（宋）王钦若等编纂，周勋初等校订：《册府元龟》卷九七六《外臣部·褒异三》，南京：凤凰出版社，2006年，第11296页。

[5]（宋）欧阳修、宋祁：《新唐书》卷二一七上《回鹘传上》，北京：中华书局，1975年，第6126页。

[6]《册府元龟》卷九七六《外臣部·褒异三》，第11296页。

[7]《册府元龟》卷九八〇《外臣部·通好》，第11348页。元和七年，张茂宣出使回鹘之事在其墓志中亦有记述，但墓志未载其出使目的，《唐会要》记其出使为“吊祭册立”，李宗俊、周正等人认为是为缓和唐回关系，日本学者村井恭子认为是“入回鹘宣谕”。（宋）王溥：《唐会要》卷九八《回纥》，北京：中华书局，1955年，第1748页。李宗俊、周正：《唐张茂宣墓志考释》，《中国边疆史地研究》2015年第4期，第159、165页。［日］村井恭子：《大唐西市博物馆新藏唐〈张茂宣墓志〉考》，载董劭伟主编《中华历史与传统文化研究论丛》第二辑，北京：中国社会科学出版社，2016年，第174页。

[8]《册府元龟》卷九七九《外臣·和亲二》中亦记：“宪宗元和八年，回鹘遣使伊难珠来请和亲。”（第11337页）（后晋）刘昫：《旧唐书》卷一九五《回纥传》，北京：中华书局，1975年，第5210页。

壬寅，振武、天德军奏回鹘数千骑至鸊鹈泉，边军戒严”。[1]

元和九年（814），“夏，五月，庚申，复置宥州，理经略军，取鄜城神策屯兵九千以实之”。[2]“十一月，渤海遣使者献鹰鹘，回鹘使翳德密施等三十七人来朝”。[3]

元和十年（815）八月，（唐廷）以绢十万匹偿回纥之马直；十二月，（唐廷）以绢九万七千匹偿回纥马直。[4]

“元和十一年（816）正月，回鹘遣使朝贡；二月，回鹘使献橐驼及马”。[5]“二月，（唐廷）以内库缯绢六万匹偿回纥马直；四月，（唐廷）以绢二万五千匹偿回纥马直”。[6]“五月，命中使二人，送回鹘使归国；十一月，以宗正卿李诚兼御史中丞，充入回鹘使”。[7]

元和十二年（817），“回鹘又遣摩尼僧寺等八人至，帝使有司计之，礼费约五百万贯。时方内有诛讨，计时度费，未遂其请，以摩尼常为回鹘信奉使，宰臣言其不可。诏宗正少卿李诚使于回鹘，太常博士殷侑副之，谕其来请之意”。[8]

（元和）十四年（819）正月癸未，御麟德殿对归国回鹘使，宴赐有差。[9]

宪宗之末（元和十五年，820），回鹘遣合达干来求昏尤切；宪宗许之。三月，癸卯朔，遣合达干归国。[10]

---

[1]《资治通鉴》卷二三九，元和八年十月条，第7701、7702页。

[2]《资治通鉴》卷二三九，元和九年二月条记：“（二月）李吉甫奏：‘国家旧置六胡州于灵、盐之境，开元中废之，更置宥州以领降户；天宝中，宥州寄理于经略军，宝应以来，因循遂废。今请复之，以备回鹘，抚党项。’”（第7703、7704页）显然，唐廷于元和九年五月复置宥州是为了防备回鹘。《资治通鉴》卷二三九，元和九年五月条，第7704页。

[3]《册府元龟》卷九七二《外臣部·朝贡五》，第11250页。

[4]《册府元龟》卷九九九《外臣部·互市》，第11562页。

[5]《册府元龟》卷九七二《外臣部·朝贡五》，第11251页。

[6]《册府元龟》卷九九九《外臣部·互市》，第11562页。

[7]《册府元龟》卷九八〇《外臣部·通好》，第11348页。

[8]《资治通鉴》卷二四〇，元和十二年正月、二月条，有相似记载：“回鹘屡请尚公主，有司计其费近五百万缗，时中原方用兵，故上未之许。二月，辛卯朔，追回鹘摩尼僧等归国。命宗正少卿李诚使回鹘谕意，以缓其期。”（第7730页）《册府元龟》卷九七九《外臣部·和亲二》，第11337页。

[9]《册府元龟》卷九七六《外臣部·褒异三》，第11297页。

[10]相似的记述还见于《旧唐书》卷一九五《回纥传》，其载：“至元和末，其（回鹘）请弥切，宪宗以北虏有勋劳于王室，又西戎比岁为边患，遂许以妻之。”（第5211页）《资治通鉴》卷二四一，元和十五年二月、三月条，第7779页。

综合以上史料可知，保义可汗即位伊始即遣使赴唐廷请求册封，明确宗藩关系；随后，双方几于年年互遣使者，遣使事涉回鹘请婚、朝贡和唐廷宣谕、偿“马直”等内容。其间，双方虽也有元和八年、九年的不快之举，但并非主流。总体而言，保义可汗时期唐回关系较亲密，双方使节往来亦频繁。值得注意的是，回鹘遣使赴唐，几皆与请婚有关，这抑或是此一时期唐回交往的主要内容。

二、立碑原因探析

学界前贤曾据《九姓回鹘可汗碑》所存内容，推认石碑为纪功碑，此一识见甚为精当且已成共识。或缘于此，学界亦顺理成章地认为彰显回鹘历任可汗之功即是立碑之因，此识不谬，但流于表象。具体原因若何，碑文无载，史料不叙，个人拟结合保义可汗时期的时代背景、立碑前后的唐回史事和石碑内容等对其略作探析。

回鹘是继突厥之后崛起于漠北的又一强大游牧政权，自天宝三载（744）立国始，历任回鹘可汗均受唐廷册封，与唐关系亲密。安史之乱期间，回鹘出兵助唐平叛、收复两京，于唐有“勋劳”，李唐为报其功，几番下嫁“天子真女”与之和亲，并开启马价远超市值的“绢马贸易”。回鹘从中获利甚巨，亦因此而在经济上愈益仰赖唐廷[1]。

保义可汗时期，回鹘与吐蕃关系不睦，两者在河西和西域等地进行了一系列战争。元和三年六月，“回鹘攻吐蕃，取凉州”[2]。翌年，吐蕃遣“万余骑至大石谷，掠回鹘入贡还国者”[3]。元和八年“冬，十月，回鹘发兵度碛南，自柳谷西击吐蕃”[4]。元和十一年，吐蕃“逾碛讨逐（回鹘），去其城郭二日程”，几致其城“破灭”，会闻国内有丧，即罢兵而还[5]。敦煌所出的文书资料还显示，吐蕃于813—821年间，曾以沙州为基地与回鹘发生过战争，战争地点涉及

[1] 刘正江：《回鹘与唐的马绢贸易及其实质》，《黑龙江民族丛刊》2011年第2期，第75、76页。

[2]《资治通鉴》卷二三七，元和三年六月条，第7651页。

[3]《资治通鉴》卷二三八，元和四年九月条，第7666页。

[4]《资治通鉴》卷二三九，元和八年十月条，第7701页。

[5]《旧唐书》卷一九六下《吐蕃传下》，载尚绮心儿语：“回纥，小国也。我以丙申年逾碛讨逐，去其城郭二日程，计到即破灭矣，会我闻本国有丧而还。”（第5265页）陈国灿先生认为，“丙申年”是元和十一年（816），“城”为北庭。陈国灿：《八、九世纪间唐朝西州统治权的转移》，载氏著《敦煌学史事新证》，兰州：甘肃教育出版社，2002年，第493页。

西州和沙州等地[1]。此外，在814—821年间的某个时间段，回鹘还曾与吐蕃在安西进行过决战，战争以回鹘获胜并占有安西而告终[2]。上述诸次战役之规模，阙载于史，已不可知，但无论如何，战争必然消耗回鹘汗国的财富。而早在保义可汗即位之前的永贞元年（805），唐廷遣鸿胪少卿孙杲出使回鹘临吊怀信可汗之际，就已“罢羊马之入，杜缣缯之求”[3]，直至元和十年方复开“绢马贸易”[4]。故而，保义可汗时期的回鹘汗国之经济状况或不容乐观，元和十年以前尤甚。为缓解经济困境，保义可汗定然采取了若干措施，但于回鹘而言，最直接、最快捷的即是遣使赴唐朝贡、请和亲、开互市，其中请和亲又是最佳选择[5]，史料所见保义可汗屡屡遣使请婚也证明了这一点。

明乎于此，则不禁要问保义可汗时期树立《九姓回鹘可汗碑》是否也与请和亲有关。探究此一问题，尚需结合立碑前后的唐回史事和石碑内容进行具体分析。

俄国学者拉德洛夫曾据石碑中的粟特文纪年，考证石碑立于公元814年，即

[1] S.0542背（八）《戌年六月十八日诸寺丁口车牛役部》第42、49、51、53行有沙州大云寺寺户李日兴、李加兴、安满奴、安买德等四人“洛回纥”的记录，第35、57、112行中有“送西州人户往瓜州”“送西州寺户往瓜州”和“送西州寺户向东”的记录。姜伯勤先生认为，文书中所见的这些情况可能与公元816—821年间吐蕃与回纥在西州、沙州等地的战争有关。姜伯勤：《唐五代敦煌寺户制度》（增订版），北京：中国人民大学出版社，2010年，第85—86页。

[2] 徐承炎：《唐后期安西陷落考论——兼论吐蕃进攻安西的路线》，《中国边疆史地研究》2021年（待刊）。

[3] 孙杲出使回鹘之事，《新唐书》《资治通鉴》和《唐会要》皆有载录，但均较简略，所幸《唐故蕲州刺史兼御史中丞孙府君（杲）墓志铭》中记录较详，并提供了部分细节内容。文中所引孙杲出使回鹘“罢羊马之入，杜缣缯之求”的功绩即见其墓志，出使时间见三书。《新唐书》卷二一七上《回鹘传上》，第6126页。《资治通鉴》卷二三六，永贞元年十一月条，第7623页。《唐会要》卷九八《回纥》，第1747页。吴钢主编：《全唐文补遗》第四辑，西安：三秦出版社，1997年，第90页。

[4] 现存史料中仅《册府元龟》载有宪宗时期的唐回互市记录，且只有四条，分别为元和十年八月、十二月和元和十一年二月、四月。见《册府元龟》卷九九九《外臣部·互市》，第11562页。另外，《册府元龟》中还有一条疑似唐回互市的记述，“（宪宗元和）十一年正月，命中官以绢二万匹，市马于河曲”，因未明确互市的对象，故暂不计入。见《册府元龟》卷六二一《卿监部·监牧》，第7197页。

[5] 日本学者日野开三郎在《唐代和蕃公主》一文中指出，安史之乱后回鹘积极要求真公主和长公主下嫁是出于获得巨额财宝、维持不正当的绢马交易和强调民族对等思想等目的。由此可见，和亲于回鹘而言当是缓解经济困境之最佳选择，因其不仅可以借此获得巨额财富，还可以继续与唐廷维持绢马交易。见姜镇庆摘译：《一九七八年日本的中国古代史研究》，《中国史研究动态》1980年第3期，第29页。

唐元和九年[1]。石碑年代的确定，为精确汇辑立碑前后之史事提供了依据。元和八年，回鹘遣使伊难珠第三次赴唐请婚[2]，“朝廷以公主出降，其费甚广”而不许[3]，但出于两国传统友谊的考量，唐廷仍于“三殿”隆重地设宴款待回鹘请婚使，并赏赐银器缯帛等物。使者归国后，向可汗汇报了请婚情况，可汗因请婚被拒而心怀不满，同年十月，回鹘数千骑至鹈鹕泉威胁唐廷，唐边军为之戒严[4]。元和九年五月，唐廷复置宥州“以备回鹘，抚党项”，治经略城，理经略军，同时调派九千神策军加强防御[5]；是年十一月，回鹘遣使翳德密施等三十七人入朝。元和十年，唐廷先后于八月、十二月分两次，偿还回鹘马价绢共计十九万七千匹。

综上可见，从元和八年十月回鹘发兵至鹈鹕泉到元和九年五月唐廷复置宥州的半年时间内，唐回双方之关系曾一度十分紧张，战争随时可能爆发。然元和九年十一月，回鹘却率先打破僵局，遣使入朝，缘何其态度转变如此之大（即由请婚被拒怒而发兵挑衅威胁变为遣使入朝）？史阙有间，揆度元和九年之事，当与其立《九姓回鹘可汗碑》有关[6]。回鹘此前发兵鹈鹕泉本欲借此胁迫唐廷以达允其请婚之目的，但元和九年五月唐设宥州加强边备后，方知唐廷对

[1]［法］伯希和、［法］沙畹：《摩尼教流行中国考》，冯承钧译，上海古籍出版社，2014年，第51页。

[2] 在以上汇辑的保义可汗时期唐回交往史料中，有元和六年“（回鹘）使者再朝，遣伊难珠再请昏”的记述，故知元和八年伊难珠当是第三次代表回鹘来唐请婚。《新唐书》卷二一七上《回鹘传上》，第6126页。

[3]《资治通鉴》卷二三九，元和九年五月条，第7704页。

[4]《册府元龟》卷九九三《外臣部·备御六》载：“（元和八年）十月辛丑，以普润镇兵四千人割属泾原节度使。……先是，回鹘自部落南过碛，取西城，防御使周怀义表至，朝廷大恐，以为回鹘声言讨吐蕃，意是入寇。宰臣李吉甫以为：回鹘入寇，且当渐绝，和事不应，便来犯边，但须设备，不足为虑，因请自夏州至天德军置废馆一十一所，以通缓急。”（第11503页）　显然，回鹘发兵是因“和事不应”所致。相似记述还见于《唐会要》。《唐会要》卷六一《馆驿》，第1062、1063页。

[5]《资治通鉴》卷二三九，元和九年五月条，第7704页。

[6]《九姓回鹘可汗碑》立于鄂尔浑河流域的回鹘国都——哈喇巴勒噶逊附近，该地现隶属于蒙古国后杭爱省，位于国境内中部偏北。蒙古国的气候数据显示，该国冬季长，夏季短，春、秋两季较短，且国家的北部地区气候寒冷，冬季绝对气温达-45℃—-53℃，其中最冷的1月（约当阴历十一月）山区平均气温为-25℃—-30℃；夏季最热的月份为7月（约当阴历五月），杭爱山区的平均气温为10℃—15℃。千百年间，一地的气候当不致变动太大。故据此或可推知，当时回鹘国都附近的大型户外工程项目的开展实施可能集中于一年中气候最为适宜的月份进行，即阴历五月至十一月间。《九姓回鹘可汗碑》的树立即属这种大型户外工程之一，其完成时间或也在此五月至十一月间，而这又与史料所见回鹘态度急剧转变的时间相合。蒙匿名评审专家提醒，若确定《九姓回鹘可

待威胁的态度之坚决[1]，自觉无机可乘，若与唐开战又与其利益诉求不符，故只得更换对唐策略，觅一既可获唐允婚而又不令双方不快之法，此法即是于国内立纪功碑迂回请婚。早在回鹘长寿天亲可汗时期，就有立纪功碑而请婚获允的先例。《新唐书·回鹘传》中记载，长寿天亲可汗曾遣使唐廷请婚，德宗“蓄前恚未平”，意不许，宰相李泌劝言：“假令牟羽为有罪，则今可汗已杀之，立者乃牟羽从父兄，是为有功，渠可忘之邪？且回纥可汗铭石立国门曰：‘唐使来，当使知我前后功’云。今请和，必举部南望，陛下不之答，其怨必深。”德宗终允其请，并许降公主[2]。由此，元和九年回鹘立碑请婚，显是仿效前法，有例可循。

《九姓回鹘可汗碑》中汉文部分内容也可表明其立碑请婚之目的。石碑在追叙保义之前的历任回鹘可汗事迹时，着重记述了葛勒可汗和牟羽可汗出兵助唐收复两京、平定安史之乱的功勋，颂扬了牟羽可汗从中原引入摩尼教并使之远播漠北全境之功绩；同时载录保义可汗出兵西域，协助唐廷保卫北庭、龟兹和天山南北交通路线之事[3]。然其所申前任可汗助唐之功和“皇帝与回鹘约，长为兄弟之邦，永为甥舅之国”，则显有深意，即欲借此引发唐廷的感激之情，继而允其请婚。史实表明，李唐统治者确实认可且感念回鹘助唐之功。这在唐廷册封降嫁回鹘的和亲公主制书、册文和致回鹘的国书中皆有体现，肃

汗碑》的树立与回鹘对唐态度转变有关，则需满足一个重要的前提条件，即立碑时间在唐回关系进一步紧张恶化至元和九年十一月回鹘遣使入唐之间。而唐回关系的进一步紧张恶化应在元和九年二月李吉甫奏请复置宥州以备“回鹘”之时（《资治通鉴》卷二三九，元和九年二月条，第7703、7704页），其时礼部尚书李绛劝谏宪宗允回鹘请婚，不宜与之生隙，但未获采纳，唐廷最终采纳了李吉甫复置宥州的建议。回鹘因“有细作”而对“中国之事，大小尽知”（《资治通鉴》卷二三八，元和五年四月条，第7673页），可早做准备，不必等到是年五月唐廷正式置宥州后才想办法去缓和、改善双方关系而立碑，只要立碑时间在元和九年二月至十一月之间均可合理解释文献记载之事。蒙古国的气候资料参见郝时远、杜世伟编著：《蒙古》，北京：社会科学文献出版社，2007年，第2、3页；黄健英主编：《蒙古国经济》，北京：中国经济出版社，2016年，第2、3页。

[1] 在元和九年二月李吉甫奏请复置宥州至五月正式复置宥州的这段时间内，唐廷内部曾进行过一番讨论。时任礼部尚书的李绛曾上书宪宗，详陈和亲的“三利”和不允和亲可能引发的“五忧”，并劝谏宪宗不可惜小财，当以大局为重，益以“江、淮大县”的“一县之赋”（二十万缗）来“备降主之费”，同意回鹘请婚，但其意见未获采纳。《新唐书》卷二一七上《回鹘传上》，第6126、6127页。《资治通鉴》卷二三九，元和九年五月条，第7704页。

[2] 《新唐书》卷二一七上《回鹘传上》，第6122、6123页。

[3] 程溯洛：《从〈九姓回鹘毗伽可汗碑〉汉文部分看唐代回鹘民族和祖国的关系》，《中央民族学院学报》1978年第2期，第24—28页。

宗朝的《封宁国公主制》载："顷自凶渠作乱，宗社阽危，回纥特表忠诚，载怀奉国，所以兵逾绝漠，力徇中原，亟除青犊之妖，实赖乌孙之助。而先有情款，固求姻好。今两京底定，百度惟贞，奉皇舆而载宁，缵鸿业而攸重。斯言可复，厥德难忘，爰申降主之礼，用答勤王之志。"[1]代宗时期的《册崇徽公主文》称："我有亲邻，夙称雄贵，分救灾患，助平寇虞，固可申以婚姻。"[2]武宗时期的《赐回鹘可汗书》云："可汗累代以来，推诚向国。往者中原有难，助剪群凶，列圣念功，每加优宠，宁国、咸安二公主降嫁龙庭。爰及先朝，复以今公主继好。"[3]凡此皆表明，唐廷不仅认可回鹘之功，更报之以下嫁公主的"宠渥"。故而，回鹘只需让唐廷统治者铭记其功[4]，便可易于请婚。元和末年，宪宗也是念及"北虏有勋劳于王室"而许降公主的[5]。回鹘正是利用了唐统治者感铭其功的心理，而在立碑上大做文章，并期达到和亲目的。

为确保唐廷允其和亲，回鹘还在《九姓回鹘可汗碑》中暗宣国力，威胁唐廷。汉文碑文中，保义可汗使用了"天可汗"的称号[6]。刘义棠先生认为，"'天可汗'者，乃近乎'汗中汗''王中王'之义者"，有唐一代仅太宗至德宗诸帝有此称号[7]。林冠群先生进一步指出，公元8世纪以后的突厥、回鹘统治者使用"天可汗"的头衔，"是意欲藉此达到夸耀、突显自己，并藉之彰显当时国

[1]（宋）宋敏求：《唐大诏令集》卷四二《公主·和蕃》，北京：商务印书馆，1959年，第206页。

[2]《唐大诏令集》卷四二《公主·和蕃册文》，第207页。

[3]（清）董诰等：《全唐文》卷六九九，北京：中华书局，1983年，第7181页。

[4]在现存回鹘汗国时期的六通碑铭中，《九姓回鹘可汗碑》是唯一一通立于回鹘国都附近的碑铭，其立碑于国都附近显是供各国出使回鹘的使者瞻观，大有长寿天亲可汗曾言的"唐使来，当使知我前后功"意味。回鹘汗国时期的六通碑铭情况，可参见耿世民：《回纥突厥文碑铭译文》，载林幹《突厥与回纥史》，第377—403页。

[5]《旧唐书》卷一九五《回纥传》，第5211页。

[6]沙畹、伯希和、王国维、羽田亨、岑仲勉、程溯洛、森安孝夫、吴玉贵、华涛、贾丛江等国内外学林前贤时彦均认为"天可汗"是保义可汗。见［法］伯希和、［法］沙畹：《摩尼教流行中国考》，第54页。方麟选编：《王国维文存》，南京：江苏人民出版社，2013年，第585—588页。岑仲勉：《隋唐史》，北京：商务印书馆，2015年，第272页。程溯洛：《从〈九姓回鹘毗伽可汗碑〉汉文部分看唐代回鹘民族和祖国的关系》，第27页。［日］森安孝夫：《回鹘吐蕃于789—792年的北庭之争》，载郑炳林主编《法国藏学精粹》，耿昇译，兰州：甘肃人民出版社，2010年，第190页。余太山主编：《西域通史》，郑州：中州古籍出版社，2003年，第196页。华涛：《西域历史研究（八至十世纪）》，上海古籍出版社，2000年，第21页。贾丛江：《回鹘西迁诸事考》，《西域研究》2001年第4期，第12页。

[7]刘义棠：《天可汗探原》，载氏著《中国西域研究》，台北：正中书局，1997年，第108、109页。

势的强盛”[1]。不仅如此，碑文中还详述了保义可汗率军“攻伐葛禄、吐蕃，搴旗斩馘”并逐敌至“拔贺那国”的不世武功。

回鹘虽然在立碑请婚之事上做足了文章，但唐廷却并未立即允其之请，究其原因，则是李唐其时正忙于讨伐淮西，花费甚巨，无力支付公主下嫁所需的“五百万缗”礼费[2]。虽然如此，唐廷仍在自身财政拮据的情况下，先后四次出绢共计二十八万二千匹，偿还回鹘“马直”，并遣宗正少卿李诚（两《唐书》作李孝诚）和太常博士殷侑等出使回鹘慰谕，协商暂缓婚期。可见，唐廷是感念并欲报回鹘之功的，只是时势所迫，暂无力和亲。于回鹘而言，其立碑请婚之目的已在一定程度上达到[3]。

综上，通过对保义可汗时期时代背景的论述和立碑前后唐回史事及石碑内容的具体分析，可知元和九年回鹘树立《九姓回鹘可汗碑》并非只为纪功，其立碑之举显有深层意蕴，即欲借立碑请婚，并借和亲从唐获取财富，缓解国内的经济困境[4]。

三、结　语

《九姓回鹘可汗碑》是回鹘汗国时期仅存的六通石碑之一，亦是保义可汗时期存世的唯一碑刻。石碑立于公元814年，汉文碑文保存较好，比较完整地记录了从回鹘汗国建国至立碑时的历代可汗事迹，是研究回鹘汗国历史极为重要的资料。

保义可汗时期，吐回关系不睦，战争连连，频繁的战事消耗了回鹘汗国的财富，致其财政困顿，为解经济困局，回鹘申援于与之关系亲密的唐廷，即

---

[1] 林冠群：《隋唐君主可汗号比较研究》，《中央民族大学学报（哲学社会科学版）》2019年第3期，第118页。

[2]《资治通鉴》卷二四〇，元和十二年正月条，第7730页。

[3] 回鹘请婚之目的如前引日野开三郎在《唐代和蕃公主》中所言，即无外乎借此向唐廷索取巨额财富，继续维持与唐的不等价绢马交易。《九姓回鹘可汗碑》树立后，唐廷已于元和十年复开绢马互市，且对回鹘请婚之事亦未拒绝，只是迫于时势不得不暂缓婚期。见姜镇庆摘译：《一九七八年日本的中国古代史研究》，第29页。

[4] 保义可汗时期的回鹘汗国经济状况，文献无载，但从回鹘请婚索要巨额的妆资情况看，其经济并不宽裕。元和九年，礼部尚书李绛劝宪宗允回鹘请婚时言：“今江、淮大县，岁所入赋有二十万缗者，足以备降主之费。”而在元和十二年，唐廷使有司计公主下嫁费用时，所得结果为“近五百万缗”。两相对比，公主下嫁费用多出了四百八十万缗，显是回鹘索要之故。《资治通鉴》卷二三九，元和九年五月条，第7704页；卷二四〇，元和十二年正月条，第7730页。

遣使请婚。其时，唐廷正积蓄财力，筹划收复疆土、平服国内不驯藩镇，故未允其请[1]。回鹘因数次请婚不允，发兵鹏鹈泉相威胁，唐廷随即加强边备，并复置宥州，回鹘自觉无机可乘，遂仿效前法，于国都附近立纪功碑迂回请婚：石碑汉文碑文一面追述回鹘先世可汗及保义于唐廷之“勋劳”，提醒唐廷感铭其功；一面彰显保义可汗的不世武功和回鹘之强盛国势，继续威胁唐廷。面对回鹘的立碑请婚，唐廷与之复开“绢马贸易”，但因无力支付公主下嫁所需巨额“婚资”，故未立即应允其请，而是遣使与之协商暂缓婚期，直至元和末年宪宗以“武功定海内”后方许降公主。公主出嫁，已是长庆元年七月[2]，此时，保义可汗已辞世。

立碑请婚，是回鹘在特殊时期的非常之举，它丰富了人们对古代少数民族请婚手段的认识，应予以关注。

（作者单位：塔里木大学历史与哲学学院）

An Analysis of Reason for the Establishment of Uighur Khanate Stele from the Perspective of Tang and Uighur Relationship

Xu Chengyan

[Abstract] *Nine-surnamed Uighur Khanate Stele* (《九姓回鹘可汗碑》) was one of the important inscriptions in the Uighur Khanate period. Since its discovery, it attracted much attention from scholars at home and abroad, but only a few scholars paid attention to the reasons for the stele establishment because of the literature limitation. This paper mainly examined the reason for the establishment of stele from the historical background of Baoyi Khan periods, the relationship between Tang and Uighur Khanate and made an endeavor to decipher the inscriptions. In conclusion, the paper showed that in the case of marriage frustration and helpless, the Uighur Khanate erected the stele for the marriage between two countries to get some financial help to relieve economic difficulties in their country.

[1]《资治通鉴》卷二三八，元和五年十二月条载：“（李）绛尝从容谏上聚财，上曰：‘今两河数十州，皆国家政令所不及，河、湟数千里，沦于左衽，朕日夜思雪祖宗之耻，而财力不赡，故不得不蓄聚耳。”（第7682页）

[2]《资治通鉴》卷二四二，长庆元年七月条，第7796页。

经济与家族

论唐前期华北平原蚕桑丝织业与生态环境的关系

王　昊

华北平原北抵燕山南麓，南达大别山北侧，西倚太行山—伏牛山，东临渤海和黄海，跨越今天的京、津、冀、鲁、豫、皖、苏七省市，相当于唐前期的河北道南部与河南道大部分地区[1]。关于唐前期华北平原的蚕桑丝织业问题，学术界已经取得了较多的成果，主要涉及生产区域分布与发展[2]、蚕桑生产技术[3]、

[1] 大致包括郑、汴、许、豫、颍、陈、亳、宋、曹、滑、濮、郓、济、齐、淄、徐、泗、青、海、怀、卫、相、洺、邢、赵、恒、定、易、幽、莫、瀛、深、冀、贝、魏、博、德、沧、棣、蓟、平等州大部分；兖、沂、密、莱、登等州所在的山东中南部与胶东半岛以山地和丘陵为主，自然地貌与平原存在较多差异，本文不计在内。参考《中国大百科全书·中国地理》，北京：中国大百科全书出版社，1993年，第213页；谭其骧主编：《中国历史地图集》第五册，北京：中国地图出版社，1982年，第44、45、48、49页。

[2] 这方面的成果较多，如史念海：《黄河流域蚕桑事业盛衰的变迁》，载氏著《河山集》，北京：生活·读书·新知三联书店，1963年，第253—268页；汪篯：《隋唐时期丝产地之分布》，载唐长孺等编《汪篯隋唐史论稿》，北京：中国社会科学出版社，1981年，第289—298页；王永兴：《试论唐代丝纺织业的地区分布》，载中国社会科学院历史研究所魏晋南北朝隋唐史研究室编《魏晋隋唐史论集》第二辑，北京：中国社会科学出版社，1983年，第269—292页；赵丰：《唐代蚕桑业的地理分布》，《中国历史地理论丛》1991年第2期，第73—87页等。

[3] 如赵丰：《唐代的蚕桑生产技术》，《中国农史》1991年第4期，第49—56页。也有学者专门探讨了栽桑形式与密度问题，如李伯重：《略论均田令中的“桑田二十亩”与“课种桑五十根”》，《历史教学》1984年第12期，第2—9页；杨际平：《唐田令的“户内永业田课植桑五十根以上”——兼谈唐宋间桑园的植桑密度》，《中国农史》1998年第3期，第25—30页。

丝织品的品种、艺术风格、流通诸问题[1]，相比之下，对蚕桑丝织业与生态环境之间的关系关注较少。有鉴于此，本文拟在已有成果的基础上，对唐前期华北平原蚕桑丝织业发展的环境因素及其所产生的生态效应进行探讨，以期从人与自然互动的角度进一步认识唐前期华北平原的经济状况。

一、唐前期华北平原蚕桑丝织业的发展

自先秦以来，华北平原就是蚕桑丝织业的重要产区[2]，此后一直持续发展。从北朝的租调制到唐前期的租庸调，其中的“调”都是按户征收纺织品，根据各地所产有丝织品或麻织品的差别，“其调绢絁布，并随乡土所出。绢絁各二丈，布则二丈五尺。输绢絁者绵三两，输布者麻三斤”[3]。除了赋税，“州府岁市土所出为贡”[4]，也就是诸州要将地方特产上贡，在蚕桑产区，丝织品尤其是品质较优者常被作为贡品之一，因此，文献中关于贡赋情况的记载大致可以反映各地蚕桑丝织业的发展状况。为了便于直观认识唐前期华北平原的蚕桑丝织业情况，笔者曾将《唐六典》《元和郡县图志》中所载开元时期的贡赋与《通典》中所载天宝贡赋做了统计（详见附录），发现华北平原的41州均征收丝织品，说明唐前期该地区蚕桑纺织之普遍。

文献中缺乏唐前期各地征收丝织品具体数额的记载，不过从间接记载中仍能看出华北平原丝织品生产在数量上的优势。唐前期华北平原的赋税收入是中央财政的重要来源。唐太宗曾说过：“山东人物之所，河北蚕绵之乡，而天府委输，待以成绩。”[5]中唐的沈亚之回忆开元时期的情况时提道：“昔户部其在

---

[1] 这三方面成果集中在朱新予主编：《中国丝绸史（通论）》，北京：纺织工业出版社，1992年，第153—161、169—189页；卢华语：《唐代蚕桑丝绸研究》，北京：首都师范大学出版社，1995年，第92—164页；赵丰主编：《中国丝绸通史》，苏州大学出版社，2005年，第201—206、214—227、234—256页等。

[2] 关于唐代以前华北平原蚕桑丝织业的发展情况，可参见史念海《黄河流域蚕桑事业盛衰的变迁》（第253—268页），程民生《中国北方经济史》第二、三、四章的有关论述（北京：人民出版社，2004年），以及赵丰主编《中国丝绸通史》第一、二、三章的相关论述等。

[3]（唐）杜佑撰，王文锦等点校：《通典》卷六《食货六·赋税下》，北京：中华书局，1988年，第107页。

[4]（宋）欧阳修、宋祁：《新唐书》卷五一《食货志一》，北京：中华书局，1975年，第1344页。

[5]（宋）司马光：《资治通鉴》卷一九〇，武德五年十二月条，北京：中华书局，1956年，第5963页。

开元最为治平，当时西有甘凉六府之饶，东有两河之赋。”[1]中央对华北平原赋税的依赖反映出该地区丝织品生产规模之大、产量之高。也正因如此，除了正常收调，政府还要在此地折变收绢。唐中宗时，由于“河南北蚕桑倍多”，正常年份“依限即输庸调”，而“秋苗若损，唯令折租”[2]，庄稼歉收要折纳丝织品。开元时期，关中由于蚕桑少，庸调资课“并宜准时价变粟取米”，而“河南、河北有不通水利，宜折租造绢，以代关中调课”[3]。河南、河北丝织品生产数量之多可见一斑。土贡情况也反映了该地区丝织品生产的数量优势。天宝元年（742），全国共318郡，其中常贡丝织品的有63郡，总计贡各种丝织品3764匹领，其中属于华北平原的34郡贡丝织品2076匹，占全国总数的55.15%之多。仅定州一地贡绫1575匹，占全国总数的41.84%[4]。

就质量而言，华北平原的丝织品同样领先于全国其他地区。从附录列表可知，该地区有34州把丝织品作为贡品，且多有锦、绫、罗等高级丝织品。《唐六典》卷二〇《太府寺》载有全国各地供调纺织品的等级：“凡绢、布出有方土，类有精细。绢分为八等，布分为九等，所以迁有无，和利用也。”[5]全面反映了纺织品生产的分布与质量情况。其中供绢各州具体等级如下：

等级	地区
第一等	宋、亳
第二等	郑、汴、曹、怀
第三等	滑、卫、陈、魏、相、冀、德、海、泗、濮、徐、兖、贝、博
第四等	沧、瀛、齐、许、豫、仙、棣、郓、深、莫、洺、邢、恒、定、赵
第五等	颍、淄、青、沂、密、寿、幽、易、申、光、安、唐、随、黄
第六等	益、彭、蜀、梓、汉、剑、遂、简、绵、襄、褒、邓
第七等	资、眉、邛、雅、嘉、陵、阆、普、壁、集、龙、果、洋、渠
第八等	通、巴、蓬、金、均、开、合、兴、利、泉、建、闽

[1]（清）董诰等：《全唐文》卷七三四沈亚之《对贤良方正直言极谏策》，北京：中华书局，1983年，第7578页。

[2]《全唐文》卷二六九张廷珪《请河北遭旱涝州准式折免表》，第2733页。

[3]《通典》卷六《食货六·赋税下》，第108页。

[4]以上数据根据《通典》卷六《食货六·赋税下》中天宝元年全国各郡土贡情况的记载统计而得。

[5]（唐）李林甫等撰，陈仲夫点校：《唐六典》卷二〇《太府寺》，北京：中华书局，2014年，第541页。

全国供绢之州共有87个，其中位于华北平原的有39州，均处前五等之列，占前五等总数的79.59%。华北平原的丝织品生产在质量方面占有绝对优势也是显而易见的。

唐前期华北平原蚕桑丝织业不仅分布广泛，属于本区的41州均出产丝织品，而且从数量和质量两方面来看，都领先于全国其他地区。华北平原是唐前期蚕桑丝织业最发达的地区。

二、蚕桑丝织业发展的环境因素

蚕桑丝织业的发展不仅与经济发展水平有关[1]，作为一种受自然条件影响较大的产业，其发展变化与生态环境同样密不可分。可以说，唐前期华北平原蚕桑丝织业的发展也是得益于彼时该地区良好的生态环境状况。

（一）蚕桑丝织业生产所需的自然条件

蚕桑丝织业的生产过程包括种桑、养蚕、缫丝、织造、染色等一系列环节，在这一过程中某些环节必须满足一定的自然条件才能顺利进行。

1.种桑、养蚕等养殖环节所需的气候条件

先看桑树生长需要的气候条件。桑树是喜温植物，其生长发育依赖于一定的温度条件。25℃—30℃是桑树生长的最适宜温度，气温下降，光合作用速度就随之降低，气温降到12℃以下，就会停止生长。不过，温度也不是越高越好，气温上升到38℃，桑树的生长也会受到抑制[2]。桑树生长对水分也有一定要求，一般适宜桑树发芽和生长的土壤含水量约为田间最大持水量的70%—80%。发芽期缺水会延迟发芽，降低发芽率；生长期缺水会影响枝条生长，黄落叶增多[3]。从以上对温度和水分的要求看，桑树适宜在温暖湿润的气候条件下生长。

养蚕同样对气候条件有一定的要求。蚕属于变温动物，体温随着环境温度变化而变化。现代科学表明，蚕正常发育的生理适温为20℃—30℃，过高或过低都不利于蚕的生长发育，生活在15℃以下的低温中会发育缓慢，而温度高达37℃就会苦闷至死[4]。蚕在生长发育过程的不同阶段对温度要求也不同，对此古

[1] 详见卢华语：《唐代蚕桑丝绸研究》，第30—38页。

[2] 中国农业科学院蚕业研究所主编：《中国桑树栽培学》，上海科学技术出版社，1985年，第35页。

[3] 中国农业科学院蚕业研究所主编：《中国桑树栽培学》，第35页。

[4] 《中国农业百科全书·蚕业卷》，北京：农业出版社，1987年，第248页。

人已有认识："蚕之性，子在连则宜极寒；成蚁，则宜极暖；停眠起，宜温；大眠后，宜凉；临老，宜渐暖；入簇，则宜极暖。"[1]正因如此，古人也比较重视用人工方法调节温度，从文献记载看，炭火加温是被使用最多的调温方法。《齐民要术》中即记载有生火加温催青的方法，并指出要注意在"屋内四角著火"，否则"火若在一处，则冷热不均"，而且还要"调火令冷热得所"[2]。室内养蚕可以调节温度，但在古代调温毕竟有限，且用炭火加温的方法既要消耗大量燃料又不易控制温度，所以养蚕主要还是取决于自然温度。就湿度而言，蚕"最怕湿热及冷风。伤湿即黄肥……"[3]，性"喜暖而恶湿"[4]，过大的湿度既影响上簇，又使蚕易得白僵病。可见，养蚕同样需要温暖的气候条件，与桑树不同的是不宜湿度过大，尤忌湿雨过多。

有学者依据竺可桢勾勒的魏晋至南宋气温变化曲线进行分析比对，发现黄河流域的蚕业盛衰基本上和此曲线相一致，温度高时蚕业兴盛，温度低时蚕业衰落[5]，反映的正是气候对栽桑养蚕的影响。综合分析桑树和蚕生长所需的气候条件，亚热带北部及亚温带交界地区比北部温带地区温暖，又不像亚热带南部高温湿雨多，最适宜发展蚕桑生产。以现今气候带分布来看，江淮一带属于最适宜地区，而事实上自宋元以来，这一地区也确是蚕桑业最重要的产区。有一点需要说明，虽然随着品种改良，在热带与温带北部地区也可以种桑养蚕，但这里有一个经济效益的问题。研究表明，年雨量在500毫米以上、≥10℃的积温在2600℃、无霜期在120天以上的地区，发展蚕桑业才具有一定的经济效益[6]，温度过高、过低或降水过多、过少的条件下发展蚕桑业显然不如在气候适宜的条件下获益更多。在古代品种改良有限的情况下，如若气候不适，蚕桑生产便很难发展起来。岭南地区气候过于湿热、蚕桑业很难发展起来即是明显的例证。

---

[1]（元）大司农司编撰，缪启愉校释：《元刻农桑辑要校释》卷四《养蚕·论蚕性》引《士农必用》，北京：农业出版社，1988年，第215页。

[2]（北魏）贾思勰原著，缪启愉校释：《齐民要术校释》卷五《种桑、柘第四十五养蚕附》，北京：中国农业出版社，2009年，第333页。

[3]（宋）陈旉撰，万国鼎校注：《陈旉农书校注》卷下《用火采桑之法篇第四》，北京：农业出版社，1965年，第58页。

[4]（明）黄省曾：《蚕经》卷一《宫宇》，载《丛书集成初编》第1471册，北京：中华书局，1985年，第5页。

[5]黄世瑞：《我国历史上蚕业中心南移问题的探讨（续完）》，《农业考古》1987年第2期，第330页。

[6]刘之元等：《试论生态环境与茧丝质量的关系》，《蚕业科学》1983年第1期，第8页。

2.缫丝、练漂、染色等手工环节所需的植被与水环境条件

与种桑、养蚕对气候条件要求较高不同，以手工为主的缫丝、练漂、染色诸环节主要对燃料和水资源有一定需求[1]，进一步看，则是依赖于良好的植被与水环境条件。

我国古代的燃料主要有木本植物（薪柴）、草木植物（秸秆）、炭（木炭、竹炭）、生物油脂、动物粪便、蜡、酒等生物质燃料[2]，以及煤炭等化石燃料，不过宋代以前煤炭的使用仍很有限，而且煤炭中含有大量的硫，影响蚕丝的质地和品相，不适宜用来作为丝织业生产的燃料[3]。在唐代，人们日常生产生活中使用得最为普遍的仍是生物质燃料，就丝织业生产而言，缫丝、练漂、印染等环节需要薪柴、木炭等作为燃料，并且需要使用草木灰，这些需求自然要来源于植被。

先来看缫丝。煮茧是缫丝环节中最重要的流程，“茧之性为丝，然非得工女煮以热汤而抽其统纪，则不能成丝”[4]。因为未经处理的茧丝主要成分为不溶于水的丝素和易溶于水的丝胶，丝素是茧丝的本体，丝胶是带黏性的物质包裹于丝素之外，必须将茧丝置于一定温度的水里，使丝胶溶解，才能使丝纤维分离，这样便于抽引。既然要用沸水煮茧，必然要消耗燃料，而且为了保证丝的质量，最好选用无烟或少烟的干柴木炭[5]。

煮茧之后蚕丝表面的大部分丝胶已经被去除，但得到的是丝腔内丝胶尚未溶解的生丝，只可用于纺织较粗厚的织物，还需要用碱剂练漂才能获得适合织造精细优良丝绸的熟丝。古人多用草木灰作为碱剂，早在《考工记》中即载

[1] 养蚕过程中人工调温也需要消耗燃料，《齐民要术》《农桑辑要》等农书中都讲到燃烧薪柴、牛粪给蚕室加温的方法。详见《齐民要术校释》卷五《种桑、柘》，第333页；《元刻农桑辑要校释》卷四《修治蚕室等法·火仓》，第236、237页；赵九洲：《燃料消耗与华北地区丝织业的兴衰》，《中国农史》2014年第1期，第96—101页。赵九洲文对煮茧、练漂、染色等生产环节的燃料消耗也有较详细的论述，下文的相关论述即参考了该文。不过该文所引多为唐代以后的资料，更多反映的是后代的生产技术。

[2] 王星光、柴国生：《中国古代生物质能源的类型和利用略论》，《自然科学史研究》2010年第4期，第422页。

[3] 赵九洲：《燃料消耗与华北地区丝织业的兴衰》，第103、104页。

[4] 张双棣：《淮南子校释》卷二〇《泰祖训》，北京大学出版社，1997年，第2053页。

[5] 陈维稷主编：《中国纺织科学技术史（古代部分）》，北京：科学出版社，1984年，第160页。

有“㡛氏湅丝，以涚水沤其丝，七日”[1]。涚水就是和了草木灰汁的温水。《齐民要术》载：“‘四月’。茧既入簇，趋缫，剖绵；具机杼，敬经络。草茂，可烧灰。”[2]“草茂，可烧灰”说明日常炊爨之余的草木灰并不能满足练漂生丝的需求，还要专门消耗燃料烧灰。

染色这一环节同样需要消耗燃料。中国古代的染色工艺分为植物染和矿物染，以植物染为主，即“草染”，一方面多数草染过程需要在热水中进行，另一方面丝织品的纤维不容易染上颜色，需用媒染剂才能使颜色固着于纤维上，而草木灰也是主要的媒染剂之一。

《齐民要术》中载有“河东染御黄法”：

> 碓捣地黄根令熟，灰汁和之，搅令匀，搦取汁，别器盛。更捣滓，使极熟，又以灰汁和之，如薄粥；泻入不渝釜中，煮生绢。数回转使匀，举看有盛水袋子，便是绢熟。抒出，著盆中，寻绎舒张。少时，捩出，净振去滓。晒极干。以别绢滤白淳汁，和热抒出，更就盆染之，急舒展令匀。汁冷，捩出，曝干，则成矣。治釜不渝法，在“醴酪”条中。大率三升地黄，染得一匹御黄。地黄多则好。柞柴、桑薪、蒿灰等物，皆得用之。[3]

这里的灰汁就是用柞柴、桑薪、蒿灰等烧成灰再和以水制成的，有关专家即用桑枝烧灰做灰汁，结合上述记载的其他原料和生产工艺成功将白绢染成御黄色[4]。《齐民要术》所载的染色过程既要煮水，又要用灰汁作为媒染剂，对植被的消耗应当为数不少。为了满足染色需要，用植被烧灰已经成为固定的季节性劳动，对此《四时纂要》记载：六月“草茂，烧蓼灰，染绀、青杂色”[5]。除此之外，染蓝色、红色、紫色等也大多需要热水和草木灰，此处不再一一列举[6]。

除了燃料，缫丝、织造和染色生产过程中对水资源也有一定的要求，上述煮茧、练漂、染色诸流程所需热水、灰水对水资源的消耗自不必多言。就缫

[1] 闻人军译注：《考工记译注》卷上，上海古籍出版社，1993年，第125页。

[2]《齐民要术校释》卷三《杂说第十三》，第234页。

[3]《齐民要术校释》卷三《杂说第十三》，第239、240页。

[4] 赵丰：《北魏御黄——〈齐民要术〉河东染御黄法的初步研究》，载中国艺术研究院美术研究所编《中国传统色彩理论研讨会论文集》，北京：文化艺术出版社，2016年，第117—129页。

[5]（唐）韩鄂著，缪启愉校释：《四时纂要校释》六月条，北京：农业出版社，1981年，第165页。

[6] 详见赵承泽主编：《中国科学技术史·纺织卷》，北京：科学出版社，2002年，第272—283页。

丝来讲，对水的质量也有一定的要求，首先必须是清水，最好是采用流动的湖水、漾水，有泉水也可以用泉水，不流动的水容易滋长微生物，影响丝质；不宜用一般的井水，因为井水多为“硬水”，缫丝色泽不良，而且还要勤换水，否则残留丝胶多，也影响色泽[1]。织成的丝织品用水质良好的水洗可以使质地与色泽更加优良，《太平寰宇记》记载，成都地区的蜀江也被称为濯锦江，这是因为“水至此濯锦，锦彩鲜润于他水”[2]，蜀江水质良好，濯锦后便色彩鲜润。与之类似，如果没有丰富良好的水资源基础，唐前期华北平原生产丝质优、色泽良的丝织品是难以想象的。

史料中缺乏织绢一匹需要消耗多少燃料与水资源的记载，难以进行量化计算。不过从整个华北平原的生产规模和数量来考虑，丝织品生产所需要的燃料和水资源数量应该是相当可观的，燃料和水资源的消耗又是以植被和水环境为基础的，因而蚕桑丝织业的发展也要依赖于良好的自然植被和水环境条件。

（二）唐前期华北平原的生态环境状况

上文分析了蚕桑丝织业生产所需的环境因素，那么唐前期华北平原的生态环境状况能否满足需要？下面从气候、植被与水环境三个方面对当时该地区的生态环境状况进行考察。

1.唐前期的气候状况

根据竺可桢的研究，唐前期处于温暖期，年平均气温比现代高出约1.5℃[3]。随着研究的深入，近年来不断有学者对竺可桢的研究成果进行补充修正[4]，对某些时期的气候冷暖状况提出了不同的看法，但就唐前期气候温暖这一点，基本是没有争议的。气候冷暖变化与区域干湿变化也存在较为明确的对应关系：

---

[1] 陈维稷主编：《中国纺织科学技术史（古代部分）》，第159页。

[2]（宋）乐史撰，王文楚等点校：《太平寰宇记》卷七二《剑南西道一·益州》，北京：中华书局，2007年，第1464页。

[3] 竺可桢：《中国近五千年来气候变迁的初步研究》，《考古学报》1972年第1期，第186、187页。

[4] 主要成果有满志敏：《唐代气候冷暖分期及各期气候冷暖特征的研究》，载《历史地理》第八辑，上海人民出版社，1990年，第1—15页；张丕远等：《中国近2000年来气候演变的阶段性》，《中国科学》（B辑）1994年第9期，第998—1008页；吴宏岐、党安荣：《隋唐时期气候冷暖特征与气候波动》，《第四纪研究》1998年第1期，第31—36页；郑景云、王绍武：《中国过去2000年气候变化的评估》，《地理学报》2005年第1期，第21—31页；葛全胜等：《中国历朝气候变化》，北京：科学出版社，2011年，第301—313页等。

冷的时期，华北地区偏干，长江中下游及其以南地区偏湿；暖的时期，华北地区湿润，华东地区，特别是长江下游及其以南地区偏干[1]。由此可以推断，唐前期华北平原气候相对比较湿润。水旱灾害情况也反映了彼时该地区气候相对湿润，笔者统计了公元618—755年间华北平原水旱灾害情况，其中水灾共计40次，旱灾共计12次，水灾发生次数明显多于旱灾[2]。温暖湿润的气候为桑树和蚕的生长提供了条件。

专门技术资料显示，一个地方的年平均温度降低1℃，就等于把这个地方向高纬度方向推移200千米—300千米[3]。以此标准来看，唐前期比现代年均温高约1.5℃，则亚热带北界当比现代北移约300千米—450千米，即相当于北移约2.7—4个纬度。从淮河一带北移2.7—4个纬度，最北可到达黄河以北定州附近，亦即唐前期亚热带北界最北可到黄河以北地区。结合前文的论述，唐前期华北平原气候条件不仅可以满足蚕桑生产需要，从经济效益看，大部分地区也正好为彼时最适宜发展蚕桑业的地区。同时，我们也看到相似的现象：水稻也是喜温植物，汉唐时期水稻在北方地区形成了多个稳定产区[4]，还有柑橘、竹子等喜温植物，唐代以前在北方很普遍，这些植物与桑蚕的情况是一致的，连起来看，问题就更清楚了。

2.唐前期华北平原的植被与水环境状况

先秦时代以前华北平原天然植被状况良好，随着人口增多和农田开垦以及燃料、木材等消耗，从秦汉到隋唐的千余年间，华北平原成为植被破坏较为严重的地区之一，到隋唐时期平原地带基本上已无天然林存在。尽管如此，华北平原周围的燕山、太行山和豫西山地仍可见成片的森林，东部沿海某些人口较少的地区到唐后期也仍是“草木高深”[5]。在平原地带，由于这个时期国家对植树比较重视，人造林得到发展，对植被破坏也有一定的缓解作用。自北魏实行

[1] 郑景云等：《过去2000a中国东部干湿分异的百年际变化》，《自然科学进展》2001年第1期，第69页。

[2] 统计主要参考《旧唐书》和《新唐书》的五行志部分。

[3] 程洪：《新史学：来自自然科学的“挑战”》，《晋阳学刊》1982年第6期，第3页。

[4] 邹逸麟：《历史时期黄河流域水稻生产的地域分布和环境制约》，《复旦学报（社会科学版）》1985年第3期，第225、226页。

[5] ［日］圆仁撰，顾承甫、何泉达点校：《入唐求法巡礼行记》卷四，上海古籍出版社，1986年，第190页。

均田制，即要求用一定的土地“种桑五十树，枣五株，榆三根”[1]。唐前期沿用均田制，要求在永业之田“树以榆、枣、桑及所宜之木”[2]。当时的动物分布情况也反映了植被状况仍较良好。中古时期华北地区鹿类资源仍比较丰富，鹿类是对生境，特别是林草地的要求比较严格的一类，鹿类的种群数量和地理分布对生态环境的改变反应比较灵敏，有较多鹿类存在，即意味着整个生态环境尚称良好[3]。概言之，唐前期华北平原的植被资源仍较丰富，植被破坏还远未达到后代的严重程度，这为丝织业生产所需的燃料和草木灰提供了基础。

至于水环境，众多学者的研究表明[4]，唐前期华北平原河流水量丰富稳定，区内最大的河流黄河也相对稳定，没有发生大的改道；湖泊沼泽数量众多、星罗棋布，水源丰富；还有甚为丰富的泉水资源。整体来看，当时该地区水环境总体良好，水资源仍较丰富，满足了丝织业生产的水资源需求。

唐前期温暖湿润的气候条件使华北平原成为最适宜种桑养蚕的地区，而当时植被与水资源仍较丰富又为该地区的丝织业生产提供了燃料与水源基础。正是在这样得天独厚的生态环境基础之上，华北平原成为唐前期蚕桑丝织业最发达的地区。

三、蚕桑丝织业发展的生态效应

唐前期华北平原蚕桑丝织业的发展得益于彼时该地区的生态环境条件，反过来，其发展也产生了一定的生态效应。种植桑树具有涵养水源与保持水土的作用，对该地区的水环境产生良好的生态效应；养蚕产生的蚕矢用作肥料则在改良土壤、保持地力方面发挥着积极的作用。

（一）桑树种植带来的生态效应

蚕桑丝织业的发展产生的结果是唐前期华北平原桑树种植的普遍。桑树的种植方式主要分为在隙地野地上随意散植和在桑园中有规则地种植。就前者而

[1]（北齐）魏收：《魏书》卷一一〇《食货志》，北京：中华书局，1974年，第2853页。

[2]《新唐书》卷五一《食货志一》，第1342页。

[3]王利华：《中古华北的鹿类动物与生态环境》，《中国社会科学》2002年第3期，第199页。

[4]如邹逸麟：《历史时期华北大平原湖沼变迁述略》，载《历史地理》第五辑，上海人民出版社，1987年，第25—39页；郭豫庆：《黄河流域地理变迁的历史考察》，《中国社会科学》1989年第1期，第195—210页；王利华：《中古华北水资源状况的初步考察》，《南开学报（哲学社会科学版）》2007年第3期，第43—52页。

言，在当时不管是房前屋后的隙地，河堤、道路两旁，还是野地山丘，都有桑树种植。对此唐诗中多有反映，如“满园植葵藿，绕屋树桑榆”[1]、“桑叶原上起，河凌山下深”[2]、“桑榆汗漫漳河曲”[3]等。桑园中的种植方式则以桑粮间作为主，在桑粮间作田上，每亩约种桑2—3株[4]。唐诗中诸如“麦高桑柘低”[5]、“桑间禾黍气”[6]等描述正是此种间作方式的反映。不管采用何种栽桑方式，从时人描述的景象来看，当时华北平原遍布桑林，远不像现在一片旷野。“桑榆荫远田”[7]、“桑柘罗平芜”[8]、“桑柘叶如雨”[9]、“桑柘连青云”[10]，唐人诗集中诸如此类的描述不绝如缕，形象地描绘了当时桑树成片的景象。

森林是生物圈内数量最大的初级生产者，在陆地生态系统中具有强大的生态效应，对于涵养水源和保持水土具有至关重要的意义。研究表明，林冠可以截留10%—30%的降水，枯枝落叶层及活的植被物可使50%—80%的降水渗入林地土层，减少地表径流和土壤冲刷，每公顷森林地比无林地每年至少可多蓄水300多立方米[11]。唐前期规定“户内永业田，课植桑五十根以上”[12]，即每户至少要栽桑50株，天宝十一载（752）河北道户口数为1514765，河南道为1795539[13]，则彼时华北平原栽桑约为165515200株。尽管这只是大概的估算，但当时华北平原人工植树之多可见一斑。平原地区人工栽培桑树，即使产生的生态效应不如山区天然森林植被，但从上述规模来看，其涵养水源和保持水土的作用并不容小觑。唐前期华北平原的水环境状况仍然良好，水资源仍较丰

[1]（清）彭定求等：《全唐诗》卷一三七储光羲《田家杂兴》，北京：中华书局，1960年，第1386页。

[2]《全唐诗》卷二一一高适《淇上别刘少府子英》，第2201页。

[3]《全唐诗》卷八六张说《邺都引》，第940页。

[4]李伯重：《略论均田令中的“桑田二十亩”与“课种桑五十根”》，《历史教学》1984年第12期，第4页。

[5]《全唐诗》卷二九三司空曙《田家》，第3331页。

[6]《全唐诗》卷一三七储光羲《行次田家澳梁作》，第1388页。

[7]《全唐诗》卷一二六王维《千塔主人》，第1279页。

[8]《全唐诗》卷一八〇李白《登单父陶少府半月台》，第1834页。

[9]《全唐诗》卷二二二杜甫《昔游》，第2357页。

[10]《全唐诗》卷一六八李白《赠清漳明府侄聿》，第1738页。

[11]陈阜主编：《农业生态学》（第二版），北京：中国农业大学出版社，2011年，第125页。

[12]（唐）长孙无忌等撰，刘俊文点校：《唐律疏议》卷一三《户婚》，北京：中华书局，1983年，第249页。点校本认为《唐律疏议》脱“每亩”，据《通典》《册府元龟》引田令补充，此处引用保持原状。

[13]冻国栋：《唐代人口问题研究》，武汉大学出版社，1993年，第154页。

富，这与该地区桑林遍布所产生的生态效应不无关系。当时不仅河流湖沼水量丰富，水旱灾害也较后代少得多，而自宋元以后，我们看到的却是一个相反的过程：华北平原蚕桑丝织业逐渐衰落，桑树栽培减少，尤其元明以来棉花成为该地区最主要的衣料作物，桑树就更少了，桑林景观消失了；与之同步的是，华北平原湖沼逐渐淤废，河流水量减少，水旱灾害频发，水资源逐渐缺乏，水环境日益恶化[1]。打通来看，问题就更清楚了。除此之外，森林植被还有防风固沙的作用，桑林保护农田的作用也值得注意。

（二）蚕矢改良土壤的积极作用

蚕矢是蚕粪、吃剩的桑叶、脱壳等养蚕废弃物。干蚕粪中含粗蛋白15%，碳水化合物55%，粗脂肪2.5%，粗纤维18%，粗灰分9.5%，可以用作有机肥和家畜、家禽或塘鱼的饲料[2]。在古代其他肥料有限的条件下，蚕桑产区自然会把蚕矢作为肥料使用。

蚕矢用作肥料使用主要有两种形式，一种是作为种肥溲种，即用蚕矢作为主要原料浸泡种子，以达到促进种子萌发与施肥的效果。《氾胜之书》中专门有《溲种法》一篇：

> 薄田不能粪者，以原蚕矢杂禾种种之，则禾不虫。又取马骨剉一石，以水三石，煮之三沸……以汁和蚕矢羊矢各等分，挠令洞洞如稠粥。先种二十日时，以溲种如麦饭状……则禾稼不蝗虫。无马骨，亦可用雪汁，雪汁者，五谷之精也，使稼耐旱。[3]

从以上记载看，溲种法其实有两种形式，其一是把蚕矢与种子一起种下，其二是把蚕矢作为溲种液体的主要原料。不管采用何种形式，均是利用蚕矢含有的营养成分起到种肥的效果，达到防旱防虫的目的。对不同的作物，溲种所起的作用也是不同的。《氾胜之书》在种麦篇提到用蚕矢溲麦种，并说这样做可以“令麦忍寒”[4]。《四时纂要》中关于溲种法的记载与《氾胜之书》的内容基本相同，说明以蚕矢作为种肥的溲种法到唐代仍在被使用。

[1] 参见邹逸麟：《历史时期华北大平原湖沼变迁述略》，第25—39页；郭豫庆：《黄河流域地理变迁的历史考察》，第195—210页；王利华：《中古华北水资源状况的初步考察》，第43—52页。

[2]《中国农业百科全书·蚕业卷》，第48页。

[3]（汉）氾胜之著，万国鼎辑释：《氾胜之书辑释》，北京：农业出版社，1963年，第45页。

[4]《氾胜之书辑释》，第110页。

另一种则是把蚕矢作为基肥或追肥施入土壤。《氾胜之书》在讲种瓠法时载："以三月耕良田十亩。作区方深一尺。以杵筑之，令可居泽。相去一步。区种四实。蚕矢一斗，与土粪合。浇之，水二升；所干处，复浇之。"[1]这即是在种瓠时把蚕矢作为基肥使用。而《氾胜之书》在讲种麻法时，则提到把蚕矢作为追肥使用："种麻，豫调和田。二月下旬，三月上旬，傍雨种之。麻生布叶，锄之。率九尺一树。树高一尺，以蚕矢粪之，树三升……"[2]《齐民要术》中同样提到把蚕矢作为追肥施在桑田："凡耕桑田，不用近树。其犁不著处，斸地令起，斫去浮根，以蚕矢粪之。"[3]蚕矢施入桑粮间作的桑田，不仅有利于桑树生长，对间作的粮食作物同样也会产生肥料的作用。宋代以来，随着江浙地区蚕桑丝织业的发展，蚕矢用作肥料的情况也比较常见，罗愿指出："今农家下种，以原蚕矢杂禾种之以辟蝗，否则鬻马骨汁和蚕矢溲之。"[4]后代的《种树书》《蚕经》等农书也均有用蚕矢施肥的记载，可见在蚕桑业发达的地区，蚕矢历来被用作肥料使用。

蚕矢作为肥料，在促进作物生长、提高产量方面的作用自不必多说。不仅如此，从长期来看，其对改良土壤、保持地力，乃至促进整个农业生态系统的良好运行也有积极意义。然而宋元以后，以种植棉花取代种桑养蚕，蚕矢改良土壤的机能也就消失了，地力减退随之显露出来[5]。我们并不能夸大蚕矢改良土壤的生态效应，但在蚕桑丝织业发达的地区，其对生态环境的积极意义是不可忽视的。

四、余　论

唐前期华北平原温暖湿润的气候条件、较丰富的植被与水资源一方面为蚕桑丝织业的发展提供了自然基础，使之成为蚕桑丝织业最发达的地区；另一方面，种桑养蚕在涵养水源、保持水土以及改良土壤等方面也产生了良好的生态效应。蚕桑丝织业的发展与生态系统的良好运行之间是相辅相成的。

---

[1]《氾胜之书辑释》，第155页。

[2]《氾胜之书辑释》，第149页。

[3]《齐民要术校释》卷五《种桑、柘第四十五养蚕附》，第318页。

[4]（宋）罗愿撰，石云孙校点：《尔雅翼》卷二四《释虫一·蠶》，合肥：黄山书社，2013年，第252页。

[5]［日］原宗子：《中国环境史在建立新世界历史中的任务》，载王利华主编《中国历史上的环境与社会》，北京：生活·读书·新知三联书店，2007年，第57页。

在这种良好的生态条件下，唐前期华北平原的农田水利事业得到了较大的发展，唐代前期全国水利工程共计有210项，其中河北道57项，河南道29项，共占总数的40%多[1]。在此基础上，华北平原的粮食生产进一步发展，不仅是当时粟、麦的最主要产区，水稻种植在水利条件优越的地区也得到发展[2]。由于气候温暖、蚕矢改良土壤等因素，亩产量也有所提高[3]。根据《通典》所载天宝八载（749）诸道义仓与常平仓的储放粮食数量统计，河北道与河南道位居前两位[4]。唐前期华北平原为经济重心之所在，这与当时良好的生态环境状况密切相关。整体来看，唐前期华北平原的整个农业生态系统仍处于良性循环之中，本文所述蚕桑丝织业的发展与生态环境的关系即为这一良性循环的一个缩影。

附录

唐前期华北平原丝织品贡赋情况统计

文献来源 地区	《唐六典》卷三《尚书户部》		《通典》卷六《食货六》	《元和郡县图志》河南道、河北道、河东道	
	赋	贡	贡	赋	贡
郑州	绢、绵	绢	绢20匹	绵、绢	
汴州	绢、绵	绢	绢20匹	绵、绢	绢20匹
许州	絁、绵	绢	绢10匹	绵、绢	
豫州	绢、绵	鸂鶒绫、双丝绫	鸂鶒绫10匹	绫、绵	龟甲、双鸂鶒绫长安四年改为四窠云绫
颍州	絁、绵	绵、紬、絁	绢20屯		絁20匹、绵27斤
陈州	絁、绵	绢	绢10匹		绵、绢
亳州	绢、绵	绢	绢20匹	绵、绢	绢20匹
宋州	绢、绵	绢	绢20匹	绵、绢	绢20匹
曹州	绢、绵	绢	绢20匹	绵、绢	

[1] 屈弓：《关于唐代水利工程的统计》，《西南师范大学学报（哲学社会科学版）》1994年第1期，第103页。

[2] 参见华林甫：《唐代粟、麦生产的地域布局初探》，《中国农史》1990年第2期，第35—38页；《唐代粟、麦生产的地域布局初探（续）》，《中国农史》1990年第3期，第24—26页；《唐代水稻生产的地理布局及其变迁初探》，《中国农史》1992年第2期，第33—35页。

[3] 吴慧：《中国历代粮食亩产研究》，北京：中国农业出版社，1985年，第155页。

[4] 《通典》卷一二《食货十二・轻重》，第292—294页。

续表

文献 来源 地区	《唐六典》卷三《尚书户部》		《通典》卷六《食货六》	《元和郡县图志》河南道、河北道、河东道	
滑州	绢、绵	方纹绫	绫20匹并方文	绵、绢	方纹绫
濮州	绢、绵	绢	绢20匹	绵、绢	绢20匹
郓州	绢、绵	绢	绢20匹	绵、绢	绢15匹
济州	绢、绵				
齐州	绢、绵	丝、葛	丝葛15匹	绵、绢	丝、葛
淄州	绢、绵			绵、绢	
徐州	绢、绵	绢、紬、绝	绢20匹	绵、绢	上细绢
泗州	绢、绵		绵20屯	绢	
青州	绢、绵	仙文绫	仙文绫10匹	绵、绢	仙文绫
海州	绢、绵			绢、绵	
怀州	绢、绵		平纱10匹	丝、绢、绵	
卫州	绢、绵	绵	绵300两	绵、绢	绢
相州	丝、绢、绵	纱	纱10匹	绵、绢、丝	纱
洺州	绢、绵	平紬	平紬10匹	绵、绢	平紬、缣、纩
邢州	绢、绵	丝	丝布10匹	绵、绢	丝
赵州	绢、绵	绵	锦50匹	绵、绢	丝
恒州	绢、绵	春罗、孔雀等罗	罗20匹	绵、绢	罗
定州	绢、绵	两窠细绫、紬、绫	细绫1270匹 两窠细绫15匹 瑞绫255匹 大独窠绫25匹 独窠绫10匹		两窠细绫14匹
易州	绢、绵			绢、丝	紬、绵
幽州	绢、绵	范阳绫	绫20匹		
莫州	绢、绵	绵	绵300两		

续表

文献来源 地区	《唐六典》卷三《尚书户部》		《通典》卷六《食货六》	《元和郡县图志》河南道、河北道、河东道	
瀛洲	绢、绵	绢	绢30匹		
深州	绢、绵	绢	绢20匹	绢、绵	绢
冀州	绢、绵	绵、绢	绢20匹 绵20屯	绵、绢	绢
贝州	绢、绵			绵、绢	
魏州	绢、绵	平紬、绵、紬	白绵紬8匹 白平紬8匹	丝、绵、绝、紬	绵紬、平紬
博州	绢、绵	平紬	紬10匹	绵、绢	平紬10匹
德州	绢、绵	绢	绢20匹	绢、绵	绫
沧州	绢、绵			绵、绢	
棣州	绢、绵	绢	绢10匹	绢	绢10匹
蓟州	绢、绵				
平州	绢、绵				

（作者单位：河北师范大学历史文化学院）

On the Relationship between Silk Weaving Industry and Ecological Environment in the North China Plain in the Early Tang Dynasty

Wang Hao

[Abstract] In the early Tang Dynasty, there were obvious advantages of the silk production in both quantity and quality in the North China Plain which was the most developed area of sericulture and silk industry at that time. On the one hand, warm and humid climate conditions, rich vegetation and water resources provided a natural basis for the development of sericulture and silk weaving industry, on the other hand, the development of sericulture and silk weaving industry also produced positive ecological effects in water conservation, soil and water conservation as well as soil improvement. Generally speaking, the whole agricultural ecosystem of the North China Plain in the early Tang Dynasty was still in a virtuous circle. The relationship between the development of silk weaving industry and the ecological environment was one of the miniature.

唐开元二十一年“输丁”探析

王成龙

唐玄宗开元二十一年（733）裴耀卿因关中缺粮奏言：“今天下输丁约有四百万人。”[1]而杜佑《通典》记载：“天宝中天下计帐，……课丁八百二十余万。”[2]裴耀卿语中“输丁”在当时具体是何意？是否等同于天下所有“课丁”之意？

学界对唐代“输丁”的概念尚无专门研究，仅部分学者研究涉及，且并未指出其实际意义。李锦绣认为开元二十一年裴语中的约400万“输丁”即见输课丁，缴纳陕洛运脚钱40万贯；在其语境下约400万输丁是开元二十一年天下课丁总数，“输丁”等同于“课丁”是欠妥的[3]。唐耕耦认为唐代课口分为见输和见不输，唐代史书中的“课丁”即“课口”，《通典》所载820余万课丁是课口见输，不课口包括不课口和课口见不输[4]。

一、“输丁”与“课丁”的关系

两《唐书》中提及“输丁”的史料仅有三条，裴耀卿所言“输丁”的史料

[1]（后晋）刘昫：《旧唐书》卷九八《裴耀卿传》，北京：中华书局，1975年，第3081页。

[2]（唐）杜佑撰，王文锦等点校：《通典》卷六《食货六·赋税下》，北京：中华书局，1988年，第110页。

[3] 李锦绣：《唐前期的附加税》，载《中国唐史学会论文集》，西安：三秦出版社，1993年，第113—130页。

[4] 唐耕耦：《唐代课户、课口诸比例释疑》，《历史研究》1983年第3期，第65—72页。

在其本传中有两条，皆是给玄宗的奏对[1]。此外还有《通典·食货十·漕运》一条记载，分别摘录如下：

今天下输丁约有四百万人，每丁支出钱百文，五十文充营窖等用，贮纳司农及河南府、陕州以充其费。租米则各随远近，任自出脚送纳东都。[2]

今天下输丁约四百万，使丁出百钱为陕、洛运费，又益半为营窖用，分纳司农、河南、陕州。又令租米悉输东都。[3]

今日天下输丁约有四百万人，每丁支出钱百文，充陕洛运脚，五十文充营窖等用，贮纳司农及河南府、陕州，以充其费。租米则各随远近，任自出脚送纳（东都）。[4]

三条史料基本无异，一是皆言“今（日）天下输丁”约400万人，而非单独某一道；二是每丁出钱共150文，100文用作陕洛运脚钱，50文营窖；三是各州根据远近决定租米的脚钱。

“输丁”是否等同于《通典》中的“课丁”。笔者通过开元二十年、二十二年、天宝十四载的课口数，推算开元二十一年的课丁数，来分析“输丁”与“课丁”的关系。

开元二十二年（734）课丁数推算。唐玄宗开元天宝时期是唐朝最为繁盛的时代，《通典·食货七》载：

十四载，管户总八百九十一万四千七百九，……管口总五千二百九十一万九千三百九，不课口四千四百七十万九百八十八，课口八百二十万八千三百二十一。[5]

天宝十四载（755）官方管口约5291万，课口约820万，课口占总人口比约15.4%。《唐六典》载开元二十二年官方人口，没有课口数记载：

凡天下之户八百一万八千七百一十，口四千六百二十八万五千一百六十一。开元二十二年数。[6]

[1] 第三条出自《新唐书·宋务光传》：“时滑州输丁少而封户多，……务光建言：‘通邑大都不以封。今命侯之家专择雄奥，滑州七县，而分封者五，王赋少于侯租，入家倍于输国。请以封户均余州。’又请‘食赋附租庸岁送，停封使，息传驿之劳’，不见纳。”此处“输丁”应是课丁见输之意，与课丁相同，故不列入本文研究。（宋）欧阳修、宋祁：《新唐书》卷一一八，北京：中华书局，1975年，第4276页。

[2]《旧唐书》卷九八《裴耀卿传》，第3081页。

[3]《新唐书》卷一二七《裴耀卿传》，第4453页。

[4]《通典》卷十《食货十·漕运》，第222页。

[5]《通典》卷七《食货七·历代盛衰户口》，第153页。

[6]（唐）李林甫等：《唐六典》，北京：中华书局，1992年，第73、74页。

根据《通典》中课口与总人口的比例，在人口无大规模减员且稳定增长的情况下，笔者按比例计算开元二十二年时课口约712万。

开元二十年（732）课丁数推算。《通典》载：

> 二十年，户七百八十六万一千二百三十六，口四千五百四十三万一千二百六十五。[1]

同比计算，开元二十年课口约为699万。结合开元二十年与二十二年课口数，开元二十一年课口数约为700万[2]。400万输丁与700万课丁相差近一倍，裴耀卿所言“输丁”不可能等同于《通典》所记载的官方所有“课丁”。那么是否是裴耀卿所言有误，或是杜佑记载有误？

首先，两《唐书》与《通典》是目前可信度非常高的唐代史料。杜佑（735—812）曾以宰相判度支，熟稔户部负责的天下户口数，《通典》所载“课丁八百二十余万”与“课口八百二十万八千三百二十一”较可信。

其次，从裴耀卿仕途经历看。裴耀卿开元十三年（725）任济州刺史，“又历宣、冀二州刺史，皆有善政，入为户部侍郎”[3]。户部侍郎掌天下户口井田之政令，裴耀卿应很清楚当时官方总人口和课丁数，不会在给玄宗的奏对中出错。

若非史料讹误，裴耀卿所言“天下输丁约有四百万人”无误，那“输丁”之意不等同于《通典》中天下所有课丁之意。

唐前期课丁需缴纳租庸调等赋税，租赋分留州、外配、供京三部分[4]。《通典·食货六》略云：“诸庸调物，……其运脚出庸调之家，任和雇送达。”[5]运脚出庸调之家，即脚钱出于纳课之户。“输丁”需要缴纳运送租物的陕洛运脚钱、营窖钱，应出自纳课之家。因而“输丁”属于课丁。

开元二十一年天下课丁约700万，其中400万是“输丁”。笔者推测，这400万输丁必是同时满足某种条件的课丁，比如同一地域，缴纳相同的租庸调、

---

[1]《通典》卷七《食货七·历代盛衰户口》，第152页。

[2]这种推算忽略了生育率和死亡率，有一定的不合理之处，但是从开元二十一年（733）到天宝十四载（755），22年的时间，在课丁、税法没有多大变化的背景下，课丁数不可能由400万骤然增长至820万。

[3]《旧唐书》卷九八《裴耀卿传》，第3080页。

[4]李锦绣：《唐前期的附加税》，第118页。

[5]《通典》卷六《食货六·赋税下》，第109页。

运脚钱，这个地域很可能是以道为基础范围。道理很简单，如果同一个道内如河北道冀州课口需缴纳陕洛运脚营窖钱，贝州、魏州不需缴纳，则完全没有道理。至于其他可能，如同一州内，有的人家缴纳，有的不缴，这种依据、标准是什么？所以最有可能的便是依据道的划分，从更大的层面来说，是南北或东西的划分。那么“输丁”究竟何指，笔者以为从裴耀卿的原文中，可以有所推论。

二、“输丁”的史料解析

裴耀卿在开元十八年、开元二十一年两次上疏关中漕运问题。两《唐书》中仅有开元二十一年的奏对；《新唐书·食货志》中有裴耀卿的奏对，但经过欧阳修等人删减，并未提及“天下输丁”。《通典》对两次奏疏记载详细，引用的是裴耀卿两次上疏的全文，分别是开元十八年的《请置武牢洛口等仓疏》、开元二十一年的《请缘河置仓纳运疏》[1]。故以《通典·食货十·漕运》所载为准，引文如下：

> 开元十八年，玄宗问朝集使利害之事，宣州刺史裴耀卿上便宜曰：“**江南户口稍广，仓库所资，唯出租庸，更无征防。**缘水陆遥远，转运艰辛，功力虽劳，仓储不益。**窃见每州所送租及庸调等，本州正月二月上道，至扬州入斗门，**即逢水浅，已有阻碍，须停留一月以上。三月四月以后，始渡淮入汴，多属汴河干浅，又船运停留。至六月七月后，始至河口，即逢黄河水涨，不得入河。……今若且置武牢、洛口等仓，江南船至河口，即却还本州，更得其船充运，**并取所减脚钱，更运江淮变造义仓，**每年剩得一二百万石。即数年之外，仓廪转加。其**江淮义仓**，多为下湿，不堪久贮，若无船运，三两年色变，即给贷费散，公私无益。”疏奏不省。[2]

开元十八年（730），裴耀卿是宣州刺史，针对当时转运辛苦却成效不大的漕运，建议设仓节级转运，并将节省下的脚钱转运江淮变造义仓粮食，可以扩大两京仓储。结果玄宗未采纳。有三点需要注意：第一，裴耀卿作为江南宣州刺史，所讲的转运核心地域是江南、淮南，因为“江南户口稍广……唯出租

[1]（清）董诰等：《全唐文》卷二九七裴耀卿《请置武牢洛口等仓疏》《请缘河置仓纳运疏》，第2348—2350页。

[2]《通典》卷十《食货十·漕运》，第221、222页。

庸，更无征防”；第二，送租庸调的“每州”是运送到扬州的“每州”，这意味着“每州”是江南的州；第三，节级转运节省的脚钱，运送江淮等地的义仓粮食，表明淮南也在裴耀卿的语境之中。江淮之间的租庸调多是经漕河运到洛阳，说明裴耀卿所言转运的核心区域是淮南和江南[1]，主要是唐代的江南江北诸州。

至开元二十一年，裴耀卿已历任济、定、冀三州刺史，户部侍郎，京兆尹。值长安遇灾，玄宗问策，裴耀卿又提当初建议。裴氏此次进奏较老练，首先称赞玄宗辛劳，介绍关中经常缺粮的原因，美化玄宗就食东都的行为。然后才提出节级转运、分建仓储的办法：

> 至二十一年，耀卿为京兆尹，京师雨水害稼，谷价踊贵。耀卿奏曰：
>
> 伏以陛下仁圣至深，忧勤庶务，小有饥乏，降诏哀矜，躬亲支计，救其危急。……但为秦中地狭，收粟不多，傥遇水旱，便即匮乏。往者贞观、永徽之际，禄廪数少，每年转运，不过一二十万石，所用便足，以此车驾久得安居。今昇平日久，国用渐广，每年陕洛漕运，数倍于前，支犹不给。陛下数幸东都，以就贮积，为国大计，不惮劬劳，皆为忧人而行，岂是故欲来往。**……今日天下输丁约有四百万人，每丁支出钱百文，充陕洛运脚，五十文充营窖等用，贮纳司农及河南府、陕州，以充其费。租米则各随远近，任自出脚送纳。**东都至陕，河路艰险，既用陆脚，无由广致。……且**江南**租船，所在候水，始敢进发。……臣请于河口置一仓，纳**江东**租米，便放船回。从河口即分入河洛，官自雇船载运。河运者至三门之东，置一仓。既属水险，即于河岸傍山车运十数里；至三门之西，又置一仓。每运至仓，即般下贮纳。水通即运，水细便止。渐至太原仓，溯河入渭，更无停留，所省巨万。臣常任济、定、冀等三州刺史，询访故事，前汉都关内，年月稍久，及隋亦在京师，缘河皆有旧仓，所以国用常赡。若依此行用，利便实深。[2]

相比开元十八年的奏疏，裴耀卿明显成熟许多，所提的办法也更加具体。节级转运的最难点，在于洛阳至陕州段的运输，水运危险，陆运耗费巨大。所以此次裴耀卿先提出让输丁交缴陕洛运脚和营窖的钱，解决玄宗的后顾之忧；然后是具体设仓分段转运办法；最后提出曾历三州刺史，有汉代经验可循。玄

[1] 江淮指淮南与江南地区；后文的江南江北，其中江北指淮南，因此文中提到的江淮是指江南江北地区。

[2] 《通典》卷十《食货十·漕运》，第222、223页。

宗才采纳。这封奏疏对研究“输丁”有三点值得注意：第一，第一句是天下输丁约400万人，缴纳陕洛运脚钱和营窖钱，与十八年奏疏篇首的“江南户口稍广，仓库所资，唯出租庸，更无征防”，是否有关系，裴耀卿的思路是否是一脉相承的？第二，裴耀卿设仓转运针对的地域主体仍然是需要漕运的淮南及江南；第三，运送租米的脚钱根据远近，各地自行缴纳。

对比两次奏疏，可见其主旨方法相同，针对地域都是江南、淮南等用运河漕运租赋的地区。裴耀卿两次奏对的语境在一定程度上是一脉相承的。那么，第一次奏对中的“户口稍广，仓库所资”、没有征防的江南课户和江淮义仓，是否就是第二次奏疏中由“天下输丁”缴纳陕洛运脚的想法来源？

裴耀卿第一次进奏失败后，第二次成功的核心在于解决陕洛运费的问题。这是不是他在第一次进奏时强调“江南户口稍广，仓库所资，唯出租庸，更无征防”的原因？裴耀卿第一次进奏时既然不懂得奉承皇帝，为什么不直接说节级设仓的办法，反而要先说江南户多，是国家仓库的依靠，有粮赋还没有征防之事，最后还要运送江淮义仓。笔者推测，裴耀卿在第一次进奏时可能已经有让江南、淮南的课户提供陕洛运脚钱的想法，只是没有得到玄宗认同，也就没有后续运脚钱的提出；或者说当时裴耀卿的想法尚不明确，可能没有想到漕运的核心问题除了节级转运，更在于陕洛运费问题，但是已经有了萌芽，与之后的想法是一脉相承的。

由于史料限制，关于“输丁”的确切所指没有明确记载，笔者仅能通过现存史料进行推测。这部分奏疏的分析是个方向指引，是笔者论证的证据之一。接下来笔者将通过论证和排除，推导出裴耀卿所说“输丁”具体所指。首先是奏对的核心问题，输丁缴纳的陕洛运脚是什么。

三、陕洛运脚与“输丁”的关系

陕洛运脚钱的征收背景。唐初以来，由于关中非生产人口增长、关中农业生产能力的不足和天灾等因素，关中粮食不足以供应长安需求，要依赖关东和东南漕运[1]，太宗、高宗曾数次就食洛阳。唐初漕运规模不大，长安主要依赖关中自给，“每年转运，不过一二十万石，……今昇平日久，国用渐广，每年陕洛漕运，数倍于前，支犹不给”。如裴耀卿所说，到玄宗开元年间，陕洛漕运

[1] 王培华：《汉唐长安粮食供应与关中天地人关系》，《陕西师范大学学报》2009年第3期，第60—66页。

数倍于前，但“功力虽劳，仓储不益”，“初，江淮漕租米至东都输含嘉仓，以车或驮陆运至陕。而水行来远，多风波覆溺之患，其失常十七八，……而陆运至陕，才三百里，率两斛计佣钱千”[1]。百万石粮食陆运至陕的运费需50万贯，天宝中全国户税才200多万贯。因此，裴耀卿提出征收陕洛运脚钱、营窖钱的办法，是玄宗采纳的主因。需缴纳100文陕洛运脚和50文营窖的课丁，便是裴耀卿所言输丁。那么这部分陕洛运脚钱、营窖钱与以往的税项有什么关系？

唐前期脚钱的征收较复杂，脚钱即运送租庸调的运费，《通典·食货六》略云：“诸庸调物，……其运脚出庸调之家，任和雇送达。”[2]李锦绣认为，唐代脚钱就征纳物的性质可分为租脚、庸调脚以及地税脚。按史料可细分为按课户配脚、输丁支脚两类[3]。

按课户配脚，是唐前期脚钱的主要征收方法，各州每年根据度支国用中有关输纳之地及脚钱的规定，将州脚钱数额按户等摊派于课户。百姓私下被征收的地税脚与租脚征收方式相似，《册府元龟》卷五〇二《邦计部·常平》开元四年五月敕：“近年已来，每三年一度，以百姓义仓造米，远送交纳，仍勒百姓私出脚钱。即并正租一年，两度打脚。”[4]地税即义仓税演变而来，随着义仓制度在高宗武后时被破坏而产生[5]。地税征自王公以下垦田，较租的征收面宽，地税之脚仅征自课户还是所有纳地税的人都要缴，尚不可考。

输丁缴纳的脚钱是裴耀卿提出的陕洛运脚钱，又称“函脚”。李锦绣认为：“陕洛运脚计丁百文的征收方法始自开元二十一年裴耀卿管理漕运之时。此后，按课户输脚及计丁支脚的双重脚钱制度得以确立了。百姓运至配所的自出脚钱已交纳了运输物的费用，陕洛运脚应由国家另行拨款支计，但这种运脚在开元二十一年之后又税之于民，对百姓而言，不用再变造义仓，这双重征脚制度已是一年‘两度打脚’了。”[6]笔者同意大部分看法，此前陕洛运输费用是由国家支出，“而陆运至陕，才三百里，率两斛计佣钱千。民送租者，皆有水

[1]《新唐书》卷五三《食货志》，第1365页。

[2]《通典》卷六《食货六·赋税下》，第109页。

[3]李锦绣：《唐前期的附加税》，第117、118页。

[4]（宋）王钦若等编纂，周勋初等校订：《册府元龟》卷五〇二《邦计部·常平》，南京：凤凰出版社，2006年，第5707页。

[5]黄永年：《唐代两税法杂考》，《历史研究》1981年第1期，第102—113页。

[6]李锦绣：《唐前期的附加税》，第122页。

陆之直”[1]。百姓运至配所的自出脚钱已包括运输物的费用，即裴所言“租米则各随远近，任自出脚送纳东都”。

但是“对百姓而言，不用再变造义仓”不妥。应该是对这400万缴纳陕洛运脚钱的输丁而言，并非全体课丁群体。而且“不用变造义仓”有误，根据开元二十三年六月敕（即裴耀卿主持漕运期间）：

> 兼租脚税户，权宜轻率，约钱定数，不得不然。……自今已后，凡是资课、税户、租脚、营窖、折里等应纳官者，并不须令出见钱，抑遣征备，任以当土。所司均融支料，常令折衷。[2]

李锦绣认为“折里”与“函脚”同义，都是陕洛运脚的别称；因为这条开元二十三年的敕书里已经没有地税之脚，由此认为“百姓不用再变造义仓”[3]。笔者认为，敕书中既然将资课、税户、租脚、营窖、折里并列，即租税、户税、租脚、营窖（可能包括陕洛运脚）、折里是当时课丁在官面上缴纳的所有税目。资课、税户应当是租税、户税，租脚、营窖是脚钱，按照税目顺序排列，折里应是脚钱，笔者认为折里是地税之脚。这部分丁口仍然要纳“变造义仓”的地税之脚。

那么，自开元二十三敕书可以得知，裴耀卿掌漕运后，“两度打脚”应存在两种情况并行，400万输丁缴纳租脚和陕洛运脚，其余约300万课丁缴纳原本的租脚与地税脚。为什么说400输丁没有再纳地税之脚，应从裴耀卿的观点中分析，“并取所减脚钱，更运江淮变造义仓”，用剩余租脚运江淮义仓米。且地税本身税额不高，地税之脚应远不如租脚，李锦绣计算九等户租脚约为布二丈五[4]，即半匹布，若按一匹布一千文，丁课两石租脚五百文，地税每亩二升，加上变造损耗，可能与150文的陕洛运脚营窖钱相当。从所有课丁的层面来说，两种“两度打脚”也较为公平，不可能让输丁同时缴纳三类脚钱。这样一来，既解决了陕洛运脚、营窖钱的来源问题，保障了漕运的进行，又没有给输丁增加多少负担。

因此，缴纳陕洛运脚钱以代地税脚钱的输丁，应当属于同一地区。这里要注意，不管之后史书中的唐代税收政策如何变化，裴耀卿观念中的400万输丁并

---

[1]《新唐书》卷五三《食货志》，第1365页。

[2]《册府元龟》卷四八七《邦计部·赋税》，第5530页。

[3] 李锦绣：《唐前期的附加税》，第122页。

[4] 李锦绣：《唐前期的附加税》，第119页。

不一定与后续唐代政策相符合，这400万输丁是他以某一标准认定划分的。根据裴耀卿的观点，“江南户口，……并取所减脚钱，更运江淮变造义仓”，是淮南、江南的地税脚被陕洛运脚取代，“输丁”所属地域极有可能是裴耀卿话中的核心区域——淮南、江南地区。下面通过唐代漕运和南北丁口赋税的构成来进行论证。

四、“输丁”实际所指

陕洛运脚钱的400万征收对象并非约700万的所有课丁，应是裴耀卿话语中漕运租物的缴纳者，即江南与淮南户口中的课丁。为什么说裴耀卿观点中租赋的来源地是江南、淮南地区，有两点原因：一是北方在唐前期虽然是经济重心所在，但其实际漕运规模与其经济地位不是正相关；二是唐初以来南方人口、经济增长，与北方逐渐持平，运河便于漕转淮南、江南租赋。

北方是唐前期漕运租赋来源地之一，但其实际规模可能并非想象的那么多。开元以来，淮南、江南地区逐渐成为漕运的主要来源地。

第一，经历隋末战乱，唐初北方人口大幅下降，尤其是河北、河南两道。贞观十三年（639）这两道户数从隋大业五年的约488万降至约65万，下降了86.7%，在全国户口比重中由54.9%降至21.6%。与之相对的是，唐初江南道受战乱影响较小，加上北人南迁，户口由隋时35万户增至38万户。直到唐玄宗天宝元年，北方人口才高于南方，比例为54.8%与45.2%。河北、河南两道人口恢复至全国各道的第一、三位。南方比重虽然从唐初的54.7%降到45.1%，但是其增长幅度大，江南道由隋时第八到天宝时升至第三[1]。

第二，贞观、永徽时，每年漕运不过20万石，此时值北方恢复时期，关中需求不大。至开元年间，北方人口、经济恢复，关中漕运需求增大；同时北方边境需求量也大幅增长，玄宗锐意开边，征防事多。至开元二十一年，天下“凡节度使十，经略守捉使三。大凡镇兵四十九万人”[2]。其中北方有八镇节度管兵约四十五万，南方仅位于西南和最南方的剑南节度管兵约三万，岭南管兵万五，轻税本镇以自给。河北道北部的范阳节度管兵约九万，平卢节度约一万

[1] 王育民：《论唐代南北方户口分布比重的消长》，《上海师范大学学报》1992年第4期，第34—46页。

[2] 《旧唐书》卷三八《地理志》，第1385页。

七；河东节度兵五万五千[1]。北方征防多，军粮是影响北方漕运洛阳的重要因素之一。据《通典·食货十二·轻重》载：

> （天宝中）其度支岁计，粟则二千五百余万石，……四百万江淮回造米转入京，充官禄及诸司粮料。五百万留当州官禄及递粮。一千万诸道节度军粮及贮备当州仓。……千三百万诸道兵赐及和籴，并远小州使充官料邮驿等费。钱则二百余万贯。百四十万诸道州官课料及市驿马，六十余万添充诸军州和籴军粮。
>
> 自开元中及于天宝，开拓边境，多立功勋，每岁军用日增。……大凡一千二百六十万，开元以前每岁边夷戎所用不过二百万贯，自后经费日广，以至于此。[2]

天宝年间，每岁收入2500万石粮食，其中1000万是诸道节度军粮，储备在当地州仓。1300万匹布用于诸道兵赐、和籴邮驿等费用，60万贯钱充和籴军粮用。所以北方诸州租赋的留州、外配比例应该比较大，送京的部分仍然有，但因南方转运增多，对来自河北河南的转运需求逐渐变小。如《册府元龟·邦计部》载开元二十五年（737）九月诏：“今岁属和平，时遇丰稔，而租所入，水陆运漕，缘脚钱杂，必甚伤农。……息其转输，大实仓储。今年河南、河北，应送含嘉、太原等仓租米，宜折粟，留纳本州。”[3]丰收之年，两京仓储已足，停止河北河南转运，留州存储。开元二十五年（737）三月敕，“自今以后，……其路远处不可运送者，宜所在收贮，便充随近军粮。其河南、河北有不通水利，宜折租造绢，以代关中调课”[4]，更何况还有不通水利的地方，折绢代租，粮食留州或外配军粮。

再看同时期的江南、淮南地区，开元十八年裴氏奏疏虽是建议，但反映了当时江南、淮南已经是漕运租赋主要来源地之一。江、淮“更无征防”，可见其送京、外配比例较大。从天宝八载（749）南北诸道正仓存粮可见一斑。关内道约182万石，河北道约182万石，河南道约582万石，而南方淮南道约68万石，江南道约98万石。若将送京留州外配均分的话，则江南道外配、送京运出去约200万石，河北道、河南道的留州比例明显大于江南道、淮南道。诸道义仓也可作为证据，关内道约594万石，河北道约1754万石，河南道约1542万石，江南道

[1]《旧唐书》卷三八《地理志》，第1385、1389页。

[2]《通典》卷十二《食货十二·轻重》，第111页。

[3]《册府元龟》卷四八七《邦计部·赋税》，第5530页。

[4]《旧唐书》卷四八《食货志》，第2090、2091页。

约673万石，淮南道约484万石[1]。地税在开元时已是国家定税，三年一运，可见北方租赋留州比例之多，不可能大量运输租物前往关中。

这里要解释一点，裴耀卿奏对后被唐玄宗拜相，《新唐书·食货志》载："兼江淮都转运使，以郑州刺史崔希逸、河南少尹萧炅为副使，益漕晋、绛、魏、濮、邢、贝、济、博之租输诸仓，转而入渭。"[2]漕运北方租赋是确有其事，但这与裴耀卿的观点是两回事，裴耀卿观点在前，漕运河北租赋在后，漕运河北河东粮食的行为与输丁源自江南、淮南的语境并不冲突。"输丁"是裴耀卿当时话语内限定的概念，与江淮、江南处于同一语境下，有直接的承接关系；裴耀卿强调的始终是江淮地区。况且裴耀卿负责的区域便是他所提到的核心地域，《唐会要》载："开元二十一年八月，侍中裴耀卿。充江南淮南转运使。"[3]"江南淮南转运使""江淮度转运使"明确对应了裴耀卿建议转运的范围，"输丁"理应是玄宗因其奏对所封江淮转运使辖地的丁口。

因此，可以有两点推论：第一，唐前期北方地区尤其是河北、河东是漕运租赋的倚重地，到开元年间漕运需求变大时，北方边境需求也大，南方逐渐成为漕运主要来源地，尤其是淮南、江南地区。第二，在裴耀卿的认知观点中，江南户多，仓库所资，唯出租庸，更无征防，至少在开元二十一年时，淮南、江南地区已经成为漕运租赋的重要来源。

另外，淮南、江南郡县即江南江北郡县的课丁数符合输丁数，《通典》载：

> 按天宝中天下计帐，户约有八百九十余万，……课丁八百二十余万，其庸调租等约出丝绵郡县计三百七十余万丁，庸调输绢约七百四十余万匹，……租粟则七百四十余万石。约出布郡县计四百五十余万丁，庸调输布约千三十五万余端。其租：约百九十余万丁江南郡县，折纳布约五百七十余万端。二百六十余万丁江北郡县，纳粟约五百二十余万石。[4]

[1]《通典》卷十二《食货十二·轻重》，第292、293页。

[2]《新唐书》卷五三《食货志》，第1366页。增运河东南部、河北南部的黄河沿岸诸州仓储，这些州都是北方上州，魏州15万户，贝州、博州等州多在10万户左右。王育民：《论唐代南北方户口分布比重的消长》。

[3]（宋）王溥：《唐会要》卷八七，北京：中华书局，1955年，第1599页。

[4]《通典》卷六《食货六·赋税下》，第110页。

杜佑将江南江北郡县划归为出布郡县，与北方出丝绵郡县形成对应[1]，这种划分方式属于唐人对南北的划分认知。天宝十四载官方总人口约5291万，课口约820万；江南江北郡县课丁约450万，占总人口比约8.5%，占总课口比约54.8%。同比可知，开元二十一年人口约为4600万，课丁约700万。若按总人口比例推算，江南江北课丁计约391万；若按总课口比例，江南江北课丁计约384万[2]。均可视为约400万。放在裴耀卿的奏对中，“约有四百万人”相比于“约有三百九十一万人”，是更为老练简洁的表达，方便玄宗看完以求采纳。

五、结　语

开元二十一年裴耀卿所言约400万的“输丁”绝不等同于“课丁”，“输丁”是满足某一共性特征的“课丁”群体，那么本文的预设问题成立。由于史料限制，没有证据能证明“输丁”是江南江北课丁，故本文以推论占主导。从裴耀卿的奏对原文分析，“输丁”与淮南、江南地区存在联系；陕洛运脚钱取代了输丁原本需缴的地税之脚，从中可以确定输丁满足的共同特征应是共同地域。唐前期南北地区都是漕运主要来源区域，开元以来南方逐渐成为漕运主要来源地，江南江北郡县户口多，仓库所资、租赋所倚、少有征防事，潜在意思是江淮财赋充足，况且江南江北的课丁数与输丁数较为符合。因此，裴耀卿语中的“天下输丁”是输庸代役较多的江南江北郡县课丁。

（作者单位：常州大学马克思主义学院）

[1] 邢铁：《我国古代丝织业重心南移的原因分析》，《中国经济史研究》1991年2期，第101—112页。出丝绵郡县位于北方地区，江南江北郡县则属于广义上淮河以南的南方地区。

[2] 开元二十一年至天宝十四载，无大规模南北人口流动和人口减员，故可同比计算。

Research on "Shuding"（输丁）in the Twenty-first Year of the Kaiyuan Reign of Tang Dynasty

Wang Chenglong

[Abstract] In the twenty-first year of Kaiyuan Reign of Tang Dynasty（733）, minister Pei Yaoqing（裴耀卿）submitted a petition to the emperor suggesting that there were about 4 million Shuding transportation and camp payers from Shanzhou to Luoyang.Who were the Shuding groups? By calculating the number of "Keding"（课丁）during Kaiyuan and Tianbao reigns, it could be inferred that Shuding belonged to Jianshu（见输）tax system, and 4 million Shuding should be one kind of Keding according to the certain standardized generality. From the analysis of Pei Yaoqing' s two original texts, we could see that Shuding related to Huainan and Jiangnan areas. By analyzing the current situation of the grain transport in the early Tang Dynasty as well as the number of Keding in the prefectures and counties of Jiangnan and Jiangbei areas in the twenty-first year of Kaiyuan reign, we concluded that Shuding should be taxpayers of Keding in Jiangbei and Jiangnan（southern side of Yangzte river）areas.

唐代关中地区碾硙毁废原因新探*

朱　华

水力驱动的碾硙是中国古代重要的粮食加工工具。据统计，唐代关中地区涉及碾硙的事件记载共有六次，从时间上来看，前四次为毁废，后两次为承认。西嶋定生基于六次事件记载的时间顺序认为唐廷在“大历末年以后，政府放弃了以前的禁令，承认进而保护碾硙经营”[1]，即所谓“唐代关中碾硙政策转变论”。方万鹏通过考察四次废碾硙事件的政治背景，否定了“唐代关中碾硙政策转变论”，进而以四次毁废事件符合禁用碾硙的时间规定和长期遭受旱灾影响为由认为“四次事件的发生仍可视为政策范围之内的一种官方的应激性政治行为”“具有一定偶然性的应激性政治行为”[2]。以上两种观点的导出均建立在时间维度之上：前者侧重六次事件整体性的时间顺序排列，后者侧重四次废碾硙事件前后各自的政治背景挖掘。历史研究的时间维度固然重要，但如果我们将以上六次事件置于空间维度之下，对唐代关中碾硙的存废问题又会有不同的认识，这将有助于我们对现有研究进行判断。此外，方万鹏在其《水硙与北宋开封的粮食加工》一文中提出了一条值得参考的重要经验，即部分学者对水硙相关史实的认识偏差影响到了他们对宋初开封禁军粮食供应的研究结论[3]，唐

*本文系国家社科基金青年项目“文化互动视野下的少数民族谥法研究”（项目编号：18CMZ007）、中央高校基本科研业务费专项资助项目阶段性成果。

[1]［日］西嶋定生：《碾硙寻踪——华北农业两年三作制的产生》，韩昇译，载刘俊文主编《日本学者研究中国史论著选译》第四卷《六朝隋唐》，北京：中华书局，1992年，第365页。

[2] 方万鹏：《“唐代关中碾硙政策转变论”的逻辑困境与史实解析》，载王思明、何红中主编《全球视野下东亚文明研究》，北京：中国农业科学技术出版社，2016年，第339—342页。

[3] 方万鹏：《水硙与北宋开封的粮食加工》，《中国农史》2013年第5期，第52—58页。

代碾硙事件中也存在部分史实有待厘清。本文拟从六次碾硙事件的空间分布着眼，挖掘唐代关中地区碾硙存废的史实，探究四次毁废碾硙事件与区域自然环境的关系。

一、唐代关中碾硙存废地点的空间分布

学者们在讨论唐代关中碾硙问题时常用到的记载共计六条，为方便下文论述，赘引于下：

第一次：

《元和郡县图志》：大唐永徽六年，雍州长史长孙祥奏言："往日郑白渠溉田四万余顷，今为富僧大贾，竞造碾硙，止溉一万许顷。"于是高宗令分检渠上碾硙，皆毁撤之。未几，所毁皆复。[1]

第二、三、四次：

《唐会要》：开元九年正月，京兆少尹李元纮奏疏三辅诸渠。王公之家，缘渠立硙，以害水功，一切毁之。百姓大获其利。

《唐会要》：广德二年三月，户部侍郎李栖筠、刑部侍郎王翊、充京兆少尹崔昭奏请拆京城北白渠上王公寺观硙碾七十余所，以广水田之利。计岁收粳稻三百万石。

《唐会要》：大历十三年正月四日奏："三白渠下碾有妨，合废拆总四十四所。自今以后，如更置，即宜录奏。"其年正月，坏京畿白渠八十余所。先是，黎幹奏以郑、白支渠硙碾，拥隔水利，人不得灌溉，请皆毁废，从之。时昇平公主，上之爱女，有硙两轮，乞留，上曰："吾为苍生，尔识吾意，可为众率先。"遂即日毁之。[2]

第五次：

《册府元龟》：（元和）六年五月，京兆尹奏："准敕，差右神策子弟穿淘洨渠功，并造斗门。及买渠地价，请官中与硙户分出。"[3]

---

[1]（唐）李吉甫：《元和郡县图志》卷一《关内道》"云阳县"条，北京：中华书局，1983年，第11页。

[2]（宋）王溥：《唐会要》卷八九《硙碾》，上海古籍出版社，2006年，第1924、1925页。

[3]（宋）王钦若等编纂，周勋初等校订：《册府元龟》卷四九七《邦计部·河渠二》，南京：凤凰出版社，2006年，第5648页。

第六次：

《长安志》：唐宝历二年，敕渼陂令尚食使牧管，不得杂入采捕，其水任百姓灌溉，勿令废碾硙之用。文宗初，诏并还府县。[1]

据上述引文可知，六次事件所涉地点不尽相同，但可以肯定的是，四次毁废事件均发生在渭北郑白灌区内[2]。知名的郑国渠、白渠、三白渠均系郑白灌区内引泾、洛、冶、清、浊、沮等河的灌溉工程，位置明确。第二次事件发生地三辅诸渠虽罕有记载，但位置亦在郑白灌区之内：唐昭宗时李知柔调任京兆尹，“始，郑、白渠梗壅，民不得岁。知柔调三辅，治复旧道，灌浸如约，遂无旱虞”[3]，从前后文意来看，李知柔“调三辅”当是指修浚郑白渠，李令福亦将李知柔此次“调三辅”视为郑白渠修复活动[4]，三辅诸渠位于郑白灌区内当无疑义。

两次承认碾硙的事件中，第六次事件发生的渼陂，位于渭河以南无疑。据《水经注》载：发源于南山涝谷的涝水“北迳汉宜春观，又东北迳鄠县故城西，涝水际城北出，合渼陂水，水出宜春观北，东北流注涝水，涝水北注甘水而乱流入于渭”[5]。至于第五次事件中“穿淘洨渠”，笔者未能检索到其他相关记载，亦未见从事水利史、农业史等相关研究的学者予以辨析，但其位置亦当在渭河以南，在此略作辨析。

“穿淘洨渠”的意义有些模糊，可以将“淘”字理解为名词，即穿凿一条名为“淘洨渠”的水渠或名为淘渠、洨渠的两条水渠，也可以将“穿淘”理解为动词“修浚”之意，即穿淘的是洨渠。也就是说，“淘洨渠”可能是淘、洨两渠或只是一条水渠。

先来看“淘渠”。渭河以南确有“淘渠”的记载。唐德宗贞元十三年（797）“十一月，韩皋奏：‘准敕涨昆明池，修石炭、贺兰两堰，并造土堰开淘渠，

[1]（宋）宋敏求，（元）李好文撰，辛德勇、郎洁点校：《长安志·长安图志》，西安：三秦出版社，2013年，第469页。

[2]注：为方便论述，本文将郑国渠、白渠、三白渠等水利工程的灌溉区域统称为郑白灌区。

[3]（宋）欧阳修、宋祁：《新唐书》卷八一《惠宣太子业附李知柔传》，北京：中华书局，1975年，第3603页。

[4]李令福：《关中水利开发与环境》，北京：人民出版社，2004年，第176页。

[5]（北魏）郦道元著，（清）王先谦校：《合校水经注》卷一九《渭水下》，北京：中华书局，2009年，第284页。

都用钱七千四百三十贯文'"[1]。从这段文字可知，为了增加昆明池的蓄水量，修建了石炭堰和贺兰堰，同时修造了一座土堰，开凿了淘渠。众所周知，昆明池位于渭河以南，石炭堰位于洨水之上，贺兰堰位于沣水之上，均在昆明池之南，新开凿的淘渠亦当位于昆明池之南的渭河以南某地。

再来看"洨渠"。笔者检索文献，未见关中地区记载为"洨"的河流或水渠，《水经注》中载淮河有一条支流为洨水[2]，显然与关中地区的"淘洨渠"无关。在李令福绘制的《隋唐长安城水利工程布局示意图》中，潏河在香积寺以西的一段即标注为"洨河"，将从石炭堰引水、向北注入昆明池的引水渠标注为"洨水渠"[3]。1999年编著的《长安县志》中也写道："（潏河）申店桥以下向西南流，至香积寺西纳入滈河水（原文注：会流以下亦称洨河）。"[4]历史文献中多将"洨水"写作"交水"，如嘉庆《长安县志》载："（神禾原）原脉自太乙山北行，交水出其西，潏水出其东，为二川之界。自唐开坑河、决潏水，与交水会于香积寺，原脉中绝而形迹犹存。"[5]由上观之，"洨"当与"交"通，"洨渠"即渭河以南引洨水而成的水渠。

最后，如果"淘洨渠"是一条水渠，当与淘渠、洨渠存在一定的联系，具体位置亦当位于丰水、洨水之间的渭河以南某地。

简言之，唐代四次毁废碾硙的事件均发生在郑白灌区内，而两次承认碾硙的记载却发生在渭河以南，并不在郑白灌区内。相比之下，碾硙是毁是存的问题便呈现出鲜明的地域特征，这也是我们在讨论唐代碾硙毁废问题中不可忽视的因素。

二、郑白灌区的环境劣势及唐廷的应对

郑白灌区成为唐代碾硙毁废的集中区域，其他地区却未见类似的记载，一方面当是郑白灌区靠近首都长安、作为关中主要粮食产区重要性的直观体现，另一方面，这种明显的区域性特征也与关中地区自然环境的区域差异密切相关。换言之，正是由于关中地区自然环境的区域差异，导致唐廷对这一地区水

[1]《册府元龟》卷一四《帝王部·都邑第二》，第148页。

[2]《合校水经注》卷三〇《淮水》，第451页。

[3]李令福：《关中水利开发与环境》，第208页。

[4]长安县志编纂委员会：《长安县志》，西安：陕西人民教育出版社，第71页。

[5]《长安县志》卷一三《山川志上》，嘉庆二十年刻本。

利设施及农业生产有了特别关注。

（一）郑白灌区的环境劣势

影响唐代碾硙存废的原因很多，自然环境因素是非常重要的一方面，特别是毁废碾硙的事件全部发生在郑白灌区之内，在此，仅以降水与地形两个方面略作分析。

1.降水因素

唐代有“天雨水足”便允许碾硙在限制时间之外继续经营的规定，说明降水与碾硙经营存在密切关系。虽然唐代关中地区的降水资料无从查找，但现代的降水量数据也可以提供一定的参考。影响降水的因素很多，主要可以归结为地理位置、大气环流、天气系统、下垫面条件等[1]。就关中地区而言，地理位置已固定不变，大气环流、天气系统的影响主要体现在长时段的变化，如历史时期的关中地区气候寒暖、干湿交替明显[2]，但在特定的时间内，下垫面条件会造成降水的区域差异。以地形因素为例，水汽遇到山地而随之上升，便会形成较平原地区更多的降水。地形因素的影响也明确体现在下文引用的现代关中地区的降水统计数据中，而唐代以来关中地区的地形并未发生显著变化，所以，我们可以借鉴现代降水量数据对唐代降水量的区域差异作出大致的判断。

据20世纪80年代聂树人的研究显示，“关中地区（降水量）一般介于550—700毫米，而且是渭河以北少于渭河南岸地区，沿秦岭北坡的个别地方尚超出800毫米”，“在秦岭北坡，高度增加100米降水约增加70毫米左右。在1000米以上的北坡上，形成一条年降水量1000毫米左右的下场的多雨带”[3]。刘俊民、郭瑞分析了1961—2001年间关中地区22个气象站的降水资料，得出的结论与聂树仁基本一致：“关中平原降水量空间分布特征是南多北少，西多东少。”（图1）[4]

[1] 黄锡荃主编：《水文学》，北京：高等教育出版社，1985年，第70、71页。

[2] 参朱士光、王元林、呼林贵：《历史时期关中地区气候变化的初步研究》，《第四纪研究》1998年第1期；又周晓红、赵景波：《历史时期关中地区气候变化与灾害关系的分析》，《干旱区资源与环境》2006年第3期。

[3] 聂树人：《陕西自然地理》，西安：陕西人民出版社，1981年，第112、113页。

[4] 刘俊民、郭瑞：《关中平原降水特征分析》，《人民黄河》2008年第5期，第23页。

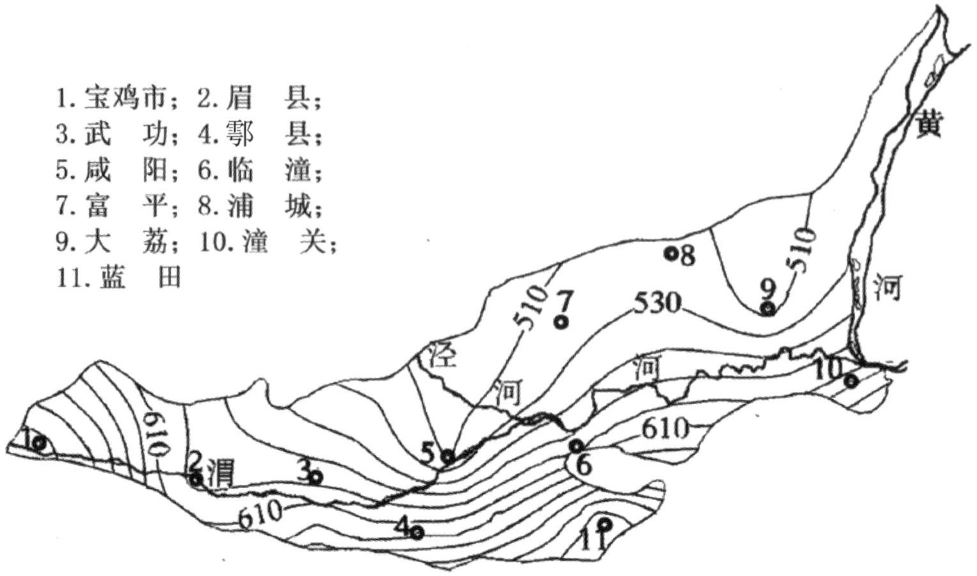

图1 关中平原多年平均等降水量等值线

从以上两个研究结论可以看出，渭河以南的降水量明显多于渭河以北。此外，聂树人还根据1700—1949年间陕西省水旱灾害记录绘制出了《陕西的水旱灾分区》示意图，其中关中地区渭河两岸及渭河以南地区属于水灾为主区，渭河沿岸之外的渭河以北地区则属于多水多旱区[1]。水旱灾的直接诱因为降水，而关中地区的降水又明显受到地形影响，唐代至今关中地区并未发生明显的地形变化，上述结论的差异性当在较大程度上也适用于唐代。

回到碾硙存废的问题，郑白灌区所在的渭河以北地区的水资源条件本身便较渭河以南要差，加之旱涝无常，可以想象，唐代对郑白灌区内碾硙管理的难度也会加大，违法经营碾硙的行为也必然增加。

2.地形因素

地形因素的影响体现在两个方面：耕地分布与河流降比的差异。

首先，耕地分布。渭河以北土地面积广阔、地势平坦，耕地主要分布在此，相较之下，渭河以南面积窄狭，只有沣、潏等流域内耕地分布较广。虽然笔者不能提供详细的数据，但观察关中地区的地图便可有直观的感受[2]。据统计，碾硙、灌溉用水矛盾突出的郑国渠灌溉面积达208万亩，白渠23.4万亩，另

[1] 聂树人：《陕西自然地理》，第130页。

[2] 白文龙、张福平：《基于SPOT VGT/NDVI的陕西省关中地区冬小麦遥感估产》，《资源开发与市场》2012年第06期，封二《关中地区土地利用类型图》。

外两个大型水利工程龙首渠、成国渠的灌溉面积分别为60和70万亩[1]。笔者不能确定此数据的准确度如何，但至少可以反映出郑白灌区在关中农业中的地位是非常重要的。

其次，河流降比。降比，亦称比降，即落差。河流降比越大，流速越快，推动碾硙工作的势能便越大，反之亦然。举例来说，作为郑白渠主要引水源的泾河，主河道平均比降2.47‰，其中“张家山至河口为下游段，本段为关中冲积平原，水流平稳，河段平均比降1‰”[2]，渭河以南以降比相对较小的沣河为例，其主河道比降为3.2‰，其三大支流高冠峪河、太平河、潏河主河道比降分别高达44.7‰、19.1‰、9.7‰，又潏河主要支流之一的滈河主河道比降为19.9‰[3]。河流比降值的大小大致能够反映出此片区域内的地形情况，即使各引水渠的海拔、落差情况也不会存在较大差异。据《新唐书》载，高力士曾于“都北堰沣列五硙，日僦三百斛直”[4]，沣河的比降值远超泾河，在此设置碾硙尚需筑堰，在比降值远小于沣河的泾河及郑白灌区内诸渠上设置碾硙自然也需要修筑堤堰。就河流比降而言，渭河南岸诸河流更具优势，但碾硙作为谷物加工工具，靠近农业区设置才能体现出优势，同时，渭河以北的平坦地势造成水流较缓、水力势能小的问题可以通过修堰蓄水、抬高水位的方式解决，其结果便是上述引文中所言“堰遏费水，渠流梗塞”“拥隔水利，人不得灌溉”的后果。

同时，河流降比还会影响水利工程的建设，如高升荣认为“由于（渭河）北侧支流源远流长，相对高差较小，故河流纵比降较小，水流活力较差”，适合灌溉水利工程的建造，而“（渭河以南的河流）皆源于秦岭……因山高谷深，河流纵比降较大，短小流急，不太适合兴修水利，引水灌溉”[5]。历史事实亦是如此，大型灌溉水利工程主要分布在渭河以北，渭河以南只有少数几个小型灌溉工程而已。

---

[1] 陕西省地方志编纂委员会编：《陕西省志》第三卷《地理志》，西安：陕西人民出版社，2000年，第448页。

[2] 陕西省地方志编纂委员会编：《陕西省志》第三卷《地理志》，第465、466页。

[3] 陕西师范大学地理系编：《西安市地理志》，西安：陕西人民出版社，1988年，第133—136页。

[4] 《新唐书》卷二〇七《宦者上·高力士传》，第5859页。

[5] 高升荣：《环境史视野下的关中地区农业用水制度研究》，《中国历史地理论丛》2018年第3辑，第27页。陕西省地方志编纂委员会编：《陕西省志·水利志》，西安：陕西人民出版社，1999年，第83页。

（二）唐廷对郑白灌区给予了高度重视

唐代关中地区是重要的粮食产区，据以往部分研究，唐中叶“关中粮食基本能够自给”，除供应关中本地之外，还向西北边境驻军提供军粮，甚至“负担了31.3%的政府用粮”，而漕粮仅占关中粮食消费总量的极小部分[1]。关中地区强大的粮食生产能力与唐廷对关中地区农业生产的重视是分不开的，唐廷对郑白灌区的高度重视便是极好的体现，下面我们从三个方面略作介绍。

1.郑白渠的管理规格为涉水管理内容中最高的

唐《水部式》载：“泾、渭二水大白渠，每年京兆少尹一人检校。”[2]《新唐书·职官志》亦载：“河堤谒者六人，正八品下。掌完堤堰、利沟渎、渔捕之事。泾、渭、白渠，以京兆少尹一人督视。”在专掌堤堰、沟渎之事、官品为正八品下的“河堤谒者”条下，专门补充泾、渭白渠由从四品下的京兆少尹负责督视，足见唐廷对泾、渭白渠的重视程度之高。其他涉水管理的职官中，“掌川泽、津梁、渠堰、陂池之政，总河渠、诸津监署”的都水监使者为正五品上，其属官中“掌河渠、陂池、堤堰、鱼醢之事”的河渠署令官品仅为正八品下，宝历二年接管渼陂的尚食局，长官尚食奉御官品仅为正五品下[3]，诸官的品级均不及京兆少尹。

2.对郑白灌区内水利工程的修建、维护频繁

据李令福统计，唐代对郑白渠的修复、扩建、废硙等共计12次[4]，其中渭白渠即原成国渠的扩修最值得关注。成国渠始修于汉武帝时期，曹魏时期重修，据《水经注》载，成国渠上承汧水，最后“迳汉景帝阳陵南，又东南注于渭。今无水”[5]，并未越过泾水进入郑白灌区，但咸通十三年（872）历时三年修复完工的成国渠，“其渠合韦川、莫谷、香谷、武安四水，溉武功、兴平、咸阳、高陵等县田二万余顷，俗号渭白渠，言其利与泾白相上下，又曰成国渠”[6]。在唐末政局动荡不安的背景下，唐廷能够扩修成国渠，将泾河以西的水

[1] 余蔚：《浅谈唐中叶关中地区粮食供需状况》，《中国农史》1999年第1期，第6页。

[2] 罗振玉编纂：《鸣沙石室佚书正续编》，北京图书馆出版社，2004年，第259页。注：据南宋时期编修的《庆元条法事类》卷四九《农桑门》“农田水利”条载：“其碾硙之类壅水于公私有害者，除之。”与《水部式》规定相类，则“拥”与“壅”通。

[3] 《新唐书》卷四八《百官志三》，第1276、1277页；卷四七《百官志二》，第1218页。

[4] 李令福：《关中水利开发与环境》，第175、176页。

[5] 《合校水经注》卷一九《渭水》，第293—294页。

[6] 《长安志·长安图志》，第427页。

引入到郑白灌区内，足见对郑白灌区的重视，同时，也反映出郑白灌区灌溉水源的不足。

3.对郑白灌区内诸渠的立法管理十分细致

以唐《水部式》残卷为例，明确针对郑白渠内用水管理的条文计达4条，分别涉及泾、渭白渠上堤堰和斗门的设置［见本文第三部分（一）唐代法律承认碾硙的合法性］，高陵县内清渠、白渠的分水比例，“京兆府高陵县界，清、白二渠交口，着斗门，堰清水。恒准谁为五分，三分入中白渠，二分入清渠……”泾、渭白渠的管理规格及灌溉时的斗门管理，“泾、渭二水大白渠，每年京兆少尹一人检校。其二水口大斗门，至浇田之时，须有开下，放水多少，委当界县官共专当官司相知，量事开闭”，三白渠的用水管理，“泾水南白渠、中白渠、（偶）白渠，水口初分，欲入中白渠、偶南渠处，各着斗门，堰南白渠水一尺以上、二尺以下，入中白渠及偶南渠……”此外，还有一条涉及包括郑白渠在内的渭河以北诸渠的用水管理的规定，“龙首、泾堰、五门、六门、升原等堰，令随近县官专知检校……”[1]相比之下，《水部式》残卷对其他具体对象的管理多为一二条而已。

总体来说，渭河南北耕地分布、自然环境存在较大的差异。位于渭河以北的郑白灌区作为重要的农业区，由于降水条件相对较差，故对灌溉水源依赖程度高，所以唐廷在管理、维护、立法等方面都体现出对郑白灌区内灌溉水利工程的重视，但由于地形条件的限制，在郑白灌区内设置碾硙需要筑堰修堤、抬高水位，就会出现影响农业灌溉的后果，唐廷为保障农业生产而在郑白灌区内毁废碾硙，在一定程度上是郑白灌区所在的渭河以北自然环境劣势造成的（这里说的劣势仅就兼顾农业生产与碾硙二者用水而言）。相较之下，两次承认碾硙的事件均发生于渭河以南地区，此区域内耕地分布少，降水、河流比降等自然条件也明显好于渭河以北地区，渭河以南地区未发生过毁废碾硙的事件与其优良的自然条件密不可分。

三、唐代碾硙管理的法律问题

上文提及唐代对郑白灌区内诸渠的立法管理，实际上，唐代对碾硙也有相关的立法管理。对于唐代四次毁废碾硙事件的主要原因，目前学界基本能够达

[1] 罗振玉编纂：《鸣沙石室佚书正续编》，第250—252页。

成共识，即碾硙与灌溉的用水矛盾[1]。笔者并不否认用水矛盾之于四次事件的重要性，但既然碾硙管理有法可依，则碾硙的存废首先应该是一个法律问题，应当对具体事件的合法性进行评估。如果唐廷毁废或承认乃至保护碾硙的政策是出于同一法律规定之下的合法行为，则西嶋定生等人的所谓“唐代关中政策碾硙转变论”便难以成立。所以，只有在明确其是否合法的前提下，相关延展的讨论才不至于出现自讨论的起点便出现偏颇的现象。

（一）唐代法律承认碾硙的合法性

从唐代的法律规定来看，唐廷不但承认碾硙的合法存在，还试图扩大合法经营碾硙的权益。据《唐六典》“水部郎中”条载：“凡水有溉灌者，碾硙不得与争其利（原注：自季夏及于仲春，皆闭斗门，有余，乃得听用之）。”[2]唐《水部式》中的规定更为细致：“诸溉灌小渠上，先有碾硙，其水以下即弃者，每年八月三十日以后正月一日以前听动用。自余之月，仰所管官司于用硙斗门下著锁封印，仍去却硙石，先尽百姓灌溉。若天雨水足，不须浇灌，任听动用。其旁渠疑有偷水之硙，亦准此断塞。”[3]这两条规定的确能够凸显唐廷优先保障灌溉用水的设计初衷，但条文中也并非死板地限制碾硙经营，在“天雨水足、不须浇灌”的特殊年份里，法律并未限制碾硙经营的时间。如果经营碾硙不合法，唐廷自然也不需要对碾硙的经营时间做出如此细密且富有弹性的规定。此外，我们从上引法律规定可以看出，唐廷试图在法律范围内调节碾硙和灌溉的用水矛盾、在降水条件允许的情况下努力扩大合法经营碾硙权益的用意。

当然，学界一般认为《水部式》残卷系年为开元时期，其是否适用于整个唐代或许存在疑问。西嶋定生也注意到了《水部式》的相关规定，却依然得出了大历末年以后唐代碾硙政策发生转变的结论，其主要依据就是元和六年和宝历二年保存碾硙的记载，“从永徽到大历末年的一百几十年间，因为碾硙经营和水利灌溉权相矛盾，所以一直受到标榜农本主义的政府政策的抑制。……然而，元和六年五月，京兆尹在计划开凿淘文（当作‘汶’）渠的奏书里请

[1] 关于唐代碾硙及相关问题的研究，可参照方万鹏：《环境史视野下水力加工问题研究三题》，南开大学硕士学位论文，2012年，第2—4页。

[2]（唐）李林甫等撰，陈仲夫点校：《唐六典》卷七“水部郎中”条，北京：中华书局，1992年，第226页。

[3] 罗振玉编纂：《鸣沙石室佚书正续编》，第259页。

求由政府和硙户共同分担构筑斗门和收买水渠用地的费用，这表明政府承认硙户。……不仅如此，宝历二年七月敕规定在接管鄠县渼陂时不得收夺碾硙，政府明显地保护碾硙经营”[1]。西嶋定生的论证逻辑似乎是认为上引《水部式》的规定仅适用于大历末年以后，与学界认为的《水部式》系开元时期所制定的存在一定的出入。

实际上，在大历末年之前，碾硙便合法地存在于相关的记载中了。据裴漼撰《少林寺碑》载，唐太宗曾嘉奖俘获王世充之侄王仁则、归顺唐朝的少林寺僧人，“赐地卌顷，水碾一具，即柏谷庄是也”[2]，如果碾硙非法，太宗恐不会将其作为赏赐用于嘉奖少林寺僧人，具体时间则为唐朝攻打王世充时期，即武德三四年间。又据《新唐书·李元纮传》载：“（李）元纮早修谨，仕为雍州司户参军。时太平公主势震天下，百司顺望风指，尝与民竞碾硙，元纮还之民，长史窦怀贞大惊，趣改之，元纮大署判后曰：‘南山可移，判不可摇也。’”[3]如果碾硙不合法，李元纮便不能将其判“还之民”，即唐开元之前碾硙便已合法存在。开元二十七年完成的《唐六典》中记载了专门负责制作碾硙的官方机构：“甄官令，掌供琢石陶土之事，丞为之贰。凡石作之类，有石磬、石人、石兽、石柱、碑碣、碾硙。”[4]说明至迟到开元二十七年，官方制作碾硙已然是合法行为。也就是说，元和六年和宝历二年唐廷两次承认碾硙合法的记载，其法律依据至少在开元二十七年时便已出台，亦即不存在西嶋定生所说的大历末年以后的碾硙政策转折。

此外，唐廷即便在毁废碾硙的事件中也对合法碾硙进行了区别和保留。在四次毁废碾硙的事件中，都提到全部拆毁，但事实并非如此。据上引《唐会要》的记载，在第三次事件中，拆毁碾硙的数字是70余所，但据《新唐书·李栖筠传》和《册府元龟》的记载，当时郑白渠上“豪戚壅上游取硙利，且百所”，“置私碾百余所”[5]，剩余约30所。又《册府元龟》关于第四次事件的记载中明

---

[1]［日］西嶋定生：《碾硙寻踪——华北农业两年三作制的产生》，第365页。

[2]（清）董诰等：《全唐文》卷二七九裴漼《少林寺碑》，北京：中华书局，1983年影印本，第2834页。

[3]《新唐书》卷一二六《李元纮传》，第4419页。注：《旧唐书》卷九八《李元纮传》“民”作“僧寺”。

[4]《唐六典》卷二三“甄官署”条，第597页。

[5]《新唐书》卷一四六《李栖筠传》，第4736页。《册府元龟》卷四九七《邦计部·河渠二》，第5647页。

确写道："碾硙者，兴利之业，主于并兼。……佥以为正渠无害，支渠有损。乃命府县，凡支渠硙，一切罢之。"[1]"佥"作"众人"或"都、皆"解，即众人都认为正渠即干渠上的碾硙并无影响，所以对正渠上的碾硙予以保留，并未拆毁。在第二次事件中，所有记载仅提及李元纮奏请将碾硙全部拆毁，但并没有实际拆毁的数字记载或唐廷命令全部拆毁的记载，只有在第一次事件中，《通典》与《元和郡县图志》均记载为高宗命长孙祥"分检渠上碾硙，皆毁（撤）之"[2]，未对干渠、支渠予以区别便全部拆毁。如上所述，唐廷只有在永徽六年第一次事件中拆毁了全部碾硙，大约在第二次、至迟在第三次事件中，唐廷便在拆毁碾硙的行动中对郑白渠上的碾硙是否合法进行了区别，所以说，如果唐代存在所谓的"碾硙政策转变论"，转变时间约在第二次事件发生的开元九年，至迟当在第三次事件发生的广德二年，而不是西嶋定生所说的大历末年以后，并且，政策转变并非如西嶋定生所说的"政府放弃了以前的禁令，承认进而保护碾硙经营"，而是在郑白灌区这一特殊的区域范围内由全面否认碾硙的合法性转变为有限地承认诸干渠上的碾硙的合法性。

承认干渠上碾硙的合法性或许与唐代郑白渠干渠上禁止筑堰截流的法律规定有关。碾硙的运行控制要靠斗门调节水源，同时，还需要水流有一定的落差，河道落差过小、水流动力就小，碾硙便难以运行，这种情况下就需要通过筑堰的方式抬高水位，如此一来便造成截流水渠、影响灌溉的违法结果。《水部式》对郑白渠上筑堰有明确规定："泾、渭白渠即诸大渠，用水灌溉之处，皆安斗门……不得当渠造堰。诸灌溉大渠，有水下地高者，不得当渠造堰，听于上流势高之处，为斗门引取。其斗门皆须州、县官司检行安置，不得私造。其傍支渠有地高水下，须临时暂堰溉灌者，听之。"[3]按此规定中，干渠上明令禁止任何人以任何形式当渠筑堰，同时，干渠上的引水设施，亦即调节碾硙用水的设施——斗门的设置系由地方官府负责，禁止私设，但各支渠上则允许私人灵活处理、临时筑堰，当临时的堰没有被及时拆除，便成了设置碾硙的辅助设施，换言之，在支渠上借助临时堤堰设置碾硙的违法行为较在干渠设置上更容易实现，而干渠上筑堤立堰的阻力要大得多，违法设置碾硙的阻力也随之大

[1]《册府元龟》卷四九七《邦计部·河渠二》，第5647页。

[2]（唐）杜佑：《通典》卷二《食货二·水利田》，北京：中华书局，1988年，第39页。《元和郡县图志》卷一《关内道一》"云阳县"条，第11页。

[3]罗振玉编纂：《鸣沙石室佚书正续编》，第249页。

增。大历十三年的事件中，支渠上的碾硙全被拆毁，而干渠上的碾硙却被特意保留，不但是干渠上“不得当渠造堰”得到较好执行的体现，也是干渠上不存在碾硙违法行为的体现。至于永徽年间毁废碾硙时未区别干渠、支渠而全部毁废，或许是因为上述规定当时尚未出台，对干渠的管理尚存在漏洞。

（二）四次毁废碾硙也是合法行为

优先保障灌溉用水是唐代制定管理碾硙的相关法律的基本精神，上引《唐六典》之文“凡水有溉灌者，碾硙不得与争其利”即是明证。这一基本精神在涉及碾硙管理的条文中得到了贯彻，如将碾硙经营的时间限制在八月三十日至次年正月初一之间的非农耕季节，便是要保证农耕季节的农业生产用水。再如《水部式》规定：“诸水碾硙，若拥水质泥塞渠，不自疏导，致令水溢渠坏，于公私有妨者，碾硙即令毁破。”[1]意即对造成诸水渠泥沙淤塞、毁坏堤坝、妨害公私用水等不良后果的碾硙即行毁废，对以农业生产为主的郑白灌渠而言，“于公私有妨”最主要的方面就是影响农田灌溉。上述条文是我们评判四次毁废碾硙事件合法的重要依据，此外，唐律中部分未明确涉及碾硙管理的条文也有重要的参照意义。下面，我们来看一下四次事件中碾硙的违法情况。

1.筑堰截流，影响灌溉

上引《水部式》之文中规定诸大渠的支渠上仅能建造用于灌溉的临时性堤堰，既然是临时性的，用完即应及时拆除，但四次毁废碾硙事件中均存在长期截流水渠、影响灌溉的违法情形。据《通典》记载，在第一次事件中，雍州长史长孙祥奏言：“往日郑、白渠溉田四万余顷，今为富商大贾竞造碾硙，堰遏费水，渠流梗涩，止溉一万许顷。请修营此渠，以便百姓。至于咸卤，亦堪为水田。”[2]即郑白渠上经营碾硙的富商大贾筑堰截流造成了溉田面积直降三万顷的恶劣后果。此后的三次事件也存在相似的情况：第二次，京兆少尹李元纮的理由是“时王、主、权家皆旁渠立硙，潴堨争利”[3]；第三次，工部侍郎李栖筠等的理由是“郑、白二渠，为豪家贵戚，壅隔上流，置私碾百余所，以收

[1] 罗振玉编纂：《鸣沙石室佚书正续编》，第259页。注：据南宋时期编修的《庆元条法事类》卷四九《农桑门》“农田水利”条载：“其碾硙之类壅水于公私有害者，除之。”与《水部式》规定相类，则“拥”与“壅”通。

[2] 《通典》卷二《食货二·水利田》，第39页。

[3] 《新唐书》卷一二六《李元纮传》，第4419页。《唐会要》所载略异（见《唐会要》卷八九《硙碾》，第1924、2925页）。

末利。农夫所得，十夺六七”[1]；第四次，京兆尹黎幹的理由是“郑白支渠硙碾拥隔水利，人不得灌溉”[2]，“臣得畿内百姓连状，陈泾水为碾硙，拥隔不得溉田，请决开郑白支渠，复秦汉水道，以溉陆田，收数倍之利。”[3]“潴堨”“壅隔上流”“水为碾硙拥隔”等用语都是筑堰截流的意思，灌溉面积从四万顷降到一万顷、“农夫所得，十夺六七”，都是严重影响下游农田灌溉的直观反映，即所谓“于公私有妨者”。显然，四次事件中碾硙截流水渠、影响灌溉的违法行为是非常明确的。

2.缘渠立硙，偷水费水

缘渠立硙，亦作“旁渠立硙”，即紧挨着水渠设置碾硙。从上引限制诸水渠上碾硙经营时间的《水部式》条款来看，“缘渠立硙”的确在法律许可的范围之内，但前提条件是不能偷水、费水。上引《水部式》的规定中有“其旁渠疑有偷水之硙，亦准此断塞”一语，对于碾硙“偷水”的概念，我们可以参照以唐令为蓝本的《天圣令》相关规定：“诸取水溉田，皆从下始，先稻后陆，依次而用。其欲缘渠造碾硙，经州县申牒，检水还流入渠及公私无妨者，听之。即须修理渠堰者，先役用水之家。”[4]即缘渠立硙的合法前提是能够让水重新流回水渠，相反，不能重新流回水渠的便是违法的偷水、费水行为。偷水、费水现象的出现与灌区内的地形有关，如灌区内的水渠为明显高于周边的地上河，渠水通过碾硙便难以流回本渠。偷水行为在永徽年间太尉长孙无忌的描述中尤为明显：“白渠水带泥淤，灌田益其肥美，又渠水发源本高，向下枝分极众。若使流至同州，则水饶足。比为碾硙用水，洩渠水随入滑，加以壅遏耗竭，所以得利遂少。”[5]“壅遏耗竭”是指截断水流，而“洩渠水随入滑”即包含了碾硙偷水、费水的意思：原本白渠各支渠的水是能够流到同州的，各地水资源够用，但现在碾硙把渠水都洩到了“滑”地，造成水资源浪费，致使用水不足。“滑”地当是与同州相对举的某地，而白渠灌区内并无含有“滑”字的地名，只有华州下辖的下邽县位于同州以西的白渠灌区内，“滑”字或为“华”字之讹，或当是字形相近的“渭”字的讹写。无论何种可能，长孙无

[1][3]《册府元龟》卷四九七《邦计部·河渠二》，第5647页。

[2]《唐会要》卷八九《硙碾》，第1924、1925页。

[4]天一阁博物馆、中国社会科学院历史研究所天圣令整理课题组：《天一阁藏明钞本天圣令校证》卷三〇《杂令》，北京：中华书局，2006年，第370页。

[5]《通典》卷二《食货二·水利田》，第39页。

忌的意思都是碾硙偷水、费水造成白渠水不能流到更远的同州，而只能流到同州以西的华州或渭河某处，减少了白渠的灌溉面积。第二次事件中也存在偷水行为，据《旧唐书·李元纮传》载："诸王公权要之家，皆缘渠立硙，以害水田。"[1]如果缘渠立硙，水源能够流回本渠，就不会造成水源浪费、影响水田用水，而现在影响到了水田用水，涉事碾硙当有较大的偷水、费水嫌疑。第三、四次事件中，被毁废的碾硙达七八十处，也不排除这些碾硙的违法行为即包括偷水、费水。

综上所述，唐律不能解决关中地区用水不足的问题，但若贯彻得力，至少可以错开碾硙与灌溉的用水时间，有效缓解二者的用水矛盾，而唐律对临时堤堰的宽容，却容易被枉法的"王公权要之家""豪家贵戚"等权贵利用。当执法官员不能秉公执法，必然造成对违法行为的长期纵容，譬如上举昇平公主之例，如果不是唐代宗亲自说服昇平公主主动拆毁，结果只能是"所司未敢毁撤"，使得原本处于法律可控、可调节范围内的用水矛盾不断积累、恶化，直至无法继续纵容时，便上升为重大的公共事件而不得不予以解决。基于上述讨论，唐代的四次毁废碾硙事件，本质上只是在法律规定范围内对长期积累的碾硙违法行为的集中整治。

四、结　语

综上所述，唐代四次毁废碾硙的事件全部集中于郑白灌区内，造成这种鲜明地域特征的原因包括自然环境与法律设计两个方面。从自然环境来看，包括郑白灌区在内的渭河以北地区耕地广布，对灌溉水源要求较高，但由于渭河南北的降水分布不均，南多北少，已然造成渭水以北水资源条件的劣势，大型水利工程的建设在很大程度上缓解了灌溉用水不足的问题，但由于地势平坦，水流降比小，造成碾硙经营过程中"堰遏费水""拥隔水利"等影响灌溉的问题。鉴于郑白灌区农业生产的重要性，唐廷也给予了极大的重视，不但对诸渠的修复、维护颇为频繁，而且专门负责管理的京兆少尹也是诸涉水管理官员中品级最高的。此外，唐廷还专门针对郑白灌区内碾硙用水与灌溉用水的矛盾做了相应的立法管理，其立法目的并非禁止或尽力限制碾硙发展，相反，还尽力扩大碾硙经营的利益，但由于碾硙经营者故意枉法以及执法不严等原因，共同

[1]（后晋）刘昫：《旧唐书》卷九八《李元纮传》，北京：中华书局，1975年，第3073页。

造成碾硙违法经营、严重影响农田灌溉的后果，极端自然灾害的出现又凸显了对农田灌溉的影响，在此背景下发生的四次毁废碾硙的事件，实际上只是对较长时间内累积的碾硙违法行为的集中整治。

郑白灌区对于定都关中的唐朝至关重要，郑白灌区的碾硙毁废只是发生在这一特殊地域范围内的个别事件，是唐廷执行既有法律规定的合法行为，元和六年和宝历二年唐廷承认甚至保护碾硙的合法性只是前期法律规定的延续，并不存在所谓的转变。唐廷根据不同自然环境条件对不同地域的碾硙进行区别化立法管理，对以郑白灌渠为代表的重要农业生产区给予特别的重视和管理，尽力调节碾硙与灌溉的用水矛盾、扩大碾硙经营的合法利益等，都体现出了唐廷因地制宜、因时制宜的柔性管理智慧。

后记：谨以此文献给我的导师、2020年2月10日去世的南开大学孙立群教授，感谢他的悉心教导以及对本文的建议。同时，感谢匿名评审专家对本文提出的修改意见。

（作者单位：三峡大学民族学院、三峡文化与社会经济发展研究中心）

Study on the Destruction of Water Mills in the Guanzhong Plain in the Tang Dynasty

Zhu Hua

[Abstract] There were four recorded actions of destroying water mills in the Tang Dynasty, and all of them happened in Zhengbai canal irrigation areas. It was related to the extensive cultivated land, frequent droughts and floods, gradient of the river and so on. So the Tang government made special rules and laws for this area. Running water mill was legal in the Tang Dynasty, and the four actions were special executions upon the illegal activities of running water mills, so there was no so-called transformation policy of water mill. Making special rules and laws for water mill reflected the Tang government's management wisdom of adjusting measures to local conditions and changing circumstances.

《天圣令·田令》所见“杂子”考*

付 婷 霍 斌

《天圣令·田令》的发现及之后的《田令》复原工作，极大地推动了唐代土地制度的研究[1]。继中国社科院历史所天圣令整理课题组于2006年出版《天一阁藏明钞本天圣令校证：附唐令复原研究》后，学界对《天圣令》的整体研究转向译注层面[2]。笔者作为中国社科院历史所《天圣令》读书班的一员，曾先后参与负责《仓库令》《厩牧令》《捕亡令》《田令》的部分译注工作。在重新整理《田令》时，发现唐41、45条出现“杂子”一词不见载于唐代传世文献，属于首次出现，限于译注稿篇幅未能详细展开研究，特撰此文专门探讨杂子问题。

以往对唐代粮食作物的研究主要着眼于粟、麦、稻、豆等，但对杂子类作

*本文系教育部人文社会科学研究青年基金项目“唐宋时期的毒药问题研究”（项目编号：18YJC770011）、山西省高等学校哲学社会科学研究项目“古代山西壁画中饮食资料的调查与研究”（项目编号：2019W056）阶段性成果。

[1]参见杨际平：《〈唐令·田令〉的完整复原与今后均田制的研究》，《中国史研究》2002年第2期。继宋家钰《田令》复原研究之后，耿元骊对唐宋土地制度的研究较前人有较大推进，见氏著《唐宋土地制度与政策演变研究》，北京：商务印书馆，2012年。

[2]关于《天圣令》的译注，目前已有的成果主要是两部：韩国学者金铎敏、河元洙主编的《天圣令译注》（首尔：慧眼出版社，2013年）以及中国台湾学者高明士主编的《天圣令译注》（台北：元照出版公司，2017年）。单篇译注主要是日本学者渡边信一郎的三篇：《北宋天聖令による唐開元二十五年賦役令の復原並びに注釈（未定稿）》，《京都府立大学学术报告——人文·社会》2005年第57期；《北宋天聖令による唐開元二十五年令田令の復原並びに訳注》，《京都府立大学学术报告——人文·社会》2006年第58期；《天聖令倉庫令訳注初稿》，《唐宋变革研究通讯》2010年第1期。中国大陆方面，中国社科院历史所《天圣令》读书班每年也逐篇发表译注成果，目前为止已刊载《赋役令》《仓库令》《厩牧令》《关市令》《捕亡令》《医疾令》《假宁令》《田令》《狱官令》《营缮令》等篇，见《中国古代法律文献研究》第6—12辑，北京：社会科学文献出版社，2012—2018年。

物关照不足[1]。《天圣令·田令》的发现告诉我们杂子在唐代也非常重要。杂子问题的解决，不但有助于我们深入理解唐代对屯田所获农作物的运输、贮纳、仓库管理的细节问题，而且有助于从农业社会史的视野来深入认知屯田劳动者或普通唐人的饮食结构。

一、前　言

先引《天圣令·田令》记载“杂子”的两条唐令如下：

唐41条：“诸屯每年所收杂子，杂用之外，皆即随便贮纳。去京近者，送纳司农。三百里外者，纳随近州县。若行水路之处，亦纳司农。其送输斛斗及仓司领纳之数，并依限各申所司。”[2]

唐45条：“诸屯纳杂子无稿之处，应须籧篨及供窖调度，并于营田丁内，随近有处，采取造充。”[3]

据《天圣令》文本格式，这两条令文是唐令原文无疑，尤其是令文内容不见载于传世文献，“杂子”作为唐代新史料中的新名词首次出现。

“杂子”在唐代传世文献中虽不见载，但在宋代文献中却较常见。如《续资治通鉴长编》载：“凡租税有谷、帛、金铁、物产四类。谷之品七：一曰粟，二曰稻，三曰麦，四曰黍，五曰稌，六曰菽，七曰杂子。”[4]《宋史·食货志》记载与此大致相同：“谷之品七：一曰粟，二曰稻，三曰麦，四曰黍，五曰穄，六曰菽，七曰杂子。”[5]《宋会要辑稿》对“杂子”有详细注解：“谷之品有七：曰粟，曰稻，曰麦，曰黍，曰穄，曰菽，曰杂子……杂子之品九：曰芝麻子、床子、稗子、黄麻子、苏子、苜蓿子、菜子、荏子、草子。”[6]《文献通考》杂子之品九：“曰脂麻床子、稗子、黄麻子、苏子、苜蓿子、莱子、

[1] 如王赛时《唐代饮食》中按照麦面食品和米类食品分类，主要涉及麦、稻、粟、黍、胡麻等作物。济南：齐鲁书社，2003年，第1—22页。黄正建在《唐代衣食住行》讲唐代的主食主要有粟、麦、稻等三种食用谷物。北京：中华书局，2013年，第78—82页。

[2][3] 天一阁博物馆、中国社会科学院历史研究所天圣令整理课题组校证：《天一阁藏明钞本天圣令校证：附唐令复原研究》（以下简称《天圣令校证》）下册清本，北京：中华书局，2006年，第389页。

[4]（宋）李焘：《续资治通鉴长编》卷四二，至道三年十二月条，北京：中华书局，2004年，第901、902页。据下文“稌”为“穄”之误。

[5]（元）脱脱：《宋史》卷一七四《食货志上二》，北京：中华书局，1977年，第4202页。

[6]（清）徐松辑：《宋会要辑稿·食货七〇·赋税杂录》，上海古籍出版社，2014年，第8099页。

荏子、草子。”[1]

唐代杂子所囊括种类是否与宋代此九类完全相同并不能十分确定。韩国学者将杂子释为“各种谷物”[2]，但麦、稻等也是谷类，此说不确。台湾学者认为是“谷类的一种”[3]，表达较为含糊，缺乏对杂子的深入剖析。在译注稿中我的观点是“各种子类粮食作物”[4]，目前看来也不够准确，本文将对此予以完善。

鉴于唐宋时期对农作物认知的差异性不是很大，唐代又确实存在杂子，因此本文对杂子的考据方法有二：第一，以宋代杂子种类作为考证参照；第二，利用唐代文献考证其存在的可能性和合理性。

二、唐代“杂子”种类考

（一）芝麻

又作脂麻，又名胡麻。杨希义在《胡麻考》一文中认为宋代以前芝麻被称为胡麻，宋代以后才逐渐通称芝麻[5]。笔者赞成此说。

汉至唐，胡麻主要有两种食用方式：第一，做胡麻饼。东汉《释名》载：“胡饼作之，大漫沍也，亦言以胡麻著上也。”[6]东汉胡饼称法的来源之一就是因在饼上加胡麻。唐代胡饼更是非常流行，兹不赘述[7]。第二，白色胡麻子（即白油麻）榨的油是唐人的食用油之一。唐人孟诜的《食疗本草》载：“（白油麻）其油：冷，常食所用也。”[8]此外胡麻也是道家养生或修仙服食之物[9]。

《天圣令·仓库令》所附唐令也载有胡麻，唐4条载：“诸仓出给，杂种准

[1]（宋）马端临：《文献通考》卷四《田赋考》，北京：中华书局，2011年版，第96页。此处的“脂麻床子”，据《宋会要辑稿》和文义九类之分当为两种，应为脂麻、床子，或可在脂麻后补“子”字。“莱子”据《宋会要辑稿》当为“菜子”。

[2]［韩］金铎敏、河元洙主编：《天圣令译注》，第93页。

[3] 高明士主编：《天圣令译注》，第68页。

[4] 中国社会科学院历史研究所《天圣令》读书班：《〈天圣令·田令〉译注稿》，载《中国古代法律文献研究》第十一辑，北京：社会科学文献出版社，2017年，第308页。

[5] 杨希义：《胡麻考》，《中国农史》1995年第1期，第97页。

[6]（东汉）刘熙：《释名疏证补》卷四《释饮食》，北京：中华书局，2008年，第135页。

[7] 黄正建：《唐代衣食住行》，北京：中华书局，2003年，第83—84页。

[8]（唐）孟诜：《食疗本草译注》卷下，上海古籍出版社，2007年，第164页。

[9] 杨宏：《道教胡麻饭考》，《中国文化研究》2010年第2期，第179—182页。

粟者，稻谷、糯谷一斗五升，大麦一斗二升，乔麦一斗四升，小豆九升，胡麻八升，各当粟一斗。黍谷、穈谷、秫谷、麦饭、小麦、青稞麦、大豆、麻子一斗，各当粟一斗。”[1]可见胡麻属于法令中的称法。因此唐代杂子中包括胡麻。

（二）黄麻

宋代杂子中有黄麻子。南宋郑樵在《通志》中说：“今医家认黄麻子作胡麻，用其子极苦，能杀人毒鼠，此岂可服食哉。”[2]郑樵所谓黄麻子类似毒药，定非谷物类之黄麻子，当是同名异物。

唐末的敦煌文书中有“黄麻”，高启安认为黄麻就是胡麻[3]。我认为黄麻是麻子。《本草纲目》便说“麻子”的俗名是“黄麻”[4]。麻子为中国本土谷物，《诗·豳风》载：“九月叔苴”，毛传曰：“叔，拾也。苴，麻子也。”[5]北齐的农书《齐民要术》，明代的医书《本草纲目》都将芝麻（胡麻）和麻子并举，二者不同。又如《备急千金方》提到的麻也主要是这两种，“凡丸药有云如细麻大者，即胡麻也……如麻子者，即今大麻子，准三细麻也。”[6]《通志》也载：“麻子者，大麻子也。脂麻为胡麻，此为汉麻。脂麻为细麻，此为大麻。”[7]《千金翼方》分别记载胡麻和麻子，且都归入米谷部，并说麻子“味甘平，无毒……久服肥健，不老神仙”[8]。《唐新修本草》记载与此大体相同。可见麻子可以长期服食。《北史》载柔然可汗阿那瓌投降北魏后因“草创，先无储积，请给朔州麻子干饭二千斛，官驼运送”[9]。从干饭来看，或许可以干吃，或许仅需简单蒸、煮即可食用。吐鲁番文书《高昌传供酒食帐》中有“麻子饭五斗”[10]。

吐鲁番文书中还有花钱买麻子、胡麻子的记录。如编者认为是麹氏高昌延寿二年（625年）、三年的《高昌乙酉、丙戌岁某寺条列月用斛斗帐历》载：

[1]《天圣令校证》下册清本，第396页。渡边信一郎认为“杂子”等同于“杂种”。笔者已在《〈天圣令·田令〉译注稿》中纠正此说，见第309页。

[2][7]（宋）郑樵：《通志二十略·昆虫草木略》，北京：中华书局，1995年，第2010页。

[3]高启安：《唐五代敦煌饮食文化研究》，北京：民族出版社，2004年，第30页。

[4]（明）李时珍：《本草纲目》卷二二，北京：华夏出版社，2011年，第975页。

[5]（东汉）郑玄笺，（唐）孔颖达疏：《毛诗注疏》卷八，上海古籍出版社，2013年，第720页。

[6]（唐）孙思邈：《备急千金要方校释》卷一，北京：人民卫生出版社，2014年，第26页。

[8]（唐）《千金翼方校释》卷四，北京：人民卫生出版社，2014年，第115页。

[9]（唐）李延寿：《北史》卷九八《蠕蠕列传》，北京：中华书局，1974年，第3262页。

[10]唐长孺主编：《吐鲁番出土文书（一）》，北京：文物出版社，1992年，第368页。

10 ＿＿＿＿＿＿＿伍㪷，得钱拾文，买胡麻子伍㪷，供佛明。

17 肆兜，得钱壹文，买麻子。

25 抄麦。麦陆兜，买麻子。[1]

唐代的吐鲁番文书还透露出麻子的现时价格，虽然不知明细。如《唐显庆四年（659）麻子准小麦时价牒》载：“＿＿＿＿麻子伍硕价小□□硕。”[2]下文中还会出现敦煌文书中对麻子的记载，兹不赘引。由此可见，麻子在唐代非常流行。结合上文引《仓库令》唐4条中有“麻子”以及下文的相关记载，我认为唐代杂子中包括麻子。

（三）床

宋代杂子中有床子，但唐代文献中较多常见者是“床”，无“子”字。从时间和字义上解释，我认为唐初释玄应所撰的佛典音义书《众经音义》的记载较为合理。书中《大般涅槃经》载有“床”字，释玄应解释为：“字体作糜、穈二形，同。忙皮反。禾稔也。关西谓之床，冀州谓之穄。”[3]释玄应所谓关西、冀州有不同称法的来源可能是东汉人高诱对《吕氏春秋》的注文。《吕氏春秋》载：“饭之美者：玄山之禾，不周之粟，阳山之穄，南海之秬。”高诱注曰：“穄，关西谓之穈，冀州谓之䵋。”[4]二者之差别，可能在于汉人、唐人发音或习惯用字的差异，但糜与穄相同，却是共同认识。唐代的床即穄、糜、穈[5]。《唐新修本草》的作者苏敬等认为穄与稷为一物，“本草有稷，不载穄，稷即穄也。今楚人谓之稷，关中谓之糜，呼其米为黄米”[6]。《本草纲目》引唐开元时人陈藏器《本草拾遗》云：“稷、穄为一物也，塞北最多。”[7]但李根蟠、吴舒致认为稷不是穄[8]。韩茂莉认为稷与粟是同物异名[9]。

[1] 唐长孺主编：《吐鲁番出土文书（一）》，第400、401页。

[2] 唐长孺主编：《吐鲁番出土文书（三）》，北京：文物出版社，1996年，第475页。

[3]（唐）释玄应撰，黄仁瑄校注：《大唐众经音义校注》卷二，北京：中华书局，2018年，第88页。

[4] 许维遹：《吕氏春秋集释》卷一四，北京：中华书局，2009年，第319页。

[5] 详可参看苏金花《敦煌吐鲁番文书所见粮食作物“床”名实辨析》，《中国经济史研究》2017年第6期，第160—167页。

[6]（唐）苏敬等：《唐新修本草》卷一九，合肥：安徽科学技术出版社，2004年，第285页。

[7]《本草纲目》卷二三，第994页。

[8] 李根蟠、吴舒致：《古籍中的稷是粟非穄的确证》，《中国农业科学》2000年第5期，第78—85页。

[9] 韩茂莉：《粟稷同物异名探源》，《中国农史》2013年第4期，第118页—121页。

据吐鲁番文书，唐代又有床粟与床的区别。如在《高昌乙酉、丙戌岁某寺条列月用斛斗帐历》同一件文书中就同时记载这两种谷物。

6 ▭ 沙弥壹人，食麦伍斛陆昇半，床粟拾斛肆兜肆昇。

17 肆兜，得钱壹文，买麻子。床伍兜，用作羹。尽供腊日用。

23 兜肆昇，作人贰，食床粟▭

25 抄麦。麦陆兜，买麻子。床壹斛（略）[1]

可见二者或有所差异。上文所引《仓库令》唐4条中的“穈谷”我认为很可能是床粟。

床也是唐代河西地区营田所种的主要农作物之一。中国国家博物馆藏敦煌文书《唐年代未详（八世纪中期）河西支度营田使户口给谷簿计会（？）》所载为河西支度营田使以家庭为单位给营田百姓派发谷物的记录。仅引一户为例：“户骆元俊 卌一 妻张 卅六 计壹拾叁硕（小麦肆硕 青麦叁硕 豆叁硕 粟壹硕 床壹硕捌㪷 麻子贰㪷）”[2]据此文书，营田主要的谷物有六种：小麦、青麦、豆、粟、床、麻子。还据《高昌乙酉、丙戌岁某寺条列月用斛斗帐历》床与麻子常并列。故而唐代杂子中当有床。

（四）稗子

《汉语大词典》解释稗子为：“一年生草本植物。叶子像稻，叶鞘无毛。实如黍米，可食，或作饲料。杂生稻田中，有害稻子生长。亦指这种植物的果实。”[3]稗子，就是稗的种子。

稗，《齐民要术》引西汉《氾胜之书》载：“稗，既堪水旱，种无不熟之时。又特滋茂盛，易生。芜秽良田，亩得二三十斛。宜种之以备凶年……稗中有米。熟时，捣取米炊食之，不减粱米。又可酿作酒。”稗中米即稗子。贾思勰注云：“酒势美酽，尤逾黍秫。魏武使典农种之，顷收二千斛，斛得米三四斗。大俭，可磨食之。若值丰年，可以饭牛、马、猪、羊。”[4]陶弘景在《本草

[1] 唐长孺主编：《吐鲁番出土文书（一）》，第400、401页。

[2] 唐耕耦、陆宏基编：《敦煌社会经济文献真迹释录》第一辑，北京：书目文献出版社，1986年，第479页。

[3] 罗竹风主编：《汉语大词典》第八卷，北京：汉语大词典出版社，1991年，第11257页。

[4]（北魏）贾思勰撰，石声汉校释：《齐名要术今释》卷一，北京：中华书局，2009年，第70页。

经集注》中说：“稗亦可食。”[1]据此，稗是生命力旺盛的杂草，其子可食用，但口感较差，没有粮食吃的时候才吃稗子。在粮食充足的情况下，稗草、稗子有时当饲料用，《酉阳杂俎》载唐代“瓜州饲马以蕡草……蜀以稗草”[2]即为此例。

因为稗子难吃，在佛经劝化之语中将稗子反喻为第一美食。唐代的《法苑珠林》引东晋翻译的《中阿含经》说：“人寿十岁时，有谷名稗子，为第一美食。”[3]在北宋靖康之难后“陷于金虏者，帝子王孙，宦门仕族之家，尽没为奴婢，使供作务。每人一月支稗子五斗，令自舂为米，得一斗八升，用为糇粮。”[4]稗子可吃但难吃，由此可见被虏之人境遇之惨。

目前文献中保存唐人吃稗子的具体事例较少，但是唐代之前数百年以来的人们认为稗子可食，宋人也认为稗子可食，那么唐人也应该会食用稗子。因而，唐代杂子中包含稗子的可能性非常大。

（五）荏子

荏子主要有两种食用方法：第一，榨油，做汤面时加入；第二，熬粥。《齐民要术》中不仅记载荏的种植方法，而且还载有荏子的食用方法：“收（荏）子压取油，可以煮饼。（荏油色绿可爱，其气香美；煮饼亚胡麻油，而胜麻子脂膏）……研为羹臛，美于麻子远矣。”[5]荏子的味道要比麻子好。荏子的另外一个特点是种植容易，“荏性甚易生……荏则随宜，园畔漫掷，便岁岁自生矣”[6]。荏子当不是稀奇谷物。此外，《唐新修本草》载荏“其子研之，杂米作糜，甚肥美”[7]。可见从北魏、梁以来一直存在荏子熬粥的吃法。唐人孟诜则从食疗的角度，给出荏子的吃法。《食疗本草》载荏子：“压作油用，亦少破气，多食发心闷。温。补中益气，通血脉，填精髓。可蒸令熟，烈日干之，当口开。舂取米食之，亦可休粮。生食，止渴、润肺。”[8]综上，我认为唐代杂子中包含有荏子。

---

[1]（梁）陶弘景：《本草经集注》卷七，北京：人民卫生出版社，1994年，第513页。

[2]（唐）段成式：《酉阳杂俎》前集卷一六，上海古籍出版社，2012年，第97页。

[3]（唐）释道世：《法苑珠林》卷一，北京：中华书局，2003年，第9页。

[4]（宋）洪迈：《容斋随笔·容斋三笔》卷三，北京：中华书局，2005年，第452、453页。

[5][6]《齐民要术今释》卷三，第267页。

[7]《唐新修本草》卷一八，第268页。

[8]《食疗本草译注》卷下，第207页。

（六）苏子

《本草纲目》引唐代甄权的《药性论》说苏子“研汁煮粥长食，令人肥白身香”[1]。可见苏子的吃法也是熬粥，而且可以长食。英藏敦煌文书S.6233Ⅳ《付诸色斛斗入破历算会残卷》载有一些粮食支出的记录，除粟、麦、豆、麻子外，还有“付黑女蘇壹升，折麦贰㪷”[2]。黑女是人名，“蘇”即“苏”。如果是苏草的话，量词应为“束”“把”等，而这里是“升”，且与粟、麦等粮食并列，我认为这里的苏就是苏子。唐耕耦等将此件文书时间界定为九世纪前期。可能是同时期的英藏敦煌文书S.5927Ⅴ《某寺诸色斛斗破历》也载“面壹硕陆㪷、油柒胜、粟两硕壹㪷、蘇壹胜帖”[3]。这里的苏，也应该是苏子。另外，法藏敦煌文书P.3745《三月廿八日荣小食纳付油面柴食饭等数》中有“蘇米”的记载，高启安未能确定是哪种粮食[4]，我认为是苏子的可能性较大。据上文，苏子不只流行于敦煌地区，中原也该较为常见。所以，苏子是杂子的可能性也较大。

（七）苜蓿子

《史记·大宛列传》记载从张骞“凿空”后，汉使从大宛带回苜蓿种子，从此其开始在内地种植。《齐民要术》载苜蓿种子及苜蓿的食用方法为“一年三刈；留子者，一刈则止。春初既中生啖，为羹甚香；长宜饲马，马尤嗜此物。长生，种者一劳永逸。都邑负郭，所宜种之”[5]。因此苜蓿不仅好种植，而且在嫩苗时可供人吃，长大后可以喂马。《食疗本草》载有吃苜蓿的好处和吃法：“少食好，多食当冷气入筋中，即瘦人。亦能轻身健人，更无诸益……又，安中，利五藏，煮和酱食之。作羹亦得。”[6]唐玄宗时的薛令之有诗云：“朝旭上团团，照见先生盘。盘中何所有？苜蓿长阑干。饭涩匙难绾，羹稀筋易宽。”[7]可见苜蓿也是盘中餐，虽然对薛令之来说这是难吃的劣等食物。

[1]《本草纲目》卷一四，第639页。

[2]唐耕耦、陆宏基编：《敦煌社会经济文献真迹释录》第三辑，北京：全国图书馆文献缩微复制中心，1990年，第174页。

[3]唐耕耦、陆宏基编：《敦煌社会经济文献真迹释录》第三辑，第306页。

[4]高启安：《唐五代敦煌饮食文化研究》，第24、25页。

[5]《齐民要术今释》卷三，第279页。

[6]《食疗本草译注》卷下，第208页。

[7]（五代）王定保撰，黄寿成点校：《唐摭言》卷一五，西安：三秦出版社，2011年，第226页。

唐代有监马和驿马的地方也要种植苜蓿，可能主要是用来喂马。开元初年，王毛仲任辅国大将军，检校内外闲厩，知监牧使。《新唐书·王毛仲传》载：“初监马二十四万，后乃至四十三万，牛羊皆数倍。莳茼麦、苜蓿千九百顷以御冬。”[1]《新唐书·百官志》载：“凡驿马，给地四顷，莳以苜蓿。”[2]

《唐六典》还记载屯田时根据所种作物不同，所需的役力时间分配：“诸屯分田役力，各有程数。（凡营稻一顷，料单功九百四十八日；禾，二百八十三日；大豆，一百九十二日；小豆，一百九十六日；乌麻，一百九十一日；麻，四百八十九日；床黍，二百八十日；麦，一百七十七日；乔麦，一百六十日；蓝，五百七十日；蒜，七百二十日；葱，一千一百五十六日；瓜，八百一十八日；蔓青，七百一十八日；苜蓿，二百二十八日。）”[3]再结合《天圣令·田令》唐41条“诸屯每年所收杂子”云云，其主体单位是“屯”。两相对照，《唐六典》此条可印证上文考证之正确，其中乌麻即黑芝麻、胡麻，属杂子；麻，是麻子，属杂子。苜蓿的种子，即苜蓿子，也应该属于杂子，收种子是为种植。

（八）菜子

菜子即蔬菜种子。吐鲁番文书《唐天宝二年（743）交河郡市估案》中就载有“菜子行”即卖菜的商铺，可为本部分的考证提供方向。文书部分内容如下：

> 菜子行
> 蔓菁子壹胜　上直钱贰拾文　次拾陆文　下拾伍文
> 萝卜子壹胜　直钱贰拾贰文　次贰拾文　下拾捌文
> 葱（葱）子壹胜　上直钱肆拾贰文 次肆拾文 下参拾伍文[4]

紧接着还有韮（韭）子、荏子、兰香（？）子的名目，但较残，此不赘引。

据此，唐代的菜子至少包含有蔓菁子、萝卜子、葱子、韮子、荏子、兰香子等六类。再结合上文所引《唐六典》对屯田作物蓝、蒜、葱、瓜、蔓青的记载。两相对照，可初步判断：唐代的杂子中有蔓菁子、葱子当无疑。萝卜子、

---

[1]（宋）欧阳修、宋祁：《新唐书》卷一二一《王毛仲传》，北京：中华书局，1975年，第4335页。

[2]《新唐书》卷四六《百官志一》，第1198页。详可参看孙启忠等：《隋唐五代时期苜蓿栽培利用刍考》，《草业学报》2018年第9期，第183—193页。

[3]（唐）李林甫等：《唐六典》卷七，北京：中华书局，1992年，第222、223页。

[4]［日］池田温：《中国古代籍帐研究》，龚泽铣译，北京：中华书局，2007年，第309页。

蒜子、韭子、蓝、瓜子、兰香子等为菜子的可能性也很大。我认为这些菜子不是直接食用的，而是作为种子来种植的。如英藏敦煌文书S.5927V《某寺诸色斛斗入破历算会残卷》载："菜子柒胜，（戌年春种菜用）。"[1]为更好理解杂子在饮食层面的问题，下面就对这些菜的食用性方面做一些探讨。

1.蔓菁子

蔓菁的吃法有三种：第一，叶子做干菜或酸菜、腌菜；第二，种子磨粉吃；第三，根晒干或蒸着吃。如《齐民要术》载："其叶，作菹者，料理如常法。拟作干菜及蘸菹者，割讫，则寻手择治而辫之，勿待萎。"[2]《食疗本草》载蔓菁子"九蒸九暴，捣为粉，服之长生"[3]。《唐新修本草》载蔓菁又叫芜菁，"可长食之……芜菁，北人又名蔓菁"。芜菁根可蒸着吃或者腌菜，"芜菁根乃细于温菘，而叶似菘，好食……俗人蒸其根及作菹，皆好，但小熏臭耳"[4]。唐末成书的《四时纂要》记载六月收蔓菁根"干晒，可备凶年矣"[5]。

2.葱子

葱子，主要是用来种葱，而非直接食用。《齐民要术》记载用葱子种葱的注意事项，"收葱子，必薄布阴干，勿令浥郁……一亩用子四五升。炒谷拌和之。（葱子性涩，不以谷和，下不均调；不炒谷，则草秽生。）"[6]《食疗本草》记载吃葱的宜忌："冬葱最善，宜冬月食，宜多。只可和五味用之。"[7]

3.萝卜子

《唐六典》所载的屯田或营田粮食作物并非全部，如《通典》还载营田时会种萝卜，"诸营田若五十顷外更有地剩配丁牛者，所收斛斗皆准顷亩折除。其大麦、荞麦、干萝卜等，准粟计折斛斗，以定等级"[8]。唐前期营田的含义比屯田广泛，且营田包括屯田[9]。宋家钰依据《天圣令·田令》进行唐开元田

[1]唐耕耦、陆宏基编：《敦煌社会经济文献真迹释录》第三辑，第306页。

[2]《齐民要术今释》卷三，第226页。

[3]《食疗本草译注》卷下，第197页。

[4]《唐新修本草》卷一八，第266、267页。

[5]（唐）韩鄂撰，缪启愉校释：《四时纂要校释》卷三，北京：农业出版社，1981年，第152页。

[6]《齐民要术今释》卷三，第242页。

[7]《食疗本草译注》卷下，第211页。

[8]（唐）杜佑撰，王文锦等点校：《通典》卷二《食货典二》，北京：中华书局，1988年，第44页。

[9]杨际平：《唐五代"屯田"与"营田"的关系辨析》，《汕头大学学报》1999年第5期，第89页。

令复原研究时，就将《通典》此条补为唐令，笔者赞成此说。因此萝卜子也是杂子。

4.红蓝子

唐代屯田要种“蓝”当无疑问。敦煌文书中提到农作物有“红蓝”“洪蓝”“蓝”。王克孝认为三者为一物，即红蓝花[1]。高启安赞成此说[2]。《齐民要术》中将红蓝花与蓝分开叙述，可见二者并不能直接画等号。我认为唐代屯田中有红蓝花的可能性更大。虽然有专名“蓝”的这样一种作物，但在屯田时，蓝是作为红蓝花的简称。

《齐民要术》中说种蓝主要是为制作成“蓝淀”，即蓝色染料[3]。放到屯田的环境中，红蓝花比蓝就更实用。红蓝花的主要用法是制作胭脂、香泽、面脂、唇脂、手药、香粉等[4]。红蓝花的种子可以榨油，“既任车脂，亦堪为烛”[5]，即可以做车的润滑油和照明。高启安补充说还可以食用与做壁画的调和原料。法国学者童丕认为敦煌文书中的“红蓝”是指“用于榨油前的种子”。红蓝花籽油不仅“有助于饮食消化”，而且“质量好、产量少”，大概限于高层阶级人使用[6]。可见红蓝有多种用途。因此，刘进宝认为红蓝还是经济作物，比种植粮食收益更大[7]。《齐民要术》还载红蓝花的种子五月熟后，要“拔曝令干，打取之”[8]。那就与《田令》中所说“贮纳”之义相符，而蓝不需要储存。所以，我认为红蓝子属于唐代杂子。

5.兰香子

兰香，又名罗勒。《齐民要术》载：“（兰香者，罗勒也。中国为石勒讳，故改；今人因以名焉）……作菹及干者，九月收。作干者：大晴时，薄地刈取，布地曝之。”[9]《食疗本草》载：罗勒“调中消食，去恶气，消水气，宜

[1] 王克孝：《Дx·2168号写本初探——以“蓝”的考证为主》，《敦煌学辑刊》1993年第2期，第24—30页转第15页。

[2] 高启安：《唐五代敦煌饮食文化研究》，第31页。

[3]《齐民要术今释》卷五，第477页。

[4]《齐民要术今释》卷五，第463—469页。

[5][8]《齐民要术今释》卷五，第462页。

[6]［法］童丕：《据敦煌写本谈红蓝花——植物的使用》，收入胡素馨编《佛教物质文化：寺院财富与世俗供养国际学术研讨会论文集》，上海书画出版社，2003年，第262页。

[7] 刘进宝：《唐五代敦煌种植“红蓝”研究》，《中华文史论丛》2006年第3期，第267页。

[9]《齐民要术今释》卷三，第263、264页。

生食……北人呼为‘兰香’，为石勒讳也”[1]。《四时纂要》载：兰香“此月连雨中拔栽，九月收作菹”[2]。因此兰香可以做酸菜或腌菜，也可以晒干磨粉吃。兰香子是杂子的可能性也很大。

6.韭子

韭子是韭菜种子。韭菜在唐代为人所常食[3]。《齐民要术》载有种韭菜的详细方法。韭子可以从市场上买到，“若市上买韭子，宜试之”[4]。既然有市场，就证明当时有一定的需求。《食疗本草》载韭菜不仅可以煮着吃，“可煮，长服之”，还可以腌着吃“亦可作菹”，而且对韭菜的评价很高，“若值时馑之年，可与米同功。种之一亩，可供十口食”[5]。《四时纂要》载吃韭花的方法与现在类似，“（八月）收韭花，以备酱醋所用”[6]。还载：“备冬藏，凡藏蔓菁、荏、韭薤，脆美而不耐停。”[7]韭子也很可能是杂子。蒜和瓜子能否归为杂子不好确定。

（九）草子

草子，即草本植物的种子。法藏敦煌文书中有好几件疑似写于吐蕃巳年（789）沙州仓曹的会计牒，其中记录了多例“草子”。如P.2763Va号文书载“肆拾叁硕玖斗肆升肆合叁勺草子”；P.2763Vb号文书载“肆拾叁硕玖斗肆胜肆合叁勺草子”；P.2654号文书载“壹阡柒拾捌硕肆斗肆胜肆合贰勺草子”；高启安认为草子是沙米[8]。通过这一千多硕（石），可见沙州草子储量之大。但沙米主要产于河西走廊一带，能否视为杂子，尚难确定。

唐代传世文献也有“草子”一词，如《酉阳杂俎》载阿萨部的风俗“米及草子，酿于肉汁之中，经数日，即变成酒，饮之可醉”[9]。但不知草子具体包括哪些。南宋的《尔雅翼》载有三种能吃的草子，“狼尾草子，作黍食之，令人不饥……又有蒯草子，亦堪食，如秔米。又蓬草子作饭，无异秔米，俭年

[1]《食疗本草译注》卷下，第195页。

[2]《四时纂要校释》卷三，第153页。

[3]徐海荣主编：《中国饮食史》卷三，杭州出版社，2014年，第41、291页。

[4]《齐民要术今释》卷三，第246页。

[5]《食疗本草译注》卷下，第212页。

[6]《四时纂要校释》卷四，第205页。

[7]《四时纂要校释》卷四，第212页。

[8]高启安：《唐五代敦煌饮食文化研究》，第42—44页。敦煌文书录文引于第42页。

[9]《酉阳杂俎》前集卷四，第26页。

食之。此皆五谷之外，可以接粮者”[1]。此三种草子也被唐人陈藏器的《本草拾遗》所记录，狼尾草“子作黍，食之，令人不饥……今人呼为狼茅子”；蒯草子“亦堪食，如秔米，苗似茂”；蓬草子“作饭食之，无异秔米，俭年食之也”[2]。因此，我认为狼茅子、蒯草子、蓬草子是唐代杂子的可能性也很大。

三、结　论

通过上文考证，笔者认为唐代“杂子”的概念是与主粮粟、稻、麦等对应，可以作为杂粮食用或用来种植的子类作物。根据现有材料所做考证，可进一步明晰其种类可分两个层次：第一，极可能包括者有胡麻、麻子、床、荏子、苜蓿子、蔓菁子、葱子、萝卜子、红蓝子；第二，很有可能包括但不确定者有稗子、苏子、兰香子、韭子、狼茅子、蒯草子、蓬草子。当然，以上这些可能并非唐代杂子的全部。据此，又可将杂子细分为谷子类、菜子类、草子类，如下表：

谷子类	胡麻	麻子	荏子	稗子	苏子	床	
菜子类	苜蓿子	蔓菁子	葱子	萝卜子	红蓝子	兰香子	韭子
草子类	狼茅子	蒯草子	蓬草子				

当发现一条重要的新史料时，我们不能粗放式地仅摘取其最表面的文字含义，而应该通过文本细读，尽可能挖掘其所能提供的有效信息，从而提出和解决新的问题。对杂子问题的解答，不单是考证其为何，而且有助于我们深入理解《天圣令·田令》唐41、45条背后所体现的唐人饮食方式与官方制度设计。

第一，知道杂子是什么，就知道令文中“杂用”具体为何。如谷子类和草子类的可以做饭、做粥，部分可榨油。菜子类主要用来通过种植来培育蔬菜。蔬菜的吃法一般有三种：做酸菜或腌菜，生吃，晒干吃。还有如稗子、苜蓿等可做马料。这些有助于我们深入思考当时屯田劳作之人的饮食结构、饮食方式等农业社会史层面的问题。

第二，不能小觑杂子的重要性。因为本条令文揭示出唐政府对杂子运输、贮纳的重视。诚如台湾学者所说：“唐代对于屯田的生产谷物的输送，是按照

[1]（宋）罗愿撰，石云孙点校：《尔雅翼》卷八，合肥：黄山书社，1991年，第91页。

[2]（唐）陈藏器撰，尚志钧辑释：《〈本草拾遗〉辑释》卷七，合肥：安徽科学技术出版社，2002年，第315、316、319页。

地理远近分别收纳于京城仓司与就近州县，足见唐廷十分重视谷物的输送与收纳。”[1]通过本文的解读，这种对笼统谷物的表达就可以聚焦在杂子上。

第三，对杂子的重视还体现在唐45条对杂子储藏细节上，单独设计一条令文来规定此事，必不为小事。

第四，以往在探讨唐代仓廪问题时粟、稻、麦等主要粮食作物被给予了很多的重视，当然这些都是最重要的粮食，无可厚非，但却不全面。这两条新史料提示我们唐政府对杂子的贮藏也同样重视，由此可见其在唐人饮食中的重要地位。

（作者单位：山西师范大学历史与旅游文化学院）

A Study on "Zazi"（杂子）in the *Laws on the Land of Tiansheng Statutes*（《天圣令·田令》）

Fu Ting　Huo Bin

[Abstract] The word "Zazi" in the *Laws on the Land of Tian Sheng Statutes* was a new term in the new historical materials, which was not found in the documents in the Tang Dynasty. Corresponded to the millet, rice and wheat of the main grain, Zazi could be used as miscellaneous grain or seed crops for cultivation in the Tang Dynasty. Zazi mainly included flax, Mazi (sesame seeds), Mi, barnyard millet, Renzi, perilla seeds, alfalfa seeds, turnip seeds, Chinese chive seeds, Green Chinese onion seeds and so on. The variety of Zazi reflected the diverse dietary structure and patterns of the people in the Tang Dynasty. Two legal terms were specially designed in the laws for the transportation, collection and storage of Zazi, which was a clear evidence that the government knew the importance of "Zazi".

[1] 高明士主编：《天圣令译注》，第68页。

《新唐书·宗室世系表》新补续

刘思怡

对于唐代宗室世系表的补遗纠谬工作，目前学界已发表多篇文章[1]。继上篇《〈新唐书·宗室世系表〉新补》（以下简称“新补”）之后[2]，笔者在整理唐代宗室墓志的过程中，又发现九条缺载的宗室世系，兹列于后，以黑体字识之。

一、蔡王房

新表“蔡王房”（第1960、1961页），载蔡王世系“安”六子中，“琛”之子“俭”下缺载。

《维大唐会昌四年岁次甲子闰七月壬子朔廿八日己卯承议郎前行河南府河南县主簿裴賓为亡妻李氏（环）作墓志铭》[3]云：“夫人陇西成纪人，讳环，字比德。八代祖琛，武德初为刑部侍郎，蒲、绛大总管、襄武郡王。自王以降，

[1] 关于《新唐书·宗室世系表》的补遗纠谬工作，目前发表的文章有：胡可先：《〈新唐书·宗室世系表〉补正》，《徐州师范大学学报（哲社版）》1998年第3期；潘明福：《〈新唐书·宗室世系表〉匡补》，《贵州大学学报（社科版）》2005年第1期，第95—102页；陈于全：《〈新唐书·宗室世系表〉“蔡王房”补考》，《中国典籍与文化》2010年总第75期，第132—135页；张琛、勾利军：《〈新唐书·宗室世系表〉校补》（以下简称琛文），《北方文物》2012年2期，第70—72页；李轶伦：《〈新唐书·宗室〉〈宰相世系表〉校误》，《古典文献研究》2016年第18辑下卷，第257—266页；周鼎：《〈新唐书·宗室世系表〉考补——以新出碑志为中心》，《中华历史与传统文化论丛》（以下简称鼎文）2018年第4辑，第98—119页。本文所用（宋）欧阳修、宋祁：《新唐书》，北京：中华书局，1975年。为行文方便，以下《新唐书·宗室世系表》略称新表。

[2] 见《唐史论丛》第二十一辑，西安：三秦出版社，2015年，第186—195页。

[3] 齐运通、杨建锋：《洛阳新获墓志二〇一五》，北京：中华书局，2015年，第325页。

至于高祖捷，既非旷寮，皆有令德。曾祖岱，皇郓州录事参军。大父昭明，润州丹徒县主簿。父练，……开成中，为检校屯田员外郎，京兆府昭应县令。（后略）”

据此墓志则可补“俭”二代后世系：

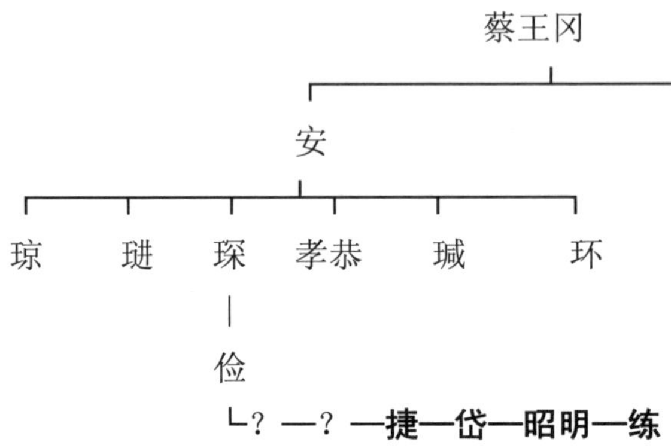

二、大郑王房

1.新表“大郑王房”（第2000—2008页）大郑王“亮”世系中，“神通”子“孝锐”支“璟”以下世系有缺载。

《唐故银青光禄大夫延王傅上柱国李公（齐之）墓志文》[1]载：“我公公讳齐之，字齐之，陇西人。……五代祖太祖景皇帝，高祖亮，追封郑王。烈考神通，淮安郡王。……大父孝锐，咨岳、盐州，七星垂旂，分国之忧。考璟，皇朝散大夫，……乃迁于播州终焉（后略）……公有十子：长曰惟岳，大理评事；次曰阘，左金吾兵曹参军；闲，右金吾录事；闵，左卫率府兵曹；惟典，左清道率府仓曹；惟微，凉王府参军等”“重孙左金吾卫兵曹参军钿书。”

《唐故朝议大夫守中书舍人柱国赐紫金鱼袋赠尚书礼部侍郎陇西李公（涣）墓志铭》[2]载：“太祖景皇帝十代孙，郑王亮之裔也。曾祖复，义成军节度使、检校尚书左仆射，赠太尉。……祖燕卿，江陵府参军。……考公敏，邕、管经略招讨处置等使、御史中丞，赠户部尚书。……公第二子也，公讳涣，字群之。……子男二人。长曰璩，举进士，孝谨有文。次曰小师，年五岁。……公之令弟：邠宁庆等州观察支使、监察御史里行濛，浙江西道都团练判官、试大理评事沆，……第五弟浙江西道都团练判官、文林郎、试大理评

[1] 齐运通、杨建锋：《洛阳新获墓志二〇一五》，第211页。

[2] 黄清发：《新见〈李涣墓志〉考释》，《文献》2017年第5期，第89—100页。

事、柱国沆书。（后略）”

据此可补“孝锐”支“璟”以下世系，及“璟”孙“復”以下缺载部分：

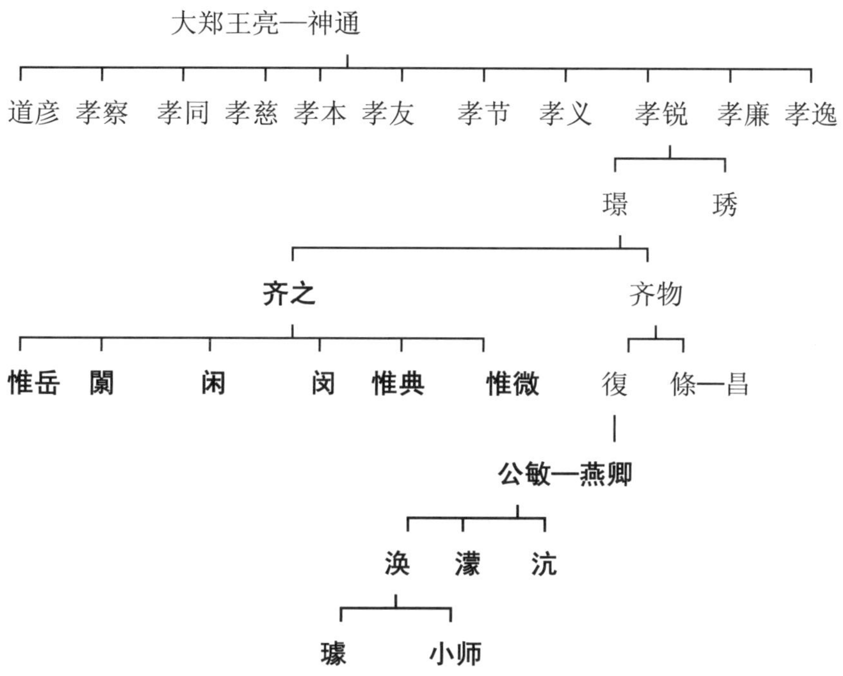

按：“神通”子“孝廉”为“琛文”补，“齐之”另四子志文未及，待补。“锢”究竟是十子中哪一子之孙，待考。

另按：新表载“孝锐”支中，“復”职为“郑滑节度使，检校右仆射”，而志载为“义成军节度使、检校尚书左仆射”，其中“郑滑节度使”和“义成军节度使”是一回事[1]，仅“左、右”仆射略有差异，故将志中所载“涣”之曾祖“復”以下世系列于此处当不误。

2. 新表“大郑王房”（第2009页），“亮”子“孝逸”以下世系缺载。

《唐故朝请大夫太子仆李府君（兴）墓志铭》[2]载：“公讳兴，陇西狄道人也。太祖景皇帝之五代孙，郑王亮之玄孙，淮安王神通之曾孙，右卫大将军、赠益州大都督孝逸之孙，左骁卫大将军璪之子。……有子五人，……四人

[1] 义成军节度使治滑州，管滑、郑、濮三州，见（后晋）刘昫：《旧唐书》卷三八《地理志一》，北京：中华书局，1975年，第1389页。

[2] 毛阳光、余扶危：《洛阳流散唐代墓志汇编》（下），北京：国家图书出版社，2013年，第404、405页。

与公同酷。长曰陶，深州别驾。（后略）”

据此志可补“孝逸”支所缺世系：

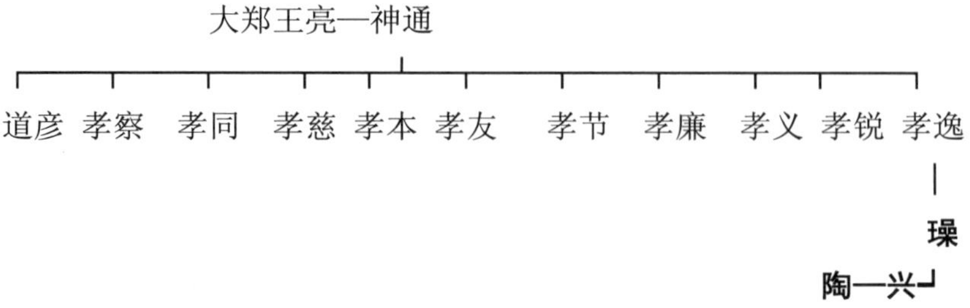

按：鼎文据《大唐诏令集》补“孝逸”子“璪”，今据该志可互证不谬，另再补“璪”以下二世，志中虽云“兴”有五子，但未提及其余四子名讳。

3.新表载“亮”子“神通”、孙“孝节”一支（第2002、2003页），“畐”以下世系只记一子“造”，其余缺载。

据《唐故太子率更令武府君（恭）夫人陇西县君李氏（凝）墓志》[1]：“夫人其先乃皇族之别属，封于郑以王焉。……夫人讳凝，黄门侍郎畐之曾孙，乾元令逈之孙，右威卫录事许之第三女也。（后略）”可补畐另一子“逈”以及“逈”之子“许”：

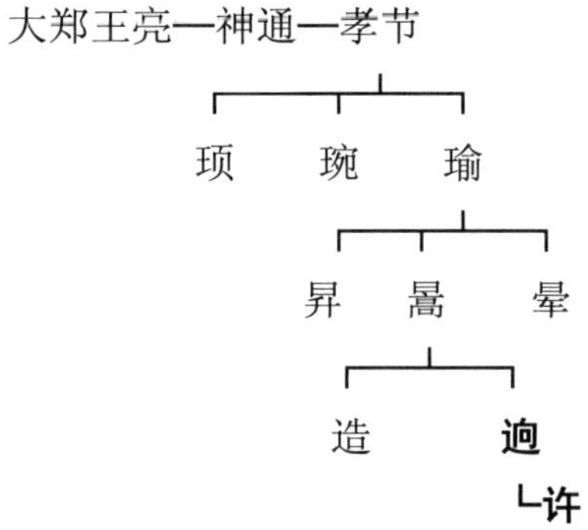

4.新表所载“神通”子“孝义”一支中（第2005页），只记“璥”一系，余缺。

《大唐故度支鄜延院官侍御史内供奉柱国赐绯鱼袋陇西李府君（又玄）墓铭》[2]云：“柱史即颛顼之裔也。讳又玄，字通微。……追九代祖虎，自周左仆射，赠太尉，册命景皇帝。八代祖亮，……隋封长社郡公，武德朝追封郑

[1] 毛远明：《西南大学新藏墓志集释》（下），南京：凤凰出版社，2018年，第634、635页。

[2] 毛远明：《西南大学新藏墓志集释》（下），第668—672页。

王。……七代祖神通，仕隋，为尚书左仆射，牧洺州，……谥曰靖。六代祖孝义，司农卿，封胶西公。五代祖璥，秘书省秘书郎。高大父光远，朝散大夫，宰馆陶县。……曾大父全艺，宰杭州余杭县。……王大父敬叔，……先府君允修，宰衡州常宁县。……有四子二女，皆夫人所出。三子悉宗寺明经及第，第三子早丧。……罕自竟陵尉罢，三贡词堂，不利。次子途，小子革，十一举进士。当时卿相，莫不惊骇。……正月九日，忽伤风气，一旬将甚，二旬将羸，三旬将亟，将亟之际，命罕、革立于左，留训曰。（后略）”

据此志，可补“孝义”另一子“璥”及其世系：

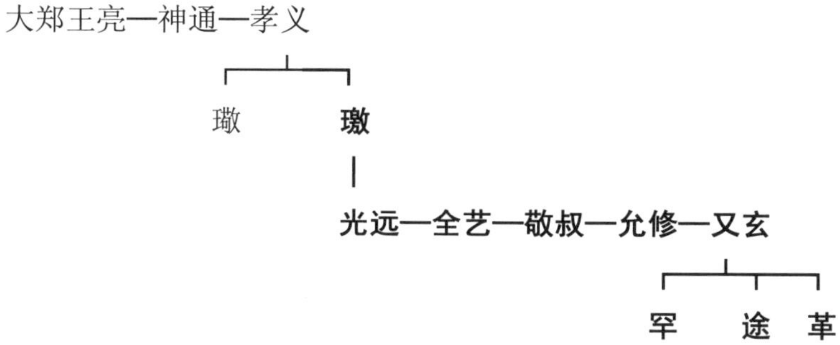

5.新表载“神通”子“道彦”一支（第2000页），“道彦”以下缺载三代。《大唐故太子典设郎赠光禄卿陇西李府君（煜）墓志铭》[1]云：“公讳煜，陇西成纪人也。五代祖郑王亮，高祖淮安王、左右仆射讳神通。……曾祖胶东郡王、礼部尚书讳道彦。祖绵、益等七州刺史、刑部尚书、郐国公讳敏。父夔州云安县令讳昕。……长子昌岘，兼摄州牧，又加监门将军。次子昌岠，秘书监兼御史中丞，辰、绵等州观察处置使，……少子昌幽，见任太常博士。……别子昌峣，前乌程县令。（后略）”

据此志可补“道彦”以下世系之缺：

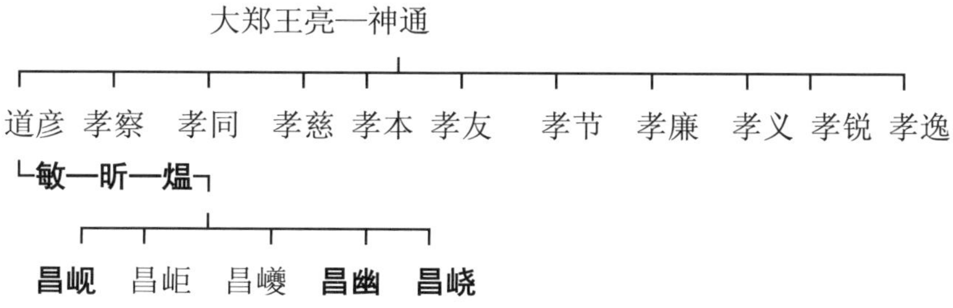

[1]赵君平、赵文成：《秦晋豫新出墓志蒐佚续编》第四册，北京：国家图书出版社，2015年，第879页。

三、虢王房

新表“虢王房”（第2065、2066页），载“李凤”孙“邕”以下世系有缺。

《大唐通直郎守潞州大都督府上党县令甄宙故夫人陇西李氏（孋）墓志铭》[1]云：“夫人讳孋，唐神尧太宗皇帝之裔，宗正卿嗣虢王邕之曾孙。礼部尚书，磁、邢、相、卫等州观察使，昭义军节度承昭之孙。晋阳县令、水部员外郎、振武军节度副使应之女。泗州临淮县丞简初之妹。（后略）”

据此志可补“邕”曾孙“简初”：

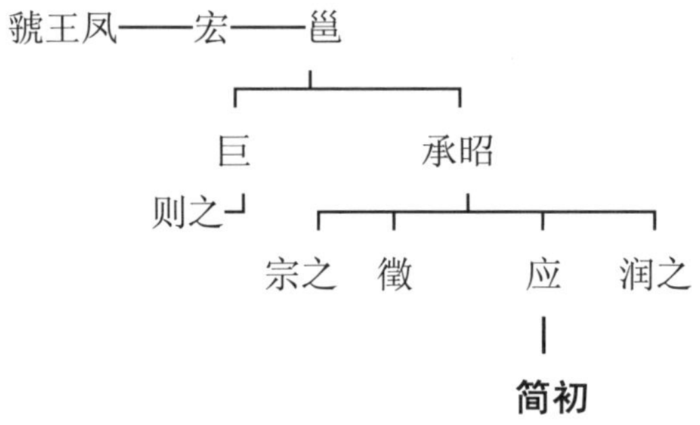

四、泽王房

新表“泽工房”（第2129、2130页），泽土“上金”曾孙以下世系缺载。

《唐故庐州长史嗣泽王（李彦回）墓志铭》[2]载：“治中讳彦回，字匡辅。……高宗六代之嫡孙，……曾王父漶，皇秘书监。大父润，皇宗正少卿兼右千牛卫将军。列考溶，累拜权知殿中监，佐迁扬州左司马，……外宗河南于氏，先夫人即国初燕公之胄胤。……（公）娶博陵崔氏女，早世，余一纪。有子四人：曰恩、桂、诜、贺，承嫡曰桂……令季彦温，金玉其人。（后略）”

《唐故京兆府礼泉县丞李府君（符圣）墓铭》[3]云：“府君姓李氏，讳　，字符圣。九庙近属，即泽王之嗣，乃高宗七代孙。……曾祖漶，官至秘书监，赠扬州大都督。祖润，……官至少宗正，赠绛州刺史。皇考德茂，名清官，……自殿中监领卫尉卿，咸称嗣王。……太夫人河南于氏，即赞善大夫谣之女。生三男，府君即其次也。”

---

[1] 赵君平、赵文成：《秦晋豫新出墓志蒐佚续编》第四册，第1079页。

[2] 陕西省考古研究院：《陕西省考古研究院新入藏墓志》，上海古籍出版社，2019年，第131、313、314页。

[3] 陕西省考古研究院：《陕西省考古研究院新入藏墓志》，第136、317页。

《唐故李秀士（彦温）故夫人河东裴氏（损）墓志铭》[1]载："夫人讳损，字济川，姓裴氏。……皇考讳损，秘书少监、驸马都尉。皇妣以宪宗皇帝第九女封陈留公主，赠赵国长公主，谥曰惠昭。夫人即都尉次女也。……良人李彦温常衔其私论曰（后略）……夫人因诞婴疾，才逾月，竟终于上都靖安里第，行年三十四。……夫人自去岁秋仲适于李氏，仅历四时（后略）……夫人之子末微晌而非己之出者，元子曰廷敏，次廷梦，与室女二人。（后略）"

据此三墓志可补"润"子"溶"，孙"彦回""符圣""彦温"，补重孙"恩""桂""诜""贺"等，另补"彦温"子"廷敏""廷梦"：

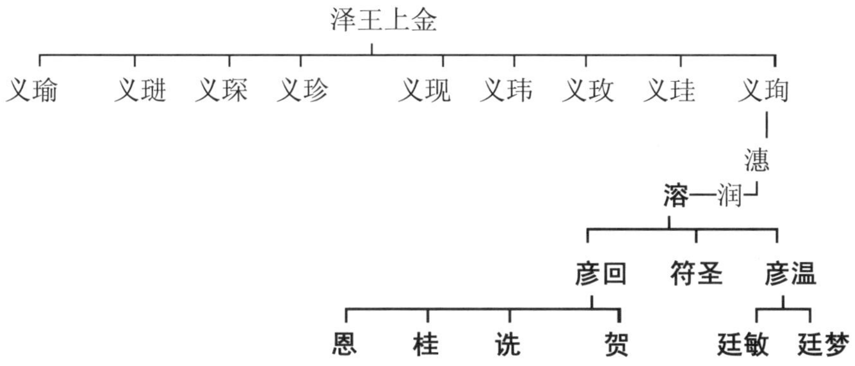

按：鼎文对李润、李溶与李彦回的父子关系存疑，而由李彦回墓志则可确定无二。另，据李彦回和李符圣二志推知，彦回、符圣、彦温三人系于氏所生。其父为李溶，李符圣墓志所记其父"德茂"，应为其字。此外，李符圣志所言其为高宗七代孙，误，应为六代孙。

五、许王房

新表"许王房"（第2130、2131页），载许王"李素节"有十三子。

《唐故许王第三子（李璟）墓志铭》[2]载："君讳璟，字璟，……太宗文武圣皇帝之曾孙，高宗天皇帝之孙，今上之堂兄，赠开府仪同三司、许州刺史、许王之第三子也。……天授中，君与诸昆八人，佥被极于舒州之地，享年廿六，……第十二弟卫尉卿、嗣许王瓘等，痛埋玉之无追……"

据此志可补许王第三子"璟"，连同《新补》所补第九子"琎"，共补《新唐书·宗室世系》缺载许王"素节"二子"璟、琎"：

[1] 陕西省考古研究院：《陕西省考古研究院新入藏墓志》，第125、309、310页。

[2] 毛阳光、余扶危：《洛阳流散唐代墓志汇编》（上），第180、181页。

许王素节

琪　瑛　**璟**　珇　琬　瓒　玚　瑗　**琎**　琛　唐臣　琳　瓘　璆　钦古

（作者单位：陕西省社会科学院古籍研究所）

New Complement and Correction to the *Genealogical Table of Royal Clan in Xin Tang Shu*（《新唐书·宗室世系表》）

Liu Siyi

［Abstract］Nine new royal clans of the Tang Dynasty, which are recorded in the Tang epitaphs, have been excavated in recent years. New complement and correction *on the Genealogical Table of Royal Clan in Xin Tang Shu* are added in this thesis. Among these nine royal clans, five belong to King Da Zheng, four belong to other four Kings separately, who are King Cai, King Guo, King Ze and King Xu. This is the second thesis about supplement and correction to the genealogical table of royal clan of the Tang Dynasty in *Xin Tang Shu*.

引谱入史

——以河东裴氏谱系塑造与吕夏卿的重构为例*

刘　丽

谱学研究源远流长，至今所研究范畴已经非常广泛，尤其是当今，更多的学人注意到谱系[1]之于中古史研究的特殊价值，不少学者重点考察了士族谱系中的层累构造及其郡望的伪冒、攀附，甚至虚构等现象[2]。随着研究的深入，他们不再满足于“去伪存真”的实证层面，而是关注谱系书写背后所蕴含的意识结构及其透露的政治文化意义等。不过，中古谱系完整样本的缺失，使得现有的讨论受限，这也正是前些年陈爽先生从出土墓志中发现了中古谱牒的踪迹，遂

*本文系山西省哲学社会科学规划课题“碑志所见河东裴氏家风资料的整理与研究”（项目编号：2020YJ068）成果。

[1] 此处所谓“谱系”，亦即“世系”或称“谱牒”。郑樵《通志·总序》云：“古者纪年别系之书为之谱，太史公改而为表。”《史记·三代世表》司马贞注：“牒者纪系谥之书也。”可见，“牒”与“谱”同，“家谱”亦谓“家牒”。到宋代，欧阳修则将表称为图。其实，无论名称如何，“世系”抑或“谱系”作为谱牒的核心是无疑的。钱杭先生指出，“世系”是宗族区别于其他族类形态的规则底线，“世系”是尊祖敬宗收族这一宗族功能目标的价值根源（《宗族的世系学研究·自序》，复旦大学出版社，2011年，第1页）。据此，在传统史籍中，凡世系之书，如《隋书·经籍志》所载，魏晋时期的家传，南北朝以来的氏谱、姓谱、家谱、家牒，入唐以后的姓氏书等，均可归入谱系的范畴。

[2] 如何德章《伪托望族与冒袭先祖：以北族人墓志为中心》（载《魏晋南北朝隋唐史资料》第十七辑，武汉大学出版社，2000年，第137—143页）、陈勇《汉唐之间袁氏的政治沉浮与籍贯更迭——谱牒与中古史研究的一个例证》（《文史哲》2007年第4期，第63—71页）、仇鹿鸣《制作郡望：中古南阳张氏的形成》（《历史研究》2016年第3期，第21—39页）等。

为学人欢呼为新“学术燃点”的原因所在[1]。现有的成果虽然也论及中古士族谱系形象的扭曲、变形与史家、谱牒家或碑志作者的关系，但是由于证据不足，未能深入描述谱系形成的细节，也未能充分讨论相关主体的时代诉求，尤其是史家的作用。笔者曾对唐后期闻喜县令裴滔所修的《裴氏家谱》进行了复原，由于该谱在金以前“秘不示人”，因此与《新唐书·宰相世系表》（以下简称《新表》）“裴氏”谱系的叙述还有着较大的区别[2]。通过对裴氏谱系演进序列的讨论，可以把握谱系书写者的动机、意图，揭示社会环境、学术思潮等因素在规范历史叙述方面的差异性，同时有助于理解《新表》之于宋代宗族重建乃至华夏共祖认同上的重要意义。

一、虚实之间：从“诸裴”到“三眷五房”

谱系的建构与历史学一样，是一种反向溯求的学术活动，其传递给后世的，是一种扩散的历史记忆。顺着看《新表》裴氏的谱系结构，似乎裴氏宰相诸房支均为汉末裴茂的直系子孙。其实不然。弗里德曼曾深入观察中国的宗族世系的分支和分化现象，指出：“中国的组织没有中央主干，实际上，以‘树’进行比喻，对中国来说并不恰当。”[3]尽管这一观点是对近世宗族观察的总结，但其对中古时期亦有指导意义。换言之，作为一个“建构”过程，宗族需要的是建立并维系一条完整悠久的父系单系世系，而不是，也不可能形成所谓“纯洁”的父系血缘[4]。的确，关于《新表》展示的谱系结构，钱大昕批评其祖先溯源“多舛”，承认其纪近事则“有征”[5]。具体到河东裴氏，其汉魏六朝祖先多源自正史，实有其人；然而，五房之中，无论是横向的房支，还是纵向的世系，层累建构的痕迹明显。

[1] 范兆飞：《士族谱牒的构造及与碑志关系拾遗——从〈出土墓志所见中古谱牒研究〉谈起》，载荣新江主编《唐研究》第二十二卷，北京大学出版社，2016年，第510页。

[2] 刘丽：《〈裴氏家谱〉的复原及其相关问题研究》，载叶炜主编《唐研究》第二十五卷，北京大学出版社，2020年，第573—609页。

[3] M. Freedman, *Chinese Lineage and society: Fukien and Kwangtung*, The Athlone press, University of London, 1966, pp.38-39. 转引自钱杭《宗族的世系学研究·绪论》，上海：复旦大学出版社，2011年，第16页。

[4] 钱杭：《宗族建构过程中的血缘与世系》，《历史研究》2009年第4期，第50—67页。

[5]（清）钱大昕：《十驾斋养新录》卷一二《家谱不可信》，上海书店出版社，1983年，第267、268页。

（一）正史中的诸裴

河东裴氏，最初在正史中有传的是裴潜（？—244）。按裴松之《三国志》注引鱼豢《魏略》：“潜世为著姓。父茂，……建安初，以奉使，率导关中诸将讨李傕有功，封列侯。潜少不修细行，由此为父所不礼。”[1]《魏略》所称“世为著姓”，语焉不详。其实从裴潜事迹来看，至少其母族微贱，所以他的成功主要在于个人奋斗。裴氏起家，源于裴潜投奔曹操，并在曹魏政坛上的一番作为。魏晋易代，潜子秀投效晋武，秀子頠姻连皇室；潜弟徽一房多为名士，在士林中颇享盛名，大致确立了河东裴氏四海望族的社会地位[2]。文献表明，在魏晋的历史舞台上，还活跃着诸多的裴姓人物，但因为没有专传，很难断定他们与裴茂的远近关系。不过可以肯定的是，裴茂家族是汉末以来裴姓中最早跻身士族行列、实现中央化的一支，因而在永嘉之乱中失去了必要的缓冲，几乎阖家罹难，裴潜一支绝嗣[3]。十六国时，裴茂后裔隐没不彰，可证实为裴茂子孙者唯有后赵的裴宪而已[4]。当然，作为河东的豪族，裴茂家族应该还有一些旁系或同姓的成员居于乡里，官位不高、声望有限，却在地方上有着潜在的能量，然限于实力，又不得不主动投靠占据该地的胡族政权，扛起了河东裴氏东山再起的大旗。

裴骏（？—468），闻喜县令裴双硕之子，年轻时，汾阴人薛永宗聚众作乱，裴骏率乡豪数百人平乱。是时，拓跋氏初兴，亟须地方势力的支持。拓跋焘为此接见了裴骏，赞其“忠义可嘉”，崔浩视之为“三河领袖”[5]。裴骏去世，获赠闻喜侯。这表明，裴骏一支的地方望族身份得到了朝廷的认可。同时，借助拓跋氏的支持，“三河领袖”的身份强化了河东裴氏这一郡望在中原的影响力。在孝文帝改革之前，这一支已经完成了中央化，成为河东裴氏在北朝的代表。比裴骏稍晚，被列入正史且以“河东裴氏”郡望对外宣称的裴姓还有数家。除了南朝的裴松之、裴邃等这些声称裴徽后裔的家族外，其他的主要集中在北朝，统计如下：

[1]（晋）陈寿：《三国志》卷二三《裴潜传》，北京：中华书局，1959年，第671—674页。

[2] 毛汉光：《晋隋之际河东地区与河东大族》，载氏著《中国中古政治史论》，上海书店出版社，2002年，第115、117页。

[3]（唐）房玄龄：《晋书》卷三五《裴秀传》，北京：中华书局，1974年，第1047页。

[4]（清）汤球：《十六国春秋辑补》卷一一《裴宪传》，载《二十五史别史》，济南：齐鲁书社，1998年，第161页。

[5]（北齐）魏收：《魏书》卷四五《裴骏传》，北京：中华书局，1974年，第1020—1024页。

表1　北朝正史中的“诸裴”家族

人物	时间	事迹	谱系	出处
裴延俊	？—528	本邑中正	徽八世孙。曾祖天明。祖双虎。父崧	《魏书》卷六九
裴叔业	？—500	投奔北魏	徽之后	《南齐书》卷五一
			徽之后。五代祖苞。祖邕。父顺宗	《魏书》卷七一
裴佗	？—529	河东邑中正	其先因晋乱避地凉州，父景惠	《魏书》卷七一
			六世祖诜，仕晋位太常卿	《北史》卷三八
裴宽		三河冠盖	祖德欢，父静虑	《周书》卷三四
裴侠	？—559	独立使君	九世伯祖潜，祖思齐，父欣	《周书》卷三五
裴果	？—567	黄骢年少	祖思贤。父遵	《周书》卷三六
裴文举		抗击东魏	祖秀业。父邃	《周书》卷三六

郭锋先生指出，晋唐之际，郡望有向姓望转化的趋势，“最初以某一本望主体家族为主拥有一个郡望，到社会上一部分同姓异宗家族共同享有一个郡望，再到整个社会同姓之间共同享有一个郡望的过程”[1]。显然，南北朝正史中的各地裴氏，正经历着第二个阶段。美国汉学家伊沛霞在对博陵崔氏谱系研究的基础上指出，虽然“宋代史学家能够广泛利用准确反映唐人祖先信仰的资料来源”，但是，唐人的观点并非总是准确无误，其理由之一是：

> 所有的综合性氏族谱著作都关注当朝显贵家族，因此很少有理由对早已灭绝的房支给出详细的描述。结果是反映唐初房支分离的部分世系表，会有一个或多个房支绝嗣，有可能采用7世纪或8世纪初的原始资料。其结果必然是数世一脉单传的部分世系表大概出于追溯，建立在罗列显著人物直系祖先的资料基础上，而其祖先在早期的资料中被隐约提及。[2]

的确，《新表》是以唐代宰相家族为线索的谱系追溯，就裴氏而言，那些没

[1] 郭锋：《郡望向姓望转化与士族政治社会运动的终结——以清河张氏成为同姓共望为例》，载张国刚主编《中国社会历史评论》第三卷，北京：中华书局，2001年，第75页。

[2] ［美］伊沛霞：《论〈新唐书·宰相世系表〉的可靠性》，载氏著《早期中华帝国的贵族家庭——博陵崔氏个案研究》附录一，范兆飞 译，上海古籍出版社，2011年，第168、169页。

有产生过宰相的祖先，即使赫赫有名的“三河领袖”裴骏、“三河冠盖”裴宽、“独立使君”裴侠等，也会被族谱忽略掉，而裴骏从弟安祖、裴宽弟景汉，均因子孙在唐代出任宰相而被收录。《新表》所建构的“五房”结构中的核心人物，虽然在正史中能够一一对应，可是，他们之间的亲疏关系，无论正史还是已知的裴氏碑志中，至少在中唐之前未见提及。即便是唐后期裴滔的《裴氏家谱》，也只有“三眷”的称谓而已，因此，“五房”的划分在某种程度上是《新表》对唐代裴氏各类谱系资料进行重构的结果。

（二）裴氏谱系的建构

南北朝时期，在重建秩序的过程中，无论是东晋门阀政治的余波，还是北魏孝文帝重定门第，“魏晋旧籍”虽起不到决定性作用，但在现实政治中却有着重要的参考意义。因此，在裴氏“三眷五房”谱系结构内，对于魏晋祖先的攀附，其实隐含着两种对立：南北的竞争和东西的对峙。

裴叔业北归拉开了寿阳裴氏[1]攀附河东郡望的序幕。裴叔业本是南齐名将，《南齐书》本传称“魏冀州刺史徽之后”。在齐梁之际，投奔北魏，宣武帝曾封其为“兰陵郡开国公”。而《新表》中，裴徽则拥有“兰陵武公”的爵号，若裴徽的这一称号属实的话，就意味着北魏朝廷公开承认了南来吴裴为裴徽后裔的说法。与裴叔业联络的是尚书郎中裴聿，中眷裴延俊的族兄。《魏书·裴延俊传》云：“魏冀州刺史徽之八世孙。”两个家族都将祖先指向曹魏时期的“裴徽”，很可能是现实政治形势下的一种联宗现象。那么，要证明裴叔业一支是裴徽的后裔，是由于某种历史原因而发生的迁移就需要有一个合理的说明。与《南齐书》相比，《魏书·裴叔业传》多了“五代祖苞”的记载。裴苞，《三国志·裴潜传》裴松之引傅畅的《晋诸公赞》称：“黎子苞，秦州刺史。”黎是徽之长子。永嘉之乱时，裴苞为张轨所杀[2]。除此，裴苞并无传记，子嗣情况不明。萧子显的《南齐书》成书于梁武帝天监、普通之间（502—527），在南朝门阀等级森严的情况下，裴叔业的家世很难造伪，故而谱系叙述含混。《魏书》成书比前者晚了约30年，按《北史·魏收传》的记载，它是魏收整合诸氏家谱的结果。显然，“五代祖苞”的说法应该出自裴叔业的家谱。

东眷裴的说法较晚。裴居道（？—690）是东眷出现的最早宰相，曾祖是北

[1] 韩树峰：《河东裴氏南迁述论》，《中国史研究》1996年第2期，第96—103页。

[2] 《晋书》卷八六《张轨传》，第2225页。

周“三河冠盖”裴宽之弟景汉。其祖镜民，开皇十六年（596）征讨西南夷时遇害。贞观十一年（637）立碑，如今犹在裴柏村。碑文提道：“徽则擅美当涂，宪则流芳中夏。”裴宪是裴徽之孙，晋亡，仕石勒。可见，该支所追认的魏晋祖先还不是《新表》中的辑、颍。裴宽族弟裴鸿，卒于开皇九年（589），其墓志云：“或图表山川，或言成林薮。”[1]“图表山川”指裴秀，“言成林薮”指裴颀，秀、颀父子，乃潜之子孙。据此，隋唐之际，东眷裴的魏晋祖先的谱系尚未确定，徘徊在潜、徽兄弟之间。高宗时，裴居道女为太子妃，后来李弘病亡，追谥孝敬皇帝，裴氏遂为孝敬皇后。有可能是这一因素，居道一支在《贞观氏族志》中被列为第二等，居裴滔《裴氏家谱》之首。那么，其祖先的建构很可能始于此前后。因为在中唐的墓志中，“三眷”的说法已开始流行了，比如代宗大历时，《裴裕墓志》云：“八王拟其人物，三眷定其宗祢。”[2]此处虽然没有明确“三眷”所指，但似乎应该是时人所共知的。大中二年（848）杜牧为裴希颜撰墓志，称：“裴氏于百氏中独标其族曰眷，三分之为东、西、中，君东眷裴。”[3]虽以眷划分，非独裴氏，但杜牧明确了裴氏是分东、西、中三眷的。而在唐后期的《裴氏家谱》中，已经明确说明：“潜弟辑子孙，仕燕在东因号东眷。”裴辑，不见于正史。乃孙裴嶷，《十六国春秋》云，闻喜裴氏，字文冀。父昶，晋司隶校尉；兄武，玄菟太守[4]。吕夏卿作《新表》不载裴嶷，而有兄武，父颍。其实，颍、昶，字形相近，可能是近似致误。不过，裴武字文应，裴嶷字文冀，而裴徽字文季，裴潜字文行，若有裴辑其人，其字中也当有“文”，这样一来，裴武兄弟与祖父行辈相同，这么明显的矛盾，为攀附者所始料未及[5]。其实，对于多数裴姓而言，他们对自身的祖先源流，其陌生程度

[1] 王其祎、周晓薇编著：《隋代墓志铭汇考》〇八八，北京：线装书局，2007年，第一册，第343页。

[2] 中国文物研究所、河南省文物考古研究所编：《新中国出土墓志（河南贰）》80，北京：文物出版社，2002年，第98页。

[3]（宋）李昉等：《文苑英华》卷九五八，北京：中华书局，1966年，第5038、5039页。

[4]《十六国春秋辑补》卷二三《裴嶷传》，第182页。

[5] 虽然上述的这个说法有例外，如陈垣《史讳举例》（北京：中华书局，1956年，第91—93页）指出：父子不避嫌名，是南北朝的风气。陈寅恪《天师道与滨海地域之关系》（《陈寅恪先生全集》，台北：里仁书局，1980年，第372页）则认为这种现象很可能“与宗教信仰有关”。又按《三国志·裴潜传》裴松之注，裴茂子分嫡庶，裴潜为庶子，字文行，潜少子秀，字季彦，秀子頠，字逸民；潜少弟徽，字文季；徽长子黎，字伯宗；次子康，字仲豫；三子楷，字叔则；四子绰，字季舒。由潜、徽子孙看，该家族基本上遵从礼教，按伯、仲、叔、季的次序排列；也就是说，若有裴辑其人，其家族序列应当不会例外。

与一般人无异。除非参与过家谱编纂，然而这毕竟是少数，因为修谱不易，没有数世积德累业，出不了得功名的子弟，不得及此。犹如裴滔修谱，非借助闻喜县令的身份不能成行。故而在《新表》问世之前，东眷的称谓不可能有一个统一的认识。比如，唐末《裴宏墓志》对三眷得名的解释是：“洎永嘉之乱，避地凉土者，称西眷；处关河者，称中眷；随五马渡江者，实文物衣冠之表率，世号东眷。”[1]显然，关于东眷的解释，与“燕”无涉，沿袭的仍是唐初的说法。

早年，岑仲勉先生把《元和姓纂》与《新表》做了详尽的比较，认为《新表》本于《元和姓纂》，以及部分文集和氏族谱[2]。美国学者伊沛霞也曾仔细考察过《新表》的史源，指出吕夏卿采用了包括正史人物传记、官方氏族谱，以及墓志碑刻、家庙铭文、行状、文集序言等诸多文献，认为《新表》的史料基础是坚实的，但是，她并不否认唐人史料自身有可能建立在错误的证据之上[3]。的确，吕夏卿精通谱学，这一点《宋史》本传记载得很明确，但是，从文本的角度看，这些史料毕竟只是构成了后世观察《新表》的重重滤镜，而非事实本身，为此，我们需要通过深入分析滤镜本身的构成方式，来窥测隐藏在文本缝隙中的别样图景。在众多文本中，氏族谱无疑是最重要的。要探究裴氏谱系的书写历史，就不能不追问：谁在修谱？为何修谱？

二、裴谱变迁：从“边缘”到“中心”

北宋以前，正史所载的裴氏谱系有十余种，其中，《裴氏家记》是目前所知最早的裴氏谱[4]。裴松之为《三国志》作注，曾引该书。晋唐之际是谱牒编纂的黄金时期，中原、江南的裴氏均有谱牒问世。从传世情况看，南方的裴姓在谱系叙事上尤为用力。正如王明珂在《华夏边缘》序论中所作的一个比喻：在一张纸上画一个圆形时，事实上是它的“边缘”让它看来像个圆形。可以说，

[1] 吴钢主编：《全唐文补遗》第六辑，西安：三秦出版社，1999年，第188页。

[2] 岑仲勉《元和姓纂校记再序》：“余谓新表者，元和姓纂之嫡子也，姓纂所详为显官。显官莫如宰相，必举全数以列表，则难于命名，唯撷宰相为纲，斯姓纂菁华，几尽入彀，表能利用史余，成其创作，良可嘉也。”参见（唐）林宝撰，岑仲勉校记：《元和姓纂（附四校记）》，北京：中华书局，1994年，第63页。对于这一点，对《新表》做出全面整理的赵超是完全认同的。参见赵超编著：《新唐书宰相世系表集校·前言》，北京：中华书局，1998年，第1页。

[3]［美］伊沛霞：《论〈新唐书·宰相世系表〉的可靠性》，第161、162、168页。

[4] 周征松：《河东裴氏谱牒知见录》，《文献》1992年第4期，第115—128页。

正是这些处于认同“边缘”的谱系书写，才使得河东裴氏的谱系建构变得如此丰满，最终成为裴氏谱系的主干。

（一）《裴氏家传》：过江裴氏的记忆

裴松之家族在东晋的地位并不显赫。裴松之的母亲，虽是东晋权臣庾亮的孙女，但是到裴松之时，庾家已衰，故其一直不得志。晋宋之际，门阀面临新兴势力的挑战，士庶界限严格，所谓“士庶之际，实自天隔”[1]。证明身份的谱系管理制度化了，这“表示士族集团已感到自己所受的威胁日益严重，才以深沟高垒的办法保护自己”[2]。是时，修谱成为风尚，《世说新语》之类追忆魏晋风流的作品风行。裴松之的《裴氏家传》应该是接续《裴氏家记》之作。家传是按照家族世系篇次列传，以炫耀祖先功业、突出世系绵长为特征。此后，裴骃、子野相继修家传。

令裴松之家族扬名天下的是史学。可是，这一方面在当时并不为人所重，因为“两晋时期，儒学家族如果不入玄风，就产生不了为世所知的名士，从而也不能继续维持其尊显的士族地位”[3]。裴松之一家数世以儒史为业，立身简素，终不为政治所眷顾，这可能也是他毅然追随刘裕的原因。其曾孙裴子野，少孤苦，终因家境沦落，在仕途上仍遭遇“资历非次”，纵使范缜让官、仍不得通的尴尬境地[4]。关于裴子野的出身，《梁书》中特别强调：“晋太子左率康八世孙。兄黎，弟楷、绰，并有盛名，所谓‘四裴’也。”裴徽四子出自荀绰的《冀州记》，为裴松之注《三国志》所引。但并无“四裴”之说，很可能是《裴氏家传》对《冀州记》的改编。而《宋书》只是提到，裴松之为河东闻喜人。《裴氏家传》反映出过江裴氏亟欲以谱系证明门第的焦虑。而身居河东的裴氏则有着地理上的优势，他们保持着一定的乡里基础，修谱关注的不是世系，而是家风。像裴良的《宗制》即此。裴良是裴延儁的从祖弟，北魏末，有感于“季叶浇替，骨肉世疏”，作《宗制》十卷行于五服之内，“使夫后生稚识，知在宗之为重，少长晚辈，悟收族之有归”[5]。裴良之后，这个家族成为北

[1]（梁）沈约：《宋书》卷四二《王弘传》，北京：中华书局，1974年，第1318页。

[2]唐长孺：《南朝寒人的兴起》，载氏著《魏晋南北朝史论丛（外一种）》，石家庄：河北教育出版社，2000年，第544页。

[3]田余庆：《东晋门阀政治》，北京大学出版社，1996年，第356页。

[4]（唐）姚思廉：《梁书》卷三〇《裴子野传》，北京：中华书局，1973年，第441页。

[5]李学文：《山西襄汾出土东魏天平二年裴良墓志》，《文物》1990年第12期，第88页。

朝有名的义门，至其曾孙裴敬彝，名载《旧唐书·孝友传》中。显然，南北裴氏的修谱，其关注点有着非常明显的差别。“独立使君”裴侠的《贞侯潜传》，在本族内发扬其九世伯祖裴潜的清风，更是明确了这一点。

（二）《裴氏家牒》：南来吴裴的坚持

裴叔业一支的北归，并非一帆风顺，至少中原裴姓在心理上对其是轻视的。“吴”字，即反映出北地对南人的蔑称。北魏迁都，在洛阳城南设置诸坊：“道西有四夷里”，分别为归正、归德、慕化、慕义，作为南方归顺者设立的居住地。城南成为洛阳居民的嘲弄对象，民间称之为“吴儿坊”[1]。叔业北归前夕，孝文帝使裴聿去说降，双方会面，叔业盛装夸耀：“我在南富贵正如此，岂若卿彼之俭陋也。”[2]其实，面对中原的同姓，裴叔业盛装夸耀反而暴露出内心的不自信。因此，即便是回归北方，南来吴裴试图进取高位的努力也以失败告终[3]。南来吴裴要达到攀附河东郡望的目的，最为有效的方式便是归葬河东，从而达到鱼目混珠之效。虽然受中原裴姓的排挤，但南来吴裴还是将墓葬迁到闻喜附近的稷山[4]。不唯如此，谱牒的建构也一直是其努力的方向。当北魏统治者封叔业为“兰陵郡开国公”，这意味着北魏朝廷公开承认了该家族为裴徽的后裔，那么，北归者就可利用皇帝的权威做些手脚，进一步建构其家族谱系，从《魏书》的记载来看，这个努力是成功的。到了唐代，裴守真的《裴氏家牒》问世。守真子耀卿（681—743）是开元时的宰相，故其家族的世系即被记录在《新表》内。耀卿有神道碑传世，碑文云：“伯益裔孙非子，周封于秦。至桓公，少子鍼去国食采于晋，其邑曰蜚。遂为氏焉。自鍼至五代祖二十四叶，昭义振□。”[5]《新表》中，该房支的世系排序如下：

鍼—盖—□—□—□—□—□—□—□—遵—□—□—晔—茂—徽—

[1]（北魏）杨衒之撰，周祖谟校释：《洛阳伽蓝记校释》卷三《城南》，北京：中华书局，1963年，第130页。

[2]《魏书》卷七一《裴叔业传》，第1566页。

[3]徐成：《论南来吴裴的南投北返》，《许昌学院学报》2009年第6期，第16—18页。按，裴叔业在北归前夕去世，此举由其侄子裴植完成。不过，韩树峰先生认为，裴叔业家族入魏后，未曾返回河东原籍。而是继续留居在寿阳（见《河东裴氏南迁述论》，《中国史研究》1996年第2期）。但是，按《新表》所载叔业二子蒨之、简之，他们及其后代均在北朝入职。

[4]毛汉光：《中国中古政治史论》，第113页。

[5]裴王旗等编著：《裴氏碑志集》之《唐故侍中尚书右仆射赠司空文献公裴公神道碑铭并序》，香港：东方文化艺术出版社，2004年，第135页。

黎—苞—轸—嗣—邕—顺宗—叔业—简之—□—景—正—昚—守真—耀卿

若忽略“鍼”“盖”之间的世次，耀卿五世祖“景”，正是“鍼”第二十四世孙。如此之巧合，只能说耀卿碑世系所本与《新表》同源。无疑，这个源头应该就是裴守真的《裴氏家牒》。此外，耀卿兄《裴子余墓志》亦云：“十三代祖魏冀州刺史徽，七代祖后魏豫州刺史兰陵公叔业。”[1]《裴氏家牒》在《新唐书·艺文志》内有载，显然是被官方所收藏，那么，吕夏卿纂《新表》时，肯定能够看到，并得以参考。

（三）《裴氏家谱》：东眷的后来居上

裴滔是裴居道的六世从孙，作为晚唐的闻喜县令，裴滔修家谱兼具天时、地利、人和的全部条件，其家谱几乎将唐代裴姓宰相家族一网无遗。在祖先溯源时，其文曰：“潜弟辑子孙，仕燕在东因号东眷。辑弟徽子孙，仕凉在西因号西眷。”显然，称辑为徽兄，因为《三国志·裴潜传》的确有“潜少弟徽”语。但在《新表》中，茂有三子：潜、徽、辑。一直以来，大多数裴姓，甚至包括裴宽家族，都视裴徽为祖先，而此处先述东眷，并强调“仕燕在东因号东眷”，显然东眷已经与《十六国春秋》内的裴武、裴开等联结起来。《新表》中，被列入东眷的宰相主要有裴居道、裴冕、裴度、裴垍、裴休等。其实，唐代士族是以当代冠冕为准的，高宗时，五品以上皆入士流。因此，为宰相者，自是该姓之翘楚，被本姓分类编入族谱，是应有之义。姑且不论《旧唐书》称裴垍（？—811）为“居道七代孙”有多么荒唐，裴度（765—839）数家的扑朔迷离，单看裴休（791—864）家族情况，足可证唐后期东眷攀附之盛。

裴休，《旧唐书》本传称，孟州济源人，祖宣，父肃。据《新表》，休曾祖抗，京掾，是裴居道再从兄弟。又按《裴氏家谱》，抗，京掾。有二弟：抣、擳。裴抣卒于睿宗太极元年（712），“春秋七十有七”[2]。这表明，开元初，东眷的裴抗已经进入老年，在80岁上下。以此推至，其出生是在唐立国之初。无独有偶，开元年间有一位书法家裴抗，平州人，京掾，他是魏博节度使

[1] 赵君平、赵文成：《秦晋豫新出墓志蒐佚续编》五五八《唐故银青光禄大夫冀州刺史岐王府长史裴府君墓志铭并序》，北京：国家图书馆出版社，2015年，第746页。

[2] 吴钢主编：《全唐文补遗》第二辑《裴抣墓志》，西安：三秦出版社，1995年，第447页。

田承嗣（705—779）的手下，曾为田氏撰神道碑[1]。“二帝四王之乱”（781—784）时，他为田悦的司礼[2]。可以肯定的是，他基本经历了整个8世纪，即使高寿，其出生年也只能在8世纪初。以此断定，书法家裴抗与东眷裴抗并非同一人。又，抗、休相差四代，以每代30年计，正常情况下，二人相差百年为宜，裴休出生在791年，那么，其曾祖的生年当在8世纪初，这与书法家裴抗吻合。又，裴休祖父宣，《新表》中职务空缺。据《裴滈墓志》，裴宣“贝州司仓参军，赠礼部员外郎”[3]。贝州，天宝元年（742）更名清河郡，至德二载（757）复名贝州，属于魏博节度使所辖六州之一，裴宣任贝州司仓参军，当与书法家裴抗有关。因为裴抗是田氏的亲信，直至大历末年（779）还担任魏博的营田副使。裴休之父肃，贞元年间因平定栗鍠之乱（798—799）而受到德宗嘉奖，裴宣的“礼部员外郎”身份可能是这时所赠。早年，姚薇元先生根据《新唐书·裴休传》，结合《北梦琐言》记裴休生于于阗国事，推测出裴休先世并非中土著族，怀疑其先本西域疏勒之降胡[4]。由上，裴休一支并非出自河东闻喜，至少与裴茂家族无关。

入唐后，河东裴氏多元混合、虚实相参的谱系结构说明魏晋形成的裴氏郡望经过南北朝的层层建构，其边界在不断扩大。从某种意义上而言，河东裴氏的称谓，“犹如一家百年老店强调其金字招牌一般”[5]，更多的是一个裴姓精英的标识，并非一个实体的宗族。数百年间，房支数量的横向增加，在造成士族谱系紊乱的同时，却又是门第长期保持活力的源泉[6]。唐后期的裴姓宰相家族，或以河东裴氏自居，或被视为河东裴氏，然而，正是他们塑造的谱系，最终构成了河东裴氏谱系的主干，带给后世的是一个作为整体的河东裴氏千年来仕宦显赫与世系绵延的历史记忆。

---

[1]（宋）欧阳修：《欧阳修全集》卷一四〇《集古录跋尾》卷七，北京：中华书局，2001年，第2257页。

[2]（宋）欧阳修、宋祁：《新唐书》卷二一〇《藩镇魏博》，北京：中华书局，1975年，第5930页。

[3]张丽芳、杨振威、罗火金：《唐代东眷裴氏裴滈墓志考》，《中原文物》2016年第5期，第11页。

[4]姚薇元：《北朝胡姓考》（修订本），武汉大学出版社，2013年，第267、268页。

[5]毛汉光等：《中古官僚选制与士族权力的转变——唐代士族之中央化》，载许倬云等主编《第二届中国社会经济史研讨会论文集》，台北：汉学研究资料及服务中心，1983年，第60页。

[6]仇鹿鸣：《“攀附先世”与“伪冒士籍”——以渤海高氏为中心的研究》，《历史研究》2008年第2期。

三、引谱入史：吕夏卿重构的背后及意义

历史并非仅仅沿着一条直线向前延伸，而是扩散于时间与空间之中，后世对前代的认知，总是根据当下的需要而展开，从扩散的历史中寻找有利于己的东西，基于此，“新的历史叙述与历史话语一旦形成，又会对历史形成制约，从而揭示出现实与历史的互动关系”[1]。《新表》的创立，在一定程度上回应了宋代宗族重建的时代要求。五代变乱，伦常败坏、纲纪不立，社会处在转型之中。当历史进入到北宋仁宗时期，近百年间文治政策所培养的士大夫进入权力阶层并拥有了可观的经济财富，这使得他们有能力来思考时代的命运，不约而同地肩负起复兴宗族制度的历史使命。一方面，他们重修唐史、五代史，试图效法唐代“典章制度之英”[2]，为宋朝的长治久安提供龟鉴。在探讨唐代明君贤臣、美政善谋背后的“盛德显功”时，注意到唐人“或父子相继居相位，或累数代世而屡显，或终唐之世不绝”的景象，认为这是唐人重视“家法”而“材子贤孙不陨世德”的结果[3]。另一方面，科举制度所带来的社会流动，使地方世族结构变动剧烈，“衣冠旧族多去其乡里，或爵命中绝，而世系无所考”[4]。士族制度走到了历史的尽头。宗族式微引发的基层治理问题，引起了士大夫群体的焦虑，他们企图通过对唐以前宗族的探讨得到启发。为此，范仲淹特别重视修身齐家的政治实践，其义庄义学为时代树立了榜样。而欧阳修、苏洵等先后编写了本族的新族谱，以凝聚族人。从某种程度上而言，宋代理学形成得益于对谱系之于宗族的意义的思考[5]。这样，大量存世的关于唐代宰辅名录的著作以及丰富的谱牒资料备受关注。

（一）吕夏卿的谱学特色

《新表》的作者吕夏卿，精通谱学。欧阳修撰欧氏图谱，吕氏为之“考正

[1]［美］杜赞奇：《从民族国家拯救历史——民族主义话语与中国现代史研究·导论》，王宪明等译，南京：江苏人民出版社，2009年，第2页。

[2]（宋）胡柯编：《欧阳修年谱》“嘉祐五年”，见李逸安点校《欧阳修全集》附录卷一，第六册，北京：中华书局，2001年，第2612页。

[3]《新唐书》卷七一上《宰相世系表一上》，第2179页。

[4]（宋）李焘：《续资治通鉴长编》卷一〇三，天圣三年五月条，北京：中华书局，1995年，第2380页。

[5]龚鹏程：《宋代的族谱与理学》，载氏著《思想与文化》，台北：业强出版社，1986年，第212、213页。

讹舛，而家谱遂为定本”[1]。《新表》为公私谱系之汇总整合，其间谬误难以判明，因而遭到南宋洪迈的严厉批评[2]。不过，洪迈所列举的例子，又恰恰是谱牒中充满建构色彩的先秦部分。如《新表》将裴氏与嬴氏联系起来，增加了嬴氏源流。这一点，《新表》基本上承袭了《元和姓纂》的说法[3]。但对得氏的两种传说，吕夏卿并不盲从，其“疑不可辨”之言，足以说明一名史官的基本立场。作为一位有个性的史官，吕夏卿极端强调春秋笔法[4]。在《新表》所列的九十八姓中，要想将充满矛盾的谱系梳理清楚，势必要忽略其间一些自相矛盾的事实，同时需要建构一些合乎情理的框架，这方面是春秋笔法的优势。以中眷裴行俭家族为例。裴行俭，唐初名将，其子裴光庭为开元时期的宰相。《新表》中，该家族世系颇为混乱。究其原因，卢向前先生的研究触及部分真相[5]。这就是，裴行俭继室厍狄氏，本是行俭长子贞隐妻，贞隐早卒，归于行俭。这样，厍狄氏的儿子中，既有行俭的嫡孙参玄，亦有行俭的幼子光庭，家谱的结构自然是无法调和的。与裴滔的家谱比较，可以看出，在《新表》中，如果不是吕夏卿使用了有歧义的家谱所致，一种可能的解释就是，吕夏卿也看到了张九龄《裴光庭神道碑》上面这个有悖伦常的现象，故而将贞隐、行俭分开。毕竟传统史学到了宋代，其评判标准道德至上，在东眷攀附上，吕夏卿能够容忍伪冒；在祖源的追溯上，他保持了存疑，然在行俭世系上，有可能采取了讳笔。

吕夏卿创立《新表》的意义，不单单是体现在史料的价值上，或者是体现了文约事丰的历史编纂学诸方面。尤要注意者，则是吕夏卿的引谱入史也获得了巨大的成功。

[1]《欧阳修全集》卷一四〇《集古录跋尾》卷七《跋欧阳琟碑》，第2250页。

[2]（宋）洪迈：《容斋随笔》卷六《唐书世系表》，北京：中华书局，2005年，第83页。

[3]岑仲勉：《元和姓纂校记再序》，第90页。按：今日所见《姓纂》系辑佚之作，裴氏大部分已佚。岑仲勉指出，郑樵《氏族略》的姓源部分，多出自《元和姓纂》。较之《氏族略》，可见河东裴氏得氏之由。

[4]刘丽：《领悟与实践：欧阳修、吕夏卿“春秋笔法”异同研究》，《史林》2010年第5期，第75—83页。

[5]卢向前：《唐代胡化婚姻关系试论》，载氏著《敦煌吐鲁番文书论稿》，南昌：江西人民出版社，1992年，第33—37页。

（二）引谱入史的意义

汉初，司马迁对先秦、汉初资料中关于炎黄的记忆进行剪裁编排，将“其言不雅驯”的神话传说从“历史”中分离开来，创造了一个以“英雄祖先”为骨干的谱系，并将三代帝王世系悉数纳入以黄帝为起始的线性历史之中[1]。两汉时期，地方大姓崛起，促成谱系编纂在精英家族中蔓延。西晋崩溃后，地方主义得以伸张[2]，谱系著作蔚为大观，正史为之设立“谱系篇”，成为重要的历史资源被使用，无论是《魏书》，还是《南史》《北史》，莫不如是。如前所述，正史提供了真实的历史人物，然而，历史人物之间的关系，则随着时代推移愈发明朗起来，其根源就是史官将谱系引入所致。如最早提到裴氏“避地凉州”的是《魏书·裴佗传》。裴佗是北魏的良吏，因而被列入正史，其世系仅及其父。唐初，该支出了裴矩、裴寂两位宰相，与现实显赫地位匹配的自然是绵长的世系，于是，李延寿的《北史·裴佗传》增加了“六世祖诜，仕晋位太常卿，因晋乱避地凉州”句，明确了裴佗谱系，弥补了《魏书》语焉不详的窘境。魏收修史，多出家谱。然连《魏书》都讲不出的谱系，入唐后却陡然清晰起来，这势必与该房显贵后修谱有关。对此，李延寿洞若观火。然而在《南史》中，他否定了《梁书》关于裴子野世系的强调，却在《北史》中增加了裴佗的世系，厚此薄彼，估计与前者的后裔没落有关。尽管传统史家崇尚实录精神，然其求真，不但要事实之真，更要价值之真。《北史》以姓为类将众家传融于一炉，李延寿“运用卓越的史识将包含自家在内的众多宗族的运动轨迹从前人积累的文献中提炼出来，粘连成线，铺展成面，删节成体，得以流传于世”，从而生动展现了众多在颠沛流离之中顽强发展的宗族，在面临战乱动荡局面而能凭借宗族为纽带得以传承不息的现象[3]。可以说，这种做法是吕夏卿创制《新表》的先声。不过在形式上，吕氏继承《史记》《汉书》传统，采用的是化繁为简的图表。

---

[1] 王明珂：《论攀附：近代炎黄子孙国族建构的古代基础》，《历史语言研究所集刊》第73本第3分，2000年，第592、593页。

[2] 范兆飞：《中古郡望的成立与崩溃——以太原王氏的谱系塑造为中心》，《厦门大学学报（哲社版）》2013年第5期。

[3] 李凭：《〈北史〉中的宗族与北朝历史系统——兼论中华文明长存不衰的历史原因》，《中国社会科学》2016年第5期，第203页。

（三）《新表》的价值

王明珂指出，中国近代炎黄子孙的国族建构有其古代基础，许多中国非汉族群的统治家族及中国域内的中下层家族，往往透过“姓氏”的获得以及与此相连之始祖，攀附在以黄帝为祖源的系谱之上[1]。这一论断有效地解释了华夏周边民族是如何进入传统政治中心的。但是，强调族群认同的主导性，而不对国家权力的主动性干预予以讨论是有缺陷的，正如学者所言，“整个国家权力机器在华夏边缘形成和固化中的能动作用是不容忽视的”[2]。晋唐之际，无论是太和改制，还是《贞观氏族志》，无一不是在国家权力的推动下实现的。可是，这种通过强力而实现的家谱“认同”，难免遭受一些在政治生涯中起伏者的抵触，不仅私家谱系颇遭非议，即便是国家组织撰写的氏族谱，也容易受到政治形势的干扰而饱受批评，也会由于改朝换代而弃如敝履。而史书与家谱有所不同，一旦某一家族跻身于史册，则会随着史书的流传而传承不绝。司马迁的《三代世表》将流行于先秦的炎黄传说纳入史家视野，从而开启了华夏始祖认同的先河；两汉以降，官私所修的精英家族的谱系，在史官的建构下，被逐步吸收进入正史之中，以《魏书》为典范。然而，这种吸收是零散的、不系统的，多是以家族为单位的局部整合。《新表》则是以姓氏为单位的重构，是以唐代宰相家族为线索，将晋唐之间的90余姓大族谱系进行梳理，尤其是将《元和姓纂》中姓氏溯源的传说与汉唐士族的谱系接续起来，使萌发于先秦、确立于两汉、发展于晋唐的华夏共祖意识在正史中有了文本上的依据。通过正史叙事，实现了同姓间的自我认知与认同，将那些个别家族的历史记忆变成华夏民族的集体记忆。《新表》之于姓氏的溯源与系统化，无疑在华夏共祖认同方面发挥着承上启下的历史功用。

宋明以降，《新表》充当了宗族重建的资源库。随着日益高涨的宗族意识，在宋代士大夫的极力倡导下，新型的拥有祠堂、族谱、义田等一系列特征的宗族集团逐步在民间社会中普及开来[3]。在宗族重建的过程中，族谱被赋予“推本联宗”“凝聚亲和”的新功能，如果将“姓氏”视为社会组织的架构，

[1] 王明珂：《论攀附：近代炎黄子孙国族建构的古代基础》，第583—624页。

[2] 罗丰：《什么是华夏的边缘——读王明珂〈华夏边缘：历史记忆与族群认同〉》，《中国史研究》2008年第1期，第171页。

[3] 常建华：《宗族志》，见《中华文化通志》第四典，上海人民出版社，1998年，第38、39页。

谱系便是此社会组织运作的力量来源与表征。宋明以降，谱系已经成为社会大众用来表达自己身份和理性的工具，其内容又往往以“追溯过去的来源”来证明[1]。不唯如此，人们还将宗族与国家兴亡联系起来：“万物本乎天，人本乎祖。不本乎祖，则忠孝仁义之心不生，贵者无所劝，贱者无所慕，而国家之败由之。”[2]靖康之变，刺激了姓氏之学的勃兴，邓名世即是以《元和姓纂》《新表》为参考而作《古今姓氏书辨证》的。不过，唐以来的制度变迁，谱牒因失去社会政治功用而散佚，致使士大夫之家也出现了“籍谱罕存”的情形[3]。在这种情况下，借助正史的权威，《新表》自然成为诸氏考其源流的主要依据。翻检明清之际的诸氏谱系，视《新表》为圭臬者比比皆是。可以说，《新表》在后世诸氏谱系的溯源上有着无可替代的地位，在维系华夏始祖认同上起着关键的证据链作用。

有学者认为，当今时代，越来越多的人感觉到在越变越快的世界中被连根拔起，“研究过去所具有的这种心理学上的功能具有重要的意义”[4]。本质上讲，史学满足的是人类寻根溯源的情感需求，因此可以具有类似“心理学”上的功能。我们应当清醒地看到，近代以来，中国史学随西风起舞，如浮萍之无根，漂泊无归，一直没有建立自主的史学体系。因此，建构中国史学话语结构，需要回归中国史学传统，而为人们日用而不知的谱系，它并未随着社会的转型而消失，却可承担着族源认同的重要作用，成为回归传统史学的路径之一。

（作者单位：山西师范大学历史与旅游文化学院）

[1] 连瑞枝：《姓氏与祖先——云南洱海地区阶序社会的形成》，《历史人类学学刊》2006年第2期。

[2]（宋）邓名世撰，王力平点校：《古今姓氏书辩证》附录一“残宋本《古今姓氏书辨证》卷第一”，南昌：江西人民出版社，2006年，第645页。

[3]（元）脱脱：《宋史》卷四三九《梁周翰传》，北京：中华书局，1977年，第13005页。

[4]［英］玛丽亚·露西娅·帕拉蕾丝-伯克：《新史学：自白与对话》，彭刚译，北京大学出版社，2006年，第190页。

Leading Genealogy into History: A Case Study of the Construction of Pei's Genealogy from Hedong Region and the Reconstitution from Lv Xiaqing

Liu Li

[Abstract] The Pei's family in Hedong region was one of the extremely important families in history. The origin of Pei's family wasn't single according to the legend. The Peimao's family from Wenxi areas firstly became centralized in the last years of the Han Dynasty, traced as the main sources of Pei's pedigrees construction in the Southern and Northern Dynasties. From the Prime Minister's Genealogical Tables in *Xin Tang Shu* (《新唐书》) about the structure of Pei's pedigree, two oppositions implied which were the competition between the North and the South as well as the confrontation between the East and the West. The Zhongjuan Pei (中眷裴) concerned the family style, while the Southward Wu Pei (南来吴裴) more emphasised on the lineage construction that made the Hedong Pei's Southward migration reasonable in the late Jin Dynasty. The Dongjuan Pei (东眷裴) caught up from behind and their pedigrees made up the majority since the Tang Dynasty. The Hedong Pei's family became significant until the Northern Song Dynasty by the constitution "Three-Juan-Five-Fang" ("三眷五房") of Lv Xiaqing. The idea that one common ancestor of Pei's family existed in *Xin Tang Shu* firstly became the base of the Pei's family cognation after Song Dynasty. The genealogy structure in *Shi Ji* (《史记》), *Han Shu* (《汉书》), the concept that Leading genealogy into history was inherited and the legend of family origins in *Yuan He Xing Zuan* (《元和姓纂》) was combined, which made a textual foundation of the consciousness about Chinese common ancestors that sprout in the pre-Qin period and the developed later. The historical memory of these texts played a unique role to the family genealogy origins and supported the evidence about the consciousness of Chinese common ancestors.

新出土唐《阴弘道墓志》考释

李建华

武威阴氏是魏晋南北朝隋唐时期的河西望族，其中最受世人关注的是梁陈时期的著名诗人阴铿，围绕其生平、履历、创作技巧、诗歌成就等学界多有论述[1]。和阴铿相比，阴弘道其名不彰，新、旧《唐书》亦皆无传。《旧唐书·经籍志》载阴弘道撰述有"《周易新论》十卷"[2]，《新唐书·艺文志》称之为"《周易新传疏》十卷"，此外，又补充"《春秋左氏传序》一卷"[3]。《周易新传疏》一书、《文献通考·经籍考二》和《宋史·艺文志》均有记载，名之为"《周易新论传疏》"，当亡于元末之季，今存清人马国翰辑本一卷。《旧唐书·傅仁均传》载参与贞观初历法修订者有"益州人阴弘道"[4]，《新唐书·艺文志》于"《周易新传疏》"后注曰："颢子，临涣令。"[5]此为传世文献关于初唐学者阴弘道的仅存信息。2004年，西北大学长安校区工地二号墓发掘出土《阴弘道墓志》，后收入《长安高阳原新出土隋唐墓志》，墓志甚为简洁，

---

[1] 相关研究如戴伟华《阴铿生平事迹考述》［《扬州师院学报（社会科学版）》1986年第3期，第118、119、124页］，赵以武《阴铿生平考释六题》（《文学遗产》1993年第6期，第30、37页）、《梁陈诗人阴铿的家世背景》［《甘肃社会科学》1994年第4期，第103—108页］，顾农《从阴铿的几首诗推测他的生平》［《天津师大学报（社会科学版）》1999年第1期，第55—59页］，荣文汉《缘水求诗——从水之意象论阴铿的诗歌创作》［《海南师范大学学报（社会科学版）》2009年第2期，第123—126页］，高建新《阴铿山水诗略论》［《上海师范大学学报（哲学社会科学版）》2007年第2期，第42—45页］等。

[2]（后晋）刘昫：《旧唐书》卷四六《经籍志》，北京：中华书局，1975年，第1968页。

[3]（宋）欧阳修、宋祁：《新唐书》卷五七《艺文志》，北京：中华书局，1975年，第1426、1441页。

[4]《旧唐书》卷七九《傅仁均传》，第2714页。

[5]《新唐书》卷五七《艺文志》，第1426页。

正文不足300字，本文以此为契机，试对阴弘道的籍贯、家世和事迹作一全方位的考索。

一、阴弘道籍贯考

阴弘道籍贯有武威姑臧、益州、作唐三说。武威姑臧说见于唐宰相张说之子张均《邠王府长史阴府君碑》（《文苑英华》卷九〇三录此文[1]，署作者为张说，但从碑文“夫人范阳县君，张氏丞相燕公之妹”来看，当出自燕国公张说之子张均之手），其为阴弘道孙所撰碑称阴氏为“武威姑臧人”[2]。今人孙猛《日本国见在书目录详考》倡此说[3]，新出土之《阴弘道墓志》与张均之说相同[4]。益州说见于《旧唐书》卷七九《傅仁均传》，称弘道为“益州人”。该说影响较大，《唐代前期经学学术编年》赞同之[5]，川籍学者金生杨、屈小强皆视其为前代乡贤而备加推崇[6]。“作唐说”乃今人提出，见于寻霖、龚笃清编《湘人著述表》[7]。

三说各有所据，武威说和作唐说皆能在先唐国史找到依据。《梁书·阴子春传》曰：“阴子春字幼文，武威姑臧人也。晋义熙末，曾祖袭，随宋高祖南迁，至南平，因家焉。”[8]《南史》同之。《宋书·州郡志三》“荆州”条曰：“晋武帝太康元年，分南郡江南为南平郡，治作唐。”[9]《元和姓纂》关于武威阴氏迁徙的记载亦与《梁书》一致：“后汉卫尉阴纲；孙常，徙武威姑臧。八代孙袭，家荆州作唐。”[10]东晋义熙十二年（416）刘裕北伐收复中原

[1]（宋）李昉等：《文苑英华》卷九〇三，北京：中华书局，1966年，第4752、4753页。

[2]（清）董诰等：《全唐文》卷四〇八，北京：中华书局，1983年，第4178、4179页。

[3]孙猛：《日本国见在书目录详考》，上海古籍出版社，2015年，第58页。

[4]陕西省考古研究院：《长安高阳原新出土隋唐墓志》，北京：文物出版社，2016年，第52、53页。

[5]孔德凌、张巍、俞林波：《隋唐五代经学学术编年（上）》，南京：凤凰出版社，2015年，第145页。

[6]分别见金生杨《巴蜀易学与中国学术的转型》（《周易文化研究》2014年第1期，第168—181页）、屈小强《四川新乡贤文化建设的传统资源》（《文史杂志》2017年第5期，第27—31页）。

[7]寻霖、龚笃清：《湘人著述表》，长沙：岳麓书社，2010年，第310页。

[8]（唐）姚思廉：《梁书》卷四六《阴子春传》，北京：中华书局，1973年，第645页。

[9]（梁）沈约：《宋书》卷三七《州郡志三》，北京：中华书局，1974年，第1118页。

[10]（唐）林宝撰，岑仲勉校记：《元和姓纂（附四校记）》，北京：中华书局，1994年，第749页。

和关中，后为赫连勃勃所败，退出关中，关中士女随晋军南迁，阴氏家族亦在此列。伴随刘裕北伐的成功，东晋版图臻于极盛，西北控制区域达到今陇东边缘。其时，以兰州为中心的西秦政权尚存，而姑臧更在兰州西北五六百里之外，乃北凉国都城，故姑臧（武威郡郡治）只能是阴袭的郡望或籍贯，而非实际的居住地。阴袭南迁后侨居南平作唐，子孙遂为南朝人，阴子春正是阴弘道曾祖父。《元和姓纂》所言阴氏望族有新野阴氏和武威阴氏二支[1]，据此，对于南迁后的阴子春家族而言，武威正是其郡望所在。

益州说除《旧唐书·傅仁均传》的偶尔提及外，再无其他凭依，《阴弘道墓志》提供了新的证据："父颢，梁尚书、金部郎，随（隋）仪同大将军、昌城县令，以儒学知名。公天才奇伟，命世挺生。一见不遗，五行具览。九流七略，莫不穷其妙赜，尽其精微。年十七举秀才，随（隋）蜀王号曰神童，留而不遣，雅相期遇，敬之若宾。"[2]阴弘道十七岁以蜀地考生资格参加秀才科考试，表明其在蜀地生活已经有一段时间，虑及其年龄，其迁移蜀地必然非自身因素形成。阴氏家族南迁后居南平，阴弘道高祖智伯、曾祖子春、祖荣仕历清晰可辨，皆未有宦蜀的记录，而其父颢仕隋为昌城县令，《隋书·地理志上》"梁州·新城郡·郪县"注曰："旧曰伍城。西魏改曰昌城，仍置昌城郡。开皇初郡废。大业初置新城郡，改县名焉。"[3]昌城县在今四川三台，阴弘道家族入蜀，殆缘于阴颢为昌城县令。隋代昌城县归梓州管辖，距离蜀中最繁华的城市——益州州治成都仅二百五十余里，阴颢舍弃仕宦落籍的惯例而居于益州，当缘于此。据墓志，阴弘道归唐后，出仕地方为"临溪令"，治所在今四川蒲江县辖境，可谓与川蜀的又一渊源。《新唐书·艺文志》称其为"临涣令"，可据墓志订正之。

永嘉之乱，衣冠南渡，东晋南朝之际，言及籍贯皆称北方旧籍，琅琊王氏、陈郡谢氏、颍川褚氏莫不如此。唐代一统，均以南方客籍称之，如颍川褚氏之褚亮，新、旧《唐书》本传称其杭州钱塘人；高阳许氏之许敬宗，新、旧《唐书》本传称其为杭州新城人；颍川钟氏之钟绍京，新、旧《唐书》本传称其为虔州赣人；河东柳氏之柳浑，新、旧《唐书》本传称其为襄州人。以此惯例，初唐学者阴弘道籍贯当为南平作唐。

[1]《元和姓纂（附四校记）》，第749、750页。

[2]陕西省考古研究院：《长安高阳原新出土隋唐墓志》，第52、53页。

[3]（唐）魏徵：《隋书》卷二九《地理志上》，北京：中华书局，1973年，第824页。

二、阴弘道家世——从武力强宗到文化士族的转变

关于阴氏祖源的记载，今存文献最早见于《后汉书·阴识传》，其文曰："管仲七世孙修，自齐适楚，为阴大夫，因而氏焉。秦汉之际，始家新野。"[1]新野阴氏为光武帝开国功臣，在东汉两为外戚，一门四侯，煊赫无比，南阳新野遂为阴氏郡望。武威阴氏与新野阴氏是何关系？张均《邠王府长史阴府君碑》曰："公讳某，字某，武威姑臧人也。……新野之凉，皆为著族。"[2]《元和姓纂》说得更为明白："后汉卫尉阴纲；孙常，徙武威姑臧。"[3]阴纲即光武帝阴皇后胞兄阴识之孙，此与《阴弘道墓志》言其为"汉大将军识之后"一致。

武威阴氏乃魏晋隋唐之际河西望族，史籍多有记载。《魏书·私署凉州牧张寔传》曰："（张）轨保凉州，阴澹之力，（张）骏以阴氏门宗强盛，忌之。"[4]张氏所建前凉国都乃武威姑臧。《唐贞观八年条举氏族事件》所举凉州武威郡有阴姓[5]。《元和姓纂》论及阴姓，列郡望二：新野、武威[6]。敦煌文献《新集天下姓望氏族谱一卷并序》曰："凉州武威郡出六姓：索、石、贾、安、廖、阴。"[7]《太平寰宇记》亦曰："武威郡六姓：贾、阴、索、安、曹、石。"[8]今人赵向群《河西著姓社会探赜》所论汉唐之际河西著姓共七家：曹氏、令狐氏、张氏、氾氏、索氏、宋氏、阴氏[9]，阴姓赫然在列。

阴弘道家族世系可考者可追溯至东晋末年之阴袭，至梁阴子春则臻于鼎盛。《梁书·阴子春传》曰："晋义熙末，曾祖袭，随宋高祖南迁，至南平，因家焉。父智伯，……官至梁、秦二州刺史。子春，天监初，起家宣惠将军，

[1]（南朝宋）范晔：《后汉书》卷三二《阴识传》，北京：中华书局，1965年，第1129页。

[2]《全唐文》卷四〇八，第4178、4179页。

[3][6]《元和姓纂（附四校记）》卷五，第749页。

[4]（北齐）魏收：《魏书》卷九九《私署凉州牧张寔传》，北京：中华书局，1974年，第2195页。

[5]转引自何光岳《中华姓氏源流史》第三册，长沙：湖南教育出版社，2003年，第2795页。

[7]黄永武编：《敦煌宝藏》第十五册《斯1963—2075》，台北：新文丰出版公司，1981年，第563页。

[8]（宋）乐史：《太平寰宇记》卷一五二《陇右道·凉州》，北京：中华书局，2007年，第2936页。

[9]赵向群：《河西著姓社会探赜》，《西北师大学报（社会科学版）》1989年第5期，第74—80页。

西阳太守。普通中，累迁至明威将军、南梁州刺史；又迁信威将军、都督梁秦华三州诸军事、梁秦二州刺史。太清二年，讨峡中叛蛮，平之。征为左卫将军，又迁侍中。”[1]阴子春子阴铿，“累迁招远将军、晋陵太守、员外散骑常侍”[2]。《阴弘道墓志》曰：“曾祖子春，梁侍中、左卫将军、梁秦二州刺史；祖荣，梁散骑常侍、新州刺史；父颢，梁尚书、金部郎，随（隋）仪同大将军、昌城县令，以儒学知名。”[3]传世之《邠王府长史阴府君碑》无墓主名讳，先考名讳亦失，更言阴铿与阴颢乃父子关系，《阴弘道墓志》可以订正其讹。阴府君碑出自张均之手，明载其妻乃宰相张说之妹，而《元和姓纂》称张说妹婿为国子司业阴行先，墓碑主人遂定。据此，阴弘道家族自东晋以来世系如下：

袭——智伯——子春——铿

——荣——颢——弘道——某——行先

武威地处河西走廊，东晋南北朝时期，在战事频繁、胡族政权环伺的背景下，是否具备攻伐之能是成为地方豪族的无可置疑的首要条件，武威阴氏自然也不例外。这一时期，武威阴氏兴盛者三支：阴训支、阴嵩支、阴袭支，与阴袭后裔显于南朝不同，阴训和阴嵩两支后裔皆仕于北朝。阴训之孙周达以战功知名于北魏[4]，阴嵩之子寿及寿子世师闻于边塞，为戎狄所惮[5]。同样，效力于梁朝的阴智伯、阴子春父子驻守南北争锋的前线，皆为军事重臣[6]。武威阴氏家族至阴铿实现了由军功向文学的华丽转身，其声誉超越父祖，放之东晋至隋唐这一时期的阴氏家族，也无有企及者，是典型的“将门才子”。阴铿以诗歌蜚声梁陈文坛，与何逊齐名，称作“阴何”。入唐之后，更是受到后学推崇，杜甫称李白“李侯有佳句，往往似阴铿”[7]，而杜氏本人亦“颇学阴何苦用心”[8]，殷尧藩赞雍秀才“兴来聊赋咏，清婉逼阴何”[9]。阴子春之孙颢年少成名，为北

[1][6]《梁书》卷四六《阴子春传》，第645页。

[2]（唐）姚思廉：《陈书》卷三四《文学·阮卓传附阴铿传》，北京：中华书局，1972年，第472页。

[3]陕西省考古研究院：《长安高阳原新出土隋唐墓志》，第52、53页。

[4]《魏书》卷五二《阴仲达传》，第1163、1164页。

[5]《隋书》卷三九《阴寿传》，第1148、1149页。

[7]（清）彭定求等：《全唐诗》卷二二四杜甫《与李十二白同寻范十隐居》，北京：中华书局，1960年，第2394页。

[8]《全唐诗》卷二三〇杜甫《解闷》其七，第2518页。

[9]《全唐诗》卷四九二殷尧藩《酬雍秀才》其二，第5575页。

周兽门学士，撰小说《琼林》二十卷[1]。阴颢子弘道为初唐太常博士、弘文馆修书学士，“著书论、算术、诗赋凡百余卷”[2]。阴颢、阴弘道父子在北周初唐之际迭为学士，是文化领域耀眼的风景。武威阴氏在文化领域的造诣使其家族不仅领冠河西，放之整个士族行列，也堪称文化名族。

三、阴弘道事迹考

（一）开皇十年（590）举秀才

肇于隋唐的科举制度是人类社会在人才选拔层面的划时代变革。据《隋书·文帝纪》，文帝朝的人才公开选拔有两次：一为开皇二年的“诏举贤良”，另一为开皇十八年的“志行修谨、清平干济二科举人”。《阴弘道墓志》不仅为隋唐人才选拔制度的年份提供了新的史料，而且为隋文帝时期的人才选录方式提供了鲜活的例证。《阴弘道墓志》曰：“年十七举秀才，随（隋）蜀王号曰神童。留而不遣，雅相期遇，敬之若宾。……（贞观）十四年二月三日遘疾卒于京师长兴里之私第，春秋六十有七。”[3]据此可知，阴弘道生于南朝陈太建六年（574），其十七岁则为隋开皇十年（590）。当代研究者普遍认为，“投牒自试”是科举制度起源的主要标志[4]，是区分察举制和科举制的关键。从“举秀才”之后能够被蜀王杨秀“留而不遣”来看，阴弘道仍然是通过举荐的方式进入选拔范畴。《隋书·文帝纪》的两次诏举贤能和阴弘道“举秀才”的经历表明这一时期的人才选用和前代相比并未产生实质性的变化，科举时代的大门尚未正式开启。秀才的策录在隋代异常艰难，《旧唐书·杜正伦传》明确记载“隋代举秀才止十余人”，阴弘道位居其列无疑是幸运的，但中秀才之后成为蜀王杨秀之弄臣，不能在更加广阔的舞台上施展抱负，同样也是一种遗憾。

---

[1]《隋书》卷三四《经籍志三》，第1011页。

[2][3]陕西省考古研究院：《长安高阳原新出土隋唐墓志》，第52、53页。

[4]邓嗣禹《中国科举制度起源考》（原载《史学年报》1934年第2卷第1期，后又收入刘海峰编《二十世纪科举研究论文选编》，武汉大学出版社，2009年，第17—26页）最先提出怀牒自试、考试黜落、进士为主科的科举制度确立的三要素说，俞大纲重申了“投牒自试”作为科举制度的标志性特征这一极具价值的论断（案：邓文写成，征询俞之意见，俞复函与之商榷。邓文发表，将复函一并登出），唐长孺（《南北朝后期科举制度的萌芽》，载《魏晋南北朝史论丛续编》，北京：生活·读书·新知三联书店，1959年，第124—131页）、何忠礼（《科举制起源辨析——兼论进士科首创于唐》，载《科举与宋代社会》，北京：商务印书馆，2006年，第1—23页）等学者皆持此说。

（二）参与修订历法、制作《大唐新礼》

贞观时期不仅在政治、军事、经济方面取得了后世难以企及的高度，在文化建设层面也取得了骄人的成绩，作为唐初的著名学者，阴弘道也是时代洪流的积极参与者。《阴弘道墓志》曰："贞观元年，诏赐束征，令定历，除国子助教。七年，又征授太常博士，制《大唐新礼》，又加奉义郎，奉敕为大学士，于弘文馆修书。"[1]唐武德初实行新的历法——《仁均历》，之后，关于此历法存在的问题多有讨论。《旧唐书·傅仁均传》留下了阴弘道参与这一活动的记录："贞观初，有益州人阴弘道又执孝通旧说以驳之，终不能屈。李淳风复驳《仁均历》十有八事，敕大理卿崔善为考二家得失，七条改从淳风，余一十一条并依旧定。"[2]

《大唐新礼》又称《大唐仪礼》《贞观礼》，和《永徽礼》《开元礼》并列为唐代三大礼书。《旧唐书·经籍志》和《太宗本纪》于此书皆有记载，但均甚简略。《经籍志》曰："《大唐新礼》一百卷。房玄龄等撰。"[3]《太宗本纪》曰："（贞观十一年正月）甲寅，房玄龄等进所修《五礼》，诏所司行用之。"[4]《新唐书·艺文志》则较为繁富："《大唐仪礼》一百卷。长孙无忌、房玄龄、魏徵、李百药、颜师古、令狐德棻、孔颖达、于志宁等撰。《吉礼》六十篇，《宾礼》四篇，《军礼》二十篇，《嘉礼》四十二篇，《凶礼》六篇，《国恤》五篇，总一百三十篇。贞观十一年上。"[5]据《旧唐书·王珪传》，参与此次修礼者尚有王珪。《阴弘道墓志》不仅使修撰者的名单进一步扩大，而且提供了此项工作开展的具体时间——贞观七年。

阴弘道不仅积极参与唐初官方组织的文化建设，在私人著述方面也颇为丰厚，"著书论、算术、诗赋凡百余卷，盛行于世"[6]。其中最为世人称道且流传最为久远者是《周易新论传疏》十卷。该书于《文献通考·经籍考二》和《宋史·艺文志》尚有著录，今存清人马国翰辑本一卷。李鼎祚《周易集解》乃今存唐代二家《易》学著作之一，当代研究者认为，其治《易》之思想正源自阴弘道："阴弘道杂采子夏、孟喜等十八家《易》学而参定其长，著成新

[1][6] 陕西省考古研究院：《长安高阳原新出土隋唐墓志》，第52、53页。

[2]《旧唐书》卷七九《傅仁均传》，第2714页。

[3]《旧唐书》卷四六《经籍志》，第1975页。

[4]《旧唐书》卷三《太宗本纪下》，第46页。

[5]《新唐书》卷五八《艺文志》，第1491页。

书，本身就是一种集解体注释方式，也可看出他在《易》学上喜好两汉象数《易》学，至少不独遵王弼的义理《易》学。这与当时王弼《易》学独行的时代风气颇为不同。李鼎祚与阴弘道同为蜀人，所著《周易集解》博引众家，特别推崇象数《易》学，无疑受到阴弘道《周易新传疏》的启示。”[1]诚如斯言，阴弘道《周易新传疏》可谓佚而不亡矣。

（作者单位：鲁东大学文学院）

On the New Unearthed Tomb Epitaph of Yin Hongdao in the Tang Dynasty

Li Jianhua

［Abstract］Yin Hongdao was a famous scholar in the early Tang Dynasty. His *Zhou Yi Xin Lun Zhuan Shu*（《周易新论传疏》）were recorded in the *Wen Xian Tong Kao*（《文献通考》）and the *Art and Literature in Song shi*（《宋史·艺文志》）. Most volumes were lost and nowadays only a volume was kept by a scholar of the Qing Dynasty. The ancient ancestor of Yin Hongdao came from Wuwei. His native place was Nanping. He grew up in Yizhou and was buried in Chang'an. Yin Zichun and his sons were well-known for their military achievements in the border areas. Since Yin Keng, they had been well-known for their literature. Yin Hongdao inherited his father's work and never let his family voiceless. Wu Wei's Yin family was a typical case to illustrate the transformation from a military power to a cultural gentry. Yin Hongdao already became famous in his young age. After entering into the Tang Dynasty, he participated in the revision of the calendar and the writing about *Da Tang Xin Li*（《大唐新礼》）. Later, he was known as a scholar and a writer, especially famous for writing *Zhou Yi Xin Lun Zhuan Shu*. He was one of the important pioneers in the cultural cause of the Tang Dynasty.

[1] 金生杨：《论李鼎祚及其〈周易集解〉》，载李诚主编《巴蜀文化研究集刊》第一辑，成都：巴蜀书社，2004年，第158页。

宗教与文化

《入唐求法巡礼行记》中佛教艺术的信仰之用*

［美］韩森撰　陈晶译

日本天台宗和净土佛教传统的传法高僧之一圆仁（793—864）在44或45岁时来到了中国。在中国，圆仁用了9年的时间学习佛教经文和仪轨。强盛的唐朝是东亚典范，日本天皇渴望建立唐朝式的国家，圆仁便在此背景下入华。圆仁日记以生动描写唐朝（618—907）生活著称，其中更独特地阐明了信徒和民众对佛教艺术的制作和运用。

圆仁对其所描绘的画像和雕塑的精巧工艺不吝赞美，但对他而言，画像和雕塑作为一种仪式对象更为重要。因为它们是一种强大的技术。圆仁及其同辈相信，无论信徒是在梦中一瞥还是在清醒时一见，一些画像描绘了构成神灵的实际外观的元素。信徒使用的特定神灵的画像越准确，神灵回应信徒祈祷的神迹就越强大。

《入唐求法巡礼行记》是公认的佛教朝圣者的旅行日记。由于僧人留下这些记录是为了对那些也在考虑进行类似旅行的佛教徒有所助益，他们竭尽所能地提供对外国的准确描述。令人印象深刻的是，圆仁在日记中对自己中国之行遇到困难的时刻非常坦诚。比如，他在日记中承认，他曾告诉中国政府自己是新罗人。对自己的身份撒谎可能有违其信誓，但佛教教义中对于权宜之计的允许，也宽容了他的这个和其他使他得以继续求法之行的托词。圆仁的异常坦率也使他的记叙显得特别可靠：历史学家对于那些作者承认自己撒谎的一手史料尤为重视。

---

*原文请参考Valerie Hansen, "The Devotional Use of Buddhist Art in Ennin's Diary," *Orientations* 45.3, (April 2014), pp.76-82.中文译文由韩森教授及香港城市大学李怡文老师审校，特此谢忱。

1955年，赖肖尔（Edwin O. Reischauer）把《入唐求法巡礼行记》由中文译为英文[1]并撰写了《圆仁游唐记》[2]的随册。1990年，深谷宪一翻译出版了带详细注释的原始日记的日文版本。本文的翻译基于赖肖尔的翻译，结合深谷的注释提示进行了微调。参考文献依据赖肖尔翻译的形式，并以月—日—年的格式提供日记条目的日期[3]。

公元838年，圆仁作为日本第十八次也是最后一次遣唐使团的代表前往唐朝（日本最后一次派遣计划在894年，但最终被取消）。使团团长（大使）藤原常嗣（796—840）是中国文化学者，这也许是选他居于其位的原因[4]。圆仁提到了使团中至少30多个成员的名字，包括他自己、僧人圆载（卒于877）和各种官员。总共651人分坐4条船航行，其中有约200名水手[5]。新罗人担任他们的翻译，使团在沿岸各地也都遇见了新罗人。

日本人访问的表面目的是赠送礼物，主要是日本的土物，如稀有贝壳、银装刀子、毛笔、水晶念珠，同时接受唐朝皇帝的回礼，回礼通常包括纺织品、香料、香水、药品和书籍等。日本人也借此次访问寻求有关中国的最新情报，因为自上次遣唐使团在804年至806年访问中国已经过去了30多年[6]。

日本船队刚起航便遇逆风，一周多后终于开始了航行。他们不得不在夜间航行，并以火把为信示意邻船。在航行的第十七天，第一艘船发现第四艘船渐渐远离它们。不确定他们是否还能重聚，“大使始画观音菩萨。请益、留学法师等，相共读经誓祈”[7]。当遇上暴风雨时，水手和海员常向慈悲的佛教神灵观音菩萨祈祷。尽管圆仁没有直说，但大使可能没有亲自作画而是把这项任务分派给了使团中的画师，后者在中国期间还为大使绘制了其他画作。

这是圆仁的记述为何如此重要的原因。他反映了当时人们是如何理解我们如今收集的佛教艺术。当时，绘画的功能是一种向观音菩萨祈祷的形式。在夜

[1]Edwin O. Reischauer(trans.), *Ennin's Diary: The Record of a Pilgrimage to China in Search of the Law,* New York: The Ronald Press Company, 1955.

[2]Edwin O. Reischauer, *Ennin's travels in Tang China,* New York: The Ronald Press Company, 1955.

[3]由于《入唐求法巡礼行记》原文为中文版，为避免回译时的错漏，引文采用［日］圆仁著，白化文、李鼎霞、许德楠校注：《入唐求法巡礼行记校注》，北京：中华书局，2019年。

[4]Arthur Waley, “Ennin (794-864) and Ensai,” *The Real Tripitaka and Other Pieces*, London: George Allen and Unwin Ltd., 1952, p.138.

[5]Robert Borgen, “The Japanese Mission to China, 801-806,” *Monumenta Nipponica*, 37 (1982): p.7.

[6]Robert Borgen, “The Japanese Mission to China, 801-806,” *Monumenta Nipponica*, 37 (1982): p.10.

[7]6-4-838; Reischauer, pp.2-3.

晚的船上，画师只能用纸和笔来绘制简单的草图。如今幸存得见的大多数观音画像，如旧金山亚洲艺术博物馆收藏的观音画像，似乎比在圆仁描述的条件下绘制的作品完成度更高。敦煌莫高窟第17窟中保存着一幅明显缺乏艺术性的观音素描。丹尼尔·爱丽斯夫（Danielle Elisseeff）将其描述为“用僵硬且不熟练的笔触绘制”并注意到“两个拙劣的附加之处”：莲花的茎靠近但没有位于菩萨渲染欠佳的左手中，而净瓶别扭地徘徊在右手拇指上方[1]。这些缺陷是否意味着这是在危机中绘制的供养画像？

在接下来的八天里，圆仁的船持续与暴风雨斗争，直到被冲上扬州附近的海岸。船被海浪所击，撞石而破。正当船员和乘客都要溺死时，一艘中国的小船救了他们。使团中的一员[2]发愿，如果他们能幸免于难，便委托画师绘制中国的妙见菩萨和四天王像，这些神灵也被认为拥有解救航海遇险之人的法力。

使团派画师到扬州较大的寺院之一开元寺取样，圆仁写道：“而有所由制，不许外国人滥入寺家，三纲等不令画造件像。”[3]尽管圆仁感到困惑，但中国人不愿提供能量强大的佛教图像给他们使用是可以理解的。中国人想为自己及盟友保留神灵的法力，而当地官员不知能否信任日本人。

日本使团为了得到正式批准等待了三个月，但圆仁在几个月后自己定制画像时却没有遇见如此困难。他定制了两铺各三幅天台宗创始人智顗（538—597）和天台宗二祖慧思（515—577）[4]的画像。可能是使团的画师粟田家继在寺庙里完成了初步草图，粟田家继又在自己房中完成了最后的绘画[5]。

圆仁为何要定制这些特殊的画像呢？正如森西亚·博格尔（Cynthea Bogel）所言，真言宗的创始人，另一位求法归来的僧人空海（774—835）于806年从中国带回了画像。空海坚信准确的画像有助于向未开悟的人传播佛法或教义[6]。

---

[1] Jacques Giès(ed.), Hero Friesen in collaboration with Roderick Whitfield(trans.), *The Arts of Central Asia: the Pelliot Collection in the Musée Guimet*, London: Serindia Publications,1996, p.75,description of pl.56.

[2]即大使藤原常嗣，译者注。

[3]8-3-838; Reischauer, p.26.

[4]即天台大师、南岳大师，译者注。

[5]1-3-839; Reischauer, p.67.

[6]Cynthea J. Bogel, “Situating Moving Objects:A Sino-Japanese Catalogue of Imported Items 800 CE to the Present,” in John Mrazek and Morgan Pitelka(eds.), *What’s the Use of Art*, Honolulu: University of Hawai’i Press, 2008, p.153.

几个清单列出了圆仁携归的物品。最详细的是《入唐新求圣教目录》(*An Inventory of Newly Acquired Buddhist Materials in China*)[1]，将圆仁求得的物品分为佛经、碑拓、墓志铭拓片、诗集、画像和金属法器[2]，按获得地点分类(扬州、长安和五台山)。一些画像依然保存于京都醍醐寺，如普贤延命菩萨像(普贤菩萨的一种化身)、胎藏曼陀罗、八大明王图[3]。

定制画像后，圆仁和他的同伴留在扬州。在那里，他等待着赴其所属的天台宗的中国祖庭浙江天台山求法的敕许。圆仁在中国新年期间参观了开元寺[4]。在寺中，僧人安置了“四十二贤圣素影。异种珍彩，不可记得”。圆仁用了一个不寻常的术语——素影，意为“月亮投射的影子”，这可能只是暗示一种模糊的相似性，这是人类艺术家在描绘神灵画像时能达到的最佳效果(他的清单中用了另一个术语——真影，来表示像不空[705—774]这样的已故僧人的画像)。圆仁描述这些画像道：

> 贤圣容貌：或闭目观念，或仰面远视。或向傍似有语话，或伏面瞻地。四十二像皆有四十二种容貌。

这种变化让圆仁觉得十分诧异，听起来似乎他期望这些容貌是一样的。其他变化也令他印象深刻：“或结跏趺坐，或半跏坐。坐法不同。”此外，寺里还展示了两种印度神话中的神鸟画像[5]以及经常成对出现的菩萨像——普贤、文殊。

当天晚上，僧人们点灯坐于画像前，“同声梵赞，通夜无休。每一圣前点碗灯”。黎明时僧人们供养药粥，斋时提供更丰富的饭食和多种菜肴。百姓设斋供僧，僧人们在次日晚上重复了同样的供养和祈祷仪式。仪式持续了两天两夜。

圆仁从未获得去浙江天台山的敕许。朝廷视圆仁为“请益僧”，并认为他年纪太大，没有资格获得长期的留学资助[6]。他们允许更年轻的“留学僧”圆载

[1]T.2167, pp.1078-1084.

[2]《入唐新求圣教目录》的表述是经论、念诵法门、章疏传记、胎藏金刚界两部大曼荼罗及诸尊坛像、舍利、高僧真影等，译者注。

[3]Email correspondence from Mimi Yiengpruksawan,12 October 2013.

[4]1-17-839; Reischauer, p.73.

[5]即共命鸟、伽陵频伽鸟像，译者注。

[6]Arthur Waley, *The Real Tripitaka and Other Pieces*, p.3, note 7.

到天台山求法。圆载在中国待到877年返回（他在归国途中船破身亡）。

历经艰险，圆仁终于到达了山西五台山。文殊菩萨是该胜地的守护神，一尊文殊菩萨像给他留下了深刻印象：

> 容貌颙然，端严无比。骑师子像：满五间殿在。其师子精灵，生骨俨然，有动步之势，口生润气，良久视之，恰似运动矣。[1]

圆仁记述了刻造佛像的故事。经过了六次失败的尝试后，工匠感应到了文殊菩萨的形象。只有当工匠知道菩萨的真实模样时，他才能成功造像。

在五台山时[2]，圆仁拜访了附近村庄里的新罗僧，看到了那里的白石弥勒像，体上着土。圆仁再次听说了文殊菩萨显灵之事，这次是一个新罗人"夜梦有一僧来语云'我是文殊师利。古佛堂堕坏积年，无人修缉，佛菩萨埋没土中，见汝信志，故来告报'"[3]。文殊菩萨指引新罗人在家的东南宝塔边挖掘，在那里"（他）锄掘地，深至胸上，寻得佛菩萨像"。

圆仁恰好捕捉到了中国早期考古史的一个惊人瞬间。出土的佛像包括弥勒佛像、文殊师利菩萨（和他的坐骑狮子）、普贤菩萨、观世音菩萨和"佛骨铁阁廿斤已上"。这些佛像和佛骨并不仅仅是用于展示，而正如梦中文殊师利菩萨所证，它们所经的岁月增强了它们的神力。当夜圆仁加入了僧人礼佛的行列，道俗会集，供养佛像。

离开五台山后，圆仁前往唐朝都城长安（今西安）。在长安，圆仁经受了唐武宗（840—846在位）下达的限制僧尼的一系列政令，先是限制佛寺的僧侣人数，而后是强迫所有僧人还俗。连圆仁也被迫还俗。历时五年，前后通状百余回，圆仁终于取得归国公验。846年，圆仁赴山东乘船途中，唐武宗驾崩，新帝唐宣宗（846—859在位）撤销了所有禁令。这一改变使得圆仁得以收回大部分寄存在原日本使团的新罗翻译[4]处的书籍和画像。

八天的归国之旅很顺利。归国后，圆仁成为京都外比叡山寺院的主持，作为净土佛教传统的高僧之一，他留下的遗产包括从中国求得的书籍、绘画、有关仪式的知识和他的日记是有史以来最丰富有趣的历史文献之一。圆仁日记提供了一个清晰的视角，让我们得以了解一位佛教朝圣者是如何看待在中国之行

[1]5-17-840; Reischauer, p.232.

[2]应为圆仁在赤山法华院时，应新罗僧常寂邀请到刘村，译者注。

[3]2-14-840; Reischauer, pp.165-166.

[4]即刘慎言，译者注。

中所见神像（无论是绘画还是雕塑）的。圆仁称呼这些神像为“月亮投射的影子”[1]，根据这些神像的准确性来判断它们。考虑到凡人很少得见菩萨或神灵，这是一个发人深省的标准。

（作者单位：美国耶鲁大学；译者单位：北京语言大学中华文化研究院、首都国际文化研究基地）

The Devotional Use of Buddhist Art in *Ennin's Diary*（《入唐求法巡礼行记》）

(USA) Valerie Hansen　Chen Xiao Translation

［Abstract］*Ennin's Diary* was Japanese monk Ennin's travel diary. Deservedly famous for its vivid portrayal of life during the Tang Dynasty, his diary uniquely illuminated the making and using of Buddhist art by both clergy and laity. He described how people at the time understood the Buddhist objects which we nowadays collect as Buddhist art. Ennin and his contemporaries believed that the more accurate the portrayal of a given deity, the more powerful the miracles that deity would perform in response to prayers. Ennin made his own judgement to the portraits by their accuracy, which was believed as a thought-provoking standard.

[1]即素影，暗示人类在描绘神灵画像时只能达到一种模糊的相似性，译者注。

论唐代龟兹佛教艺术

侯明明　霍旭初

一、引　言

佛教传入龟兹约在公元前后。至三世纪，龟兹佛教发展成为中国西域佛教中心之一。魏晋时期，是龟兹佛教迅速发展期。龟兹佛教与印度北方佛教关系紧密，其主流信仰是佛教的“说一切有部”。因古代西域地缘与人文等因素，在西起朅盘陀（今塔什库尔干）、东至车师（今吐鲁番、哈密）的地区，形成了以龟兹为中心和旗帜的一条“说一切有部思想文化带”[1]（图1）。从南北朝中后期起到唐代，龟兹佛教与艺术进入了发展的黄金时期。经过唐代安西大都护府百余年的经营发展，龟兹佛教艺术模式已经成熟、规范，并对周边产生强烈的影响。在中国内地佛教艺术中，至今都能觅寻到它的踪迹。

唐代末期以后，西域经历了社会转型的动荡，龟兹石窟遭受严重破坏。经过历史沧桑，至今龟兹中心地区遗存的石窟尚有十余处，洞窟六百余个[2]。其规模堪与阿富汗巴米扬、敦煌莫高窟媲美，是世界屈指可数的大型石窟群之一，也是中国四大石窟之一。根据考证研究与测定分析，龟兹石窟约三分之二的洞

[1]霍旭初：《论古代新疆“说一切有部思想文化带”》，载《丝绸之路研究集刊》第一辑，北京：商务印书馆，2017年，第173—190页。

[2]龟兹中心地区的石窟有：拜城县的克孜尔石窟、台台尔石窟、温巴什石窟；库车县的库木吐喇石窟、森木塞姆石窟、克孜尔尕哈石窟、玛扎伯赫石窟、苏巴什石窟、阿艾石窟；新和县的托乎拉克艾肯石窟。

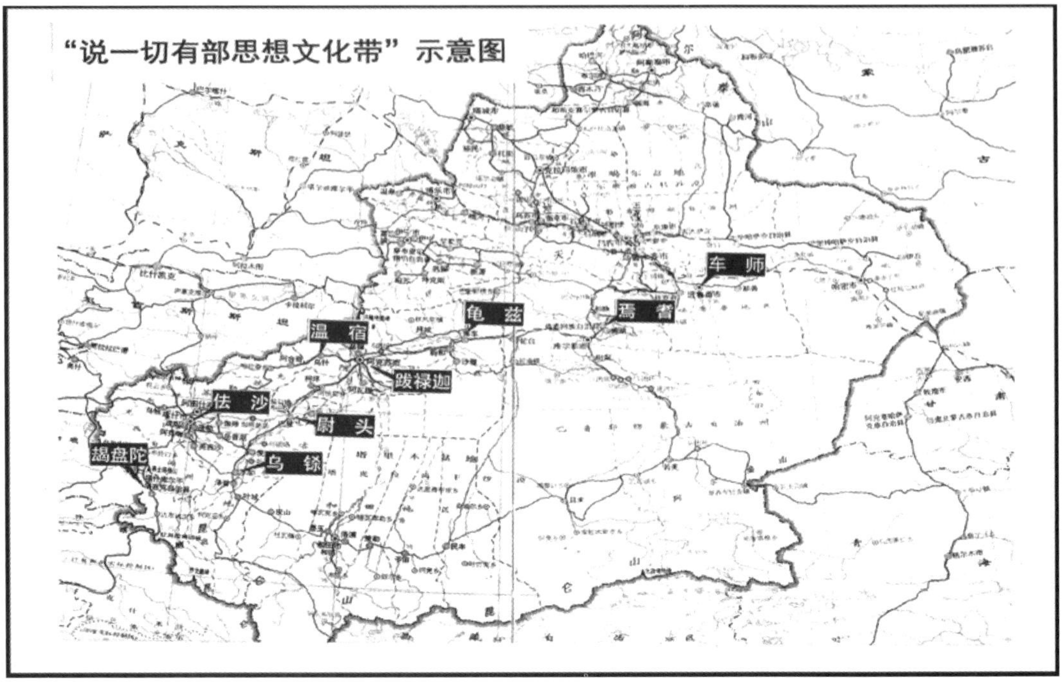

图1　古代新疆“说一切有部思想文化带”示意图

窟开凿于唐代[1]。

公元658年，安西都护府从高昌交河移至龟兹，并升为安西大都护府，龟兹成为西域政治，经济、文化中心。随之大批汉地军民迁居龟兹。他们在龟兹建立佛寺、开凿洞窟，中原大乘佛教在龟兹得以弘传。唐代的龟兹，出现了本地佛教（小乘）与中原佛教（大乘）和平共处、并存发展的罕见历史奇观。本文重点论述龟兹本地传统佛教及其艺术，中原汉系佛教艺术将另作探讨。

一、龟兹佛教艺术模式的内容与特色

龟兹佛教艺术以石窟为主要载体，包括建筑（窟体）、图像、雕塑等。龟兹佛教艺术模式主要内容有：

（一）中心柱式洞窟

龟兹中心柱式洞窟出现较早，大约在公元4世纪已经形成，后来一直成为龟兹石窟建筑的主流。龟兹中心柱洞窟与印度的支提式洞窟有一定的渊源关系。

[1]龟兹石窟中几乎没有确切纪年资料。大致的分期是从历史背景、洞窟形制、题材内容、绘画风格、结合碳14数据综合分析取得（数据来源：北京大学历史系、中国社会科学院考古研究所及德国、日本等公布的数据）。经过反复排比分析，得出以上初步结论。

但龟兹的中心柱式洞窟是龟兹佛教信仰与龟兹本地地质特点相结合的产物（图2）。中心柱式洞窟的作用是礼佛和观像，主要体现着“说一切有部”的理念。这些理念用“譬喻”的手法，将印度传统的寓言和故事用佛教理念再塑造，创造出大量“本生故事”。以后又演绎出“佛传故事”“因缘故事”等生动感人的图像。三种故事图像，数量庞大，遍布洞窟各个角落。学者称誉龟兹石窟是“故事画的海洋”并不为过。龟兹中心柱式洞窟至唐代达到高峰，此时中心柱窟数量增多、空间扩大、气势威严、装饰繁缛、绘画精美。龟兹中心柱式洞窟成为中国早期石窟的突出范式，敦煌、河西走廊、云冈、龙门等石窟，都受到龟兹中心柱式洞窟的影响。

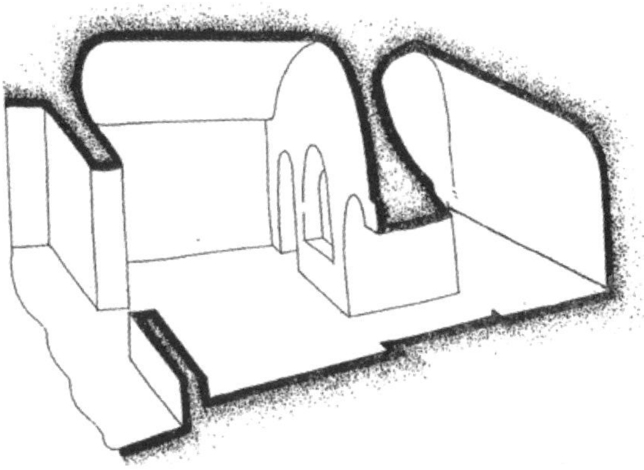

图2　中心柱窟透视图

（二）菱形构图

菱形构图是龟兹佛教独具匠心的创造，是为表现丰富的故事而构想，每一个菱形格内绘出一个故事，容纳了数百幅佛教诸佛与度化故事。这种构图对空间的利用最为合理。菱格构图还有佛教中心须弥山的象征意义。菱形构图还有三角形支撑和平行四边形的连锁结构，具有应力感和稳定感。每个菱格用不同的颜色作底色，相同色斜向排列，整个券顶形成了数道色彩不同的辐射线，与正壁的主尊像呼应，形成佛光四射的庄严氛围（图3）。菱格构图是佛教理念

图3　克孜尔第171窟主室窟顶

图4　晕染与线描特征

与艺术审美巧妙结合的艺术结晶。菱格构图萌发于公元三世纪，六七世纪是龟兹菱格构图的成熟期。

（三）绘画技法

龟兹壁画受到印度和波斯绘画的熏陶，同时也接受了中国西域“于阗画派”的深刻影响。其中著名的“凹凸法”（晕染法）在龟兹壁画里广泛使用但又有发挥创造（图4）。龟兹壁画的“凹凸法”有单面晕染、双面晕染、单双面结合晕染等多种手段。晕染一般比较夸张，立体感增强。与晕染相结合而产生形象力量的是线条。龟兹壁画的线条基本上属于唐代流行的于阗画派系统。例如著名的于阗画家尉迟乙僧的“屈铁盘丝”，在龟兹石窟中运用自如。龟兹壁画生动的造型，就是晕染与线条相得益彰运用的成果。唐代龟兹石窟图像特别突显色彩的艳丽，其中石青的大量使用，在佛教美术中实为罕见。它的背后是唐代龟兹社会的繁荣和丝路的畅通，这种堪与黄金比肩的贵重颜料的广泛使用，是龟兹地方政治、经济、文化强势的符号。

龟兹佛教艺术模式还有许多内容，如“天相图”和“天宫伎乐”都有独特的内容和形式，对内地佛教艺术也产生过深远的影响。

佛教艺术模式观念的出现，是中国佛教艺术研究深化的必然取向。龟兹石窟是中国最早开凿的石窟群，尤其是克孜尔石窟形成的艺术模式，实为中国内地石窟艺术模式的滥觞。中国学者以此观念展开的佛教石窟研究，取得了丰硕的成果，对推动中国佛教艺术研究有重要的意义[1]。

[1]宿白：《凉州石窟遗迹与“凉州模式”》，《考古学报》1986年第4期，第435—446页；《平城实力的集聚与“云冈模式”的形成与发展》，载云冈石窟文物保管所《中国石窟·云冈石窟》（一），北京：文物出版社，1991年，第176—197页；《中国石窟寺研究》，北京：文物出版社，1996年。

二、龟兹佛教艺术的佛学特色

佛教艺术是佛教意识形态的物化表现形式。赵朴初先生在《佛教画藏系列丛书总序》中精辟地指出：“佛教美术是和佛教的教义紧密联系结合在一起的。佛像都是表法的，佛教教义的谛，就体现在佛教美术上。”表法，就是表达佛教思想的本谛，所有佛教艺术，都属于表法的手段。龟兹石窟的建筑、壁画、雕塑无一不是这个属性。

龟兹佛教发展到唐代，佛教理论、表法水平都达到了系统化的高度。玄奘的《大唐西域记》和《大慈恩寺三藏法师传》中都有所表述。唐代龟兹佛教的理论体系，是中国佛教理论的重要组成部分。但现今对龟兹佛教艺术的解读和阐述，受历史上“大小乘纷争”和历史形成的某些偏见影响，认识上有不少的错解。如轻视“小乘佛教”的历史地位，观察龟兹石窟往往用大乘观念看待，还有任意歪曲龟兹佛教本来属性等，与表法原则背道而驰，因而将龟兹佛教研究引入困境。因此，认清龟兹佛教的基本思想，把握龟兹佛教与艺术研究的历史定位和理论定位，明确方向、路径清晰，方可使龟兹佛教研究迈进更高的境界。龟兹石窟艺术表法的关键点，是对说一切有部“唯礼释迦”理念的完整认知和准确阐述。现从几个主要的问题作简要论述。

（一）菩萨观

佛教认为：释迦牟尼成佛前，经历了“旷劫”的生死轮回历程。此即“本生”。《阿毗达磨大毗婆沙论》说：“本生云何？谓诸经中，宣说过去所经生事，如熊、鹿等诸本生经。”[1]《瑜伽师地论》说：“本生事者。谓说前生菩萨行事。”[2]说一切有部重视本生理念，是该部注重“因缘果报”思想和“三世实有，法体恒有”理论的体现。故说一切有部又被称为“说因部”。说一切有部所谓本生事迹就是“行菩萨道”。“菩萨道”按“四度”（布施、持戒、精进、智慧）途径，将释迦牟尼前世无数年代中种种牺牲的业绩，积累成“功德资粮”，最后达到成佛的目标（图5）。

“本生”中的释迦牟尼，也被称为“轮回时期菩萨”，是整体“菩萨道”的第一阶段。释迦牟尼经过“轮回时期”和“兜率天”的准备后，投胎人间。

---

[1]（唐）玄奘译：《阿毗达磨大毗婆沙论》卷一二六，载《大正新修大藏经》（下简称《大正藏》）第27册，No.1545，东京：大正一切经刊行会，1934年，第660页。

[2]（唐）玄奘译：《瑜伽师地论》卷六九，载《大正藏》第30册，No.1579，第680页。

图5　初始的本生故事

长大成人后，他观察人间“生老病死”等人生苦相，萌生出家离世思想。经过苦行挫折，终于觉悟成佛。这一阶段被称为“最后身菩萨”。以上两个阶段的和合，就是说一切有部的全部“菩萨观”。龟兹石窟“降魔成道”之前的图像内容都是表现“菩萨观”的艺术造像。

（二）佛陀观

在佛教大小乘派别中，怎样看待释迦牟尼佛，有截然不同的观念。这是佛教信仰中非常重要的原则问题，也是佛教分裂成“部派佛教”后，判别派属的重要标准之一。对“佛陀”的观念，在专论佛教分裂的《异部宗轮论》中，有清晰的论述。大众部（大乘）一些派别的观点是：

> 诸佛世尊皆是出世，一切如来无有漏法，诸如来语皆转法轮，佛以一音说一切法，世尊所说无不如义，如来色身实无边际，如来威力亦无边际，诸佛寿量亦无边际，佛化有情令生净信无厌足心，佛无睡梦，如来答问不待思惟，佛一切时不说名等，常在定故。[1]

大众部出于对佛陀伟大人格精神的崇仰，赋予佛陀种种超人的想象。佛陀有堂堂威仪、赫赫容颜，身体无边无际、法力无穷、无有限量、不可思议、不可想象。这种理念认为佛陀完全是出世的、神化的。

而上座部（小乘）中的说一切有部等派别，观点却完全相反，认为：

> 八支圣道是正法轮，非如来语皆为转法轮，非佛一音能说一切法，世尊亦有不如义言，佛所说经非皆了义，佛自说有不了义经。[2]

说一切有部认为佛陀教法中的八正道理论才是真理。佛陀所说并不都是转法轮

[1]（唐）玄奘译：《异部宗轮论》卷一，载《大正藏》第49册，No.2031，第15页。

[2]《异部宗轮论》卷一，第16页。

（说教正法），佛说的声音也不都是说法，佛陀也有不完满的教义，佛陀也有不直接显示经义的说教。说一切有部反对大众部将佛陀本人超世神化的论说，认为佛陀的肉身与普通人一样是有漏（烦恼）的，而佛陀的法身（思想精神）才是真理。总之，佛陀是一位人间的圣人，是一位伟大的智者，伟大的宗教家，众生的导师。佛既然是人，也有烦恼，佛的生身也必然经历“生老病死”。《增一阿含经》曰：“佛世尊皆出人间，非由天而得也。”[1]因此，佛陀生身受因缘果报支配是不可回避的。佛陀之伟大，在于通过佛法的实践，探求“苦”的根源与克服之道，为众生寻求解脱，创建佛教，追求最后的解脱。

在龟兹石窟中有关佛陀事迹图像，完全是说一切有部“佛陀观”理念的形象表现。除过大量表现佛陀“无量善举”之外，也有自身“有漏”的故事，以阐释“因缘果报”的法则。

（1）“十宿缘”故事。根据佛教因果法则，佛陀过去也犯有恶业，今世应当受到报应。据《佛说兴起行经》所载，佛陀过去有十种“恶行”，已考证出“木枪刺脚”、“苦行宿缘”、“食马麦缘”、“提婆达多砸佛”、“婆罗门女谤佛”（图6）等故事[2]。

图6　婆罗门女谤佛

（2）“无比女不应生贪”故事。有一外道之女，名无比，“色貌端严，人所爱乐”。佛陀乞讨来到此地。外道携无比女来到佛所的住处，无比女见佛容貌产生爱意，佛陀委婉地指出无比女的“贪欲”邪念，佛陀说：

世间愚痴人，于境生爱著，若观斯美人，遂使心迷倒。我是第七佛，获得无上果，如莲出水中，不被欲尘污。[3]

[1]（东晋）僧伽提婆译：《增一阿含经》卷二六，载《大正藏》第2册，No.125，第694页。

[2]霍旭初：《龟兹石窟“佛受九罪报”壁画及相关问题研究》，《敦煌研究》2006年第6期，第54—63页。

[3]（唐）义净译：《根本说一切有部毗奈耶》卷四七，载《大正藏》第23册，No.0627，第886页。

外道与无比女领悟了佛陀的深意而去。与此含义相同的还有“女人误系小儿入井”故事，描述一女子在井边系水，见佛陀美颜，错把小儿当水桶系入井中。此二故事是阐释佛教“所缘随增”的哲理，无比女的欲念，是佛陀引发的。说一切有部认为，能引他人生欲就是有漏（烦恼）。《阿毗达磨大毗婆沙论》说：

> 苾刍当知，无明所覆，爱结所系，愚夫感得有识之身，聪明者亦然。佛生身既是无明爱果，故知非无漏法。…… 若佛生身是无漏者，无比女不应生贪，央掘利魔罗不应生瞋，邬卢频螺迦叶波不应生痴，傲慢婆罗门不应生慢。以佛生身生他贪、瞋、痴、慢，故知定是有漏。[1]

龟兹石窟中，表现佛陀“有漏”思想的图像还有许多。总之，在龟兹石窟图像中，我们可以更多地看到佛陀世俗凡人和一位思想家、教育家的风范，也会感受到佛陀为追求崇高理想、教化众生、自我牺牲的伟大人格魅力。

（三）解脱观

佛教认为，人生即苦。佛教根本教义“四谛”——苦、集、灭、道，苦是第一位。佛教所有行为的归宿就是解脱苦谛，“四谛”最后之谛道，即通往涅槃之路。佛教艺术所展示的种种引人注目的图像、雕塑都是服务于这个终极目的。涅槃是佛教哲学的终极目标。就目前佛教艺术遗存看，龟兹石窟中涅槃内容是最丰富、最深刻的，有的题材为龟兹石窟所独有。其主要内容简述如下：

图7　阿阇世王闷绝复苏

1.为佛涅槃作衬托与铺垫的主要事迹

（1）“阿阇世王闷绝复苏”。阿阇世王为佛虔诚的信徒，

[1]《阿毗达磨大毗婆沙论》卷一七三，第871页。

闻知佛涅槃，悲愤晕厥，其大臣事先有准备，急救而复苏（图7）。

（2）“须跋陀罗先佛入灭”，拘尸那城一百二十岁婆罗门，在佛涅槃前，觉悟皈依佛门，随即“涅槃”。为佛陀最后的弟子。

（3）“善爱乾闼婆王皈依”，乐神之王善爱乾闼婆，自恃傲慢，始终不归佛门。佛变乾闼婆登门与善爱比试技艺，最终降伏善爱乾闼婆。佛涅槃后善爱乾闼婆携眷属前来举哀（图8）。须跋陀罗是人间最后皈依者，善爱乾闼婆是天人最后皈依者，两个皈依事迹，象征佛陀度化功德的圆满，而印度最有权势的阿阇世王皈依，更具震撼全印度的深刻含义。这些故事，无疑为佛涅槃功德的崇高意义做了铺垫。

图8　善爱乾闼婆皈依

2.第一次结集

佛涅槃后，佛弟子进行第一次结集，传承佛的思想理论和法度戒律，是佛涅槃后最重大的事件。图像内容丰富、事件突出，是同类题材最完整的作品。

图9　“法身常住”

3.“法身常住”

龟兹石窟创造一种立佛造像，其中包含佛教三界和世界中心，还有过去诸佛，表示继承古佛传统，法体恒存、法脉长续、法身常住的理念。释迦牟尼虽然涅槃，但佛教将永远传播，万古永嗣（图9）。

龟兹石窟涅槃题材还有焚棺、分舍利、起塔等重要事迹，如此大规模、系统弘扬涅槃事迹和精神，在佛教艺术中尚无可媲美者。

三、唐代对龟兹的治理与龟兹佛教发展

唐代将安西都护府移治龟兹后，龟兹步入了社会发展的新时期。唐代龟兹社会的大致状况，如学者所概括：

> 唐王朝通过安西都护府在龟兹地区进行有效的统治和管辖，其政治、经济制度在这里得到不同程度的推行。地方行政的建制和各类管理机构的建置，大规模屯田和各种赋役制度的实施，无不体现了以中原制度为主体，同时又与地方民族实际相结合的种种特色。[1]

佛教方面，安西都护府按内地制度设置管辖佛教事务的“都僧统”。还在安西四镇建“大云寺”“龙兴寺”[2]。可知龟兹佛教事务纳入了有效管理之中，这无疑也促进了龟兹本地佛教的发展。唐开元年间，新罗僧人慧超《往五天竺国传》中有一段龟兹佛教的重要记载：

> ……又从疏勒东行一月，至龟兹国，即是安西大都护府，汉国兵马大都集处。此龟兹国，足寺足僧，行小乘法，食肉及葱韮等也。汉僧行大乘法。……开元十五年十一月上旬，至安西，于时节度大使赵君。且于安西，有两所汉僧住持，行大乘法，不食肉也。大云寺主秀行善能讲说。先是，京中七宝台寺僧，大云寺都维郍（那）名义超，善解律藏，旧是京中庄严寺僧也。大云寺上座，名明恽。大有行业，亦是京中僧。此等僧，大好住持甚有道心，乐崇功德。龙兴寺主，名法海，虽是汉儿生安西，学识人风，不殊华夏。[3]

以上所述唐代龟兹佛教的状况，与唐朝对边陲实施羁縻政策密切相关。在安西大都护府之前，龟兹就设置了“龟兹都督府”。《旧唐书·地理志》载：

> 龟兹都督府　本龟兹国。其王姓白，理白山之南。去瓜州三千里，胜兵数千。贞观二十二年，阿史那社尔破之，虏龟兹王而还，乃于其地置都督府，领蕃州之九。[4]

都督府系地方性行政机构。其以册封当地首领的方式，利于对当地民众的

[1]刘安志、陈国灿：《唐代安西都护府对龟兹的治理》，《历史研究》2006年第1期，第48页。

[2]荣新江：《唐代西域的汉化佛寺系统》，载《龟兹文化研究》第一辑，香港：天马出版有限公司，2005年，第130—137页。

[3]（唐）慧超著，张毅笺释：《往五天竺国传笺释》，北京：中华书局，2000年，第159、174、176页。

[4]（后晋）刘昫：《旧唐书》卷四〇《地理志三》，北京：中华书局，1975年，第1648页。

管理，维持统治的秩序。原来龟兹王的权利仍然行使。安西地区军事、安全事务，由大都护府掌管。龟兹地方事务由龟兹王所任的都督来掌管。可以想象，在安西统辖范围内大局得到掌控的情况下，龟兹可以实现安居乐业。尽管唐代安西时有北部突厥、突骑施和南部吐蕃不断侵扰和内部部落的一些动乱，但安西150余年，政治、经济、文化的主流是发展、进步、安定、团结的。同时，也开创了佛教大发展的全新局面，为龟兹石窟全面发展提供了优越的条件。

唐代龟兹石窟发展，引人注目的是出现了一大批由龟兹国王、贵族等出资开凿的洞窟。这些国王、贵族将自己与族属人物的供养像绘进洞窟，成为唐代龟兹石窟里令人炫目的形象，也是透视唐代龟兹社会的重要资料（图10）。20世纪德国探险队在克孜尔石窟考察时发掘到一份龟兹文写的向佛寺施舍钱财的账单，其中有六位龟兹国王的名字，第五位即《旧唐书·龟兹传》所记的苏伐勃駃，第六位即《旧唐书·西戎传》所记的苏伐叠[1]。唐代龟兹王及王族多在克孜尔石窟造窟，其中规模宏大的第8窟竟绘出16身王族供养像（图11—14）。安西都护府中期，石窟逐步向龟兹都城靠拢，有的洞窟绘出“地神托举国王”图像（图15），表明其地位更为不凡。

图10　龟兹国王托提卡与王后

唐代龟兹王族笃信佛教的情况，玄奘《大唐西域记》说：

> 上自君王，下至士庶，捐废俗务，奉持斋戒，受经听法，渴日忘疲。……国王、大臣、士庶、豪右四事供养，久而弥敬。[2]

[1]季羡林：《龟兹国王金花考》，《文史知识》2001年第3期，第14—18页。

[2]（唐）玄奘、辩机撰，季羡林校注：《大唐西域记校注》卷一，北京：中华书局，1985年，第61、62页。

图11　克孜尔石窟第8窟16身龟兹王族供养像1

图12　克孜尔石窟第8窟16身龟兹王族供养像2

图13　克孜尔石窟第8窟16身龟兹王族供养像3

图14　克孜尔石窟第8窟16身龟兹王族供养像4

图15　克孜尔尕哈“地神托举国王”像

图16　莫高窟第98窟于阗王李圣天供养像

除了唐代施行“羁縻”等一系列治理龟兹政策、促使龟兹本地空前繁荣发展外，龟兹地方的统治权长期由白氏家族统治，也是龟兹社会保持基本稳定的重要因素。自公元91年班超立白霸为龟兹王，除隋代有一度中断外，至唐代后期的七百多年，白氏王朝基本上延绵不绝[1]。这在中国少数民族政治历史中是罕见的。

唐代龟兹佛教艺术的昌盛，对西域各地产生强烈的影响。于阗佛教造像

[1]霍旭初、赵莉、彭杰、苗利辉：《龟兹石窟与佛教历史》第十二章第三节《龟兹白氏王族统治与龟兹佛教的发展》，乌鲁木齐：新疆人民出版社，2016年，第443—447页。

中，也有地神托举国王的造像。随西域佛教传入中原，这种艺术形式也影响到敦煌莫高窟。著名的第98窟于阗王李圣天供养像（图16），与龟兹克孜尔尕哈第14窟龟兹王供养像有异曲同工之妙。

唐代龟兹在安西大都护府统辖下，与中原文化交往及融合日益加深。在佛教领域，经过长期交流，出现了龟兹本土僧人将梵文佛经翻译成汉文的新现象。被载入“僧传”的有勿提提犀鱼（汉译莲华精进）。据《宋高僧传》和《悟空入竺记》载：开元间悟空从印度携回梵本《十力经》，至龟兹请勿提提犀鱼翻成汉文[1]。《悟空入竺记》中说勿提提犀鱼“语通四镇梵汉兼明”[2]，四镇指安西大都护府下设的龟兹、于阗、疏勒、焉耆（一度为碎叶）四大军事重镇。有学者考证，四镇语言文字不同，说明勿提提犀鱼语言能力很强，“梵汉兼明”说明梵文、汉文都十分精通。这种情况，当然是龟兹在唐代一统治理下，西域与中原逐渐交流融合的必然。

四、结　语

龟兹是中国西域举足轻重的城邦国。汉代西域都护府和唐代安西大都护府都设在龟兹，足以表明龟兹在中国西域的重要地位。东汉班超说：“若得龟兹，则西域未服者，百分之一耳。”[3]龟兹地方经济发达，文化繁荣，英才辈出。佛教译经大师鸠摩罗什和音乐家苏祇婆是龟兹造化出的享誉世界的东方文化精英。汉唐间，丝绸之路畅通，东西方文化交流频繁，优秀文化因子不断注入龟兹大地，龟兹佛教就是在如此底蕴深厚的沃土中，发展壮大成为中国西域佛教的翘楚。龟兹佛教的不断发展，有其自身理论体系和派属因素的孕育和促进，但唐代国家大一统的环境和条件，给龟兹佛教注入的强大的精神营养和物质支撑，是其发展不可或缺的关键性因素。唐代龟兹佛教艺术特质是龟兹本土文明和唐代时代精神结合的结晶。一言以蔽之，唐代龟兹佛教发展变化所透视出的景况是：“大唐气象”下龟兹文明的灿烂。

（作者单位：新疆师范大学历史学与社会学学院，新疆龟兹研究院）

[1]（宋）赞宁撰，范祥雍点校：《宋高僧传》卷三《唐丘慈国莲华寺莲华精进传》，北京：中华书局，1987年，第45、46页。

[2]（唐）圆照：《悟空入竺记》卷五一，载《大正藏》第51册，No.2089，第980页。

[3]（南朝宋）范晔：《后汉书》卷四七《班超传》，北京：中华书局，2006年，第1062页。

On the Buddhist Art of Kucha in the Tang Dynasty

Hou Mingming　Huo Xuchu

[Abstract] Since the introduction of Buddhism into Kucha and after a long period of development, Kucha became one of the bases of Northern Buddhism and formed an art mode including the central pillar cave, diamond composition, concave-convex halo dyeing and so on. The art mode of the Kucha Buddhist had a profound impact on the Buddhist art in the Central Plains. In the Tang Dynasty, the theory level and manifestation method of Kucha Buddhism had reached a systematized level. According to the concept of Sarvastivadin's "One Buddhism worship" ("唯礼释迦"), this paper explained the thoughts of "Bodhisattva view" (菩萨观), "Buddha view" (佛陀观) and "Moksa view" (解脱观) in the murals of Kucha grottoes. In addition to the continuous maturity of its theoretical system, the reason for the great development of the art and theory of Kucha Buddhism in the Tang Dynasty was the effective governance of the central government of the Tang Dynasty and the policy of Jimi (羁縻) implemented in Kucha, which provided stable, diversified and inclusive social and cultural conditions for the high development of Kucha Buddhism. The situation reflected by the Buddhist art of Kucha in the Tang Dynasty was the brilliance of Kucha under the "Grandeur of Great Tang Dynasty" (大唐气象).

关于唐代大乘光法师的几个问题

郑屹君

大乘光法师，一般通称为普光法师，是玄奘大师的高足之一，主要以其《俱舍论记》而闻名。与其师兄弟大乘基法师相比，大乘光受到的关注一直较少，现有的研究都存在或多或少的谬误和不足[1]。本文试图根据现存史料，对大乘光法师作一较为全面的论述，主要考察大乘光法师的生平事迹、法名尊称、著作种类以及人物关系等问题。

一、大乘光法师的生平事迹

《宋高僧传》中说："释普光，未知何许人也。"[2]关于大乘光法师的籍贯与家世，似乎到了宋代就已无人知晓，学者依据《宋高僧传》也多谓不详。好在陕西师大图书馆藏有大乘光法师墓志铭的拓片，杜文玉先生曾将其整理发表，借此可以弥补传世史料的不足。志文记载："法师讳光，字处约，三藏法师玄奘之神足也。俗姓王氏，其先出于太原。曾祖罗，周春官上仕……祖相，

[1]近现代学界对大乘光的论述，主要有汤用彤：《隋唐佛教史稿》，北京：中华书局，1982年，第152、153页。隆莲法师撰写的"普光"条目，见中国佛教协会编《中国佛教》第二辑，北京：知识出版社，1982年，第157、158页。对大乘光作专题研究的论文有：杜文玉：《唐慈恩寺普光法师墓志考释》，载荣新江主编《唐研究》第五卷，北京大学出版社，1999年，第463—467页；悟殷：《普光〈俱舍论记〉的注疏与思想特色》，《玄奘佛学研究》2015年第24期，第133—167页。另外，其他研究论文中也有涉及大乘光的部分，如刘淑芬：《玄奘的最后十年（655—664）——兼论总章二年（669）改葬事》，《中华文史论丛》2009年第3期，第1—97页。杨剑霄：《制造玄奘的面孔——唐代法相唯识宗创立问题研究》，《世界宗教研究》2019年第1期，第72—82页。

[2]（宋）赞宁：《宋高僧传》，载《大正藏》第50册，第727页上。本文所用《大正藏》版本为日本大正一切经刊行会，1934年，下同。

隋秦州清水县令……父□则，皇朝文林郎……”[1]大乘光法师姓王名光，字处约，出生在一个官宦世家，但其父祖官职都比较低微，事迹已无从可考。杜文玉指出：“志文说他家出于太原王氏，却不见于《元和姓纂》或《新唐书·宰相世系表》，可能是太原王氏之旁支远系。”[2]

另外他的世寿与生卒年我们也可以从志文中获知，志文说：“以永淳二年（683）正月十七日卒于本寺，春秋五十有七。”[3]以此推算，大乘光法师生于唐贞观元年（627）。以其师兄弟大乘基法师为参照，大乘基出生于唐贞观六年（632），卒于永淳元年（682），世寿五十一岁。可见二人卒年相近，大乘光年长大乘基五岁。大乘光逝世后，“即以其月廿四日，葬于明堂县黄台里樊川之北原，三藏法师塔茔内别立一塔”[4]。在其前一年，大乘基过世后亦“葬于樊村北渠，祔三藏奘师茔陇焉”[5]。玄奘墓塔位于今樊川北原兴教寺内，现其东西两侧为圆测和大乘基的墓塔。圆测墓塔于北宋政和五年（1115）修建，玄奘与大乘基的墓塔也都经过多次修葺，除此之外兴教寺内再无别的墓塔存在。可能由于灭佛或是战乱，大乘光的墓塔早已倾圮无存。刘淑芬认为最初大乘基和大乘光的墓塔建在玄奘墓塔的两侧，是唐时的兴教寺三塔[6]。实际上并没有证据证明有这样的布局，当时应该是塔林的形式，也就是玄奘及其门人的墓葬群。

在《宋高僧传》和墓志的记载中，大乘光法师的事迹或称功绩主要有两项，一是协助玄奘法师译经，二是撰述经论章疏，这尤其以其《俱舍论记》最为知名。如志文中说：“遂得亲承三藏，翻译《解深密》等诸经；仍扣两端，制述《俱舍论》等章疏。”[7]《宋高僧传》中的记载更为详细：“初奘嫌古翻《俱舍》义多缺，然躬得梵本再译真文，乃密授光，多是记忆西印萨婆多师口义，光因著疏解判。”[8]以及“观夫奘自贞观十九年创译记，麟德元年终于玉华宫，凡二十载，总出大小乘经律论七十五部，一千三百三十五卷，十分七八是光笔受”[9]。玄奘法师的译经事业自贞观十九年（645）始，两年后的贞观二十一年（647），玄奘在弘福寺翻译《大乘五蕴论》《解深密经》等时，大

[1][2]杜文玉：《唐慈恩寺普光法师墓志考释》，第465页。

[3][7]杜文玉：《唐慈恩寺普光法师墓志考释》，第466页。

[4]杜文玉：《唐慈恩寺普光法师墓志考释》，第463页。

[5]《宋高僧传》，第726页中。

[6]刘淑芬：《玄奘的最后十年（655—664）——兼论总章二年（669）改葬事》，第87、88页。

[8][9]《宋高僧传》，第727页上。

乘光就已经开始承担“笔受”[1]的职责，以麟德元年（664）玄奘在玉华宫翻译《咒五首经》为止，时间长达十八年之久[2]，这一时期大乘光正处于21岁至38岁之间，正是其精力充沛、年富力强之时。跟随玄奘时间之久，协助译经数量之多，也足见大乘光法师佛学水平之高。

在奘门弟子中，大乘光法师的地位也非同一般。他深得玄奘的信任，曾代为上表觐见皇帝。据《大唐大慈恩寺三藏法师传》卷九[3]记载，显庆元年（656）玄奘称疾，高宗立即派遣两名御医照看，玄奘稍安后上表陈谢，表中即有“谨遣弟子大乘光奉表以闻”一语。同年，玄奘还曾上表高宗，请其停废可用俗法治僧人罪的敕令，高宗下诏同意后，玄奘上表陈谢，表中亦有“谨遣弟子大乘光奉表陈谢以闻”一语，可见这两次均以大乘光代为上表。据同书卷十[4]记载，麟德元年二月五日夜半，玄奘圆寂之前，大乘光等人询问玄奘：“和上决定得生弥勒内众不？”玄奘答言“得生”，言毕，玄奘气息渐微。经由此事，我们不妨大胆猜测，大乘光之于玄奘，就犹如阿难、大迦叶之于释迦牟尼。

《三藏法师传》中提及大乘光的地方，大体只有上述这三件事。此外，宋人撰写的佛教史籍中也涉及一些大乘光的事迹，但需要辨析。南宋僧人祖琇于隆兴二年（1164）撰写的《隆兴编年通论》中即有两处：

> 麟德元年二月。法师玄弉寝疾，命弟子**大乘光**录所译经论凡一千三百三十有五卷，造弥勒像十俱胝。……俄异僧奉旃檀末香至，请依天竺法用涂法师之体，**大乘光**等以掩龛日久不欲开。其僧曰：别奉进旨，傥见拒，即具奏。遂启龛。而颜色如生，香气馥郁。其僧涂毕，恍然不见，识者以为兜率内院人也。[5]

[1]“笔受”，即“执笔”，听受译主所宣读之梵文，对译为汉文并笔录之，比如译主宣读sūtra，笔受即录之为佛经之“经”。参见傅新毅：《玄奘评传》，南京大学出版社，2006年，第69页。

[2]悟殷：《普光〈俱舍论记〉的注疏与思想特色》，《玄奘佛学研究》2015年第24期，第137页。笔者不建议依据《开元释教录》对标明大乘光笔受的经论进行统计汇总，因为《开元释教录》在记载笔受者时常有“等”字，可见其并未记载完全。

[3]（唐）慧立、彦琮：《大唐大慈恩寺三藏法师传》，载《大正藏》第50册，第269页下—第270页中。

[4]《大唐大慈恩寺三藏法师传》，第277页中。

[5]（宋）祖琇：《隆兴编年通论》，载《卍续藏》第130册，第553页中—第554页上。本文所用《卍续藏》版本为台北新文丰出版公司影印本，1995年，下同。

从史料来源上讲，这段文字几乎均摘编自《大唐大慈恩寺三藏法师传》，仅以上述两处涉及大乘光法师的地方为例：

> 遂命**嘉尚法师**具录所翻经、论，合七十四部，总一千三百三十五卷。又录造俱胝画像、弥勒像各一千帧，又造素像十俱胝。[1]
>
> 及终后月余日，有人赍栴檀末香至，请依西国法用涂三藏身，**众**咸莫之许。其人作色曰：弟子别奉进止，师等若不许，请录状以闻。**众**从之。及开棺发殓已，人觉异香等莲花之气，互相惊问，皆云若兹。向人除并殓衣，唯留衬服，众睹三藏貌如生人，百姓号绝共视。向人涂香服殓盖棺已，俄失所在，众疑天人焉。[2]

在《大唐大慈恩寺三藏法师传》中，第一处为所翻经论编目的是嘉尚法师，第二处不同意开棺的是大众，并没有单独提及大乘光。但在《隆兴编年通论》中，两处都写作“大乘光”。我们从史料学的角度出发，可以断定《隆兴编年通论》中的第一处说法有误，而第二处为什么要额外提一下大乘光，可能因为祖琇看到《大唐大慈恩寺三藏法师传》中关于大乘光的记载，尤其是大乘光询问玄奘能否得生一事，认为大乘光地位突出，玄奘的治丧事宜或许就由其负责，所以才在后面这件事上用“大乘光等”替换了原书中的“众”。

二、大乘光法师的法名尊称

大乘光一般通称为普光，就和大乘基常被称作窥基一样，后人多认为“大乘光”是对他的尊称，而“普光”才是其法名。日本就曾有学者批评说：“普光等不晓大乘宗致也，振古赞言大乘光，可谓虚名也。”还有人说：“大乘光嘉名，由译事之功多在大乘教，非由通达宗致。”[3]这些议论，都建立在认为“大乘光”是尊称的基础上。

笔者认为，这很大可能是受《宋高僧传》本传中相关叙述的影响，如其中说：“又尝随奘往玉华宫译大般若经，厥功出乎禅赞也，时号大乘光。”[4]杜文玉先生由此所作的分析可作为代表：“普光作为玄奘的主要助手，在这次重要的译经活动中的突出贡献使僧徒对他的佛学造诣大加赞赏，遂在他的法号前

[1]《大唐大慈恩寺三藏法师传》，第277页上。

[2]《大唐大慈恩寺三藏法师传》，第279页下—280页上。

[3]［日］快道（林常）：《俱舍论法义》，载《大正藏》第64册，第91页中。

[4]《宋高僧传》，第727页上。

加上大乘二字，以示尊崇与赞颂。所以大乘光只是一种尊称，并非法号，就像僧众们称玄奘的大弟子窥基为大乘基一样。”如果说杜先生的这段论述还是建立在《宋高僧传》的文本之上，那他紧接其后的议论就不知从何说起了：“只有佛学造诣高深，贡献大的僧人才能获此美称，在玄奘众多弟子中获此称号者仅此二人，就连名气很大的圆测也未得此殊荣。”[1]实际上，智昇的《开元释教录》中就记载了玄奘译经的时间、地点以及笔受者的名讳，其中很多都标名为“大乘某”，除基、光二师外，还有大乘云、大乘询、大乘钦、大乘晖、大乘巍、大乘林、大乘谌等[2]。正如中晚唐僧人栖复所说：“唐三藏弟子，多于大乘下着单名。”[3]可见，“大乘某”是他们的法名，而非尊称，跟他们通不通晓大乘义理没有任何关系。这些僧人，或只称呼单字名讳，或在单名之上冠以“大乘”，前者为俗名，后者为法名，以文献中的“基”和“大乘基”为例来看，都是没有问题的。刘淑芬认为，“大乘”是玄奘自己将其加之于某些弟子法名之上的，后来感受到朝政变化，就不再这样称呼自己的弟子了[4]，这同样是推断有误。

为什么玄奘的弟子大多标“大乘”着单名呢？悟殷法师认为，“贞观十九年（645）五月，玄奘首创译场，翻译《大菩萨藏经》，接着翻译《瑜伽论》，并出《菩萨戒本》《菩萨羯磨》。推想可能是：玄奘大师传授弟子们菩萨戒，受大乘菩萨戒，以菩萨行作为修行目标，故称‘大乘○’”[5]。刘淑芬和何欢欢都认为，这可能是玄奘于印度获“大乘天”的美称，归国后传给弟子，有师门传承之意[6]。笔者认为前者的说法更为合理，如义净《大唐西域求法高僧传》记载：“大乘灯禅师者，爱州人也。……入京，于慈恩寺三藏法师玄奘处进受具戒。”[7]这位与义净同游中印度的大乘灯法师，就有于玄奘法师处受戒的经历。刘淑芬还认为，这也显示出玄奘在佛学上的坚持，当时僧人仍兼习大小乘，玄

[1]杜文玉：《唐慈恩寺普光法师墓志考释》，第464页。

[2]（唐）智昇：《开元释教录》，载《大正藏》第55册，第555—557页。

[3]（唐）栖复：《法华经玄赞要集》，载《卍续藏》第53册，第357页中。

[4]刘淑芬：《玄奘的最后十年（655—664）——兼论总章二年（669）改葬事》，第27、28页。

[5]悟殷：《普光〈俱舍论记〉的注疏与思想特色》，第139页。

[6]He Huanhuan, *Whence Came the Name “Kuiji” Instead of Just “Ji”?*, *The Eastern Buddhist*, vol.48, no.2, pp.55—56. 以及刘淑芬：《玄奘的最后十年》，第28页。

[7]（唐）义净：《大唐西域求法高僧传》，载《大正藏》第51册，第4页中。

奘则以弘扬大乘为主[1]，这就有种臆测的味道了，玄奘也翻译了众多部派佛教典籍。

那“普光”一名又是从何而来？这一点我们可以参考“窥基”一词的由来。玄奘弟子中以“大乘”为名且颇具名气的，也就大乘基和大乘光二人了。关于“窥基”，佐伯良谦认为，为了避讳唐玄宗的本名“隆基”，后人用发音相近的“窥”替换了“基”，后来再用避讳来的“窥”字校合造出了“窥基”[2]，并由此衍生出“惠基”“灵基”。何欢欢认为不同朝代的避讳背景不同，用“窥”字改写基师本名是宋人的做法，并认为“惠基”“灵基”可能是时人对基师的美誉尊称，不一定衍自“窥基”[3]。笔者认为，何欢欢的前一点认识论据不足，后一点认识对于我们推测“普光”的由来很有帮助。《宋高僧传·普光传》说“或谓嘉光、普光也”[4]，嘉光和普光，或许就是时人对大乘光法师的尊称，后代编纂佛教史书的人以两个字的名为正常，所以用“普光”取代了“大乘光”和“光”，就像用“窥基”取代“大乘基”和“基”一样。现在我们回看上一节最后一个问题，祖琇之所以把“嘉尚”误改为“大乘光”，可能就是因为他所抄录的《大唐大慈恩寺三藏法师传》本子误为“嘉光”，或者误读作“嘉光”，进而改成了原本的法名“大乘光”。

三、大乘光法师的章疏著作

上文提到，除协助译经外，大乘光法师的主要功绩还有一项，就是撰述经论章疏，以其《俱舍论记》最为知名，此疏简称《光记》，与神泰、法宝二疏并称“俱舍三大疏”。悟殷法师研究认为，《光记》的完成或修改时间，应在麟德元年或之后[5]。贾曾在为《俱舍论颂疏》作的序中对《光记》的特征有很好的概括：“大唐三藏玄奘法师躬得梵本，再译真文，其徒大乘光法师亲承

[1]刘淑芬：《玄奘的最后十年》，第28页。

[2]［日］佐伯良谦：《慈恩大师传》，京都：山城屋文政堂，1925年，第21页。笔者案：以唐代的敦煌写卷为例，如果经卷上有字需要修改，会在此字的右边另写新字，以示更改。如果旧字没有被涂抹掉的话，后面就会出现抄经者把新字抄写在旧字前面的情况。以“窥基”为例，“窥”本来是替换“基”，但因“基”字没有涂抹，后人便把“窥”字抄写在“基”字前面，组成了“窥基”。

[3]He Huanhuan, *Whence Came the Name“Kuiji” Instead of Just “Ji”*?, pp.62—65.

[4]《宋高僧传》，第727页上。

[5]悟殷：《普光〈俱舍论记〉的注疏与思想特色》，第142页。

密诲。初传正释，既尽善矣，又何加焉？然论岐则说繁，义富则辞黩。学徒始习，难以兼功。”[1]首先，大乘光“亲承”玄奘“密诲”，玄奘将自己记忆的印度部派论师学说口授大乘光，大乘光即是据此撰写论疏。其次，“论岐则说繁，义富则辞黩”，《光记》常常不厌其烦地罗列诸说，且好从各个面向会解论义，少有抉择。但也正是因此，常使后学感到无所适从，出现了“学徒始习，难以兼功”的情况，后来就有圆晖法师对其删繁就简，以解释颂文为主创作了《俱舍论颂疏》。

除《俱舍论记》外，大乘光现存的著作还有《俱舍论法宗原》（又称《法源章》）和《大乘百法明门论疏》。《俱舍论法宗原》详细解读了有部学说中的法相概念，即“五类七十五法”，这原本散见于《俱舍论》的前五卷，是大乘光首先将其编集在一起，整理成“五类七十五法”，并成为后世通行的佛学概念。而他在此书开头对七十五法的总结罗列，颇类似于世亲《百法论》的形式，或许正是受其影响。关于大乘光的《百法论疏》（下文简称《光疏》），周叔迦先生认为：“《论》既翻于贞观二十二年，《疏》中所引诸论皆是奘师贞观二十二年以前所译，至于后出《中边》《唯识》《成业》等论，未尝道及，可知此《疏》乃当时译场纂集听闻之作，于诸家钞记之中最为本源者也。”[2]《光疏》所引用的经论都是在《百法论》之前译出的，后来译出的唯识经论都没有被提及。也就是说，《光疏》在《百法论》译出后没多久就完成了，可以说是最早的《百法论》注疏，其中所述义理应该是直接承自玄奘口述，目前来看，也是玄奘门下现存最早的涉及唯识学方面的著作，与之后译出的《成唯识论》以及大乘基的《述记》对比，可以发现其中某些说法有所不同。

除上述三种现存章疏外，大乘光还有一些佚失的著作。学者们在此问题上，基本都是沿用隆莲法师的说法。隆莲法师认为：“普光的著作，已佚的有两种：一、《婆沙论钞》若干卷。二、《大因明记》二卷。”[3]笔者经检索发现，此说的根据是日僧永超的《东域传灯目录》（简称《永超录》）。此录记载大乘光的著作，多写为单名“光”字，如其中说：“百法论玄赞一卷（基撰

[1]（唐）贾曾：《阿毘达磨俱舍论略释记》，（唐）圆晖《俱舍论颂疏论本》，载《大正藏》第41册，第813页上。

[2]周叔迦：《释家艺文提要》，北京古籍出版社，2004年，267页。

[3]中国佛教协会编：《中国佛教》第二辑，北京：知识出版社，1982年，第157页。

疏阙本云云）。同论疏一卷（光撰）。”[1]这是在说大乘光的《百法论疏》，此外也有《俱舍论记》和《俱合论法宗原》：“俱舍论钞十卷（基在东寺御经藏云云）。……同论记十五卷（光撰，又依有部述法宗原一卷，长汉入唐寻阇梨房见本）。”[2]

关于已佚的《大因明记》，此录记载：“大因明记二卷（外题云理门疏，永徽三年六月日，大乘光对面三藏记）。”[3]根据这个说法，这部《大因明记》是对陈那《因明正理门论》的注解，于永徽三年六月撰写而成，似乎也是承自玄奘的口授。关于《婆沙论钞》，《永超录》说：“婆沙论记十卷（可义斌疏）。……同论钞□卷（释光撰，西院本不具故，不知卷数。晖林寺本高师抄，卷数未详，见第二卷论本六十至百十卷）。”[4]可见此书在永超当时就很罕见，卷数多少也没有弄清。该书署名为“释光”，现存《俱舍论记》的某些版本中也有署名为“沙门释光述”的，再考虑到大乘光法师本身通晓小乘义，其为《大毗婆沙论》作一疏释并非是件不可能的事。此外，《永超录》中还有一部注疏署名为“光”，即八卷本的《成唯识论钞》，如其中说：“成唯识论疏十卷（基师）。……同应抄五卷。同光抄八卷。”[5]在日僧善珠《了义灯增明记》的记载中，唐代新罗僧道证《成唯识论要集》（已佚）所集的六家疏中也包括此：

> 《要集》六卷，总寄六家语，共演一部之文：一者有说（基法师也）；二者有释（测法师也）；三有钞（光法师）；四者有解（观法师也）；五有云（范法师）；六未详决（寂法师也）。集序云：然以慈教当时盛行，发迹开章形言有六，通途取则不逾于二，且如慈恩良匠石鼓鸣山，即以有说标其称也。西明大师雷震启蛰，故以有释著其名也。若京地法将光也，阿曲宗师观也，往往得其环中，时时举其精义。更有山东之范，以钩琐得度。汾阳之寂，由穿鉴见知。皆舍其所长，贵其所知。[6]

根据日韩诸家目录记载的人名和书名，我们可以将这里的六家疏一一对应：一是基《述记》，二是圆测《疏》，三是光《钞》，四是慧观《疏》，五是玄范《疏》，六是义寂《未详决》，今除基师《述记》之外都已散佚。大乘

[1]［日］永超：《东域传灯目录》，载《大正藏》第55册，第1157页中。

[2]《东域传灯目录》，第1161页上。

[3]《东域传灯目录》，第1159页下。

[4]《东域传灯目录》，第1161页上。其中“晖”字，校勘记为甲本作“禅”。

[5]《东域传灯目录》，第1157页下。

[6]［日］善珠：《成唯识论了义灯增明记》，载《大正藏》第65册，第342页上—中。

基是玄奘的高徒，圆测曾求学于玄奘，新罗僧玄范和义寂也有说是玄奘的门人[1]，那此“京师法将”“光法师”基本可确定是玄奘的弟子大乘光了。事实上，学界也一直这样认为，游侠先生在其撰写的《成唯识论》介绍中即直接写作“普光《钞》八卷”[2]，后人常常引用，至今未见异议。

汤用彤先生认为，大乘光已佚的著作还包括《华严经疏》十二卷[3]，不知依据何处。悟殷法师采纳了此说，并分析称，《永超录》中记载有《华严经疏》十卷，署名为“唐京师普光寺光法师撰”，按汤用彤的说法，此“光法师”应该是普光[4]。如果确实依据此处，其实是有问题的。大乘光一直住锡在大慈恩寺，署名也常常为“大慈恩寺沙门大乘光”，从未有过“普光寺”的经历，此“光法师”应另有其人。这条记载最早应出自唐代法藏（643—712）等人撰写的《华严经传记》：“唐京师普光寺光觉法师（有疏十卷）。”[5]后来日本“五宗录”中的圆超《华严宗章疏并因明录》亦记载道：“华严疏十卷（唐京师普光寺光觉述）。”[6]《永超录》应该是自此转引，而在抄写过程中脱字，所以此“光法师”应该是“光觉法师”，而非大乘光，学人判断失误，大概是受“普光”二字的误导。

综上所述，大乘光法师的著作已知有六部，现存三部：《俱舍论记》《俱舍论法宗原》和《大乘百法明门论疏》，佚失三部：《大因明记》《婆沙论钞》和《成唯识论钞》。由此可见，大乘光法师大小乘兼学，对玄奘所传的部派、唯识、因明均有研究，符合玄奘门下的学风与菩萨道的精神。

四、大乘光法师的人物关系

这一节讨论大乘光法师的人物关系问题。大乘光与玄奘的关系如第一部分

[1]陈景富：《朝鲜入华学僧对玄奘唯识学的研习与传播》，《五台山研究》1994年第2期，第38、39页。

[2]中国佛教协会编：《中国佛教》第三辑，北京：知识出版社，1989年，第336页。

[3]汤用彤：《隋唐佛教史稿》，北京：中华书局，1982年，第153页。

[4]悟殷：《普光〈俱舍论记〉的注疏与思想特色》，第138页。

[5]（唐）法藏：《华严经传记》，载《大正藏》第51册，第164页下。此书虽署名法藏，但实际创作情况较为复杂，有些部分属于他人增补，创作时间大致在68X—712年左右。关于此书的最新研究成果见王颂：《〈华严经传记〉考：年代·撰者·史源》，《文史》2019年第3期，第77—112页。

[6]［日］圆超：《华严宗章疏并因明录》，载《大正藏》第55册，第1133页中。

所述，大乘光辅助玄奘译经时间之长，代替玄奘上表陈谢，以及玄奘临终前的代众询问，都表明大乘光颇为玄奘所信任，大乘光在玄奘弟子中地位之高由此可见。

关于大乘光与同门之间的关系，因史料匮乏，学界少有讨论。近来有杨剑霄《制造玄奘的面孔》一文稍有涉及，但其中诸多说法有误，笔者在此略作辨析。如其中说：

> 在回到慈恩寺的玄奘门人当中，以普光、窥基二人为首分为了两个群体。据陕西师范大学图书馆藏《大唐大慈恩寺故大德大乘光法师墓志铭》拓片内容可知，普光在永淳二年正月“廿四日葬于明堂县黄台里樊川之北原，三藏法师塔茔内别立一塔”。那么，目前所存兴教寺三塔中，与玄奘墓塔共存的便是窥基、普光塔。由此我们推断，玄奘圆寂后，普光与窥基处在僧团的核心位置。然而，两系的发展路径却不尽相同，普光一系延续了作为玄奘弟子的荣光，窥基一系则真正承担起了创立宗派的重任。[1]

杨氏认为，玄奘门人在玄奘逝世后，以基、光二师为首形成了两个群体，并根据大乘光的墓志铭判断，兴教寺三塔分别是玄奘、大乘基和大乘光的，再由此推断，光、基二师处于僧团的核心位置。我们在第一部分中提到，兴教寺三塔是玄奘、大乘基和圆测的，并没有大乘光的墓塔，由此推测光、基二师处在核心位置，自然也是站不住脚的。

杨氏还认为，“普光一系以研习《俱舍论》为主，核心为普光、法宝”，并认为利涉法师的事例可以侧面映衬出大乘光、法宝在中宗朝的显赫地位[2]。我们来看《宋高僧传·利涉传》中的记载：“奘门贤哲辐凑，涉季孟于光、宝之间，其为人也犹帛高座之放旷，中宗最加钦重，朝廷卿相感义与游。”[3]从文意来看，是说玄奘门下贤哲众多，利涉与光、宝二师不相上下，利涉为中宗所敬重，公卿也愿与之交往。这里只是在说利涉法师的经历，后人认为他的学识修为与光、宝相当，并为王公贵族所敬重，不知如何从此“侧面映衬出”光、宝二师在中宗朝的显赫地位？此外，这里还存在一个问题，大乘光和法宝所作的俱舍注疏确实极为知名，但这并不说明他们二人就以研习《俱舍论》为主。“知名”和“为主”是两个概念，“知名”是以后人与旁人的视角来看，而“为主”是以其本身的视角来说，后人看他们的俱舍论疏比较出名，并不代表他们就主要研究

[1][2]杨剑霄：《制造玄奘的面孔》，《世界宗教研究》2019年第1期，第76页。

[3]《宋高僧传》，第815页上。

《俱舍》，就像唐代义忠以其《百法论疏》最为知名，被尊称为“百法疏主”，并不代表他主要研习《百法论》一样。玄奘与其门下的学风，本来就是三乘兼修，大小通学，而非后代宗派观念中的专精专弘。

杨氏在明确“大乘光、法宝的中心地位和重要影响”之后，开始分析这一系对大乘基一系的态度，他认为法宝的《一乘佛性究竟论》不止一次地对“唯识论师”进行指责，而大乘基、慧沼一系的“唯识论师”正是坚持《成唯识论》的主张。所以“以普光、法宝为代表的慈恩寺僧团核心成员，并没有将《成唯识论》奉为师门内的权威文本，甚至对其中内容持反对态度”[1]。这样的分析，显然是不了解法宝和大乘光。法宝法师（627？—705？）可称为玄奘门下的异类，他不仅指责过“唯识论师”，还质难过其师玄奘“岂宜以凡语增加圣言量？”，在其所著的《俱舍论疏》中更是经常批评大乘光的《俱舍论记》[2]。根据学者考证，法宝撰写《一乘佛性究竟论》的年代大约在公元695—699年左右[3]，此时基（632—682）、光（627—683）二师都早已逝世，由此更难类推大乘光对唯识的态度。如果说法宝批评大乘光是此系内部之争，法宝批评大乘基是对外系之争，那问题是，如何定义一个“系”呢？大家同为一部论典写过注疏，就算一个“派系”吗？如上一部分所说，大乘光也为《百法》《唯识》《正理门》等唯识因明典籍写过注疏，在其《俱舍论记》里也常引用《瑜伽师地论》《成唯识论》《二十唯识论》等唯识典籍作为教证，目前也没有任何证据表明大乘光也和法宝一道批评过“唯识论师”，那他是否也可以算作“窥基、慧沼一系”呢？这里我们还可以提一下神泰法师，他的《俱舍论疏》也是“俱舍三大疏”之一，但他也为《摄大乘论》《正理门论》《入正理论》《掌珍论》《观所缘论》等唯识中观因明典籍作过注疏，尤其擅长因明，那他又该划为哪一系呢？杨氏这篇文章本来意在解读“人为构建”，但上述的这部分论述反而可以称为“人为构建”的典范了。杨氏先突出大乘光和大乘基的地位，再通过大乘光与法宝都作过俱舍注疏这件事将两人绑定，形成研习《俱舍论》的“普光、法宝一系”，然后再通过法宝指责“唯识论师”这件事，认为“普光一系”对《成唯识论》中内容持反对态度，自此成功构建了“普光一

---

[1]杨剑霄：《制造玄奘的面孔》，第77页。

[2]可见悟殷：《唐代法宝法师思想探微》，《玄奘佛学研究》2016年第26期，第21—55页。

[3]［日］吉村诚：《唐初期の唯识学派と佛性论争》，《驹泽大学佛教学部研究纪要》2009年第67号，第35页。

系”与“窥基一系”的对立，为其后面论证窥基构建“以《成唯识论》为中心的宗派谱系”奠定了基础，而事实上却是依据不足的。

没有任何证据表明大乘光和大乘基之间有过对立，相反，史料中还有关于二人合作的记载。如唐代李邕（678—747）所撰的《唐故白马寺主翻译惠沼神塔碑》中有言：

> 咸亨三年，（惠沼）服膺长安基、光二师，福智七德。其解其空也，既证我闻；其问□□也，更印汝说。慈云触石，自少阴而满空；德□□瓶，乃一瓦而容海。因号“山东一遍照”。又磋切《法花》《无垢称》《金刚般若》《上》《下》等，《瑜伽》《杂集》《唯识》《因明》《俱舍》，大小幽旨。因见道义，交激累日，述作万言，因见道章。二师叹曰：“法门后进，此一人也！何不云慧海，而云惠沼耶？”[1]

慧沼于咸亨三年（672）在长安向基、光二师求学，因他遍学经论、撰述章疏，而得到基、光二师的称赞。一般认为慧沼是大乘基的衣钵传人，但在志文中，并没有这层特殊关系的存在，慧沼直接师事基、光二师。如果基、光二师是对立的，慧沼又是那么坚持基师的说法，那么他的著作中应该会出现批评光师的文字，但是并没有。慧沼的《了义灯》中仅有一次引用了代表光师说法的“有抄”，是《要集》批评光师和基师的因明式有所立法不成的过失，而慧沼为其辩护[2]。值得一提的是，慧沼也是史料中唯一明确记载跟大乘光学习过的学生。有人说撰写《俱舍论颂疏》的圆晖法师也是大乘光的弟子，实际上他们只有一个学说相承的关系，并没有任何的史料表明圆晖曾向大乘光求学。学界常把学说相承理解或引申为师徒关系，但在具体判断时还是需要慎重。

五、结　语

根据上文所述略作总结。大乘光法师，讳光，字处约，尊称为“普光”，出身太原王氏之旁支，父祖世代为官，生于唐贞观元年（627），卒于永淳二年

---

[1]定源：《续藏经本〈唐故白马寺主翻译惠沼神塔碑〉脱文补正》，载《古典文献研究》第二十二辑下卷，南京：凤凰出版社，2020年，第183、184页。

[2]《成唯识论了义灯》卷二：“《要集》云：有抄量，有为法灭应不待因，以名灭故，犹如择灭；有说量云，汝灭应不待因，许是灭故，如无为灭。《集》云：此二师量喻有所立不成之失，即三无为虽无生义，待因显故俱名待因，宗中应云不待灭因灭之。此亦不尔。无为体灭，不待因显方名为灭，性是灭故名之为灭，故云应不待因，故喻得成，非无所立。”见（唐）慧沼：《成唯识论了义灯》，载《大正藏》第43册，第696页下。

（683），世寿五十七岁。大乘光法师的功绩主要有两项：一是协助玄奘法师译经，在译场多是担任笔受的职责，时间长达十八年之久，玄奘所译经论，十之七八是其笔受；二是撰述经论章疏，以《俱舍论记》影响最大且最为知名，现存著作还有《俱舍论法宗原》和《大乘百法明门论疏》，其《大因明记》《婆沙论钞》《成唯识论钞》皆已散佚。大乘光深得玄奘的信任，在玄奘门下地位突出，曾代玄奘上表陈谢。被后人视为唯识宗祖师的慧沼法师也曾向其就学，后来有圆晖法师传其学说。虽然大乘光的名气没有大乘基高，但其功绩不能被后人遗忘，正如《宋高僧传》所称赞的那样："左右三藏之美，光有功焉。"

（作者单位：南京大学哲学系）

Several Questions about Master Mahayana Guang（Pu Guang）of the Tang Dynasty

Zheng Yijun

[Abstract] Master Mahayana Guang（Pu Guang）, commonly known as Master Pu Guang, was one of the important disciples of Master Xuan Zang, and was mainly known for his book *Ju She Lun Ji*（《俱舍论记》）. Previous studies on Mahayana Guang had fallacies and deficiencies. This paper attempts to make a comprehensive exposition of Master Guang based on the existing historical materials. It focuses on issues such as his life and deeds, name, types of works, and his relationship with other people.

试论萧瑀三女的出家原因

郭晓冬

岑仲勉先生曾在其《金石证史》之“萧瑀佞佛”一节中介绍过萧瑀三女这三位比丘尼，但颇为简略，缺乏对于她们出家修行的详细考察[1]。爱宕元先生曾集中研究过萧瑀及其家族其他成员的佛教信仰、佛学造诣以及与高僧的交往关系，但对于萧瑀三女的表述十分简略，并没有深入探讨[2]。除此之外，李玉珍先生也曾考察过出家的萧瑀三女，认为法乐三岁出家很有可能只是挂名寺中，或像隋文帝那样在七岁以前由比丘尼智仙抚养于家寺。萧瑀虽未建家寺，但送女儿出家于姻戚隋秦王杨俊所建之寺庙中也是颇为合理的。同时李玉珍先生还提出萧氏比丘尼在流行《僧祇律》和《四分律》的长安仍然信奉《十诵律》也是非常独特的现象[3]。刘淑芬先生曾在研究中古时期佛教信仰影响下的“石室瘗葬”传统时，考证过萧瑀三女法愿和孙女惠源的葬法方式，认为她们的葬法属于当时僧尼林葬方式的变形——“石室瘗葬”[4]。张梅雅先生也曾关注过萧瑀三女的墓志研究，主要考察了贞观二十三年后原崇德坊济度尼寺的搬迁状况以及萧瑀三女在此之后的去留问题，认为在原济度尼寺搬迁到安业坊后，萧瑀三女仍然继续留在旧寺址内，直到法愿去世，法乐、法灯才不被允许继续留住，而

[1] 岑仲勉：《岑仲勉著作集·金石论丛》，北京：中华书局，2004年，第61、62页。

[2] ［日］爱宕元：《隋末唐初における兰陵萧氏の仏教受容——萧瑀を中心にして》，载［日］福永光司编《中国中世の宗教と文化》，京都大学人文科学研究所，1982年，第539—573页。

[3] 李玉珍：《唐代的比丘尼》，台北：学生书局，1989年，第51—53页。

[4] 刘淑芬：《石室瘗葬——中古佛教露尸葬研究之二》，载氏著《中古佛教与社会》，上海古籍出版社，2008年，第244—262页。

迁往了邻近的蒲州相好寺[1]。杨梅先生则从与家族的经济来往、监督家风以及由家人所主办的丧葬等几个方面，讨论了萧瑀三女在出家以后与家人所保持的密切关系[2]。刘琴丽和黄清发两位先生也在其文章中简单论述过萧瑀女儿在出家以后与家人所保持的各种联系[3]。

不过以上这些前辈学者的研究多未深入涉及萧瑀三女出家的核心内容——出家原因。关于这一点，岑仲勉先生认为萧瑀三女的出家应是受到父亲萧瑀佛教信仰和出家意愿的影响。笔者以为岑先生的这一说法其实并未得到详加论证，可商榷之处颇多。另外，萧瑀的三女法愿在圆寂以后确实是以“石室瘗葬”的方式下葬，但是她的另两位姐妹却并没有以这种方式下葬，而要解释其间的不同，需要从她们的出家原因入手。笔者以为在这其中很有可能也与三人最初的出家原因有关。因此，本文即欲从考察萧瑀三女的出家原因入手，希望能够由此更好地理解墓志当中关于萧瑀三女的描述。

一、萧瑀三女墓志记载中的差异性分析

首先，从墓志来看，法愿当是一位天资极高，又颇通文史、书道的才女，很得萧瑀青睐，并深受他佛学修养的熏陶，有了出家之志。对此，萧瑀表示赞赏，许以笄年（15岁）出家，而且还特意为她在济度寺中别造禅院。对此，其墓志曰：

> （法愿）豪飞八体，究轩史之奇文；法兼二妙，符卫姬之逸迹。群艺式甄，女仪逾劭。宋公特深抚异，将求嘉世，载伫孙龙，以光宋鲤。而严庭垂训，早沐慈波，鼎室承规，幼明真谛。飘花貌雪，初陪太傅之观；摘叶为香，遽警息慈之念。爰发宏誓，思证菩提，惧尘情于六礼，乃翘诚于《十诵》。承间荐谒，请离俗缘。宋公论道槐端，丹青神化，虔襟奈苑，栋梁正法，重违雅志，许以出家。甫及笄年，爰披法服。乃于济度伽篮，

[1] 张梅雅：《同行解脱之道：南北朝至唐朝比丘尼与家族之关系》，《文献》2012年第3期，第55—58页。

[2] 杨梅：《唐代尼僧与世俗家庭的关系》，《首都师范大学学报》2004年第5期，第20—26页。

[3] 刘琴丽：《墓志所见唐代比丘尼与家人关系》，《华夏考古》2010年第2期，第108页—111页；黄清发：《唐代僧尼的出家方式与世俗化倾向》，《南通师范学院学报》2002年第3期，第89—92页。

别营禅次。[1]

在出家以后，法愿于修行上颇为精进，在佛教戒、定、慧三学上都有很高的造诣。对此，其墓志曰：

> 讨寻经论，探穷阃域，究妒路之微言，括毗尼之邃旨。至于《法华》《般若》，《摄论》《维摩》，晨夕披诵，兼之讲说。持戒弟子近数十人，莫不仰味真乘，竞趋丹枕，傍窥净室，争诣元扉。肃肃焉，济济焉，七众之仰昙弥，何以尚也！重以深明九次，阅想禅枝，洞晓三空，澄襟定水……厌此缠盖，忽现身疾，大渐之晨，谓诸亲属曰：是身无我，取譬水萍；是身有累，同夫风叶。生死循环，实均昼夜。然则净名申诫，本乎速朽；能仁垂则，期于早化。金棺乃示灭之机，玉匣岂栖神之宅，诚宜捐躯挚鸟，委形噬兽。钦衿止念，奄然无言。粤以龙朔三年八月廿六日，舍寿于济度寺之别院，春秋六十三。姊弟永怀沉痛，不忍依承遗约，乃以其年十月十七日营空于少陵原之侧，俭以从事。[2]

其中“毗尼”，指戒律。从墓志记载法愿“翘诚于《十诵》”来看，她所受的戒律应是《十诵律》。在隋代和唐前期，长安曾一度流行《僧祇律》，但在法愿所处的唐初，《四分律》已成了主流[3]。至于《十诵律》，乃自南北朝以来南朝流行的戒律，直到道宣第四代传人道岸请旨唐中宗禁行《十诵律》、实行南山《四分律》之前都是江南流行的主要戒律[4]。法愿身在《四分律》早已盛行的北方长安却倾心于《十诵律》，当与兰陵萧氏作为齐梁时期的南朝皇族、曾深受南朝佛教文化影响有关。

而“《法华》”当指《法华经》，乃智顗所开创的“天台学”主要经典。萧瑀也曾为《法华经》作疏，并邀请京城名僧“指摘瑕累”[5]。而萧瑀的祖父萧詧也曾为《法华经》《般若经》《华严经》《金光明经》作注四十六卷，萧瑀的哥哥后梁末帝萧琮亦与天台宗祖师智顗关系密切[6]。

---

[1]（清）王昶：《金石萃编》卷五四《大唐济度寺大比丘尼墓志铭并序》，载中国东方文化研究会历史文化分会编《历代碑志丛书》第五册，南京：江苏古籍出版社，1998年，第148页。

[2]《大唐济度寺大比丘尼墓志铭并序》，第148页。

[3]（唐）道宣：《续高僧传》卷二二《洪遵传》，北京：中华书局，2014年，第840页。

[4]（宋）赞宁：《宋高僧传》卷一四《道岸传》，北京：中华书局，1987年，第338页。

[5]《续高僧传》卷二九《慧龄传》，第1187、1188页。

[6]［日］爱宕元：《隋末唐初における兰陵萧氏の仏教受容——萧瑀を中心にして》，第540、541页。

至于“《摄论》”，则为《摄大乘论》和《摄大乘论释》，梁末陈初来到南朝的印度高僧真谛将其译为汉文，从而开创了摄论学。摄论学在真谛死后逐渐在中国南北方传播开来，在北方还与当时盛行的地论学南派相结合，以昙迁为其代表，到了隋代和唐前期一度盛行[1]。而萧瑀、萧璟、萧钧等人与以禅定寺、津梁寺为中心的长安摄论学僧多有来往[2]，法愿的族兄弟慧龄亦颇精摄论学[3]。

因此，法愿在经论义学上的成就虽与自己的勤勉修习有关，但家族佛教文化的熏陶亦不可忽视。

除了义学以外，法愿对于禅学亦颇有造诣，所谓“重以深明九次，阅想禅枝，洞晓三空，澄襟定水”。其中“三空”或指一种禅定后的境界；而“深明九次，阅想禅枝”当指所谓“九次第定”，即修禅者依次进入四禅、无边虚空处、无边识处、无所有处、非有想非无想处、灭受想定。这在一些大乘经典中皆有论及[4]。

综上所述，从法愿的墓志记载来看，她自幼聪慧过人，又受到萧瑀亲教，在出家以后凭借着自己的勤勉修行与家族佛学底蕴熏陶，取得了非凡的佛学造诣。

而与法愿相比，法乐和法灯的墓志内容不仅篇幅较短，而且十分苍白，缺乏能够体现二人佛学造诣的具体内容。现节引如下：

> 法师则太保之长女也。勤恳之节，爰自幼童；玄妙之体，发于岐嶷。年甫三龄，归诚六度，脱屣高族，落发祇园。既而禅室沦精，羁象心而有裕；法场探秘，蕴龙偈而无遗。觉侣攸宗，真门取范。而念想云促，景落须弥之峰；福应斯甄，神升兜率之殿。以咸亨三年九月十九日迁化于蒲州相好之伽蓝，春秋七十有四。[5]

---

[1] 圣凯：《摄论学派研究》，北京：宗教文化出版社，2006年，第18—60页、第609—611页。

[2] ［日］爱宕元：《隋末唐初における兰陵萧氏の仏教受容——萧瑀を中心にして》，第544—550页。

[3]《续高僧传》卷二九《慧龄传》，第1187、1188页。

[4]（后秦）鸠摩罗什译：《摩诃般若波罗蜜经》，载《大正新修大藏经》（以下简称《大正藏》）第8册，台北：新文丰出版公司影印，1983年，第243页；（东晋）跋陀罗译：《大方广佛华严经》，载《大正藏》第9册，第655页；（北凉）昙无谶译：《大般涅槃经》，载《大正藏》第12册，第547页。

[5] 周绍良主编：《唐代墓志汇编》永隆〇〇九《大唐济度寺故比丘尼法乐法师墓志铭并序》，上海古籍出版社，1992年，第676页。

> 法师即太保第五女也。年甫二八，修行四谛，膏泽无施，铅华靡饰。精诚恳至，慕双树之高踪；童子出家，殊栢舟之自誓。具戒无阙，传灯不尽，姊弟四人，同出三界。花台演妙，疑开棠棣之林；成等至真，还如十方之号。岂□法轮才转，道器先摧，以总章二年十月五日迁化于蒲州相好寺，春秋卅有九。[1]

从引文来看，与法愿相比，关于二人出家以后佛学造诣的表述多为虚泛的溢美之词，并无多少具体性内容。如果法乐和法灯真的具备很高的佛学造诣的话，以夸耀墓主生平为主的墓志文应该不会如此虚泛简略地记述。

同时，法乐、法灯最后皆圆寂于蒲州相好寺，而法愿则圆寂于长安济度寺别院。但是三人的墓志铭却皆称她们为济度寺比丘尼，这说明她们的出家地应皆在长安济度寺，只不过法乐和法灯后来迁往蒲州了。这十分奇怪。在隋唐时期，长安作为全国佛教文化的中心，名刹林立，名僧众多，各种佛学流派应有尽有，包括译经在内的许多佛教活动亦多在长安举行。因此，对于当时的僧人来说，长安是绝佳的修行之地。再加上兰陵萧氏作为关中的名门望族，在长安一带拥有令人艳羡的经济、政治与家族社会资源，这对于修行者来说也是十分有利的条件。法愿、萧瑀的两个侄子慧龄、智证，萧瑀的孙女惠源就都未离开长安，迁往他州[2]。如果法乐和法灯真像法愿一样，热心于佛教修行，她们为何要离开长安，而迁往相对偏僻的蒲州呢？[3]

除此之外，从墓志来看，法愿被称为“大唐济度寺大比丘尼”。而法乐和

[1] 周绍良主编：《唐代墓志汇编》永隆〇一〇《大唐济度寺故比丘尼法灯法师墓志铭并序》，第677页。

[2] 关于萧瑀与慧龄、智证的叔侄关系，见《续高僧传》卷二九《慧龄传》，第1187页；关于惠源生平，见《金石萃编》卷八二《大唐济度寺故大德比丘尼惠源和上神空志铭并序》，第611页。另外，张梅雅先生曾怀疑开元十七年去世的少林寺灵运禅师也为萧瑀后人。但是根据灵运禅师墓志所载，灵运禅师虽然出身于兰陵萧氏，但并不是萧瑀后人，其父乃为萧翥。从现存长安兰陵萧氏后人墓志记载的格式来看，都会有比较明确的谱系介绍，而灵运禅师的墓志记载并没有这些，只记载他乃梁武帝之后，父亲做过虢州恒农县尉。唐代的兰陵萧氏还有河南一支，但远没有关中长安的兰陵萧氏显贵。从灵运禅师的出家地、墓志记载当中谱系介绍的模糊性以及父亲卑微的仕宦经历来看，笔者猜测灵运禅师虽然乃梁武帝后人，但也不是出身于关中长安的兰陵萧氏，很有可能属于河南一支，而且是已经略显没落的一支。因此，我们并不能以灵运禅师的出家地来衡量长安兰陵萧氏乃至萧瑀家族出家僧尼的修行地选择。关于灵运禅师的介绍，见周绍良主编：《唐代墓志汇编》天宝一五八《唐少林寺灵运禅师功德塔碑铭并序》，第1642页；以及张梅雅：《同行解脱之道：南北朝至唐朝比丘尼与家族之关系》，第56页。

[3] 张梅雅先生关于二人迁徙蒲州的理由比较牵强，并不可靠，这在后文还会详加解说，此不赘论。

法灯则被称为“大唐济度寺故比丘尼”，一个“大”和“故”的区别，也体现了三人在时人心目中的地位是有高下之差的。

最后，法愿临终时提到要将自己的遗体“捐躯挚鸟，委形噬兽”，而家人依据她的遗嘱，“营空于少陵原之侧”。所谓“营空”，根据刘淑芬先生的研究，乃佛教僧俗露尸葬的一种调整形式——石室瘗葬。其中的“‘空’通‘孔’，《韵会小补》：‘空，秦人呼土窟为土空’”。而石室瘗葬与直接暴尸林野的林葬不同，它是将遗体放在一个开放的、没有门户的石窟中，这样既可以达到施舍遗体的目的，又能够瘗藏遗体，是一种对于林葬式露尸葬的调整，在中古时期十分流行[1]。法愿墓志铭中提到“姊弟永怀沉痛，不忍依承遗约，乃以其年十月十七日营空于少陵原之侧，俭以从事”。这当指法愿的姊弟不忍心直接执行法愿将遗体“捐躯挚鸟，委形噬兽”的林葬遗愿，而采取了石室瘗葬的方法。然而与法愿相比，法乐和法灯二人却并未嘱托过什么葬法方式。即便考虑到她们当时难以像法愿那样直接嘱托远方的亲属，但像后来萧瑀的孙女惠源那样，先嘱托门人也是可以的[2]，然而从两人的墓志来看，却并未发现此类记载。这体现了二人与法愿相比，并没有那么深的宗教舍身情怀。

另外，根据学者的研究，萧瑀曾与三阶教徒慧了有来往，而法愿的林葬遗愿又与三阶教徒的葬法特征很相似。然而张总先生认为从法愿墓志来看，她的佛学修养中是偏重于经的，即经论义学的比重大，并不像三阶教徒。而笔者以为，正如张总先生所言，林葬虽然是三阶教徒的重要特征，但是实施林葬的僧人并不局限于三阶教徒。因此，我们并不能判断法愿的林葬遗愿就一定与三阶教有关[3]。

综上所述，从墓志记载当中关于法愿的描述来看，她应是一位对于出家修行抱有极大热情的比丘尼。她的出家应属于一种在家族佛学传统深刻影响下的主动选择。而法乐、法灯的墓志记载与法愿相比，不仅关于她们佛学造诣的描述十分苍白，而且还有修行热情并不太高的表现，这一切都暗示着在她们出家修行的背后或许还隐藏着什么其他原因。

[1] 刘淑芬：《石室瘗葬——中古佛教露尸葬研究之二》，第244—262页。

[2]《金石萃编》卷八二《大唐济度寺故大德比丘尼惠源和上神空志铭并序》，第611页。

[3] 此段论述可参考张总：《中国三阶教史——一个佛教史上湮灭的教派》，北京：社会科学文献出版社，2013年，第160、177、178页。

二、法乐、法灯出家原因再考

我们先来考证一下法乐出家的原因。关于法乐，墓志记载其三岁出家。在如此幼龄出家，完全出于自愿的可能性很小。从古人多以虚岁计算年龄，法乐又去世于咸亨三年（672）、享年七十四岁来看，她的出生年份当在开皇十九年（599）。而她三岁出家之时，则当为仁寿元年（601）。仁寿元年在中国佛教史上是非常重要的一年。就在这一年六月乙丑，隋文帝下诏废天下公学，只留下了京城国子监学生七十二人。同日，隋文帝还下诏选派三十名高僧，并配备两名侍者和一名散官前往天下三十州起塔奉存佛舍利，并要求地方所在官僚共襄盛举[1]。这表明隋文帝从仁寿元年开始，有了明显的轻儒重佛之意，他开始模仿传说中的古印度阿育王来打造自己佛教圣王的形象。而就在上一年，即开皇二十年的十月，隋文帝废掉太子杨勇，次月即立晋王杨广为太子。而杨广的妻子乃后梁皇帝萧岿之女、萧瑀的姐姐[2]。她在杨广夺得太子之位的过程中也发挥过作用，史称：

> （杨）素入侍宴，微称晋王孝悌恭俭有礼，用此揣皇后意。后泣曰："公言是也。我儿大孝顺，每闻至尊及我遣内使到，必迎于境首。又其新妇亦大可怜，我使婢去，常与同寝共食。岂如睍地伐共阿云相对而坐，终日酣宴，昵近小人，疑阻骨肉！我所以益怜阿麽者，尝恐暗地杀之。"素既知意，盛言太子不才。皇后遂遗素金，始有废立之意。[3]

可见，新婚的萧氏配合丈夫平等善待独孤皇后奴婢的行为在很大程度上提升了独孤皇后对于晋王杨广的好感，使得独孤皇后开始收买权臣杨素，以帮助自己废掉太子杨勇而改立晋王杨广。

综合以上分析笔者推测，法乐以三岁出家，应该不是出于自愿，而是与家族的推动有关。萧瑀家族，作为已经亡国的后梁皇族，在进入隋代以后，最重要的政治资本就是与晋王杨广的联姻。而于杨广被册为太子只有半年多的仁寿元年六月，隋文帝大力推行舍利崇拜、打造佛教圣王形象之际，萧瑀让自己的三岁长女出家，应该是在刻意迎合隋文帝。这与萧皇后取悦独孤皇后的行为相似，有利于稳固杨广新获得的太子之位。

---

[1] 游自勇：《隋文帝仁寿颁天下舍利考》，《世界宗教研究》2003年第1期，第24—30页。

[2]（隋）魏徵：《隋书》卷三六《后妃传》，北京：中华书局，1973年，第1111页。

[3]（唐）李延寿：《北史》卷七一《隋宗室诸王传》，北京：中华书局，1974年，第2460、2461页。

除此之外，根据史书记载，在隋炀帝登基后，萧瑀曾一度因为身患“风疾”而萌发出家隐遁之意，后来是在姐姐萧皇后的责训下才振作起来，再次承担起了光耀门楣的家族责任。对此，《旧唐书·萧瑀传》记载：

> 炀帝为太子也，授太子右千牛。及践祚，迁尚衣奉御，检校左翊卫鹰扬郎将。忽遇风疾，命家人不即医疗，仍云：“若天假余年，因此望为栖遁之资耳。”萧后闻而诲之：“以尔才智，足堪扬名显亲，岂得轻毁形骸而求隐逸？若以此致谴，则罪在不测。”病且愈，其姊劝勉之，故复有仕进志。累加银青光禄大夫、内史侍郎。[1]

从引文来看，在萧皇后的眼里，萧瑀俨然是一位承担家族命运的优秀人选，而萧瑀本人也同样具备很强的家族责任感。因此，笔者认为萧瑀让自己虚岁三龄的女儿在隋文帝开始大力推行舍利崇拜的仁寿元年出家，是在刻意迎合隋文帝，从而达到通过进一步巩固杨广新获得的太子之位来巩固家族政治地位的目的。

至于李玉珍先生所提出的法乐三岁出家很有可能只是挂名寺中，或像隋文帝那样在七岁以前由比丘尼抚养于家寺。如果法乐出家只是挂名，那么这种挂名的动机又是什么？对此，李玉珍先生并未作出解释。而笔者认为以虚岁三龄出家的法乐是有可能先暂时挂名寺中的，但是这并不能否定她出家的真实性，从其墓志来看，法乐在三岁以后应一直是出家人的身份，这点还是毋庸置疑的。当然法乐也有可能是从三岁就住进了寺院，并由其他比丘尼照顾起居，但这与本文所提出的法乐出家原因并不矛盾。

其实像法乐这种因为政治原因而出家的女性并不是个例。根据学者的研究，高宗时期出家的蒋王李恽之妻法澄，乃出身于一个信佛的家族，而其丈夫蒋王李恽也曾对于佛家事业颇为支持。但是蒋王李恽在高宗时期被诬陷谋反，并因此畏罪自杀。李玉珍先生认为法澄的出家就是为了躲避因为蒋王李恽谋反案所带来的灾祸[2]。而陈金华先生认为法澄的出家至少有三方面的原因：她自己家族的佛教信仰、丈夫李恽对于佛教的青睐以及李恽畏罪自杀所带给她的来自政治不确定性的苦闷[3]。因此法澄的出家原因虽与法乐有所区别，但此二人皆

[1]（后晋）刘昫：《旧唐书》卷六三《萧瑀传》，北京：中华书局，1975年，第2399页。

[2] 李玉珍：《唐代的比丘尼》，第54页。

[3] Jinhua Chen, “Family Ties of Buddist Nuns in Tang China: Two Studies,” *Asia Major*, 3rd ser., 15, no.2, 2002, pp.53-58.

出身于处在政治中心的信佛家族，在她们的出家原因中，政治因素都占了很高比重。

至于法灯，根据墓志记载，她是在二八年华，也就是十六岁时出家。而根据她去世于总章二年（669）、享年三十九岁来看，法灯当出生于贞观五年（631）。那么，她出家的时间当在贞观二十年（646）。而就在这一年，唐太宗下诏将萧瑀罢相，并且免除他宋国公的爵位，下放到商州主政[1]。原因主要是萧瑀曾屡次向唐太宗弹劾房玄龄而不得，在政治失意的情况下向唐太宗请求出家，但旋又反悔，最终惹得太宗不悦。对此，《旧唐书·萧瑀传》曰：

> 瑀尝称："玄龄以下同中书门下内臣，悉皆朋党比周，无至心奉上。"累独奏云："此等相与执权，有同胶漆，陛下不细谙知，但未反耳。"太宗谓瑀曰："为人君者，驱驾英材，推心待士，公言不亦甚乎，何至如此！"太宗数日谓瑀曰："知臣莫若君，夫人不可求备，自当舍其短而用其长。朕虽才谢聪明，不应顿迷臧否。"因数为瑀信誓。瑀既不自得，而太宗积久衔之，终以瑀忠贞居多而未废也。会瑀请出家，太宗谓曰："甚知公素爱桑门，今者不能违意。"瑀旋踵奏曰："臣顷思量，不能出家。"太宗以对群臣吐言，而取舍相违，心不能平。瑀寻称足疾，时诣朝堂，又不入见，太宗谓侍臣曰："瑀岂不得其所乎，而自慊如此？"[2]

从引文来看，萧瑀确实是因政治失意而主动请求出家，但在太宗答应他的请求后，又迅速改悔，从此称疾。后来即便上朝，他也不朝见太宗，最终惹得太宗十分不悦，将其罢相免爵，外放商州。

而这一切就发生在法灯出家的那一年。从法灯姐姐法愿的墓志来看，法愿在出家前就已在父亲萧瑀深厚的熏陶下有了研习佛学、出家修行之愿。萧瑀虽表示赞许，但也是等到她笄年（15岁）才允许出家。而法灯的记载很奇怪，墓志当中并没有记载她在出家前曾向萧瑀提出请求。即便我们考虑到法灯也在平时有奉佛修行的行为，因为墓志当中确实记载她到16岁时"修行四谛（当指佛教的基本教义：苦谛、集谛、灭谛、道谛），膏泽无施，铅华靡饰"。但这和出家修行还是有所区别的，最多算作优婆夷（女居士）一类的修行，是当时许多奉佛家族的习惯。再退一步讲，假设法灯在出家前也像法愿那样有了出家请求，此请求也应与父亲萧瑀此时的出家愿望有关。不然的话，她最有可能的是

[1]《旧唐书》卷三《太宗本纪下》，第59页。

[2]《旧唐书》卷六三《萧瑀传》，第2402、2403页。

和姐姐法愿一样也在笄年出家，而不是等到16岁。笔者推测，法灯在贞观二十年、16岁时出家，应该与父亲萧瑀因政治上的失落而发出家之愿，但最终无法完成有关。从萧瑀青年和晚年的两次出家冲动来看，确实像爱宕元先生所说的那样一生徘徊于出家隐遁与仕进荣家的矛盾当中。而法乐与法愿不同，在出家前虽有奉佛修行的居士行为，但真正出家修行、深入研习佛学的意愿并没有法愿那么大。这从她墓志当中并没有什么体现她佛学造诣的具体性内容以及她后来从佛教中心长安迁居相对偏僻的蒲州可以看出。因此笔者认为，应该是父亲晚年再次涌现的出家冲动推动着法灯最终出家，而且很有可能是在替父亲完成他一直到晚年都没能完成的出家愿望。

三、法乐、法灯迁居蒲州再考

从法乐、法灯墓志记载来看，她们二人虽也在长安济度寺出家，但去世地点并不在长安济度寺，而是蒲州相好寺。这说明她们并没有像法愿一样一直留在长安，而是在后来迁到了蒲州。关于她们迁居蒲州的直接原因，墓志当中并无记载。我们只能从当时的历史背景出发，来做进一步的考察。根据史书记载，贞观二十三年六月唐太宗去世[1]，长安济度寺迎来了一次迁徙。对此，《长安志》曰：

> （安业坊）东南隅济度尼寺，隋太师申国公李穆之别宅，穆妻元氏立为修善僧寺。其济度尼寺本在崇德坊，永徽中置宫，乃徙于此，其额太子少詹事殷令名所题。
>
> （崇德坊）西南隅崇圣寺，寺有东（西）门。西门本济度尼寺，隋秦孝王俊舍宅所立；东门本道德尼寺，隋时立。至贞观二十三年徙济度寺于安业坊之修善寺，以其所为灵宝寺，尽度大宗嫔御为尼以处之。[2]

在这里，《长安志》的两条记载出现了看似矛盾之处。其中“崇德坊”条记载济度尼寺是在贞观二十三年迁于安业坊之修善僧寺的，但“安业坊”条却记载济度尼寺是在永徽年间迁于修善僧寺的，同时还有太子少詹事殷令名的题额。永徽年间的太子是唐高宗长子李忠，他于永徽三年（652）七月被唐高宗立为太子，同时任命的还有一干东宫僚佐[3]。因此，殷令名的“太子少詹事”应该

[1]《旧唐书》卷三《太宗本纪下》，第62页。

[2]（宋）宋敏求：《长安志》，台北：成文出版社，1970年，第218、224页。

[3]《旧唐书》卷四《高宗本纪上》，第70页。

也是任命于永徽三年七月以后，那么济度尼寺的“永徽中置宫，乃徙于此”应该就发生于永徽三年七月以后。

但“崇圣寺”条明确记载济度尼寺在贞观二十三年就被全部征用作安置太宗嫔御的新尼寺了，为什么济度尼寺直到永徽三年七月以后才被正式迁入原定的“修善僧寺”呢？笔者推测这种尼寺与僧寺之间的迁徙应该不是一朝一夕就能完成的事，它涉及了很多需要协调的人事变动。最有可能的情况是贞观二十三年崇德坊的济度尼寺确实被全部征用作安置太宗嫔御的新尼寺，但原来的济度尼寺并没有被马上安置于拟定的新迁徙地，是在几年之后才完成这一迁徙的。而在这几年间，原崇德坊济度尼寺的尼众最有可能的居住状态就是分散居住于其他尼寺之中。

而且不止济度尼寺，同时被选作太宗别庙地址的道德尼寺也不是在贞观二十三年完成迁徙，而是在永徽元年搬入新寺址的[1]。这说明寺址搬迁并不是一个可以迅速完成的任务，而安置太宗嫔御和兴建太宗别庙的诏令因此被延缓执行的可能性也很小。所以，笔者推测原来的济度尼寺和道德尼寺尼众在搬入新寺址之前应该是先分散居住于其他尼寺之中的。

张梅雅先生曾认为由于迁徙后的新济度尼寺所留史料很少，所以不易判断济度尼寺在贞观二十三年迁徙以后的发展状况。同时，她还提出鉴于法愿墓志中记载她圆寂于“济度寺之别院”，而这座别院应该就是萧瑀为其所建的别院，所以法愿应该是由于某些特殊原因和其他出家的太宗嫔御一起继续留在原济度寺中。她还推断法乐和法灯也应与法愿一起留在了济度寺别院当中，直到法愿去世，她们才不能继续留在别院当中，而迁往了蒲州[2]。笔者以为张先生的这一系列推断其实是充满矛盾的，主要表现在以下几点：

第一，史书中关于迁徙后的新济度尼寺记载虽然不多，但也足以让我们了解迁徙以后的新济度尼寺基本状况，这在宋敏求《长安志》“安业坊”条中有

---

[1] 根据樊波先生的研究，《长安志》中所记载的“徙道德寺额于嘉祥坊之太原寺”有误，因为当时长安并无嘉祥坊，太原寺也是始建于咸亨元年。因此应以《唐两京城坊考》中“（休祥坊）昭成尼寺，隋大业元年，元德太子为尼善惠、元懿立为慈和寺。永徽元年，废崇德坊之道德寺乃移额及尼于此寺”为准。而这也与显庆三年《道德寺碑》文中“初以太宗升遐，天经京立，乃于弘德坊寺置崇圣宫，尼众北移，在休祥里，即今之道德寺是也”的记载相符。见樊波：《〈唐道德寺碑〉考述》，载《碑林集刊》第五辑，西安：陕西人民美术出版社，1999年，第81、82页。

[2] 张梅雅：《同行解脱之道：南北朝至唐朝比丘尼与家族之关系》，《文献》2012年第3期，第57、58页。

着明确记载。新济度尼寺是在永徽年间正式搬迁于安业坊的，并且还有当时的太子少詹事殷令名亲笔题额。但张梅雅先生的论文中却并未提到这些。

第二，既然新的济度尼寺已经在安业坊重新建立，那么所谓法愿于龙朔三年“舍寿于济度寺之别院”就很难说是圆寂于原崇德坊济度寺别院了。法愿家族乃当时长安地区的显贵家族，对于这样的家族来说，在新的济度尼寺寺址上再为法愿构建一处别院并不是难事。因此，墓志中所提到的“济度寺之别院”应该就是指迁徙以后的新济度寺别院。

第三，张梅雅先生所提出的法愿因为某些特殊原因继续留在原崇德坊济度尼寺别院的说法基本上没有什么依据。而她将法乐和法灯离开原崇德坊济度寺别院的原因又归结于法愿去世的说法更是不合常理。既然法愿、法乐、法灯三姊妹已经可以继续留在原崇德坊济度寺别院了，那么为何这种多年的居住许可会因法愿的离世而突然发生改变呢，二者并没有什么可关联性。

因此，笔者以为张梅雅先生的观点值得商榷之处颇多，并不可靠。法愿、法乐、法灯三姊妹在原崇德坊济度尼寺被征用作安置太宗嫔御的灵宝寺后，应该是先分散居住于其他尼寺。而就是在这种分散居住的过程中，法乐、法灯、法愿作出了不同选择。热心于出家修行的法愿选择继续留在长安，并最终还居于新的济度尼寺；而修行热情并没有那么强烈的法乐和法灯则选择前往相对偏僻的蒲州，以享受较为安静的修行生活。蒲州，位于唐河东道西南端黄河渡口处，是沟通关中平原和唐河东道的重要地区，距离长安也并不遥远，而且蒲州解县还是当时的河东望族柳氏西眷房所在地[1]。萧瑀的长子萧锐与襄城公主所生之子萧守归的妻子就出身于河东柳氏西眷房。根据萧守归墓志，其妻柳氏乃“蒲州使君（柳）则之孙、都水使者（柳）子产之女也”。有学者认为墓志中所提到的萧守归妻子的祖父柳则即为唐高宗时期宰相柳奭之父柳则，而萧守归妻子的父亲柳子产或当为柳奭，或当为柳奭兄弟[2]。然而根据《新唐书·宰相世系表》的记载，柳奭字子燕[3]，因此萧守归妻子的父亲应为柳奭兄弟。而柳则

[1] 王其祎、周晓薇：《新见隋仁寿元年〈柳机墓志〉考释——兼为梳理西眷柳氏主支世系及其初入关中跻身“郡姓”之情形》，载杜文玉主编《唐史论丛》第十九辑，西安：三秦出版社，2014年，第225—227页。

[2] 景遐东：《新出阎仲连、萧守规墓志与唐代萧氏及其他文化世家姻亲研究》，《苏州大学学报（哲学社会科学版）》2015年第1期，第179—181页。

[3]（宋）欧阳修、宋祁：《新唐书》卷七三上《宰相世系三上》，北京：中华书局，1975年，第2839页。

的父亲为柳旦，柳旦又为河东柳氏西眷房柳庆一支。另外萧锐与襄城公主的女儿，也就是萧守归的姐妹也嫁给了河东柳氏西眷房柳虬一支[1]。

由此来看，兰陵萧氏的萧瑀一脉在当时与蒲州解县的河东柳氏西眷房存在较深的姻戚关系。而襄城公主逝世于永徽二年[2]，萧守归和其姐妹在永徽年间应该都已成婚，所以这种姻戚关系在法乐、法灯迁居蒲州之时应已建立。笔者进而推测法乐、法灯选择迁居蒲州，当有就近取得姻戚关照的考量。但其迁居蒲州的根本原因还是在于她们当初的出家修行主要是为了满足家族成员，尤其是父亲萧瑀的愿望，她们自己的出家修行热情并不高，从而导致了她们愿意从佛教繁荣的长安迁居到相对偏僻的蒲州。在这里她们可以享受既安静又有姻戚关照的清修生活。

四、小　结

我们在分析了萧瑀三女的出家原因以后可以发现，她们的出家与当时的政治背景、家族影响息息相关。对于热心于佛学修行的法愿来说，她所萌发的出家之志离不开深厚的家族佛学底蕴熏陶，也正是在这种熏陶之下的修行热情推动着她取得了非凡的佛学造诣。而法乐、法灯的出家原因与特殊政治背景下的家族推动、家长意愿有关，真正来自她们自己的出家热情并不高。因此她们在出家以后并未像法愿那样取得较高的佛学造诣，而且还在贞观二十三年济度寺搬迁未济之际，从长安迁居到了蒲州相好寺。在这里，她们姊妹二人可以远离长安佛教的喧嚣，享受既安静又有姻戚关照的清修生活。

由此来看，对于中古时期出身世家大族的比丘尼来说，政治背景和家族关系很有可能成为影响她们出家原因的关键因素，而弄清楚她们的出家原因又是我们理解她们整个出家生活的重要窗口。

（作者单位：首都师范大学历史学院）

[1] 关于此处所提到的柳氏宗亲关系可参看：王其祎、周晓薇：《新见隋仁寿元年〈柳机墓志〉考释——兼为梳理西眷柳氏主支世系及其初入关中跻身“郡姓”之情形》，第235、239、240页。

[2]（宋）王钦若：《册府元龟》卷四七《帝王部》，北京：中华书局，1960年，第533页。

On the Causes of Xiao Yu's Three Girls Becoming Buddhist Nuns

Guo Xiaodong

[Abstract] At the beginning of the Tang Dynasty, Prime Minister Xiao Yu's three daughters became Buddhist nuns whose religious names were: Fale, Fayuan, and Fadeng. By analyzing the similarities and differences recorded in their epitaphs, this paper found that the influence from politics and family was the key factor made them nuns. Fayuan became nuns under the influence of family Buddhism tradition while Fayue and Fadeng became nuns driven by their political backgrounds and parents' wishes. Different intentions directly led to the difference in the attitudes and achievements of the three people as nuns. For the nuns who were born in the eminent family clans in the Middle Ages, some of them were not entirely motivated by passions for Buddhism practice. This fact might become a new perspective for us to understand the Buddhism nuns in the Tang Dynasty.

唐人家庭送年幼子女出家奉佛的性别选择*

焦　杰　谢宇荣

佛教在唐代极为盛行，出家的男女人数众多，很多僧尼都是在幼年时受家人安排而出家的。笔者曾在《唐代在室女出家墓志内容探析》一文中对在室女出家墓志进行了统计与分析，指出上层社会家庭送年幼女儿以祈福为目的出家现象并不少见[1]。有学者亦对唐代社会送年幼儿子出家的现象做了初步考查[2]。考虑到男子出家赋税豁免权的获得，理论上唐人家庭送儿子出家应该比女儿更多。虽然唐代社会相对开放，妇女地位较高，但传统社会性别制度未变，那么在送年幼子女出家的问题上，唐人家庭的态度与做法是否一致？本文在广泛搜集墓志资料的基础上，辅之以传世高僧传记，对这一现象进行梳理，借以探讨性别制度对唐代社会送年幼子女出家现象的影响。

一、唐人家庭送子女出家情况

（一）唐代幼年在室女出家

笔者在《唐代在室女出家墓志内容探析》一文共收集到96方在室女出家墓志，今又重新检索并补之以《全唐文补编》《西安碑林博物馆新藏墓志汇编》

---

*本文系2019年国家社科基金后期资助项目“中古妇女文化研究”（项目编号：19FZSB047）、中央高校基本科研业务费专项资金资助项目（Supported by the Fundamental Research Funds For the Central Universities）（项目编号：2018TS049）阶段性成果。

[1] 焦杰、任瑞蕊：《唐代在室女出家墓志内容探析》，载杜文玉主编《唐史论丛》第三十辑，西安：三秦出版社，2020年，第350—363页。

[2] 黄清发在《唐代僧尼的出家方式与世俗化倾向》［《南通师范学院学报（哲学社会科学版）》2002年第1期，第89页］中有简要探讨。

《西安碑林博物馆新藏墓志续编》《洛阳新获墓志续编》所收8方，共得在室女出家墓志104方，其中记载幼年出家的墓志共47方。除去因疾出家的6方，仍有41方[1]。新增8方为：

《全唐文补编》4方：《孟弘敏夫人陇西李氏合祔墓志铭》（卷九四，P1164）、《毛公夫人陇西郡夫人李氏墓志铭》（卷九七，P1210）、《石公妻河南郡太夫人元氏墓志铭》（卷一〇八，P1367）、《光天寺普相法师灰身塔铭》（又再补卷一〇，P2412）；

《西安碑林博物馆新藏墓志汇编》1方：《王求古墓志铭》（P590）；

《西安碑林博物馆新藏墓志续编》1方：《资敬寺尼释然墓志铭》（P356）；

《洛阳新获墓志续编》2方：《刘谈经墓志铭》（P193）、《陈署墓志铭》（P233）。

按实际可用的75方墓志计[2]，则幼年出家在室女所占比例约54.7%。另外，据以上41方墓志记载，这些幼年出家的在室女大多出身于士族或仕宦家庭，其中明确载有父祖辈出仕为官的墓志便有30方，比例高达73.2%。这一数据与姚平所指出的唐代比丘尼多出身高贵的结论相吻合[3]。

从这些墓志的记载来看，在室女出家的年龄普遍偏小，最大的不过十二三岁，小的才三岁，甚至还有“乳傅之内，即衣缁褐”的巧师[4]。明确记载出家年龄的在室女大都为十岁以下。十岁以上（含十岁）仅5人，分别为《唐代墓志汇编》大历〇四二《大唐真化寺多宝塔院故寺主临坛大德尼如愿律师墓志铭》的志主（P1786），《唐代墓志汇编续集》贞元〇六七《唐故静乐寺尼惠因墓志铭》的志主（P783），《全唐文补遗》第三辑中《大唐故宣化寺尼法琬师墓

---

[1] 古代女子十五及笄许嫁，本文的女子幼年以十三岁为上限。以《唐代在室女出家墓志内容探析》中各表为基础，其中符合此原则的样本为表1中序号1—18、20—27，表3中序号2、3、7、16—18、22，共计33方。如此，补之以下文所增8方，共计41方。为显行文简洁，以下金石信息皆有缩略。凡下文有所涉及者，不再单独出注。

[2] 鉴于104方在室女出家墓志中，有一部分没有更多有效信息或内容与本文研究不太匹配，故实际可用墓志为75方。因此，凡以下情况墓志不在探讨范围：（1）记载过于简单，几乎读不出如出家原因、出家年龄、兄弟姐妹排行和家庭背景等信息者；（2）记载虽详，但儿女皆出家奉佛，同时无更多信息可供比对者。下文中幼年男性出家墓志统计标准相同，不再单独出注。

[3]［美］姚平：《唐代妇女的生命历程》，上海古籍出版社，2004年，第232页。

[4] 乔栋、李献奇、史家珍主编：《洛阳新获墓志续编》之《大唐故大理评事彭城刘府君（谈经）墓志铭》，北京：科学出版社，2008年，第193页。

志铭》的志主（P25）[1]，《全唐文补遗·千唐志斋新藏专辑》中《唐故安国寺主大德禅师比丘尼隐超墓志》的志主（P259），《全唐文补编·又再补》卷一〇《光天寺大比丘尼普相法师灰身塔铭》的志主（P2412）[2]。其余大多为6—8岁，或是“童龀”“龀岁”“龆龀”“稚齿”的记载，年龄也都不超过十岁，能确定十岁以下出家的幼年在室女有18位，在41方墓志中占43.9%，而明确记载为十岁以上出家的未成年在室女才占12.2%。

仔细阅读这41方墓志还可发现一个重要特点，即长女数量较多，可明确判断出的即有11位，即《唐代在室女出家墓志内容探析》一文表1中序号1、4、6、7、9、12、15、23，表3中序号7、17、18墓志所载。将其她出家在室女墓志的排行进行梳理，则可发现除了那些因疾出家的在室女外，长女身份出家的墓志还有11方，即《唐代在室女出家墓志内容探析》一文表2中序号7、10，表3中序号4—6、8、9、12、13、19、20墓志。若以104方墓志来统计，这22位长女出家所占比例为21.2%弱，虽然不惊人，也不应忽视。而以75方计，则比例高达29.3%强，这就不得不引起重视了。按照唐代墓志行文习惯，盛唐以后关于志主子女的记载更为详细，若提到有子女出家而不云有其他兄弟姐妹，则极有可能为独生子女。如果将此也考虑在内，那么作为长女出家的在室女比例还会提高。这足以说明唐代家庭更倾向于令长女出家奉佛。

（二）唐代幼年男子出家

唐人家庭送年幼儿子出家情况也很常见。笔者在所见近30余种墓志编录图书中共搜集到196方涉及唐代男子出家信息的墓志、真赞和铭文，按照本文选材原则，实际可用者171方。其中72方涉及未成年男子出家信息，以196方计，比例为36.7%，以171方计，比例则为42.1%。这些墓志分别为[3]：

《唐代墓志汇编》16方：《慧静法师灵塔之铭》（贞观〇七五，P56）、

[1]《大唐故宣化寺尼法琬师墓志铭》未载法琬出家的具体年龄，但《大唐□□法琬法师碑》记载：永徽六年（655），襄邑王蘷，李德懋“奉为亡父舍所爱之女请度出家，时年十三，并度家人三七，并充师弟子”。（清）王昶：《金石萃编》卷六八，北京：中国书店，1985年，第479、480页。

[2]陈尚君辑校：《全唐文补编》又再补卷一〇《光天寺大比丘尼普相法师灰身塔铭》：“年十有二，落发玄门。”北京：中华书局，2005年，第2412页。

[3]古时男子一般以十八岁为成年，故十七岁（含十七岁）皆算未成年。考虑到本文以女子十三岁为幼年上限，而男子心智成熟较女子为晚，故本文男子未成年的上限为十六岁。另外，同一人墓志可能见于多处编录，本文择其记载较详者，其余编录信息不再标注。

《（崔氏法师）》（贞观一〇五，P75）、《（道安禅师）》（总章〇四三，P508）、《思言禅师塔铭》（开元〇〇四，P1151）、《法藏禅师塔铭》（开元〇三七，P1179）、《灵慧法师影塔之铭》（开元〇五三，P1190）、《方律师像塔之铭》（开元二五三，P1330）、《敬节法师塔铭》（开元二九一，P1356）、《张府君（轸）墓志铭》（开元三八二，P1420）、《进法师塔铭》（开元四五一，P1468）、《太白禅师塔铭》（元和〇三二，P1971）、《边氏夫人墓记》（元和〇五四，P1987）、《会善寺临坛大律德塔铭》（元和〇八〇，P2004）、《兴国寺宪超塔铭》（元和一二二，P2034）、《辩空和上塔铭》（大和〇五九，P2138）、《三藏大遍觉法师塔铭》（开成〇二六，P2184）；

《唐代墓志汇编续集》2方：《圣善寺证禅师玄堂铭》（贞元〇四一，P762）、《报恩寺禅和尚金霞迁神志铭》（贞元〇六二，P779）；

《全唐文补编》20方：《灵化寺智该法师之碑》（卷六，P74）、《大广福寺金刚三藏塔铭》（卷三五，P427）、《白马寺惠沼神塔碑》（卷三六，P433）、《（郭孔修）墓前悼记》（卷三八，P458）、《西明寺智明发愿造陁罗尼石幢记》（卷四八，P574）、《大兴善寺大广智三藏和上之碑》（卷四八，P579）、《大兴国寺智旻禅宗塔铭》（卷五三，P640）、《佛川寺大师（惠明）塔铭》（卷五六，P683）、《杜和尚写真赞》（卷七三，P902）、《圣善寺志行僧怀则造尊胜幢塔并记》（卷七五，P926）、《大觉禅师重建大宝光塔碑铭》（卷七七，P952）、《燉煌曹公邈真赞》（卷八九，P1083）、《毗尼大德炫阇梨赞》（卷九二，P1125）、《李和尚写真赞》（卷九三，P1145）、《氾和尚写真赞》（卷九三，P1146）、《安定郡太夫人（梁氏）墓志铭》（卷一〇七，P1350）、《南山宣律和尚赞》（卷一三二，P1617）、《慈润寺慧休法师刻石记德文》（又再补卷一，P2222）、《三学法师緎公碣铭》（又再补卷七，P2353）、《灵泉寺智法师像塔之铭》（又再补卷一〇，P2413）；

《全唐文补遗》27方：《崇福寺僧录灵晏墓志》（第二辑，P64）、《栖岩寺大禅师（智通）塔铭》（第三辑，P5）、《史府君（光）墓志铭》（第三辑，P147）、《沙弥僧蒋氏子墓记》（第三辑，P175）、《广福寺静业和尚（张突）墓志》（第四辑，P33）、《福先寺广宣律师（成公志詈）墓志铭》（第四辑，P120）、《顺禅师塔铭》（第四辑，P283）、《静感塔记》（第四辑，P283）、《惠恭禅师大德之碑》（第四辑，P285）、《思谷禅师□□铭》

（第五辑，P3）、《青龙寺惠果和尚之碑》（第五辑，P4）、《慧矩寺禅师（智力）神道影堂纪德碑》（第六辑，P14）、《僧通明塔铭》（第六辑，P232）、《隆福寺长明灯楼之颂》（第七辑，P14）、《福田寺法师常俨置粥院记》（第七辑，P108）、《道德寺（善惠）大法师（玄懿）之碑》（第七辑，P227）、《氾和尚（福高）邈真赞》（第九辑，P293）、《张和尚（喜首）写真赞》（第九辑，P295）、《陈和尚（法严）邈真赞》（第九辑，P297）、《程和尚（政信）邈真赞》（第九辑，P302）、《范和尚（海印）写真赞》（第九辑，P307）、《张氏和尚生前写真赞》（第九辑，P313）、《和尚（福庆）邈真赞》（第九辑，P314）、《和尚（灵俊）写真赞》（第九辑，P322）、《和尚邈真赞》（第九辑，P328）、《吴僧统碑》（第九辑，P333）、《晋陵县君河南元氏墓志》（千唐，P359）；

《宁波历代碑碣》1方：《了缘和尚灵塔铭》（P2）；

《西安碑林博物馆新藏墓志续编》1方：《僧义空塔铭》（P338）；

《高平金石志》1方：《大愚禅师塔铭记》（P414）；

《洛阳流散唐代墓志汇编》2方：《李晅墓志铭》（P442）、《吴夫人（张棣妻）墓记》（P630）；

《大唐西市博物馆藏墓志》2方：《刘斌墓志》（P710）、《圆寂墓志》（P744）。

以上统计对象的出家年龄多集中在10—16岁之间，比例为31.9%，明确年龄为10岁以下的较少，比例仅为11.1%，其中年龄最小的4岁。与在室幼女出家不同的是，幼年男子出家的年龄稍长。志文对他们出家的描述与在室女相似：极少部分为祈福；慕道而出家稍多，有25位，比例达34.72%；其余未说明原因。其中明确为自主出家的只有静业和尚一人，因为其早失怙恃，“丐食入秦，至终南广福寺，遂落发焉”。至于年龄幼小如蒋氏子和七岁出家的顺禅师、“早膺妙果”的慧休禅师，以及十三四岁的男孩子出家应该都是家人的安排；而年龄稍大如十五六岁的男子，即便有一定自主性，也需经过家长同意和安排。

不少幼年出家的男子也有一个奉佛的家庭背景。如七岁便“预沾法伍”的十善禅师是“还依姨氏，资为师傅”而出家的[1]。显然，他的母家有着奉佛传

[1] 吴钢主编：《全唐文补遗》第七辑《大唐京师道德寺故大禅师（善惠）大法师（玄懿）之碑》，西安：三秦出版社，2000年，第229页。

统。再如张轸是家中第四子，9岁时“以母氏宿愿，固请为沙门”[1]，亦极有可能受母亲诱导和安排。与之相似的还有僧惠明，其母怀孕时持佛戒，应该是位优婆夷，惠明“年渐及丱，方祈舍俗。大人从之”。当然也有不少墓志直接说明儿子出家是受父母安排。比如敬节法师即是奉父亲之命而“投虔和上受业”。其他如长葛县君王氏崇尚佛教，“早悞真如，希心惠谛”[2]，第二子奉其命而出家；处士太原王君之妻清河张氏，丈夫去世后潜心向佛，并“使一子出家，家如梵宇”[3]；又如王方彻喜爱佛理，因命第二子出家为僧[4]；早好神仙之术、后改而信佛的廉府君，为“谛想真乘，凝心究竟”，早早便送第三子出家[5]。

值得关注的是，虽然唐代未成年男子奉命出家的现象并不比幼年在室女少，但是命长子出家，或者以长子身份出家的男子极为少见，这与在室长女出家形成鲜明对比。未成年出家的墓志里长子身份明确的仅有师训[6]。考虑到僧人墓志极少言其俗家行第，故而将能明确判断出长子或疑似长子（包括独子或疑似独子）的墓志14方15人附于下以资佐证：

《唐代墓志汇编》3方：《韩神墓志铭》（疑独子；景龙〇三五，P1106）、《杨公弼墓志铭》（会昌〇一四，P2221）、《董十一娘子墓志铭》（独子；乾宁〇〇二，P2530）；

《全唐文补编》7方：《王录公置立西方阁院兼修建功德碑铭》（疑长子；卷六九，P859）、《索法律窟铭》（卷八九，P1086）、《龙兴寺沙门俗姓马氏香号德胜宕泉创修功德记》（所记二人，皆疑似长子；卷九〇，P1101）、《安定郡太夫人（梁氏）墓志铭》（卷一〇七，P1350）、《张超夫妻造幢记》（疑独子；卷一四三，P1738）、《邓琛墓志铭》（卷一五四，P1888）、《张宗谏墓志铭》（卷一五六，P1903）；

---

[1] 周绍良主编：《唐代墓志汇编》开元三八二《唐故河南府参军范阳张府君墓志铭并序》，上海古籍出版社，1992年，第1421页。

[2] 吴钢主编：《全唐文补遗·千唐志斋新藏专辑》之《唐故杨君夫人长葛县君王氏墓志》，西安：三秦出版社，2006年，第29页。

[3] 周绍良主编：《唐代墓志汇编》开元四九七《唐故处士太原王府君墓志铭并序》，第1498页。

[4] 吴钢主编：《全唐文补遗》第四辑《唐故处士太原王公（方彻）墓志铭并序》，第162页。

[5] 周绍良、赵超主编：《唐代墓志汇编续集》开元〇一八《大唐故廉府君徐夫人墓志铭并序》，上海古籍出版社，2001年，第464页。

[6] 《全唐文补编》卷一〇九《周太尉清河公祖母安定郡太夫人墓志铭》载：“有子二人。长曰师训，年十三，于太原六祖禅院，受业于长老和尚。”第1350页。

《全唐文补遗》3方：《姚政□之碣》（疑独子；第六辑，P60）、《王贤墓志铭》（独子；第六辑，P323）、《李君会墓志铭》（第六辑，P423）；

《大唐西市博物馆藏墓志》1方：《赵肃夫人韦氏墓志》（P726）。

以上包括师训在内的长子或独子（疑长子或疑独子）15人，如果以196方计，比例则为7.7%，若以171方计，比例也不过8.8%。与在室长女的21.2%和29.3%相比，长子出家比例甚少，且还包括了独子和疑似的情况。显然在送年幼子女出家的问题上，唐人家庭似乎对女儿尤其是长女"情有独钟"。

二、唐人送子女出家的性别偏好

通过对唐代在室女出家墓志和僧人出家墓志的梳理可以发现，尽管送年幼子女出家奉佛在唐代是普遍现象，但在出家的人选方面却呈现出明显的特点：首先，就排行次第而言，如果选女儿则倾向于长女，如果是儿子则倾向于次子及以下，选择长子尤其是嫡长子的极为少见；其次，就出家年龄而言，男子年龄明显大于女子，女子十岁以下较多，男子多在十岁以上。显然，若在女儿和儿子间二选一，选择女儿的可能性更大。另外从家世背景来看，在室女的家世背景明显高于出家的男子：出身于士族或官宦之家的僧人有20位，在171人中约占11.7%；幼年出家的在室女中出身于平民家庭的只有2位，加上出身于三四流士族的2位，总共才4位，在75人中仅占5.3%。显然，在送年幼子女出家奉佛的问题上，上层社会家庭更倾向于选择女儿。

事实上，传世文献也表现出这样的倾向。如《广异记》中就记载了洛州别驾王光本的事迹，其因妻子李氏暴卒而非常伤心，"居恒恸哭，哀感傍邻。……忽见李氏自帏而出，……云'妾尚未得去，犹在此堂。闻君哀哭恸之甚，某在泉途，倍益凄感。语云：生人过悲，使幽壤不安。信斯言也。自兹以往，不欲主君如是，以累幽冥耳'。因付嘱家人，度女为尼"[1]。有的士族家庭儿子多于女儿，但也会安排女儿出家。比如陇西李行思有三子一女，三子"并已趋庭受训，问礼承颜。继嗣无亏于指踪，奉孝有闻于顺则。女比丘尼鉴琛，剃落于胜愿寺内，幼别浮华；具戒于清净禅宫，长修律行"[2]。这种现象表明，尽管唐代在室女享有较高地位，但与儿子尤其是长子相比，还是不能同日而语。因

[1]（宋）李昉等：《太平广记》卷三三〇"王光本"条，北京：中华书局，1986年，第2620页。

[2] 胡戟、荣新江主编：《大唐西市博物馆藏墓志》之《大周陇西郡李府君墓志》，北京大学出版社，2012年，第1055页。

为她们的人生很可能依家庭需要而被安排："作嫔君子，以援吾宗"[1]是一种；出家奉佛，为家人祈福也是一种。萧瑀送三岁长女出家，对美貌聪慧的第三女"特深抚异，将求嘉世，载伫孙龙，以光宋鲤"就是这种心理的充分体现[2]。当然如果没有女儿，或者女儿已经嫁人，就只能退而求其次，只是选择长子的可能性极小。如《唐赵氏故夫人京兆宗氏墓志铭》即载志主"有长女□□适高氏焉，至乎节行，乡里颇闻，不幸早亡，于兹一载。嗟其四子，三已长成，长曰……次曰……次曰谈信，早慕出家，虔诚奉道。"[3]

当然，也有儿女一同出家奉佛的情况。如前文提及的萧氏家族，"亲属僧尼，数将二十"[4]。这种世代礼佛的家庭，更容易把孩子出家当作常事。又如郭君妻师晖"爰舍孔范，专崇释教。兼放男女出家，奉为先亡修道"[5]。再如张府君有子四人，"一人归释，曰贤谅。女四人，……又二人归释，曰雅□、□初"[6]。但在儿女共同出家的情况中，出家的大多不是长子。长子（包括独子，包括疑似）出家的最大比例不超过8.8%。在室长女最小比例不低于21.2%，已经清楚地说明了问题。这一数据印证了姚平在《会昌灭法时期的女性》中提出的观点："唐代贵族家庭对儿子的出家入道比对女儿的出家入道要犹豫得多。"[7]只可惜她没有就此进行详细分析。

唐代社会对儿子出家的犹豫态度在墓志中也有明显表现。灵信和尚"龆年慕道，情怯有为之风；弱冠之初，秘恋一如之境"[8]，景贤大师"幼而神明，

[1] 焦杰、胡娜：《唐代士大夫之家在室女的家庭地位——以唐代在室女墓志为中心》，《华南师范大学学报（社会科学版）》2012年第6期，第95—100页。

[2] 详见焦杰在《唐代女性与宗教》"佛教卷"第一章第一节的相关论述，西安：陕西人民教育出版社，2016年，第10—12页。

[3] 周绍良主编：《唐代墓志汇编》元和一一〇《唐赵氏故夫人京兆宗氏墓志铭并序》，第2027页。

[4]（唐）道宣撰，郭绍林点校：《续高僧传》卷二九《唐京师大庄严寺释慧龄传》，北京：中华书局，2014年，第1188页。

[5] 胡戟、荣新江主编：《大唐西市博物馆藏墓志》之《大唐故郭君妻师夫人墓志铭》，北京大学出版社，2012年，第101页。

[6] 胡戟、荣新江主编：《大唐西市博物馆藏墓志》之《检校太子詹事兼殿中侍御史张公故夫人苏氏墓志铭并序》，第861页。

[7]［美］姚平：《会昌灭法时期的女性》，载氏著《唐代的社会与性别文化》，北京大学出版社，2018年，第29页。

[8] 吴钢主编：《全唐文补遗》第九辑《唐故河西释门正僧政临坛供奉大德兼阐扬三教毗尼藏主赐紫沙门和尚（灵信）邈真赞并序》，第303页。

周览传记；弱冠投心大觉，宿好都遣”[1]。两位高僧都是幼年对佛学“情有独钟”，但最终离俗出家却都到了成年以后。有的高僧出家延迟到成年婚冠以后，如善才和尚“长至龆年，超□□□。□□□岁，辞眷而乐出家，弱冠之龄，习业□□□□”[2]。然而在室女出家墓志则较少有这类描述，这种现象表明男子幼年出家似乎较女子更为不易。

类似情景在传世的《续高僧传》《宋高僧传》中也很明显。首先，《续高僧传》载唐代高僧247人，幼年出家者107人，比例为43.3%，出家年龄集中在7—16岁，最小者5岁。《宋高僧传》中所载唐五代高僧出家年龄亦多集中在13—17岁之间。这一点与墓志基本一致。其次，高僧传记所载高僧家世背景与男子幼年出家墓志大体一致，只是比墓志更为复杂，且也通常忽略其家世背景，笔墨多集中于神奇的佛迹。另外，高僧传记也几乎不载传主俗家排行，载有排行者仅数例，比如慧义寺神清家中，“昆季相次三人出俗，皆有名望，清居乎仲”[3]，明确为长子的（独子除外）难觅踪迹。从高僧传记的记载来看，本文对僧人墓志的分析是立得住脚的。

最重要的是，高僧传记显示，唐代高僧们出家大体都经历过一个非常艰难的斗争过程。若是家中独子或长子，想要在年幼时蒙父母恩准出家非常困难。释智正“家传信奉，夙著弘通，才预有知，便辞世网……年十一将欲落采，父母诸戚对之泣泪，而颜色无改”[4]。释静之是父母向观音祈祷而生，“年七八岁乐阿弥陀观，依文修学，随位并成，行见美境，骨观明净，性乐出家。既有一子，誓而不许。随父任蜀，不久崩亡，意欲为父焚身报德。有一贤人引《金刚般若》云：‘舍身不如持经。’乃回心剃剪，用伸罔极”[5]。这两位高僧的家庭奉佛氛围较浓，但他们要求出家仍遭遇了强大阻力。即便已经成年，他们也需要经过艰难斗争，甚至是极端抗争。释慧寂“登年十五，恳请出家，父母都不

---

[1] 周绍良主编：《唐代墓志汇编》开元四五三《唐嵩山会善寺故景贤大师身塔石记》，第1469页。

[2] 吴钢主编：《全唐文补遗》第九辑《唐故归义军释门管内正僧政京城内外临坛□□□□□□□（供奉大德毗尼藏）主兼阐扬三教大法师赐紫沙门张和尚（善才）□□□□□（邈真赞并序）》，第294页。

[3]（宋）赞宁撰，范祥雍点校：《宋高僧传》卷六《唐梓州慧义寺神清传》，北京：中华书局，1987年，第121页。

[4]《续高僧传》卷一四《唐终南山至相寺释智正传》，第495页。

[5]《续高僧传》卷二一《唐京师西明寺释静之传》，第791页。

听允”，最终以截断自己两根手指为代价才实现了出家之愿[1]。又释空藏“既诞育后，灵鉴日陈，情用高远，读诵经论，思存拔济。至年十九，同佛出家，既为一己，二亲留碍，乃于父前以身四布，七日不起。恐其命绝，方从所愿”[2]。释道悟“年十四，……启白尊老，将求出家。慈爱之旨，不见听许。辄损薄常膳，日唯一食，虽体腹羸馁，弥年益坚。父母不获已而许之”[3]。

当然，《续高僧传》对这些高僧大德的描写渲染过度，他们天生与佛教有缘，在年纪很小的时候便有了很强的自主意识，他们为献身佛法而经历了不屈不挠的斗争，所有这一切都是为了突出他们对佛教信仰的坚定与坚忍不拔的毅力。但这些渲染也从另一个角度反映了唐代社会对待儿子出家，尤其是对待独子出家的态度与对待女儿出家是明显不同的。即使是儿女同样出家的情况，父母对他们的出家期待也有所差异，“女则出家景福，男则恒修上道，合门积善，咸有直方”[4]。可见在唐人的观念中，女子出家是为家族祈福，男子则为了个人发展，获得较高的社会地位。这就不难理解为什么上层社会多选择女儿出家祈福，而成为高僧大德的男子又以出身于下层社会的较多。

唐代社会在送子女出家的问题上呈现出的性别偏好，自然与传统社会对儿子的期望有关。唐代上层社会“男性的名字大多源于儒家经典。很有可能的是，唐代贵族世家期待自己的儿子参加科考、走上仕途”[5]。这不是“可能”，而是必然。男主外的社会分工决定了光宗耀祖是男子的主要责任，有名望、地位的家庭则希望儿子能更上一层楼，这就决定了上层社会家庭不会优先选择儿子出家。另外，父权社会的承嗣观念也决定了儿子尤其是长子不能轻易出家离俗，即便意志笃定，也必须先完成传宗接代的任务。如《大龙兴寺崇福法师塔铭》即载：“法师年弱冠，身未离俗，以为父母遗体，期于报复，先宗不嗣，罪莫大焉。虽受之以妻子，固无忘于梵行。……奉景龙元年十二月敕，甄择精舍，许令出家。”[6]相似的观念在《续高僧传》中也有体现。释玄览从小被过继给了伯父，“年十三，心慕出家，深见俗过，遂逃迸山谷。……遣人罗捕，虽复藏窜，不免捉获。口云‘身属伯耳，心属诸佛。终无俗志，愿深照也’。伯

[1]《宋高僧传》卷一二《唐袁州仰山慧寂传》，第290页。

[2]《续高僧传》卷二九《唐京师会昌寺释空藏传》，第1186页。

[3]《宋高僧传》卷一〇《唐荆州天皇寺道悟传》，第231页。

[4]周绍良主编：《唐代墓志汇编》贞观一〇七《齐得州平原县令张明府杨夫人墓志铭》，第76页。

[5]［美］姚平：《会昌灭法时期的女性》，第28页。

[6]周绍良主编：《唐代墓志汇编》开元一一四《大龙兴寺崇福法师塔铭并序》，第1233页。

乃愍而放之”[1]。释志超“厌世从道，贯彻藏俞。而二亲恃超，更无兄弟，虽述其志，常用抑之，……年垂壮室，私为娉妻，……既确乎难拔，亲乃捐而任之。年二十有七，投并州开化寺慧瓒禅师”[2]。释昙藏十五岁那年，有“占者谓为寿短”，父母虽然很悲哀，但却没有送其入佛门以求佛祖庇护，反而“即为姻媾”[3]，希望他赶紧传宗接代，以免断了香火。正是对儿子的这种期望，使得唐代上层社会的家庭很少安排儿子尤其是长子出家，安排儿子出家多见于社会下层。

综上，唐人家庭虽然送子女出家祈福的现象比较多，但是出家对象的选择受父母的性别偏好影响很大。通常情况下，唐代上层社会家庭送女儿出家的远多于送儿子出家，在女儿人选中又倾向于长女，而选择长子几无可能，除非全家都是虔诚的佛教信徒，献身佛祖是他们最终的目的与追求。这种“重女轻男”的性别选择与传统社会对男子的期望有关，也与父权文化的承嗣制度有关，在“奉祖先，继后嗣”和光宗耀祖的前提下，年幼的儿子，尤其是长子，是不可能被家人安排出家的。女儿的主要责任虽在“附远厚别”，通过婚姻为家族获取利益[4]，但若对家族有利，出家祈福也是能够接受的。唐人家庭送子女出家现象所体现出来的性别色彩，反映了女儿在传统父权社会里的尴尬地位。需要指出的是，虽然唐代上层社会家庭倾向于选择女儿出家祈福，但实际上僧人的比例远远高于比丘尼，这是因为僧人的组成以下层民众为主，而上层社会和下层社会情况不同，男性和女性出家的原因与目的也不尽相同。不过，这并不影响根据墓志的记载推断出唐代上层家庭在送子女出家一事上的确存在着“重女轻男”现象。

（作者单位：陕西师范大学历史文化学院）

[1]《续高僧传》卷二九《唐京师弘福寺释玄览传》，第1160页。

[2]《续高僧传》卷二〇《唐汾州光严寺释志超传》，第753页。

[3]《续高僧传》卷一三《唐京师普光寺释昙藏传》，第446页。

[4]焦杰：《附远厚别　防止乱族　强调成妇——从〈仪礼·士昏礼〉看先秦社会婚姻观念》，《陕西师范大学学报（哲学社会科学版）》2011年第5期，第41页。

Gender Choice of Sending Young Children to Become Nuns or Monks in the Tang Dynasty

Jiao Jie　Xie Yurong

[Abstract] It was not uncommon to send young children to Buddhism temples as nuns or monks in the Tang Dynasty. However, the choice of nuns and monks was greatly influenced by their parents' gender preference. Generally speaking, daughters were more likely to be chosen, and most of them were eldest daughters, while sons tended to be second sons or others in upper-middle class families. In addition, the age of becoming nuns or monks in young boys was significantly higher than that in girls, which was also related to the parents' hesitation to send their sons to become monks. This phenomenon was related to the expectation of men in traditional society and the inheritance system of patriarchal culture.

晚唐龙虎山的道教活动

——以康周行都功版为中心

唐　普

晚唐五代龙虎山的兴起是道教史上非常突兀、引人瞩目的事件，诸多学者对这一时期龙虎山张天师家族世系和发展有较为丰富的探讨[1]。然而，龙虎山为何在晚唐五代突然兴起？张天师后裔为此采取何种措施？以往的研究局限于《汉天师世家》等道教内部史料，解释力度尚有不足。近年在扬州考古发掘的一处墓葬中出土的一方道教都功版引人注意，本文试图利用这方出土材料探讨相关问题。

一、材料概说

2016年3至4月，扬州市文物考古研究所对秋实路晚唐至宋代墓葬进行了抢救发掘[2]。编号M5的墓葬出土有两块木牍，编号M5:1的木牍已经出现裂痕，个别字迹磨灭，漫漶不清。先录文如下：

1 维顺义四年岁次甲申四月己巳朔廿三

2 日辛卯，晋昌郡没故□□

[1] 王见川：《龙虎山张天师的兴起与其在宋代的发展》，《光武通识学报》2004年第1期，第243—283页；刘凯：《晚唐两宋龙虎山天师道研究——以龙虎山天师世系为中心》，《中山大学研究生学刊（社会科学版）》2010年第3期，第18—36页；张泽洪：《早期天师道世系与龙虎山张天师嗣教》，《社会科学研究》2012年第6期，第122—127页。

[2] 南京大学历史学院文物考古系、扬州市文物考古研究所：《江苏扬州市秋实路五代至宋代墓葬的发掘》，《考古》2017年第4期，第54—64页。

3 康司马，法用金银铜铁等钱于江都县
4 同轨北界，买得茔地一顷。具四至如后：
5 东至甲乙青龙，西至庚辛白虎，
6 南至丙丁朱雀，北至壬癸玄武，
7 上至黄天，下至黄泉，中安亡人之宅。
8 山川土地并不□止障，如有指障，□付
9 河伯知当。保人：岁月，知见：今日直符。合
10 同阴阳符一道。急急如律令。

编号M5:19的木牍为长方形木片，碎成5块，白照杰已有录文[1]，为便于讨论，迻录如下：

1 系天师二十代孙臣□真稽首，今有京兆府万年县洪固乡胄贵
2 里男官弟子康周行，年四十岁，十月廿六日生。奉道精诚，修勤
3 贞素，明白小心，于今有功。请迁受天师门下大都功，版署阳平治左平炁。
4助国扶命，医治百姓，化民领户。从中八已下，卿可传授有心之人。质对
5 三官，领理文书。须世太平，遣还本治随职，空疏懈怠□□□□
6 系天师门下二十代孙臣
7 版署男官祭酒臣刘得常　保举
8 版署男官祭酒臣郑□□　监度
9 太岁丁巳十月癸卯朔十五日丁巳于信州贵溪县□□乡招贤里真仙观三宝前白版

根据M5:19木牍可知墓主为康周行。从文字看，M5:1木牍记录了康周行向地下神灵购买坟地的相关情况，首先介绍了买地的时间和买地者的身份，其次是买地地界和四至，最后是买地契约的保人和见证人，考古工作者将其定性为买地券，其说可从[2]。

券文有些地方墨迹模糊，因而识读困难。首先是开头记载的买地时间也即康周行的死亡时间。这一年年号为顺义，年份干支为甲申，则应为杨吴顺义四

[1] 白照杰：《扬州新出土晚唐龙虎山天师道大都功版初研》，《宗教学研究》2018年第4期，第9—14页。

[2] 南京大学历史学院文物考古系、扬州市文物考古研究所：《江苏扬州市秋实路五代至宋代墓葬的发掘》，第57页。

年（924）。

其次是“晋昌郡没故□□”，没故后二字是何字？六朝买地券中有多种“没故”的表述，其后多接买地者信道身份的词汇。如刘宋泰始六年（470）欧阳景熙买地券叙述买地相关情况，“宋泰始六年十一月九日，始安郡始安县都乡都唐里没故道民欧阳景熙，今归蒿里”[1]；隋大业六年（610）陶智洪买地券，“维大业六年太岁在庚午二月癸巳朔廿一日癸丑，斩草。没故道民陶智洪，今居长沙郡临湘县都乡吉阳里”[2]，二者身份都叙述为“没故道民”，道民指天师道中普通信道者。此外还有梁普通四年（523）熊悦买地券，“梁普通四年十二月癸丑朔，始安郡始安县都乡牛马杨田里没故女民熊悦，归豪里”[3]；梁中大通五年（533）周当易买地券，“中大通五年太岁甲寅三月甲申朔十四日丁酉，老君神苻敕：道路将军禁防、地下二千石、豪里父老，丘承墓伯：今日大化，复除道民，象郡新安县都乡治下里没故女民周当易，醉酒命终，今归里豪”[4]，二者所用身份是“没故女民”，但从周当易买地券可知，周当易生前也是道民，故女民实即女性道民之意。总之，康周行买地券中“没故”后之二字应是表述康周行道教信仰者身份的词汇，可能即“道民”。

最后是“山川土地并不□止障，如有指障，□付河伯知当”。北宋《地理新书》记载买地券范文，在这一位置写作“若辄干犯呵禁者，将军亭长收付河伯”[5]，康周行买地券中此句含义应与之相当，第一个阙字可能是“得”，第二个阙字可能为“收”，指山川土地不得干扰墓主，否则交付河伯。

该券的保人是“岁月”，见证人是“今日直符”。岁月是“岁月主者”的简称，岁月主者和今日直符首见于吐鲁番出土大历四年（769）《张无价买阴宅地契》：

> 若辄忓犯诃禁者，将军庭帐收付河伯。今已牲牢酒饭，百味香新，共为信契。安厝已后，永保休吉。知见人：岁月主者；保人：今日直符。故气邪精，不得忓扰，先来居，永避万里。若违此约，地府主里自当祸，主

[1] 鲁西奇：《中国古代买地券研究》，厦门大学出版社，2014年，第120页。

[2] 鲁西奇：《中国古代买地券研究》，第179页。

[3] 鲁西奇：《中国古代买地券研究》，第133页。

[4] 鲁西奇：《中国古代买地券研究》，第134页。

[5]（宋）王洙：《图解校正地理新书》卷一四《斩草忌龙虎符入墓年月》，台北：集文书局，1985年，第455页。

人内外安吉。急急如律令。[1]

阴宅地契实即买地券。张无价买地券中河伯、岁月主者和今日直符都已作为组合出现，康周行买地券与此相同。今日直符具有何种信仰意涵？《太上老君中经》中描述今日直符：

> 子欲制百邪百鬼及老精魅，常持符利剑亭水瓮上，于中视其形影。凡行出入卒逢非常怪物，于日月光中视其形影，皆可知也。以丹书制百邪符置于瓮水上，邪鬼见之，皆自然消去矣！诸精鬼魅龙蛇虎豹六畜狐狸鱼鳖龟飞鸟麞鹿老木，皆能为精物犯人者，符刻之斩之，付河伯、社令。常召今日直符使、六丁神守之宿卫。[2]

符文具有制服邪鬼和精魅的功用，今日直符使则宿卫具有神圣作用的符文。据此可知今日直符是今日直符使的简称。晚唐五代道教黄箓斋仪中，召今日直符是法师“行禁坛法事”中的一环，杜光庭《无上黄箓大斋立成仪》记载仪式过程：

> 重敕东方青帝木官解秽君吏九人，南方赤帝火官解秽君吏三人，西方白帝金官解秽君吏七人，北方黑帝水官解秽君吏五人，中央黄帝土官解秽君吏一十二人。上请天上解秽吏，地下解秽吏，今岁直符解秽吏，今月直符解秽吏，今日直符解秽吏，今时直符解秽吏，解秽将军吏兵、真人童子，一合真官降下。届此斋坛之所，解除天秽、地秽、人秽、鬼秽、牛马六畜禽虫之秽。破秽凤凰，从前至后，自东及西，以次解秽，立遣清净。即使天秽还天，地秽还地，人秽还人，鬼秽还鬼，一切邪秽速去万里，不得留止。急急如律令。[3]

此处的“今日直符”是“今日直符解秽吏”，具有解除坛场诸种污秽的作用。总之，今日直符源于道教，张无价是“道门领袖”[4]，这或许是其买地券中首次出现“今日直符”的原因。康周行买地券的相关内容已显示康周行具有道

---

[1] 唐长孺主编：《吐鲁番出土文书》第十册，北京：文物出版社，1991年，第6—7页。

[2]（宋）张君房编，李永晟点校：《云笈七签》卷一九《老子中经下》，北京：中华书局，2003年，第454页。关于《太上老君中经》的具体成书时间，尚有争议，主要有汉代和4—5世纪两种观点，具体可参考刘屹：《〈老子中经〉的成书时代》，载氏著《神格与地域：汉唐间道教信仰世界研究》，上海人民出版社，2011年，第78—94页。

[3] 张继禹主编：《中华道藏》第43册，北京：华夏出版社，2004年，第441页。

[4] 唐长孺主编：《吐鲁番出土文书》第9册，北京：文物出版社，1990年，第138页。

教信仰。

关于M5:19木牍，研究者将其与《道藏》中《正一法文传都功版仪》收录的都功版文范本对比，定性为都功版，其说可从[1]。此前发现的都功一类文物集中于北宋之后的都功印[2]，康周行都功版是目前发现的可以确定为都功版的文物。缙云县金龙洞曾发现一块木牍，但由于文字残缺，无法确定其性质。录文如下[3]：

1 男官弟子叶□□奉

2 道精诚，修行勤谨，素志专一，于法有功

3 天师门下都功治职，助

4

5

木牍内容是向叶某授予都功职位。与康周行都功版相比，格式类似，应为都功版。由于木牍系追缴的盗挖文物，出土信息阙失，研究者仅能将其时间大概定为唐宋。这方都功版表明唐宋时代授予都功版并非孤例。

康周行被授予都功的时间是“太岁丁巳”，去世时间是杨吴顺义四年，“丁巳”年应为唐昭宗乾宁四年（897），康周行时年四十，其应出生于唐宣宗大中十二年（858）。授予康周行都功版的是“系天师二十代孙”，系天师指张鲁，其祖父张道陵称天师，父张衡称嗣师。白照杰认为系天师二十代孙指《汉天师世家》中记载的二十代天师张谌，不过在系天师二十代孙后三字为“臣□真”，也可能是第十九代天师张脩，字德真。由于缺少其他文献记载，此处天师名讳仍然存疑。传授地点在信州真仙观，即龙虎山真仙观，《汉天师世家》记载真仙观建于唐武宗时，“唐会昌辛酉，武宗召见，赐传箓坛额曰真仙观”[4]，白照杰指出“除非发现更接近真仙观建造时代的史料证据，否则我们无法确定此观为武宗所赐”[5]，但唐昭宗时代，真仙观已经具有相当规模和影响力，则可为出土都功版证实。

[1] 南京大学历史学院文物考古系、扬州市文物考古研究所：《江苏扬州市秋实路五代至宋代墓葬的发掘》，第63页。

[2] 赵川：《道教阳平治都功印初探》，《世界宗教文化》2018年第6期，第152—157页。

[3] 黄彩红：《缙云仙都金龙洞出土铜龙与木简》，《东方博物》2011年第1期，第56页。

[4] 张继禹主编：《中华道藏》第46册，第351页。

[5] 白照杰：《扬州新出土晚唐龙虎山天师道大都功版初研》，第11页。

关于康周行的身份，都功版表述为“男官弟子”。男官本为男官祭酒之简称，指天师道中的男性祭酒，刘宋初年天师道信徒徐氏撰写的《三天内解经》称东汉张道陵“立二十四治，置男女官祭酒，统领三天正法，化民受户，以五斗米为信”[1]，男女官祭酒的职责是领户治民，接受天师道信徒信米。《玄都律文》制度律称“男官、女官，主者领户治位，皆有科次品号”[2]，对比可知，男官即男官祭酒。但是自南朝刘宋时代开始，道教组织从天师道祭酒体制逐渐演变为道观体制，男官已演变为道教法位中的一个位阶。南北朝后期至初唐成书的《三洞奉道科戒仪范》中男官、女官属于正一法位的一阶，接受“七十五将军箓、百五十将军箓、正一真券、二十四治、正一朝仪、正一八诫文”这一系列的经、戒、法箓，“称某治气男官、女官”[3]。敦煌文书P.2350V.2是男官清信弟子李无上接受十戒十四持身品的盟文，称“太岁甲寅正月庚申朔廿二日辛巳，沙州敦煌县龙勒乡常安里男官清信弟子李无上，年廿七岁”[4]。因此，在于龙虎山接受都功一职之前，康周行已经具有道教法位。考古报告称康周行身份为“道官”，或是对“男官弟子”和都功理解错误所致[5]。

买地券和都功版出现多处地名，买地券称康周行为晋昌郡人，都功版称其为京兆府万年县洪固乡胄贵里人，如何解释其中的龃龉不合？考古报告称康周行“为京兆府万年县洪固乡胄贵里人，是唐代长安人士，授版仪的地点不详，最后死于扬州江都县晋昌郡，即今扬州市城北乡一带”[6]，按县是最低层级的行政区划，郡并不隶属于县，显系错误。白照杰解释为“原籍晋昌郡，后居于京兆府万年县洪固乡胄贵里”[7]，认为康周行籍贯为晋昌郡，后迁居京兆，或仍有可议之处。晋昌可能是康氏郡望，而京兆府万年县为其籍贯。

康周行曾任“司马”，白照杰认为是地方州设置的司马[8]。具体而言，康周行所任之司马应该是扬州司马，他因宦徙居，故从长安至扬州，最后葬于江阴县。

康姓源于中亚粟特康国，具有明显的族群标识，如《广异记》记载当时俗

[1] 张继禹主编：《中华道藏》第8册，第546页。

[2] 张继禹主编：《中华道藏》第8册，第616页。

[3] 张继禹主编：《中华道藏》第42册，第33页。

[4] 敦煌研究院编：《敦煌遗书总目索引新编》，北京：中华书局，2000年，第234页。

[5][6] 南京大学历史学院文物考古系、扬州市文物考古研究所：《江苏扬州市秋实路五代至宋代墓葬的发掘》，第63页。

[7][8] 白照杰：《扬州新出土晚唐龙虎山天师道大都功版初研》，第10页。

语“千年之狐，姓赵姓张；五百年狐，姓白姓康”[1]，荣新江指出“康姓是地道的粟特康国人入华后取的汉姓”[2]。以往的研究对粟特人的祆教和佛教信仰讨论较多，而对他们入华后的道教信仰讨论较少。康周行是信仰道教、具有道教法位的粟特人。史料所见，在西州即有信奉道教的粟特人，阿斯塔纳189墓出土《唐开元四年籍后勘问观主康知引田亩文书》[3]称：

1 ＿＿＿上件观，开元四年籍，有孔进渠

2 ＿＿＿拾柒亩有实者，依问观主康知引，

3 ＿＿＿一十七亩，就中十亩，西畔连

文书书写时间应该在开元四年（716），根据文书可知康知引是当地道观观主，由于文书残缺，无法知晓道观观额。康周行因何因缘而信仰道教，不得而知。他生活于长安，长安道观林立，极有可能已经信道。

都功版记载的是龙虎山张天师后裔向康周行授予都功职位，杜光庭《道教灵验记》记载晚唐龙虎山授予都功箓：

> 昔天师升天于云台山，告示天地万神曰：“吾升天之后，留太上所赐宝剑、都功印箓以付子孙，救护亿兆。”……咸通九年，有刘迁者，大贾于西江，力当巨万记。因诣十九世天师，传受都功，诡信丰赡，致斋严洁，愈于众人。[4]

天师剑和都功印、箓都是张天师家族教权的象征，世代传授，具有神圣性。康周行都功版的出土印证了杜光庭的记载并非虚构，不过其中的矛盾之处也非常明显：出土的是都功版，而文献记载天师家族传承的是都功印和都功箓，如何解释其中的出入？吴真对天师剑展开细腻的分析，指出天师剑并非由天师家族内部传承，而是汲取唐前“道士与剑”类型故事制造的传说，其中“层累构造”的痕迹相当明显[5]。那么，都功版是否由天师家族传承？都功印、

[1]（宋）李昉等：《太平广记》卷四五〇引《广异记》，北京：中华书局，1961年，第3678页。

[2] 荣新江：《北朝隋唐粟特人之迁徙及其聚落》，载氏著《中古中国与外来文明》（修订版），北京：生活·读书·新知三联书店，2014年，第57页。

[3] 唐长孺主编：《吐鲁番出土文书》第8册，北京：文物出版社，1987年，第237页。

[4]（唐）杜光庭撰，罗争鸣辑校：《杜光庭记传十种辑校》，北京：中华书局，2013年，第258、259页。

[5] 吴真：《正一教权象征“天师剑”的兴起与传说》，《华南师范大学学报（社会科学版）》2014年第3期，第31—34页。

箓和版具体如何操作？为何在晚唐出现了龙虎山天师家族传承天师剑和都功箓的神话和道教活动？

二、中古时代的张天师后裔

按前引杜光庭《道教灵验记》的说法，天师剑和都功印、箓是张天师留给子孙的圣物。《正一法文传都功版仪》注引陆修静云“阳平治都功版非天师之胤，不受，所以云系天师若干世孙”[1]，都功版是证明天师子孙真伪的信物。因此，拥有天师剑和都功版、箓的龙虎山张氏家族具有张天师传人的资格。五代宋初孙夷中称“天师之裔，世传一人，即信州龙虎山张家也”[2]。南唐《新建信州龙虎山张天师庙碑》记载张道陵后裔于永嘉之乱时南渡至龙虎山，“天师顷来江左，尚憩兹峰。旋指汉川，实留遗爱。厥后运当典午，年在永嘉，有美后昆，聿来遘止。遂崇真宇，以永灵风”[3]。根据道教内部文献的记载，龙虎山张氏家族是张天师正统传人。

不过根据我们搜集的道教外部史料，可以发现中古时代活跃的张天师后裔并非只有龙虎山一支。梁武帝普通三年（522）立于茅山南洞口的《九锡真人三茅君碑》记载当时参与茅山立三茅君碑的道士之名，其中有张天师后裔：

> 天师九世孙张玄真，道兼三洞，德流四远。天师十世孙张景迦，容行识业，秀挺超群。天师十世孙蜀郡张智明。天师十世孙蜀郡张子华。天师十世孙张锵。天师十世孙张暈。天师十世孙张楷。天师十世孙张胄。天师十世孙女张子台。天师十世孙女张季妃。[4]

碑文称张天师九世孙张玄真“道兼三洞”，“三洞”指东晋南朝发展出的以宗奉上清经、灵宝经和三皇经为主要内容的新型道教学说。萧梁时代，张天师后裔已经转向信奉三吴、建康地域发展的新型道教理念，但仍保留了家族信道的传统。

梁代还有张天师十三世孙张辨，《道藏》中保留有他撰写的《天师治仪》，署名为“梁武陵王府参军”，任职时间应在550年前后，《天师治仪》记载二十

[1]《正一法文传都功版仪》，载《中华道藏》第8册，第371页。

[2]（宋）孙夷中：《三洞修道仪》，载《中华道藏》第42册，第257页。

[3]（清）董诰等：《全唐文》卷八七六《新建信州龙虎山张天师庙碑》，北京：中华书局，1983年，第9162页。

[4]（元）刘大彬：《茅山志》，载《中华道藏》第48册，第438、439页。

四治名目、位置和各治祭酒数量[1]。但南朝的天师治实际已不具备领户治民等功能，如虞山招真治：

道士沛郡张君讳道裕，字弘真，即汉朝天师陵十二代孙。天监二年来至此岫，栖遁十有余载，夜忽梦见圣祖云：峰下之地，面势闲寂，宜立馆宇，可以卜居。裕师潘洪，隐始宁四明山，无何，有人耳长发短，云从虞山招真治来。言讫忽然不见。潘驰信报君，君因辞山旧居，而以梦中所指峰下之地，即以为治，故号招真。[2]

张道裕是张道陵十二代孙，不过其道教知识并非源于家族传承，他师从潘洪，陶弘景《吴太极左仙公葛公之碑》有关于潘洪的记载：

山阴潘洪，字文盛。少秉道性，志力刚明。前住余姚四明隩国为立观，直上百里，榛途险绝，既术识有用，为物情所怀。天监七年，郡邑豪旧遂相率舆出，制不由已，以此山在五县冲要，舍而留止。于兹十有五载。[3]

《道学传》有潘洪传记：

潘洪，字文盛，山阴人。幼辞家入山，修禀上法。陶贞白见而悦之，遂与投分，共游诸处，寻求真书。[4]

潘洪与陶弘景交游，曾在山中修道，与陶弘景寻求东晋问世的上清经等经书，在余姚、四明等地建立道观，其知识来源应该是东晋南朝三洞道教。张道裕从潘洪所习得的道教知识也应属此。张道裕在虞山隐修十余年后在山峰下修建招真治，招真名虽为治，但并不具备天师治的功能，其实质是山中道馆，所立馆宇用于山中静修，招真治的修建过程与学者指出的山中修道向道馆的演化历程相符[5]。萧梁时代，建康、三吴地域的张天师后裔放弃领户治民，选择在山中道馆修道，转向信奉东晋南朝发展的经教道教。

---

[1]《受箓次第法信仪》，载《中华道藏》第42册，第155—157页。

[2]（梁）萧统：《虞山招真治碑》，载陈垣《道家金石略》，北京：文物出版社，1988年，第28、29页。

[3]（梁）陶弘景著，王京州校注：《陶弘景集校注》，上海古籍出版社，2009年，第160页。

[4]（宋）李昉等：《太平御览》卷四〇九《人事部》引《道学传》，北京：中华书局，1960年，第1887页。

[5]［日］都筑晶子：《六朝后期道馆的形成——山中修道》，付晨晨译，载《魏晋南北朝隋唐史资料》第二十五辑，武汉大学出版社，2009年，第226—242页。

唐代可考知的张道陵子孙，见于唐高宗仪凤二年（677）《润州魏法师碑》碑阴题名的有：

崇玄观 天师属蜀郡繁县都乡上移里十五代孙张文礼 男绍仙 男道彦 男道颙 男道嵩[1]

魏法师是道士魏降，他去世后润州道士、官员与普通民众参加了他的葬礼，张道陵十五代孙张文礼也参加了此次活动。张文礼也于道观修行，他们居于崇玄观，碑文未刻写崇玄观位于何地，但应位于三吴地域。碑文称张文礼为魏降门人，则其道教知识并非家族传承。张文礼与四子一同在道观修道，仍然保留着家族信道的传统。

唐高宗至玄宗时代活跃的张天师后裔有张探玄，《张探玄碑》记载其生平：

先生讳探玄，字体微，家世南阳，正一真人道陵师君之胄也。真人光上清之版，盖中古之仙，眄睐而驱驰鬼神，指麾而震动河岳。仙支流乎百代，真气降于三天，玄元将斧缋妙门，光传法印，兴复乃烈，是生贞玄。曾祖俨，周襄国紫州刺史。大父幹，隋平州司马，袭封朝阳县开国子。父睿，遭季世乱离，终身向晦，莅州也，政符于德儒，司武也，才叶于文若，避世也，道邻于仲御，盛矣哉。其先自沛迁邓朝阳，因官徙广平，今为临洺人也。先生童而逊悌，冠而贞愿，劲若修篁之节，和如浮磬之声，正衣冠而冰雪在容，离坚白而窥却游刃，师君之施远矣。文明初，天皇下席，国家延庆于道，度为仙官，隶本郡明山观道士。开元初，补西京景龙观大德。[2]

碑文称张探玄是张道陵后裔。与前举活跃于建康、三吴地域的南方张天师后裔不同，《张探玄碑》为我们呈现了一条北方张天师后裔的线索。张探玄的郡望是南阳，但张道陵传记称张道陵为沛人，“天师张道陵，字辅汉，沛国丰县人也”[3]，后辗转到了蜀地。前举南方张道陵后裔皆以蜀郡作为郡望。张探玄的南阳郡望和张道陵及其后人的郡望不同，原因何在？北朝隋唐，南阳是张姓主流郡望，仇鹿鸣发现，与其他张姓郡望不同，南阳张氏是一个虚拟的郡望，

[1] 陈垣：《道家金石略》，第67页。

[2] 陈垣：《道家金石略》，第136页。

[3]（晋）葛洪撰，胡守为校释：《神仙传校释》，北京：中华书局，2010年，第190页。《三国志》称张鲁“沛国丰人”。（晋）陈寿：《三国志》卷八《张鲁传》，北京：中华书局，1959年，第263页。

并没有可靠士族谱系的支持[1]，则张探玄伪冒了唐代张氏声名最盛的南阳郡望。张探玄祖父于北周担任紫州刺史，父亲于隋朝任平州司马，其家族从北朝至唐一直担任地方官，是普通的仕宦家族。张探玄本人信道契机是唐高宗文明年间度人入道而居明山观修道，看不出其家族有深厚的道教传统和家族式的道教传承。吴真认为碑文中“光传法印”指将法印作为张氏玄门正统的象征，“大概可以窥见天师印在开元时期已经是比较固定的天使子孙象征符号”[2]。但印在中古道教中的应用极为普遍，法印也并不为张天师后裔专属，《木涧魏夫人祠碑铭》称魏华存“故能回骛三清，高超八会，持法印而含元气，合真符而升太极”[3]，法印作为彰显道法能力的圣物而存在。从郡望和张探玄求道经历看，张探玄为张道陵后裔的可能性极小，也透露出唐代还存在其他张姓冒称张天师后裔的可能性。

唐玄宗天宝七载（748）《加应道尊号大赦文》册封张道陵为太师：

> 且宗其道者师其人，行其教者尊其礼。晋琅琊王公府舍人杨真人，护军长史许真人，丹阳上计掾许真人，皆道著妙门，感通元阙，降高真之迹，为上清之宗。后汉张天师，教达元和，德宗太上，正一之道，幽赞生灵。梁中散大夫贞白陶先生，高尚尘表，博达元微，综辑真经，传授后学。并令有司审定子孙，将有封植，以隆真嗣。天师册为太师，贞白册赠太保。[4]

赦文令有司审定张天师子孙以便封赠，可见唐代多支张天师后裔存在竞争关系，并没有国家权力和道教徒公认的张天师子孙，因此需要相关机构加以审核。此事未见下文，但显然在唐玄宗时代，龙虎山并未获得官方权力支持。

经过以上梳理，可知唐代存在多支张道陵后裔，龙虎山张氏家族并未取得公认的天师后裔地位，为证明其正统天师后裔身份，重新动用了象征张天师后裔身份的都功版。

康周行都功版中龙虎山张天师后裔授予其都功职位，确认其具有“领户治民”的职责。“领户治民”是汉末张鲁统治汉中时控制道民的方式，通过祭酒

[1] 仇鹿鸣：《制作郡望：中古南阳张氏的形成》，《历史研究》2016年第3期，第22—25页。

[2] 吴真：《正一教权象征“天师剑”的兴起与传说》，《华南师范大学学报（社会科学版）》2014年第3期，第33页。

[3] 陈垣：《道家金石略》，第77页。

[4] 《全唐文》卷三九《加应道尊号大赦丈》，第429、430页。

体制实现。南朝至唐，张道陵后裔道教知识并非来自家族传承，而是东晋南朝产生的三洞经教，在组织形式上已经放弃了领户治民，转向道观修道。那么都功为何能够领户治民？道观体制下都功的职能能否实现？

三、都功、都功版与都功箓

王悬河编撰的《三洞珠囊》引《玄都职制律》记载都功的职责：

> 都功职，主功劳、录吏、散民、赈义、钱谷、金银、玉帛、六畜、米物，受取出入；管钥、仓、库、府、鬼神之物、礼信，及治殿、作舍、桥、道，楼阁、神室，尽主之也。[1]

姜伯勤认为《玄都律》反映了曹魏至寇谦之以前或非寇谦之系统的北方天师道制度[2]。都功应该是张鲁统治汉中时代五斗米道的教内职务，主要掌管财务。张鲁统治汉中时设置祭酒控制道民，“以鬼道教民，自号‘师君’。其来学道者，初皆名‘鬼卒’。受本道已信，号‘祭酒’。各领部众，多者为治头大祭酒”[3]，都功应为五斗米道的“中央机构”，地位在各治祭酒之上。这一职务设置的基础是五斗米道的租税制度，“使病者家出米五斗以为常，故号曰五斗米师”[4]，都功所掌管财物即来源于道民缴纳的信米及其他财物。都功一职是张鲁统治汉中时“领户治民”的具体体现。

《三洞奉道科戒仪范》中，都功已演变为法位制度中的一阶，法位共有七等，都功属于正一法位中的一阶，接受“逐天地鬼神录、紫台秘录、金刚八牒仙录、飞步天刚录、统天录、万丈鬼录、青甲赤甲录、赤丙录、太一无终录、天地录、三元宅录、六壬式录、式真神录、太玄禁炁、千二百大章、三百六十章、《正一经》廿一卷、老君一百八十诫、正一斋仪、老子三部神符”这一系列的经、戒、符箓，“称太玄都正一平炁、系天师阳平治太上中炁、领廿四生气、督察廿四治三五大都功、行正一明威、元命真人”[5]。太玄都是五斗米道的中央机关，设在二十四治中的阳平治，阳平治是二十四个教区中的中央机关，

[1] 张继禹主编：《中华道藏》第28册，第448页。

[2] 姜伯勤：《〈玄都律〉年代及所见道官制度》，载《魏晋南北朝隋唐史资料》第十一辑，武汉大学出版社，1991年，第52页。

[3]《三国志》卷八《张鲁传》，第263页。

[4]《三国志》卷八《张鲁传》，第264页。

[5] 张继禹主编：《中华道藏》第42册，第33页。

是张天师发号施令所在，从这一系列修饰语看，都功仍然保留了张鲁汉中时代的传统。但法位制度和五斗米道以治职为代表的官僚制度的性质截然不同，法位制度仅代表修习与接受经戒法箓的阶次，而不具备管控道教信众的权力。都功与都功版并不对应，接受都功版后法位并不是都功，接受“阳平治都功版、九天真符、九天兵符、上灵召、仙灵召、七星录，廿八宿录、元命录”后“称阳平治太上中炁、领廿四生炁，行正一明威弟子、元命真人”[1]，接受都功版后的“正一明威弟子、元命真人”法位和三五大都功法位相差一阶，都功属于正一法位最高的一阶。但在《受箓次第法信仪》中，都功版与都功相联系，“受法职位次第”条称“受都功版券，门下大都功”[2]，可能在从初唐至中唐，道教法位制度经过了一些细节上的调整。被授予都功法位后才能接受都功箓，张万福称“谨奉请阳平治都功治箓。若不受都功，不请也”[3]。都功版、都功与都功箓被结合起来，接受都功版后成为都功，并且具有了被授予都功箓的资格。

姜伯勤指出，“道教的教阶制度和教职制度大体可以分为两大阶段。蜀土及汉中和寇谦之以前的教阶制，与二十四治职制相连，曾经是领民收租的政教合一或带有政教合一遗风的职制，以致寇谦之仍把当时的教职称为‘道官’。在寇谦之清整道教废除租米税钱后，在宫观、馆等地，原来的‘道官’制变形了。特别在5世纪出现了各派统一的科仪以后，教阶制度已演变为一种法位制度”[4]。教阶制度与法位制度属于两种性质不同的制度，教阶制领户治民，政教合一，法位制度是道教经戒法箓的修习阶次。男官和都功两个原本的教阶在发展过程中逐渐演变为法位，不再具有教阶的功能。

康周行被授予的都功应该理解为法位制度，而非早期天师道的教阶。在接受都功之前，他是男官弟子，从男官弟子到都功，正是一次法位晋升活动。很可能接受都功与都功箓是同时进行的活动。《正一法文传都功版仪》所保留的都功版文模本最后的署名，“某国号某年太岁，某月日，于某郡县乡里，观中白板系天师若干世”[5]，而《康周行都功版》中多出签署版文的两位男官祭酒刘得常和郑某，似乎恢复了祭酒体制，但他们的实际身份是保举和监度。保举、

[1] 张继禹主编：《中华道藏》第42册，第33页。

[2] 张继禹主编：《中华道藏》第42册，第151页。《受箓次第法信仪》成书于唐中期，见白照杰：《整合及制度化：唐前期道教研究》，上海：格致出版社，2018年，第305、308—310页。

[3]（唐）张万福：《醮三洞真文五法正一盟威箓立成仪》，载《中华道藏》第42册，第135页。

[4] 姜伯勤：《〈玄都律〉年代及所见道官制度》，第57页。

[5] 张继禹主编：《中华道藏》第28册，第448页。

监度和度师是在受箓活动时设置的三师，弟子入道时需要礼拜，《三洞奉道科戒营始》“度人仪”记载入道传经过程：

至心归身太上无极大道，至心归神三十六部尊经，至心归命玄中大法师。回面西礼监度三师，各三拜讫，便长跪。先保举师为着法裙，次监度师为着云袖，次度师为着法帔。然后便为戴法冠毕，退礼三师，三拜，北面执简端立，师面东平立，诵智慧三首。[1]

保举、监度作为三师首见于此，其职责也仅限于授度仪式，而与祭酒体制无关。

康周行被授予都功的时间是十月十五日丁巳日，张万福《洞玄灵宝道士受三洞经诫法箓择日历》记载了授箓活动的日期选择，其中记载“正一仙灵符箓等……丁巳专火，吉”[2]，都功箓属于正一箓，康周行被授予都功的丁巳日是授箓的吉日。

文献记载有应夷节、邓启霞和刘迁到龙虎山接受都功。杜光庭《洞玄灵宝三师记》记载其师应夷节修道生涯，“年十五，入天台参正一；十七佩高玄紫虚；十八诣龙虎山系天师十八代孙少任受三品大都功；二十四参灵宝真文、洞神、洞玄之法；二十九进升玄；三十有二受上清大洞回车毕道紫文素带藉地腾天之符”[3]。应夷节接受的法位大致遵循唐代七等阶次的顺序，从正一、高玄、洞神、洞玄、升玄至上清按级升迁，所接受的三品大都功属于正一法位中的一阶。邓启霞“咸通元年，始诣茅山太平观柏尊师道泉为弟子。方羁丱，六年乃披度为道士。十二年诣龙虎山，十九代天师参授都功正一法箓。乾符三年，诣本观三洞法师何先生元通进授中盟上清法箓”[4]，明确指出邓启霞所受是都功法箓，都功是正一法位最高的一阶，可能以此指代正一箓。

《正一法文传都功版仪》保存了两方六朝都功版文模本，其中记载都功的职责与康周行都功版差异较大：

宜补阳平治门下大都功。即须亲职，千日之后，世有忠良可宣化者，自云台治以下任便补受，如法奉行。

宜补阳平治门下大都功，板署厥职，自阳平治以下任意传授后学贤

[1] 张继禹主编：《中华道藏》第42册，第26页。

[2] 张继禹主编：《中华道藏》第42册，第125页。

[3]《杜光庭记传十种辑校》，第922页。

[4]《全唐文》卷八八八《茅山道门威仪邓先生碑》，第9283页。

良，如法施行。[1]

对比可发现康周行都功版叙述都功具有“质对三官，领理文书”“化民领户”等职责，远较六朝都功版模本叙述的署职详细，为何要多出这些文字？

三官指天、地、水三官。张鲁统治汉中时代，祭酒掌握了与天地水三官沟通的权力，道民需要通过祭酒向三官赎罪以减轻自身罪行，《典略》记载：

> 又使人为奸令祭酒，祭酒主以《老子》五千文，使都习，号为奸令。为鬼吏，主为病者请祷。请祷之法，书病人姓名，说服罪之意。作三通，其一上之天，著山上，其一埋之地，其一沉之水，谓之三官手书。[2]

版文记载的领理文书即《典略》中所述三官手书。经过六朝的发展，道教中三官信仰仍然保存，但祭酒掌控三官手书的请罪法已被废弃。《唐六典》记载唐代社会广泛存在的三官信仰：

> 其四曰三元斋，正月十五日天官，为上元；七月十五日地官，为中元；十月十五日水官，为下元，皆法身自忏愆罪焉……又称道者有三元、九府、百二十官，一切诸神，咸所统摄。[3]

唐代的三官信仰与三元斋有密切关系，三官掌握生死，而道教徒通过三元斋消解自身罪孽。三元斋这种与三官手书不同的解罪法，发源于刘宋时代的《太上洞玄灵宝三元品戒经》[4]。《三元品戒经》详细记载了“三元谢罪之法”，其主要做法是十方忏罪，整个斋仪过程并无都功掌握文书的流程。

“领户化民”则与天师道祭酒体制密切相关。五斗米道效仿官僚制度建立祭酒制度，收纳道民信米，掌控户口，“天师立治置职，犹阳官郡县城府治理民物，奉道者皆编户著籍，各有所属。令以正月七日、七月七日、十月五日，一年三会，民各投集本治师，当改治录籍，落死上生，隐实口数，正定名簿，三宣五令，令民知法”，“道科宅录，此是民之副籍。男女口数，悉应注上”[5]，五斗米道通过设置二十四治和祭酒的官僚制度，命籍、宅录的户籍制度和道民

---

[1] 张继禹主编：《中华道藏》第8册，第371页。

[2]《三国志》卷八《张鲁传》，第264页。

[3]（唐）李林甫等撰，陈仲夫点校：《唐六典》卷四《尚书礼部》，北京：中华书局，2014年，第125页。

[4] 关于《三元品戒经》的详细研究，见吕鹏志《灵宝三元斋和道教中元节——〈太上洞玄灵宝三元品戒经〉考论》，《文史》2013年第1辑，第151—174页。

[5]《陆先生道门科略》，载《中华道藏》第8册，第556页。

缴纳五斗米的租税制度实现领户化民。但自南朝刘宋开始，道教组织从祭酒体制演变为道观制度，道士的经济来源由道民的租米钱税发展为皇室贵族等信众的供养和道观的庄园田产，道教因而放弃了对道教信众的人身控制[1]，“以宫观为中心的道教教团，除了在宫观接受香火、在社会承担祈禳仪式之外，已经不再是早期道教‘领户化民’，即半行政半军事的组织形式”[2]。唐代道士的户籍等被官府所掌控，“凡道士、女道士、僧、尼之簿籍亦三年一造。其籍一本送祠部，一本送鸿胪，一本留于州县”[3]，道观没有领户治民的职能。

版文强调的“领理三官、质对文书”和“领户治民”都是张鲁割据汉中时行用的制度，而祭酒体制与世俗官僚体制具有明显的冲突[4]，在坚持这种体制的情况下，版文宣称的“助国扶命”从何而来？六朝道经《大道家令戒》以“道”为线索叙述自天地产生以来的道教发展历史，其中对种民提出的修道要求即有“助国扶命”，“种民难中亦当助其力，若好生乐道，无老壮端心正意，助国扶命，善恶神明具自知之，不可复为妄想，或以邪伪之人言，言我知道，以道教人”[5]。在刘宋陆修静《陆先生道门科略》中，“助国扶命”不仅是对信道者的要求，更是张道陵时代以来的传统，“太上患其若此，故授天师正一盟威之道，禁戒律科……使民内修慈孝，外行敬让，佐时理化，助国扶命”[6]。《老君音诵诫经》中助国扶命是太上老君降现时赋予寇谦之的职责与使命，“谦之，汝就系天师正位，并教生民，佐国扶命，勤理道法，断发黄赤”[7]。助国扶命并非五斗米道的历史真实情况，而是源自道经文本对天师道的重新塑造，是天师道在汉中独立王国覆灭后被曹魏严格管控的形式下为得到王朝权力支持对历史的重新书写。但道经文本中提出的助国扶命的本质是对三张时代一系列直接掌控道民的制度的扬弃，版文文本希望回归三张制度，又力图得到国家权力的支持，其叙述充满矛盾和龃龉。

三官文书和领户治民这一套五斗米道管控道民的方式在唐代已被道教内部

[1] 孙齐：《从领户治民到出家住观：中古道教体制变迁述论》，载徐冲主编《中国中古史研究》第七卷，上海：中西书局，2019年，第356页。

[2] 葛兆光：《屈服史及其他》，北京：生活·读书·新知三联书店，2003年，第8页。

[3] 《唐六典》卷四《尚书礼部》，第126页。

[4] 葛兆光：《屈服史及其他》，第17—23页。

[5] 《正一法文天师教戒科经》，载《中华道藏》第8册，第322页。

[6] 张继禹主编：《中华道藏》第8册，第556页。

[7] 张继禹主编：《中华道藏》第8册，第564页。

扬弃和国家禁止，但仍然作为张鲁统治汉中时代五斗米道最主要的特征而为道教信众所熟知。龙虎山张氏家族宣称其为天师张鲁后嗣，重回三张旧法是具有说服力的选择，因此都功版文通过着力叙述“领户治民”“三官文书”等三张时代典型制度强化道教徒对其张天师后裔身份的认可。然而道教仪式已经从三张时代的请罪祷告法发展为灵宝斋仪，回归“领户治民”制度也会引发国家权力的紧张，故恢复五斗米道原有制度则不具备现实条件。

康周行被授予都功之后，既没有如都功版文所言“还本治随职”，也没有在龙虎山道观修道，而是回到扬州，死后葬在江阴县。唐代社会，接受法位的道徒并不在道观修道，依旧维持家庭生活是较为普遍的现象。蒋氏“晚岁亦探黄老之术，受正一箓，道号道微”[1]，但她维持家庭生活。韩孝恭“诣龙兴观，邓尊师延康传授法箓”，但其去世是“于务本里私第为暴贼所害”[2]，生活在务本坊宅第中。李德裕妻刘致柔“中年于茅山燕洞宫传上清法箓”，但依然与李德裕生活在一起，“以己巳岁八月二十一日终于南海旅舍”[3]。施舟人根据敦煌出土道教箓仪指出，清信弟子至三洞法师并不全是“出家”的组织形态[4]。

通过授予都功版和都功箓等活动，龙虎山张氏家族为张天师后裔的信息被传达、接受和传播，龙虎山的宗教影响力越来越大。接受都功的邓启霞来自麻姑山世代修道的邓氏家族，应夷节居金华山，为“东阳郡人”[5]，康周行生活在扬州，龙虎山的影响力在江西之外的江南地域广泛传播。

四、结　语

康周行买地券和都功版记录了粟特人康周行信奉道教和晚唐龙虎山张天师后裔授予都功版等珍贵史实。康周行以晋昌为郡望，籍贯长安，担任过扬州司马，先后有“男官弟子”“都功”等道教法位，是在家修道的道教徒。买地券

[1] 周绍良、赵超主编：《唐代墓志汇编续集》大和〇〇一《唐故太中大夫殿中少监致仕骑都尉琅耶王公故夫人乐安郡太君蒋氏玄堂铭》，上海古籍出版社，2001年，第879页。

[2] 赵力光主编：《西安碑林博物馆新藏墓志汇编》第三〇九号《韩孝恭玄堂铭》，北京：线装书局，2007年，第794—796页。

[3] 周绍良主编：《唐代墓志汇编》大中〇七一《唐茅山燕洞宫大洞炼师彭城刘氏墓志铭》，上海古籍出版社，1992年，第2303页。

[4]［法］施舟人：《敦煌文書に見える道士の法位階梯について》，载《敦煌と中国道教》，东京：大东出版社，1983年，第335页。

[5]（唐）杜光庭：《洞玄灵宝三师记》，载《杜光庭记传十种辑校》，第922页。

中的“岁月主者”“今日直符”和“急急如律令”等词汇透露出他的道教信仰者身份。

康周行被龙虎山张天师后裔授予的都功并非五斗米道官僚制度，而是南朝隋唐的法位制度。龙虎山张氏家族处于多支张天师后裔的身份争夺中，为彰显其身份的正统性，在都功版文中强调都功具有“领户治民”“三官手书”等权力，但并未实际恢复三张旧法与制度。通过授予都功版和都功箓，龙虎山张天师家族在晚唐五代兴起，其张天师后裔身份得到了道教信众的承认。

（作者单位：武汉大学历史学院）

The Taoist Activities in Longhu Mountain in the Late Tang Dynasty

Tang Pu

［Abstract］The Kang Zhouxing Dugong Ban（都功版）unearthed from Yangzhou confirmed the authenticity of the documented activities such as the conferment of Dugong Lu（都功箓） at Longhu Mountain in the late Tang Dynasty. In the medieval China, many branches of Zhang Tianshi descendants existed in Jiangnan (southern areas of Yangtze River), North China and Shu, and the purpose of conferring ugong Ban at Longhu Mountain in the late Tang Dynasty was to prove that they were descendants of Zhang Tianshi. In the Tang Dynasty, the descendants of Zhang Tianshi in Longhu Mountain had already become Daoist practitioners, and the conferment of the Dugong Ban was not a return to the tradition of “Registering households management”, but a ritual promotion in the Daoist Temple which expanded the religious influence of Longhu Mountain.

漕矩吒与稿那天神考

李大伟

一、汉籍所见漕国与漕矩吒

漕国首见于《隋书·西域传》：

> 漕国在葱岭之北，汉时罽宾国也。其王姓昭武，字顺达，康国王之宗族……大业中，遣使贡方物。[1]

漕国在《新唐书·西域传》与《大唐西域记》中被记作漕矩吒、漕矩、谢飓、诃达罗支等，其中《新唐书·西域传》记载：

> 谢飓居吐火罗西南，本曰漕矩吒，或曰漕矩，显庆时谓诃达罗支，武后改今号。……其王居鹤悉那城，地七千里，亦治阿娑你城……罽宾取其子弟持兵以御大食。景云初，遣使朝贡，后遂臣罽宾。[2]

玄奘（602—664）在《大唐西域记》中记载：

> 漕矩吒国……国大都城号鹤悉那，……或都鹤萨罗城，城周三十余里。[3]

以上记载显示，漕矩吒、漕矩为唐代对漕国最早的称谓，诃达罗支出现在656—661年间，谢飓出现在武则天在位时期，即690—705年间；其国都城

[1]（唐）魏徵：《隋书》卷八三《西域传》，北京：中华书局，1973年，第1857页。

[2]（宋）欧阳修、宋祁：《新唐书》卷二二一下《西域传下》，北京：中华书局，1975年，第6253页。

[3]（唐）玄奘、辩机原著，季羡林等校注：《大唐西域记校注》卷一二，北京：中华书局，2000年，第954页。

为阿娑尼、鹤悉那或鹤萨罗——阿娑尼、鹤悉那或鹤萨罗，即今阿富汗加兹尼（Ghazna）之转音，位于今阿富汗东部地区，为加兹尼省省会。《魏书·西域传》与《北史·西域传》中将阿娑尼等记为伽色尼，其记：

> 伽色尼国，都伽色尼城，……土出赤盐，多五果。[1]

其中伽色尼国即漕国或漕矩吒，唐人段成式（803—863）《酉阳杂俎》与《元史·地理志》《清史稿》又分别将阿娑尼、鹤悉那、鹤萨罗、伽色尼记作伽阇那与哥疾宁[2]。

公元962年萨曼王朝呼罗珊总督突厥人阿勒普特勤（Alb Tikin，？—977）占领加兹尼城，建立伽色尼王朝；马哈茂德（Mahmoud，971—1030）时期，伽色尼王朝迅速扩张至花剌子模、波斯及北印度等地，盛名远被，故在此之前汉籍所记"伽色尼国"应仅指加兹尼地区。但是，早在伽色尼王朝建立之前，加兹尼就已被国人熟知，关于其记载从北魏一直延续到清代，漕国或漕矩吒等称谓则仅出现在隋唐时期。

《隋书·西域传》记载漕国为汉时罽宾国。关于罽宾之记载，首见于《汉书·西域传》，其记："罽宾国，王治循鲜城，……昔匈奴破大月氏，大月氏西君大夏，而塞王南君罽宾。……自武帝始通罽宾。"[3]循鲜，即塔克西拉（Taxlia），玄奘作"呾叉始罗"[4]，位于今克什米尔斯利那加（Srinagar）附近。大月氏人在匈奴人驱赶下，占领了塞种人的大夏；一些塞种人南下越过兴都库什山，占领喀布尔河流域的犍陀罗与塔克西拉地区，并建都循鲜。生活在此地的希腊人将喀布尔河称为Kophen，罽宾即Kophen音译，汉代罽宾的核心区域应以犍陀罗与塔克西拉为中心[5]。古代犍陀罗主要包括今阿富汗东部和巴基斯坦西北部，其地处兴都库什山脉，故如《隋书·西域传》所记汉代漕国或加兹

[1]（北齐）魏收：《魏书》卷一〇二《西域传》，北京：中华书局，1997年，第2272页；（唐）李延寿：《北史》卷九七《西域传》，北京：中华书局，1974年，第3224页。

[2]《酉阳杂俎》记载："阿魏，出伽阇那国，即北天竺也。伽阇那呼为形虞，亦出波斯国，波斯国呼为阿虞截。"详见（唐）段成式撰，方南生点校：《酉阳杂俎》前集卷一八，北京：中华书局，1981年，第178页。哥疾宁之称谓，详见（明）宋濂：《元史》卷六三《地理志》，北京：中华书局，1976年，第1567页；赵尔巽：《清史稿》卷五二九，北京：中华书局，1998年，第14724页。

[3]（东汉）班固：《汉书》卷九六《西域传》，北京：中华书局，1962年，第3884、3885页。

[4]余太山：《罽宾考》，《西域研究》1992年第1期，第47页。玄奘对呾叉始罗之记载，详见《大唐西域记校注》卷三，第43页。

[5]余太山：《罽宾考》，第46页。

尼应属于罽宾。

塞种人占领的罽宾在大月氏王丘就却（30—80）时，被并入贵霜。《后汉书·西域传》记载："大月氏贵霜翖侯丘就却攻灭四翖侯，自立为王，国号贵霜……灭濮达、罽宾，悉有其国。"[1]4世纪中叶，贵霜被嚈哒人所灭。《北史·西域传》记载："罽宾国，都善见城，……每使朝献。"[2]显示罽宾在贵霜灭亡之后以善见为都城得以重建，善见应为循鲜之转音。

罽宾此段历史，在《旧唐书·西域传》中也可得以管窥，其记：

> 罽宾国，……常役属于大月氏。……隋炀帝时，引致西域……唯罽宾不至。贞观十一年，遣使献名马……显庆三年，访其国俗，云'王始祖馨孽，至今曷撷支，父子传位，已十二代'。其年，改其城为修鲜都督府。……乾元元年，又遣使朝贡。[3]

其中"父子传位，已十二代"之语，即显示罽宾得以重建并长时间延续之历史；修鲜都督府表明罽宾都城仍为修鲜——修鲜即循鲜转音，与善见为同。

《新唐书·西域传》记载漕矩吒在景云年间（710—712）之后臣服罽宾，显示汉代之后的罽宾一度并不包括漕矩吒，此与汉代罽宾并不相同，且两地彼此独立的状态，与汉代罽宾与漕国之关系亦并不一致。慧超（704—783）《往五天竺国传》言："从罽宾国西行七日至谢飓国……衣着人风、土地所出，与罽宾王相似，言音各别。"[4]723年慧超前往印度诸国巡礼，727年返回长安，其所记"从罽宾国西行七日至谢飓国"，即应为罽宾与漕矩吒仍保持彼此独立之状态，如此便证实《新唐书·西域传》关于漕矩吒之记载。

二、漕矩吒与郁金香之地

《新唐书·西域传》记载：

> （谢飓、漕矩吒）多郁金、瞿草。瀵泉灌田。[5]

玄奘在《大唐西域记》记载：

---

[1]（南朝宋）范晔：《后汉书》卷八八《西域传》，北京：中华书局，2000年，第2921页。

[2]《北史》卷九七《西域传》，第3229页。

[3]（后晋）刘昫：《旧唐书》卷一九八《西戎传》，北京：中华书局，1975年，第5309、5310页。

[4]（唐）慧超原著，张毅笺释：《往五天竺国传笺释》卷二八，北京：中华书局，1994年，第93页。

[5]《新唐书》卷二二一下《西域传下》，第6253、6254页。

漕矩吒国……宜郁金香，出兴瞿草，草生罗摩印度川。鹤萨罗城中踊泉流派，国人利之，以溉田也。[1]

《新唐书·西域传》与《大唐西域记》皆记载漕矩吒盛产郁金、郁金香。汉籍关于“郁”之记载首见于《周礼·春官宗伯》，其记：“郁人掌祼器。凡祭祀、宾客之祼事，和郁鬯以实彝而陈之。郑玄注云：‘郁，草名，十叶为贯，百二十贯为筑，以煮之鐎中，停于祭前；郁为草，若兰。’”[2]郁鬯，即香酒，用鬯酒调和郁金汁而成，古代用于祭祀或待宾。郁金特性与生长地，见于北宋大观年间（1107—1110）唐慎微《证类本草》，其记：“郁金：味辛、苦、寒，无毒；唐本注云：此药苗似姜黄，花白质红，末秋出茎心，无实，根黄赤……生蜀地及西戎。《图经》亦曰：‘苏恭云（郁金）生蜀地及西戎……今广南、江西州郡亦有之，然不及蜀中者佳。四月初生，苗似姜黄……’”[3]可知，中国古代很早便有一种被称为“郁草”的植物，汉籍所记蜀地、广南及江西等州郡的“郁金”为姜黄属植物。

《宋书·范晔传》与《唐会要》对郁金也有记载。《宋书·范晔传》记之“甘松、苏合、安息、郁金……并被珍于外国，无取于中土”[4]。此郁金显然为异域郁金。关于中国异域郁金来源，《唐会要》记载：“伽毗国（印度北部）献郁金香，叶似麦门冬，九月花开，状如芙蓉，其色紫碧，香闻数十步。”[5]《太平御览》《梁书·海南诸国传》《魏书·西域传》《周书·异域传》《隋书·西域传》《旧唐书·西域传》《新唐书·西域传》《大唐西域记》等记载，郁金亦出自波斯、罽宾、天竺、乌仗那（印度西北部地区）等地[6]。这些产自古代波斯、印度、阿富汗等地的郁金，应与伽毗国郁金香为同

[1]《大唐西域记校注》卷一二，第954页。

[2]（东汉）郑玄注，（唐）贾公彦疏：《周礼注疏》卷一九《十三经注疏》，北京：中华书局，2008年，第770页。

[3]（宋）唐慎微撰，尚志钧等点校：《证类本草》卷九，北京：华夏出版社，1993年，第261页。

[4]（梁）沈约：《宋书》卷六九《范晔传》，北京：中华书局，1974年，第1829页。

[5]（宋）王溥：《唐会要》卷一〇〇《杂录》，上海古籍出版社，2006年，第1796页。

[6]乌仗那，古印度国名，大致位于今印度西北地区。关于以上诸地郁金之记载，详见（宋）李昉等：《太平御览》卷九八一“香部一”，北京：中华书局，1960年，第4345页；（唐）姚思廉：《梁书》卷五四《海南诸国传》，北京：中华书局，1973年，第798页；《魏书》卷一〇二《西域传》，第2270页；（唐）令狐德棻：《周书》卷五〇《异域传》，北京：中华书局，1971年，第920页；《隋书》卷八三《西域传》，第1857页；《北史》卷九七《西域传》，第3222页；《旧唐书》卷一九八《西域传》，第5307页；《新唐书》卷二二一上《西域传上》，第6240页；《大唐西域记校注》卷一、三，第135、270页。

一种类，《新唐书·西域传》与《大唐西域记》所记漕矩吒“郁金”“郁金香”，显然为来自这些地区的异域郁金。

关于古代中国与异域郁金的差异，余欣、劳费尔（Laufer）等有所论述。郁金香也被称为番红花，有时被简称为“红花”，这恰恰是红蓝（Safflower）的别名，很容易将郁金香与红蓝混淆，因此郁金在称中国本土植物时应指姜黄属植物，在称异域植物时应指番红花属植物。由于某些相似之处，古代国人便将“郁金”之名移用至克什米尔、波斯一带的番红花属植物[1]，因此，波斯、印度与阿富汗等地郁金应指一种当地的番红花属植物。

李时珍（1518—1593）在《本草纲目》中提及佛教《金光明经》中将“茶矩摩香”称作“郁金花香”[2]。《金光明经》中的“茶矩摩香”显然为印度一带的异域郁金。季羡林指出在梵文中郁金香被称为Jāguda[3]；茶矩摩与Jāguda发音极为相近，前者应为后者的汉译转音，指郁金香——此亦证明季羡林之说。因此，前述汉籍所记波斯、印度与阿富汗等地的异域郁金实际上是一种被称为“茶矩摩香”的番红花属植物。

劳费尔认为此种“郁金树”最初产自波斯，从波斯传播至克什米尔等地。中世纪阿拉伯史家阿布·曼苏尔（Abu al-Mansur）称此类郁金在阿拉伯语中被称作Zafarān[4]。5世纪亚美尼亚文史家摩西·佐尔纳齐（Moses Xorenac ‘i）曾将加兹尼地区称作Zuplastan，Zāwulistān[5]。Zuplastan，Zāwulistān应是摩西·佐尔纳齐据波斯语对当地之称谓——Zuplāstān与Zāwulistān分别由Zupla与stan、Zāwuli与stān构成，stān为国家、地区之意。其中波斯语Zupla，Zāwuli与阿拉伯语Zafarān发音极为接近，Zupla，Zāwuli即应为波斯语对郁金香之称谓。摩西·佐尔纳齐之记载显示加兹尼地区5世纪时就已有郁金香，其地被称为“郁金香之地”（Zuplastan，Zāwulistān）。若劳费尔其言不误，阿拉伯语Zafarān与梵文Jāguda，应皆源自波斯语对“郁金香”的称谓Zupla，Zāwuli，其中Jāguda应是Za/Jā音互转形成梵文对“郁金香”的称谓。

[1] 余欣、瞿旻昊：《中古中国的郁金香与郁金》，《复旦学报》2014年第3期，第48页；［美］劳费尔：《中国伊朗编》，林筠因译，北京：商务印书馆，1964年，第149页。

[2]（明）李时珍：《本草纲目》草部卷十四，北京：人民卫生出版社，1977年，第896页。

[3] 季羡林在“漕矩吒国”条中提到，梵文Jāguda，其意殆指郁金香，详见《大唐西域记校注》卷一二，第955页，注释（一）。

[4]［美］劳费尔：《中国伊朗编》，第146页。

[5]《大唐西域记》卷一二，第954页。

慧超《往五天竺国传》曾记“谢飓国彼自呼云社护罗萨他那”[1]。汉文“社护罗萨他那”拟音Jawulasthāna，其中Jawula显然来自梵文Jāguda，Sthāna为Stan拟音，意为国家、地区，社护罗萨他那与Zuplastan，Zāwulistān同义，即“郁金香之地”。在隋唐时期对加兹尼地区的称谓中，漕矩吒与Jāguda、荼矩摩，尤其是荼矩摩的发音最为近似——《金光明经》为唐代法师义净所译，荼矩摩与漕矩吒皆为据唐音对Jāguda的转音而成。较之社护罗萨他那而言，漕矩吒应是更符合汉文习惯的译法，因此被称为漕矩吒国。漕矩、漕国则为漕矩吒之缩译，谢飓则应是在略去Jāguda的da音下转音而成。

由此可知，郁金香至少在5世纪之时便由波斯传播到加兹尼地区，其地已被称为“郁金香之地”（Zuplastan，Zāwulistān）。《魏书·西域传》则仅记“伽色尼国土出赤盐，多五果”，显示国人并不知晓此地的郁金香与“郁金香之地”之称谓，以伽色尼城市之名代称此地。隋唐时期，漕国、漕矩吒、漕矩、谢飓、社护罗萨他那等称谓之出现，显示国人对此地认识之加深，不再以城市之名代称此地，知晓此地的称谓为“郁金香之地”。隋唐之后，这些名称则从汉籍中消失，《元史·地理志》与《清史稿》又称该地为哥疾宁。从《魏书·西域传》至《清史稿》，汉籍对于此地称谓记载的变化，即形象地反映出国人对此地认识的消长，展现了历史的张力。

关于漕矩吒之意义，林梅村给出了不同的解释。他认为在印度西北俗语中g/gh/h经常互换，故Jāguda可拟音为Yahūda，即（中）古波斯语对“犹太”的称谓，Jāguda应是附会梵文起的名字，慧超所记“社护罗萨他那”亦可拟音为Sahūdasthāna，即“犹太之地”，嚈哒人所据之地Jawuda亦为“犹太”，故加兹尼（漕矩吒）应为“犹太”之意[2]。中古波斯语、阿拉伯语通常称犹太人为Al-Yahūt，Al-Yahūda，源自希伯来语יהודים，יהודי。如阿拉伯呼罗珊麦穆尼（Maimuneh）因犹太人众多，被称为al-Yahudiya，al-Yahudan al-Kubra——al-Yahudiya，al-Yahudan即波斯、阿拉伯人对犹太人的称谓，al-Yahudan al-Kubra即“犹太人区”之意[3]。若依林梅村所言Jāguda可拟音为Yahūda，

[1]《往五天竺国传笺释》卷二八，第93页。

[2] 林梅村：《犹太人入华考》，载氏著《西域文明——考古、民族、语言和宗教新论》，北京：东方出版社，第86页。此文原载于《文物》1991年第6期，第74—80页，此处参考《西域文明——考古、民族、语言和宗教新论》中的辑录本。

[3] G. Le Strange, *The Lands of the Eastern Caliphate*, Cambridge, 1905, p. 424.

与之对应的波斯语与阿拉伯语Zupla，Zāwuli，Zafarān以及Zuplastan，Zāwulistān则分别为“犹太”“犹太人之地”之意，此与波斯、阿拉伯人对犹太人的称谓相去甚远，且其更不会以梵文Jāguda称呼犹太人。即便如林梅村所言，Jāguda可能为附会梵文所起的名字，但“郁金香”似与犹太人、犹太教没有任何关联之处。因此，林梅村据梵文Jāguda将加兹尼地区考证为“犹太人之地”之说有失偏颇。

三、稿那天神释义

关于漕矩吒国宗教状况，见于《隋书·西域传》与《大唐西域记》中，其中《隋书·西域传》记载：

> （漕国）其俗淫祠。葱岭山有顺天神者，仪制极华，金银鍱为屋，以银为地，祠者日有千余人。[1]

玄奘在《大唐西域记》中曾对漕矩吒国宗教记载尤详：

> 漕矩吒国虽祀百神，崇敬三宝，伽蓝数百所……天祠数十，异道杂居，计多外道，其徒极盛，宗事稿那天（神），其天神昔自迦毕试国阿路猱山徙居此国南界稿那呬罗山中，作威作福、为暴为恶。信求者遂愿，轻蔑者招殃……唯修施奉，宗事外道、克心苦行，天神授其咒术，外道遵行多效，治疗疾病，颇蒙痊愈。[2]

关于顺天神与稿那天神，季羡林认为应为印度婆罗门教天神之一，意译为“福乐”，此神天性猛烈，信奉者予福、不信者予祸[3]。林梅村则认为，玄奘对婆罗门教较为熟悉，并在《大唐西域记》中多次提及，所谓“外道稿那天”非指婆罗门教，应为犹太教摩西，有如景教徒称耶稣基督为“世尊”，借用佛教术语，以利传播其说，故玄奘所谓“外道”指犹太教[4]。

玄奘在《大唐西域记》“迦毕试国”条曾记“稿那天神初欲往迦毕试国阿路猱山徙居，因山神震恐，遂往漕矩吒稿那呬罗山”[5]。季羡林谓“稿那呬

[1]《隋书》卷八三《西域传》，第1857页。

[2]《大唐西域记校注》卷一二，第954—957页。

[3]详见季羡林“崇奉稿那天神”条注释（一），《大唐西域记校注》卷一二，第954—958页。

[4]林梅村：《犹太人入华考》，第87页。

[5]迦毕试，位于今阿富汗境内，详见《大唐西域记校注》卷一，第146页。

罗山”梵文名为Suna-sira，sira义（意）云“山”[1]，因此“穆那天神”应源自梵文Suna，以“穆那山”得名，《隋书·西域传》所记顺天神即为梵文Suna汉文拟音。由此可见，梵文Suna并非为汉文本土词汇，亦非宗教词汇，并不如林梅村所言景教徒以汉文佛教术语“世尊”称呼耶稣那般，借用佛教术语，以利传播其说。若如林梅村主张，玄奘应借用早已为人熟知的汉文宗教词汇称谓“摩西”，定当不会以外来词汇称呼之。况且玄奘称“穆那天神”为异道、《隋书·西域传》更是言及“其俗淫祠”，皆流露出对“穆那天神”的不敬之情，可想而知其绝不会以汉文佛教术语称呼“穆那天神”，此其一。

其二，穆那天神作威作福、为暴为恶，信之者遂愿，不信者招殃。上帝在西奈山上传授给先知摩西的《摩西十诫》中虽也言及：“我是上主——你的上帝，我绝不容忍对立的神明。恨恶我的人，我要惩罚他们，甚至到三四代的子孙，但爱我、遵守我命令的人，我要以慈爱待他们，甚至到千万代子孙。”[2]但是，作为犹太人先知的摩西历尽千辛万苦带领被奴役的希伯来人逃离埃及，并不如穆那天神那般“作威作福、为暴为恶”，且摩西仅是作为犹太教中的先知，并非为犹太人所信奉的上帝，此与天神之身份并不符合。所谓“信之者则遂愿，不信者则招殃”之语则仅为古代各门宗教宣扬其所奉神灵具备特殊灵异的常见之词而已。

其三，穆那天神会授予那些宗事外道、克心苦行的僧徒以咒术治疗疾病，且疗效甚佳。以咒术、咒语治病，在婆罗门教中极为常见。婆罗门教《吠陀》经典《阿达婆吠陀》大部分内容即由婆罗门巫师使用的咒语构成。这些咒语中包含有很多治病驱邪的咒语，如元嘉年间（424—453）入华的高僧沙门求那跋陀罗（394—468）本婆罗门种，幼学五明诸论、天文书算、医方咒术，靡不该博[3]。

对比而言，释迦牟尼在创立佛教之初，便禁绝僧人使用咒语，更禁止以咒语治病，如《长阿含经》记载：

> 如余沙门、婆罗门食他信施，行遮道法，邪命自活，或为人咒病，或诵恶咒，或诵善咒，或为医方、针灸、药石，疗治众病，沙门瞿昙无知此

[1] 详见季羡林在“罶蔽多伐剌祠城及阿路猱山”条注释（四），《大唐西域记校注》卷一，第148页。

[2] 《圣经》，香港圣经公会译，第207页。

[3] （梁）释慧皎著，朱恒夫等注译：《高僧传》卷三，西安：陕西人民出版，2010年，第179页。

事。[1]

后因众多婆罗门教徒改宗佛教，释迦牟尼遂允许佛教徒使用咒语，甚至以咒语治病，《四分律》即记载“在舍卫国祇树给孤独园，时有六群比丘尼，诵种种杂咒术，……若诵治腹内虫病咒，若诵治宿食不消咒，若诵治毒咒以护身故无犯”[2]。

既然，深知佛法的玄奘称“穆那天神”为“异道”，“顺天神”也被称为“淫祠”，故其定当非指佛教，而只能是善以咒术、咒语治病的婆罗门天神之一，更不可能是林梅村所主张的犹太教摩西了。

四、结　语

古代西域诸国众多，政权更迭频繁，各国名称亦常变化。汉籍在记载这些名称之时，对其蕴含的意义经常不予以说明或解释，因此这些名称之来源及其意义复杂难辨。但是，这些名称本身就蕴含着众多历史信息，其对于认识西域诸国发展与丝绸之路变迁大有裨益。通过对漕国与漕矩吒意义之考证，结合彼时历史状况，准确地将汉籍与异域文献进行比对，可以深入地探究汉籍所记西域诸国名称及其意义，揭示其所蕴含的历史价值，并形象地反映国人对此地认识的消长。反之亦然，汉籍中大量有关西域之记载，也为认识西域诸国宗教文化提供了诸多历史信息，如汉籍中关于漕矩吒国穆那天神或顺天神之记载，即为了解此地婆罗门教提供了线索。因此，中外文献比对的研究方法可进一步拓展对西域与丝绸之路史的研究与认识。

（作者单位：陕西师范大学历史文化学院）

[1]《中华大藏经》汉部第三一册《长阿含经》卷一四，北京：中华书局，1990年，第172页。

[2]《中华大藏经》汉部第四零册《四分律》卷二七，第598、599页。

The Research on the Caojuzha（漕矩吒）and the Chuana God（穆那天神）

Li Dawei

[Abstract] Ghazni is located in the eastern Afghanistan and recorded as Jiaseni（伽色尼）, Hexina（鹤悉那）and Gejining（哥疾宁）in Chinese ancient documents. Because Jāguda（acrocus）was planted here, Ghazni was recorded as Cao（漕国）and Caojuzha（漕矩吒）which were Chinese pronunciations of Jāguda and referred to tulip in Chinese documents in the Sui and Tang Dynasties. This phenomenon illustrated that Ghazni was deeply understood by Chinese in the Sui and Tang Dynasties. The Shuntian God（顺天神）or the Chuana God recorded by Chinese documents was God of Brahmanism, not Moses of Judaism, who was popularly worshiped in Ghazni in the Sui and Tang Dynasties.

新出墓志所见初唐诗人李浑金及其诗作考索*

于文哲

作为丝绸之路上的重要城市，成都得到了历代文人的关注与咏赞。据文献资料，早在汉代，传为扬雄所作的《蜀都赋》即开启了文人歌咏成都的帷幕，这是文学史上第一次出现对成都的文学描写，惜此文今已残缺。西晋左思《蜀都赋》为著名的《三都赋》之一，继承了《蜀都赋》等汉大赋铺张扬厉的写作风格，全面细致地描绘了成都的物产与景观，曾引起了"洛阳纸贵"的轰动效果。在诗歌方面，唐代以前的相关作品不多，到唐代，随着国家的统一和地区交往的频繁，成都逐渐发展为全国性的繁华大都市，从各地入蜀游历的诗人不断增多，关于成都的诗歌作品开始大量出现[1]。近年来，有关唐代诗人游蜀诗歌的研究渐成学界热点，出现了一批研究著作[2]，从唐代诗歌与地域文化关系的角度，深化了唐诗与蜀地文学的研究。而近年来唐代墓志的大量出土，又为相关研究提供了新的文学资料。2015年出版的《秦晋豫新出墓志蒐佚续编》以及2018年出版的《洛阳流散唐代墓志汇编续集》均公布了一方新出墓志《大唐故通直郎行并州阳曲县令陇西李府君墓志铭并序》，其中记载了初唐诗人李浑金的一首歌咏成都的诗作《春江眺望》。这首诗生动地描绘了初唐时期成都的风貌，是现今所知文学史上较早的一首歌咏成都之作，也是唐代较早出现的一

---

*本文系国家社科基金资助项目"唐代墓志文体演变研究"（项目编号：15BZW063）阶段性成果。

[1] 历代歌咏成都的文学作品，参见（宋）袁说友等编，赵晓兰整理：《成都文类》，北京：中华书局，2011年。

[2] 张仲裁：《唐五代文人入蜀编年史稿》，成都：巴蜀书社，2011年；严正道：《唐五代入蜀诗与巴蜀文化研究》，北京：中国社会科学出版社，2016年。

首入蜀诗。同时，该诗不见于《全唐诗》等传世文献，为一首唐代佚诗，具有重要的文学和文献价值。据墓志记载，这首诗的写作时间在开耀元年（681），正值武则天当政时期，在当时的诗坛上引起了较大反响，得到了著名诗人陈子昂等的称赞，甚至引起了武则天的关注。而该诗的作者李浑金不见于传世文献记载，本文试图根据这方新出墓志考索该诗作者李浑金的生平仕履以及文学交游，以期还原诗作的写作背景及其文学史意义。

一、墓志录文

现据《秦晋豫新出墓志蒐佚续编》及《洛阳流散唐代墓志汇编续集》所载墓志拓片尝试释文如下：

大唐故通直郎行并州阳曲县令陇西李府君墓志铭并序

朝议郎行洛州缑氏县丞范阳卢若虚撰

君讳浑金，字全真，陇西姑臧人也。其先出自帝颛顼及陶唐氏，咎繇为理，宥五宅，清三就，画冠不犯，以授于虞。世载其庸，则有官族，盛德必嗣，懋功克昌。指李臣周，仙宗降于魁杓，祚茅师赵，世禄叶于人谋。至于鸿勋美事，轩裳接武，典谟史册，披卷有之。六代祖虔，魏太尉，休其家声，和其任实。曾祖子谭，齐广德将军、秦州司马。祖德基，皇朝雍州同官县丞。父思贞，上骑都尉。并融心与道，故大位不跻。君体醇和之精，蕴上德之粹。故盱覃岐嶷之质，诗书篆隶之工，天与其真，不待保傅。弱岁而孤，养于舅氏，棘心栾栾，殆不胜也。年廿一，乃求古岷嶓，访道巴汉。行至城都，作《春江眺望》，诗曰："明发眺江滨，年华入望新。地文生草树，天色列星辰。烟雾澄空碧，池溏变晓春。别有栖遑者，东西南北人。"时蜀中有李崇嗣、陈子昂者，并文章之伯，高视当代，见君藻翰，遂丧魄褫精，不敢举笔。则天闻其风而悦之，追直弘文馆。学士先曰："九流纷纶，百氏杂习。"君阐其微旨，振其颓纲，刊削数周，鲁亥斯辩。敕授相州安阳县丞，仍旧直馆。又迁北都清源县丞。佐理畿甸，俗以化宁，遗爱不忘，立碑颂德。俄护寿阳县令。惠不惠，茂不茂，刑以礼格，政以简从。帝曰："俞哉，优尔阶秩。"正除阳曲县令。方期补兹衮职，归老上庠，禀命不融，春秋五十一，以景云元年九月十四日遘疾终于官舍。寮吏哀悼，缙绅时恫。家无余禄，唯书法数百卷。呜呼！可谓能以素业遗子孙矣。夫人中山张氏，右仆射行成之孙，隆山令希謇之女。承钟鼎之胤，席柔嘉之资，惠心有孚，洵美昭铄。天夺其寿，碧树先秋，年四十，君前而殁。以其年十二月卅日合葬于洛阳之茔，礼也。嗣子岳，循屺岵以泣血，吟蓼莪以永慕。惧世范家风，迁于陵谷，乃镌纪琬琰，以垂无穷。若虚忝预门闾之宾，备阅笃行，见询以铭勒之事，安敢不作。其辞曰：

於昭茂绪，灵庆氤氲。弈世绍业，载缵其勋。为龙为光，允武允文。延祉积善，钟美于君。□□惟君，含秀育德。孝友昭融，柔嘉伊则。浩气泉铄，玄机精默，志高运短，莫不伤恻。云台往履，日观今倾。偶鹤先逝，沉龙此并。他山寂寂，孤子惸惸。敢题幽石，式寄神茔。[1]

二、关于志主李浑金

关于志主李浑金的先世，墓志言其“陇西姑臧人”，可知李浑金家族与李唐皇室同宗，出自著名的“山东五姓”之一的陇西李氏。据《新唐书·宰相世系表》：“陇西李氏定著四房：其一曰武阳，二曰姑臧，三曰敦煌，四曰丹阳。……姑臧大房出自兴圣皇帝第八子翻，字士举，东晋祁连、酒泉、晋昌太守。三子：宝……宝七子：承……承号姑臧房。”[2]可知陇西李氏姑臧大房出自李承，系陇西李氏始祖西凉王李暠之曾孙。据志文：“六代祖虔，魏太尉，休其家声，和其任实。”北魏太尉李虔为李浑金的六世祖，系李氏姑臧大房始祖李承之子，其人《北史》有传：（李虔）“字叔恭。太和初，为中书学生，迁秘书中散，转冀州骠骑府长史、太子中舍人。宣武初，迁太尉从事中郎，出为清河太守。……转长乐太守。……迁后将军、燕州刺史；还为光禄大夫，加平西将军，兼大司农；出为散骑常侍、安东将军、兖州刺史。追论平冀州之功，赐爵高平男。还京，除河南邑中正，迁领军将军、金紫光禄大夫。孝庄初，授特进、车骑大将军、仪同三司、散骑常侍，又进号骠骑大将军、开府仪同三司。永安三年薨，年七十四，赠侍中、骠骑大将军、太尉公、都督冀定瀛三州诸军事、冀州刺史，谥宣景”[3]。关于陇西李氏姑臧房李虔一系的记载，《新唐书·宰相世系表》存在着脱漏不全、名字讹误、官职混淆等诸多问题，自罗振

[1] 赵文成、赵君平编：《秦晋豫新出墓志蒐佚续编》（第三八七号），北京：国家图书馆出版社，2015年，第494页；毛阳光：《洛阳流散唐代墓志汇编续集》第〇六七号，北京：国家图书馆出版社，2018年，第136页。

[2]（宋）欧阳修、宋祁：《新唐书》卷七二，北京：中华书局，1975年，第2443页。

[3]（唐）李延寿：《北史》卷一〇〇，北京：中华书局，1974年，第3324页。

玉开始，许多学者都曾根据出土墓志材料做过细致的补充和修订[1]，李浑金的家族世系情况遂渐趋清晰。据志文载："曾祖子谭，齐广德将军、秦州司马。祖德基，皇朝雍州同官县丞。父思贞，上骑都尉。并融心与道，故大位不跻。"可知李浑金的祖父李德基、父李思贞均官职低微，李浑金家族虽然与李唐皇室同宗，有着显赫的历史，但入唐之后家族势力已经渐趋没落。

据志文，李浑金的夫人中山张氏，为著名的高宗朝宰相、右仆射张行成之孙女。张行成，《旧唐书》卷七八有传："张行成，定州义丰人也。少师事河间刘炫，勤学不倦。……大业末，察孝廉，为谒者台散从员外郎。王世充僭号，以为度支尚书。世充平，以隋资补宋州谷熟尉。又应制举乙科，授雍州富平县主簿，理有能名。秩满，补殿中侍御史，纠劾不避权戚，太宗以为能。……每有大政，常预议焉。累迁给事中。……转刑部侍郎、太子少詹事。……为河南巡察大使。还称旨，以本官兼检校尚书左丞。……进位银青光禄大夫。二十三年，迁侍中，兼刑部尚书。太宗崩，与高季辅侍高宗即位于太极殿梓宫前。寻封北平县公，监修国史。……二年八月，拜尚书右仆射，寻加授太子少傅。四年，……九月，卒于尚书省，时年六十七。……赠开府仪同三司、并州都督。"[2]《新唐书》卷一〇四亦有传，《全唐文》卷一五六录其文二篇。据志文，张氏之父为隆山令张希謇，其名不见载于史籍。据《新唐书·宰相世系表》，行成有洛客、吏部郎中梁客二子，洛客有陈州刺史翁喜、司封郎中彦起二子；行成之兄行钧有雍州司户参军希臧、长安令鲁客二子，希臧有昌期、昌仪、同休、易之、昌宗等五子，其中易之、昌宗在《旧唐书·张行成传》中有附传，二人在则天朝权倾一时。

据志文，李浑金因作《春江眺望》一诗而被武则天召入弘文馆。《旧唐书·职官志二》载："弘文馆……著撰文史，鸠聚学徒之所也。……自武德已来，皆妙简贤良为学士。故事，五品以上称学士，六品已下为直学士，又有文学直馆学士，不定员数。馆中有四部书及图籍，自垂拱已后，皆宰相兼领，号为馆主。……弘文馆学士掌详正图籍，教授生徒。凡朝廷有制度沿革，礼仪轻重，得参议焉。"[3]墓

[1] 具体参见赵超：《新唐书宰相世系表集校》卷二，北京：中华书局，1998年，第218页；张琛：《唐宗室姑臧房世系校补》，《西南交通大学学报（社会科学版）》2013年第6期，第126—130页；张应桥：《卢重墓志校补〈新唐书宰相世系表〉三则》，《洛阳考古》2017年第2期，第72—77页。

[2]（后晋）刘昫：《旧唐书》卷七八，北京：中华书局，1975年，第2703—2705页。

[3]《旧唐书》卷四三，第1847、1848页。

志叙述李浑金在弘文馆直馆学士任上的经历："阐其微旨，振其颓纲，刊削数周，鲁亥斯辩。"可知李浑金在弘文馆的主要职责是校正典籍，讨论文义。据志文"九流纷纶，百氏杂习"，可推知李浑金主持校正的主要是子部诸子类图书。据文献记载，在武后朝得以入直弘文馆者多为当时著名文士，如王义方、刘祎之、孟利贞、高智周、郭正一等，俱以文藻知名于时。在李浑金为弘文馆文学直馆学士期间，"敕授相州安阳县丞，仍旧直馆"，即以安阳县丞作为阶官，仍充弘文馆馆职。

墓志记载了李浑金三任县官的从政经历："又迁北都清源县丞。佑理畿甸，俗以化宁，遗爱不忘，立碑颂德。俄护寿阳县令。惠不惠，茂不茂。刑以礼格，政以简从。帝曰：'俞哉，优尔阶秩。'正除阳曲县令。"文中提及的"北都清源县""寿阳县""阳曲县"在当时均为北都太原周围的畿县，其中清源县即今太原清徐县清源镇，寿阳县即今晋中寿阳县，阳曲县即今太原阳曲县。在担任清源县丞期间，李浑金取得了较突出的政绩，以致当地民众为之立碑颂德。为生者立碑在唐代是极为少见之事，据《唐律疏议》，为生者立碑不实要受到法律惩处，由此可知李浑金深得民心、政绩卓著。李浑金由清源县丞而代理寿阳县令，又因其在寿阳的政绩 "正除阳曲县令"。李浑金卒于景云元年（710）九月，享年五十一，则其生年当在高宗显庆五年（660）。

墓志撰者卢若虚，据《新唐书》卷七三上《宰相世系表》，出自"山东五姓"之一的范阳卢氏阳乌房，为隋代著名诗人卢思道之后，初唐著名文学家、书法家卢藏用的异母弟。据《新唐书·卢藏用传》载："（卢藏用）弟若虚，多才博物。……终起居郎，集贤院学士。"[1]另据《新唐书·艺文志二》，卢若虚有《南宫故事》一书，属史部"故事类"著作；还曾参与史部"职官类"《唐六典》三十卷的修撰。志文载："若虚忝预门闾之宾，备阅笃行，见询以铭勒之事，安敢不作。"可知卢若虚与李浑金有着长期的交谊。卢若虚官终"起居郎，集贤院学士"，墓志题署"朝议郎行洛州缑氏县丞范阳卢若虚撰"，可借此得知卢若虚在景云元年十二月的仕履情况。在这篇墓志公布之前，卢若虚之文仅存一篇，《唐代墓志汇编》（开元二二一）存其为亡母所撰阙题墓志[2]，可从中略窥其文学才能。而这篇《李浑金墓志》从诗才、学养、吏能三个方面叙

[1]《新唐书》卷一二三，第4375页。

[2]《全唐文补遗》据《旧唐书·卢藏用传》等材料拟题《卢璥妻李晋墓志》，参见吴钢主编：《全唐文补遗》第六辑，西安：三秦出版社，1999年，第44页。

写志主李浑金的一生行事，包括李浑金以诗才轰动朝野，入直弘文馆校正诸子百家图书，出为清源县丞、寿阳县令取得突出政绩，以及亡故后“家无余禄，唯书法数百卷”的清廉，一个诗人、学者、书法家、廉吏的形象得以成功塑造出来。因此，从这篇墓志来看，卢若虚不但是一位著名的博物学者，同时也具有较高的文学才能。

三、关于《春江眺望》

李浑金的这首《春江眺望》是文学史上较早的一首歌咏成都的诗作，诗曰：“明发眺江滨，年华入望新。地文生草树，天色列星辰。烟雾澄空碧，池溏变晓春。别有栖遑者，东西南北人。”从诗题来看，此诗是作者在春季的锦江江滨远眺抒怀之作。锦江绕成都西南流过，因江水清冽、濯锦其中可使颜色更加鲜明，故称锦江。穿城而过的锦江正如成都的眉目，赋予古老繁华的天府之城以灵动的生机与无穷的魅力。从“年华入望新”一句来看，此诗应作于早春时节。经过寒冬洗礼的成都草木葱郁，碧空澄清，空气中充满着欣欣向荣的新春气息，大自然展现出一派旺盛的生机与活力。然而在这样一个万物萌生的季节里，诗人本人却倍感孤独与苦闷。“别有栖遑者，东西南北人”，最后两句将诗人置于初春大自然的背景下，以乐景写哀情，形成对比强烈的艺术效果。“栖遑”典出陆机《演连珠》：“德表生民，不能救栖遑之辱。”“东西南北人”典出《礼记·檀弓》：“今丘也，东西南北之人也。”这两个典故均指涉儒家圣人孔子。孔子为了宣传和实施自己的政治主张而奔波于列国之间，却处处遭受排挤，行不暖席，播迁四方。这里作者所抒发的，显然不是传统诗歌中常见的身世飘零的羁旅之愁，而是借政治上遭受冷遇、不得行道的孔子以自喻，抒发自我怀才不遇的不平之气。从志文“年廿一，乃求古岷嶓，访道巴汉”来看，似乎诗人之入蜀，只是出于探奇访异的游历目的。然而，从诗中流露的情绪看，李浑金入蜀当有着更为复杂的动因。李浑金出身于著名的“山东五姓”之一的陇西李氏，自幼聪慧早熟，自我期许甚高。但慈父早亡、家道衰落的个人身世以及初唐时期山东士人普遍遭受排挤的严酷现实，使得诗人倍感孤独与无助，希望借助蜀地的山水之游聊以自解。在经过了艰难的蜀道跋涉后，广阔的成都平原展现在作者眼前，秀美的自然风光与繁华的都市景观激发起作者豪迈的诗情，但强烈的不平之气与深刻的忧患意识仍然潜伏在作者心底，挥之不去，为这首写景之作烙上了抑郁幽愤的情感底色。从诗歌艺术上看，全诗发语精挺，场景壮阔，气象博大，诗句清新晓畅，流动自然，虽然最后两句使全诗格调略显低沉，却深化了作品的主题。闻一多先生在评价“初唐四杰”的文学成就时，认为他们的创作使初唐诗歌“从台阁移至江山与塞漠。台阁上只有仪式的应制，有‘绨句绘章，揣合低卬’。到了江山与塞漠，才有低回与怅惘，严肃与激昂”[1]。这一评价显然也适用于李浑金此诗，其自然清新、沉郁低昂的诗歌风格与初唐盛行的雕琢藻饰的宫体诗风形成了鲜明对比。

在历代歌咏成都的诗作中，此诗具有承上启下的文学史意义。据志文，此诗作于作者“年廿一”之时；而从李浑金的卒年景云元年（710），可推知该年为高宗开耀元年（681），故此诗是一首初唐时期的诗作[2]。在文学史上，西晋张载的《登成都白菟楼》是已知最早的歌咏成都的诗作。该诗显然受到了扬雄、左思《蜀都赋》的影响，采用赋体的铺陈写法，淋漓尽致地描绘了成都的丰富物产和闲适的生活状况，虽面面俱到却缺少诗歌的韵味与灵动。到了初唐时期，虽然成都的古老与繁华激发了中原作家的强烈兴趣，但限于蜀道之难，真正能够亲身游历者还是有限的，许多作品还是只限于书斋之中的想象，缺少真实的文学体验。现存唐代最早的歌咏成都的诗歌作品是贞观时期著名文士褚亮的《赋得蜀都》，该诗就是文学想象的产物。由于褚亮本人一生从未亲历成都，故此诗属于书斋式的作品，较空泛笼统，缺少真情实感，文学价值不高。初唐时期进入蜀地的诗人，如卢照邻、王勃、骆宾王等“四杰”成员，或因宦游而入蜀履职，或因仕途失意而入蜀寻求排遣。行踪不定的漫游状态，造成了诗歌选题的分散和随意，虽然他们都曾在成都居住、游历，但都未留下描写成都整体风貌的作品。与晋代张载、唐代褚亮的诗作相比，李浑金此诗更具文学价值，而且由于此诗题材的少见，在当时产生了较大反响，不但在蜀地造成了轰动，得到了著名蜀籍诗人陈子昂、李崇嗣的称赞，甚至引起了当政的武则天的关注。据史料记载：“太后（武则天）颇涉文史，好雕虫之艺，永隆中始以文章选士。”[3]正是由于《春江眺望》得到了武则天的欣赏，李浑金才得入选以“精选天下贤良文学之士”著称的弘文馆。此后，直到盛唐时期，歌咏成都

[1] 闻一多：《唐诗杂论》，载氏著《闻一多全集》第三册，北京：生活·读书·新知三联书店，1982年，第28页。

[2] 自明代以来，文学史家习惯于将唐代划分为初盛中晚四期，其中将唐开国（618）至玄宗开元元年（713）之前的一百年划为初唐时期。

[3]（唐）杜佑：《通典》卷一五《选举三》，北京：中华书局，1988年，第357、358页。

的诗作才开始大量出现，其中以杜甫的相关作品数量最多，影响更大。如杜甫初到成都时所作《成都府》一诗，写出了久经蜀道艰难之后初到成都的欣喜之情。相较李浑金之作，杜甫的《成都府》境界更为阔大，感慨深刻，虽然最后两句也同样抒发了羁旅行役之愁，但格调较李浑金之诗更为积极乐观，成为历代歌咏成都诗作的杰出代表。

志文中特别提及该诗对当时两位著名蜀籍诗人李崇嗣和陈子昂的影响。

李崇嗣，《全唐诗》卷一〇〇收其《寒食》《独愁》《览镜》等三首，《全唐诗》小传载其生平："则天时奉宸府主簿。圣历中，曾奉敕预东观修书，见沈佺期《黄口赞序》。"[1]新出《全唐五代诗》小传载："武后时，任许州参军，与陈子昂游。圣历中，任奉宸府主簿，与沈佺期奉敕修书。"[2]据志文，李浑金作此诗的开耀元年，李崇嗣尚在蜀中。其诗《独愁》云："闻道成都酒，无钱亦可求。不知将几斗，销得此来愁。"可知在入京之前，李崇嗣曾长期在成都生活，并且已经与陈子昂享有盛名，"并文章之伯，高视当代"。陈子昂与李崇嗣交谊甚深，陈子昂集中有《酬李参军崇嗣旅馆见赠》《夏日晖上人房别李参军崇嗣》《李三书斋》等多首赠诗，其中《夏日晖上人房别李参军崇嗣》前有长序云："李参军白云英胄，紫气仙人，爱江海而高寻，顿风尘而未息。来从许下，月旦出于龙泉；言入蜀中，星文见于斗牛。野亭相遇，逆旅承欢。"[3]从中可知李崇嗣爱好山水之游，曾任许州参军，奉命使蜀，与居蜀守制的陈子昂相过从。传世文献中无有关李崇嗣籍贯的记载，而据志文"时蜀中有李崇嗣、陈子昂者"，则李崇嗣很可能与陈子昂一样，都是蜀籍诗人。关于唐代的蜀籍诗人，陈尚君先生的《唐诗人占籍考》曾考证出73人，其中剑南道益州（蜀郡，今四川成都）32人，包括仅知为蜀人、附于益州的10人[4]。现在可据志文，在益州下增李崇嗣。

陈子昂，据新、旧《唐书》本传，为"梓州射洪人"，为见于文献的第一位唐代蜀籍诗人，也是继"初唐四杰"之后革新诗歌创作、为唐诗发展奠定了理论和创作基础的重要诗人，《全唐诗》存其诗二卷。关于陈子昂的进士及第时间，文献中有开耀二年（682）与文明元年（684）二说：《唐才子传》以为

[1]（清）彭定求等：《全唐诗》卷一〇〇，北京：中华书局，1960年，第1074页。

[2]周勋初等：《全唐五代诗》卷八〇，西安：陕西人民出版社，2014年，第1648页。

[3]周勋初等：《全唐五代诗》卷七七，第1579页。

[4]陈尚君：《唐代文学丛考》，北京：中国社会科学出版社，1997年，第138—183页。

开耀二年许旦榜进士；《全唐文》卷七三二赵儋《大唐剑南东川节度观察处置等使户部尚书兼御史大夫梓州刺史鲜于公为故拾遗陈公建旌德之碑》载："年二十四，文明元年，进士射策高第。"[1]李浑金诗作于开耀元年，陈子昂当时尚未进士及第，仍在蜀中，但已享有盛名。据卢藏用《陈氏别传》载："年二十一，始东入咸京，游太学，历抵群公，都邑靡然属目矣，由是为远近所称，籍甚。"[2]志文言"见君藻翰，遂丧魄褫精，不敢举笔"，以陈子昂在当时的学识与声誉，此种近于漫画式的描写显然是过度夸张。然而，从陈子昂现存120多首诗作来看，确实不存在以成都为题材的作品。可见当时以成都作为诗歌题材描写成都整体风貌的诗作还甚少出现，这可能就是李浑金此诗在当时引起轰动效应的原因所在。志文虽未言明李浑金入直弘文馆的时间，但联系陈子昂的经历，李浑金入直弘文馆应在武则天摄政期间，很有可能与陈子昂的荐举有关。志文的撰者卢若虚系初唐著名文学家卢藏用之弟，而卢藏用与陈子昂堪称终生的挚友，曾撰《陈氏别传》《右拾遗陈子昂文集序》《祭拾遗陈公文》等文，高度评价陈子昂的文学成就；在陈子昂亡故后，卢藏用辑其遗文，编次为《陈子昂集》十卷。再由志文言及陈子昂、李崇嗣对李浑金诗歌的赏识，可以推知李浑金与陈子昂、李崇嗣、卢藏用、卢若虚等则天朝的著名文学家、诗人均存在交谊，李浑金很可能是以陈子昂为中心的一个初唐文学家团体中的一员。

综上，这首《春江眺望》是杜诗之前出现的吟咏成都的杰出诗作，不见于《全唐诗》等诗歌总集，为一首重要的唐诗佚作，具有较高的文学与文献价值，当引起唐诗研究者的足够重视。

（作者单位：山西师范大学学报编辑部）

[1]（清）董诰等:《全唐文》卷七三二，上海古籍出版社，1990年，第3345页。

[2] 彭庆生：《陈子昂集校注》附录，合肥：黄山书社，2015年，第1562页。

An Interpretation on the Epitaph of Poet Li Hunjin and His Poems in the Early Tang Dynasty

Yu Wenzhe

[Abstract] As an important city along the Silk Road, Chengdu attracted the praise and admiration of poets of all ages. In the new epitaph of the poet Li HunJin, a poetry was inscribed about Chengdu in the early Tang Dynasty which was not seen in the *Qnan Tang Shi* (《全唐诗》) . According to the epitaph, this poem caused great repercussions at that time and even received the attention of Empress Wu Zetian, while the author of the poem was not seen in the historical documents. This paper would restore this poetry ' s writing background and the significance in literary history by studying the life history and literary communications of Li Hunjin.

《新唐书》人名疑误考辨六则

孙利政

北宋欧阳修、宋祁所撰《新唐书》是研究唐代历史的重要文献，一直备受学者重视。中华书局点校本《新唐书》是当下最为权威和通行的整理本，但也难免存在一些疏漏，前人对其中的点校讹误多有指摘。对于人名而言，因其具有一定的固定性和唯一性，当其与史源文献或同源文献存在异文时，一般而言必有一误。

点校本《新唐书》对书中人名的校点仍存在可以讨论的空间，这其中有些是因为标点的问题，如以《艺文志》“王懿中《礼仪注》八卷”“《守真子秦鉴语》一卷”“濮阳夏樵子《五行志》五卷”“梅崇《献方》五卷”四书为例，我们通过检核《崇文总目》《通志·艺文略》等史源或同源文献，可知正确的标点当作“王懿《中礼仪注》八卷”“守真子《秦鉴语》一卷”“濮阳夏《樵子五行志》五卷”“梅崇献《方》五卷”。还有一些则是校勘问题，今对《新唐书》所记向善思、韩纪孝、熊士赡、雍仙高、源行恭、王伉六个人名提出讨论，考订讹误，非敢必是，聊作引玉之资。

1.向善思—向善志

《高祖本纪》：

> （大业十三年九月丙寅）鄠贼丘师利李仲文、盩厔贼何潘仁向善思、宜君贼刘炅等皆来降，因略定鄠、杜。[1]

按：向善思，当作“向善志”。《旧唐书·太宗本纪》载：

> （大业末）太宗自趣司竹，贼帅李仲文、何潘仁、向善志等皆来会，

[1]（宋）欧阳修、宋祁：《新唐书》卷一《高祖本纪》，北京：中华书局，1975年，第5页。

顿于阿城，获兵十三万。[1]

又《柴绍附平阳公主传》云：

时有胡贼何潘仁聚众于司竹园，自称总管，未有所属。公主遣家僮马三宝说以利害，潘仁攻鄠县，陷之。三宝又说群盗李仲文、向善志、丘师利等，各率众数千人来会。[2]

《新唐书·平阳昭公主传》同[3]。考温大雅《大唐创业起居注》[4]、宋本《册府元龟·帝王部·创业第三》[5]、《太平御览·皇王部》引《唐书》[6]、《资治通鉴》[7]等均称大业十三年降唐者为“向善志”，并无“向善思”之名。可知“思”为“志”之形误。

2.韩纪孝—韩纯孝

《徐有功传》：

有韩纪孝者，受徐敬业伪官，前已物故，推事使顾仲琰籍其家，诏已报可。有功追议曰：“律，谋反者斩。身亡即无斩法，无斩法则不得相缘。所缘之人亡，则所因之罪减。”诏从之，皆以更赦免，如此获宥者数十百姓。[8]

按：韩纪孝，当作“韩纯孝”。《通典·刑法七》：

推事使顾仲琰奏称：“韩纯孝受逆贼徐敬业伪官同反，其身先死，家口合缘坐。”奉敕依曹断，家口籍没。有功议：“按《贼盗律》：‘谋反者斩。’处斩在为身存，身亡即无斩法。缘坐元因处斩，无斩岂合相缘？缘者是缘罪人，因者为因他犯。犯非己犯，例是因缘。所缘之人先亡，所因之罪合减。合减止于徒坐，徒坐频会鸿恩。今日却断没官，未知据何条例。若情状难舍，敕遣戮尸，除非此途，理绝言象。伏惟逆人独孤敬同柳明肃之辈，身先殒没，不许推寻。未敢比附敕文，但欲见其成例。勘当尚

[1]（后晋）刘昫：《旧唐书》卷二《太宗本纪》，北京：中华书局，1975年，第23页。

[2]《旧唐书》卷五八《柴绍附平阳公主传》，第2315页。

[3]《新唐书》卷八三《诸帝公主·平阳昭公主传》，第3642页。

[4]（唐）温大雅：《大唐创业起居注》卷二，上海古籍出版社，1983年，第34页。

[5]（宋）王钦若等：《宋本册府元龟》卷七《帝王部·创业第三》，北京：中华书局，1989年，第10页。

[6]（宋）李昉等：《太平御览》卷一〇九《皇王部》，北京：中华书局，1960年，第523页。

[7]（宋）司马光：《资治通鉴》卷一八四，义宁元年条，北京：中华书局，1956年，第5758页。

[8]《新唐书》卷一一三《徐有功传》，第4189页。

犹不许，家口宁容没官？”申覆，依有功所议，断放。此后援例皆免没官者，三数百家。[1]

宋本《册府元龟·刑法部·议谳第三》略同，亦称“韩纯孝”[2]。《通典》《册府元龟》均详于《新唐书》，当即《新唐书》史源或同源文献。“纯孝”，典出《左传》“颍考叔，纯孝也”[3]语。是“纪”当为“纯”之形误。

3.熊士赡—熊仁赡

《孝友传序》列“事亲居丧著至行者”诸人名云：“建昌熊士赡”。[4]

按：熊士赡，当作“熊仁赡”。朱熹《知南康榜文》：

本军民俗号称淳厚，廷少诤讼，狱少系囚，及按图经，前代有太中大夫司马暠、司徒从事中郎司马延义、宜春县令熊仁赡，皆以孝行显名。……按图经，建昌县有陈太中大夫司马暠、司徒从事中郎司马延义，皆以孝行见于《陈书》，有墓在本县界。又有唐宜春县令熊仁赡，亦以孝行旌表门闾。未委其墓及唐朝所表门闾有无损坏？[5]

又《告熊孝子墓文》：

维淳熙六年岁次己亥五月戊午朔，具位熹谨遣某致祭于唐故孝子宜春县丞熊府君之墓。熹叨被误恩，假守兹土，视事之始，考诸图经，以求此邦前贤潜德隐行之实，于建昌得陈太中大夫、从事中郎二司马君以及府君之事。盖皆以孝德闻，而府君精诚之感，独致涌水成川之应，私心窃敬仰焉。然按图以求其故迹，则二司马君之墓不可知，而府君之墓宅学基犹有遗处。谨命有司，依准赦令，禁御樵牧。其唐朝旌表旧门，亦已复请于朝，俟报修立。[6]

朱熹所称“熊仁赡”与史文“建昌熊士赡”姓氏、时代、籍贯、品行等若合符契，显系一人无疑。朱熹考核图经，勘验其墓，且有唐时旌门实物为证，所称熊氏名“仁赡”当属可信。

---

[1]（唐）杜佑：《通典》卷一六九《刑法七》，北京：中华书局，1988年，第4379页。

[2]《宋本册府元龟》卷六一六《刑法部·议谳第三》，第1933页。

[3]杨伯峻注：《春秋左传注》，北京：中华书局，1981年，第15页。

[4]《新唐书》卷一九五《孝友传》，第5576页。

[5]（宋）朱熹：《晦庵先生朱文公文集》卷九九《知南康榜文》，载朱杰人、严佐之、刘永翔主编《朱子全书》第25册，上海古籍出版社，2002年，第4580—4582页。

[6]《晦庵先生朱文公文集》卷八六《告熊孝子墓文》，第4039页。

又明王祎《熊孝子传》云：

> 熊孝子者，名仁瞻，唐洪州海昏县人也。性至孝，仕为左卫府参军、袁州宜春县丞。丧母，奉柩而归，卜宅兆于县西之归义乡，而其地冈阜峻险，丧舉莫能致也。仁瞻念非水道不可达，誓倾家訾，掘地为川以通江。方庀工，俄而天大雨，水自墓旁近地涌出成川，与江流接，舟以得达，而窀穸之事遂矣。既葬，结庐墓侧，居六年，有慈乌来巢，共称异焉。于是江西观察使路嗣恭列其孝友以闻。大历十年秋敕旌表其门闾。仁瞻后再调江州司户，又迁越州萧山县令。卒官，年七十有三。世因名其川曰孝子港，桥曰孝感桥，所居里门曰孝锡坊。海昏至宋改建昌，隶南康军。[1]

此载熊氏至孝事备悉，与朱熹文"精诚之感，独致涌水成川之应"可相参证。《熊孝子传》虽为明人所撰，然述熊氏生平甚详，必有所据，当是参考了较早的史料。其名"仁赡""仁瞻"有别[2]，而皆可证作"仁"为是。

4.雍仙高—雍仙

> 《孝友传序》列"数世同居者"诸人名云："高平雍仙高，湖城阎酆。"[3]

按："雍仙"下"高"字疑衍。宋本《册府元龟·帝王部·旌表第三》："（唐德宗建中二年）五月，以泽州人雍仙五代共居，表其门闾。"[4]又《总录部·义第四》："雍仙，泽州人。五代共居。建中二年，表其门闾。"[5]考《新唐书·地理志》高平郡属泽州[6]，则二书所述当即一人。又明刻本《册府元龟·总录部·孝感》："阎酆，虢州湖城县人。阎酆五代同居，家内槐一株再生枝叶，并画图以进。"[7]则《新唐书》"湖城阎酆"四字无误，而"雍仙"下"高"字

[1]（明）王祎撰，颜庆余整理：《王祎集》卷二二《熊孝子传》，杭州：浙江古籍出版社，2016年，第641页。

[2] 熊氏之名，宋《舆地纪胜·江南东路·人物》、《方舆胜览·南康军》、《记纂渊海·郡县部》、元《氏族大全·熊》、明正德《南康府志·人物·孝行》亦作"仁瞻"，元《群书通考》引《方舆胜览》作"仁赡"。

[3]《新唐书》卷一九五《孝友传》，第5577页。

[4]《宋本册府元龟》卷一三九《帝王部·旌表第三》，第184页。

[5]《宋本册府元龟》卷八〇四《总录部·义第四》，第2969页。

[6]《新唐书》卷三九《地理志三》，第1008页。

[7]（宋）王钦若等编，周勋初等校订：《册府元龟》卷七五七，南京：凤凰出版社，2006年，第8766页。

疑涉其籍贯“高平”而误衍。

5.源行恭—源衍

《文苑·萧颖士传》：

（萧颖士）尝兄事元德秀，而友殷寅、颜真卿、柳芳、陆据、李华、邵轸、赵骅，时人语曰“殷、颜、柳、陆，李、萧、邵、赵”，以能全其交也。所与游者，孔至、贾至、源行恭、张有略、族弟季遐、刘颖、韩拯、陈晋、孙益、韦建、韦收。[1]

按：源行恭，当作“源衍”。李华《三贤论》叙诸友交游称“汝南邵轸纬卿词学标干，天水赵骅云卿才美行纯，陈郡殷寅直清达于名理，河南源衍季融粹微而同”，下依次叙孔至、陆据、柳芳、贾至、韦收、张有略、张季遐、刘颖、韩极（当作“拯”）、孙益、韦建、陈晋、尹征、颜真卿诸人才情，末云：“颜（真卿）与陆据、柳芳最善，茂挺与赵骅、邵轸洎华最善，天下谓之‘颜萧之交’，殷寅、源衍睦于二交之间。”[2]细绎《新唐书》上下文，当即据《三贤论》删定而成，源衍字季融，与史文所称“源行恭”有别。考源氏好友陆据所撰《源衍墓志》云：“大王小侯，相望信史，其源氏乎。君讳衍，河南人也。……后来有柳芳、王端、殷晋、颜真卿、阎伯玙皆稀世鸿宝，一相遇，便为莫逆之交。”[3]据此当以“源衍”为是，史文盖误“衍”为“行”，又衍“恭”字也。

6.王伉—王佖

《逆臣·朱泚传》：

（李）晟率浑瑊、骆元光、尚可孤悉师攻贼，晟薄光泰门，败贼将张廷芝、李希倩，贼弃门哭保白华。晟引军还，居三日复战，大败之，乃分道入。泚将段诚伏莽中，为王伉所禽。姚令言、张廷芝与晟遇，十斗皆北，遂至白华。[4]

按：王伉，当作“王佖”。“王伉”史籍无考。《旧唐书·李晟传》：

[1]《新唐书》卷二〇二《文艺中·萧颖士传》，第5769、5770页。

[2]（唐）李华：《李遐叔文集》卷二《三贤论》，《景印文渊阁四库全书》第1072册，台北：商务印书馆，1982年，第375页。

[3]周绍良、赵超主编：《唐代墓志汇编续集》开元一七七《源衍墓志》，上海古籍出版社，2001年，第573页。

[4]《新唐书》卷二二五《逆臣中·朱泚传》，第6448页。

（兴元元年五月）二十八日，晟大集诸将骆元光、尚可孤，兵马使吴诜、王佖，都虞候邢君牙、李演、史万顷，神策将孟涉、康英俊，华州将郭审金、权文成，商州将彭元俊等，号令誓师毕，陈兵于光泰门外。乃使王佖、李演率骑军，史万顷领步卒，直抵苑墙神麚村。晟先是夜使人开苑墙二百余步，至是贼已树木栅之，贼倚栅拒战。晟叱军士曰："安得纵贼如此，当先斩公等！"万顷惧，先登，拔栅而入，王佖骑军继进，贼即奔溃，获贼将段诚谏，大军分道并入，鼓噪雷动。姚令言、张庭芝、李希倩犹力捍官军，晟令决胜军使唐良臣、兵马使赵光铣、杨万荣、孟日华等步骑齐进，贼军阵成而屡北。战十余合，乘胜驱蹙，至于白华。[1]

《新唐书·李晟传》亦云："万顷惧，先登，拔栅以入，（王）佖督骑继之，贼崩溃，执其将段诚谏。"[2]两《唐书·李晟传》述王佖擒获段诚谏（即《朱泚传》"段诚"）前后颇详，所列李晟军诸将士名，但有"王佖"，并无"王伉"。考王佖乃李晟外甥，《旧唐书》传附《李晟传》，称其"雄武善骑射，自晟河西、河北出师，佖无役不从。朱泚之乱，晟攻贼于光泰门，贼锋尚劲，佖与兵马使李演逾苑墙血战，败贼前锋，诸军方振，论功为神策将"[3]，据此知王佖即因挫败并擒获段诚谏而由兵马使拜将。又李晟下属、招讨府掌书记于公异撰《西平王李晟收西京露布》云：

衙前兵马使兼御史大夫王必，知牙官兼刀斧将兼御史中丞史万顷等，自相誓约，又令军行，指麾而貔兕作威，感激而风云动色。遂先登进击，深入合攻。……段诚谏贼之心膂，既就生擒；泾原军贼之羽毛，终制死命。[4]

露布亦列李晟军诸将士名，与《旧唐书·李晟传》几同，而特标出生擒段诚谏战役中"先登进击"的王必、史万顷二人姓名以显其功，此"必"显系"佖"之坏字，虽误，亦可旁证"伉"为"佖"之讹字。

（作者单位：南京大学文学院）

[1]《旧唐书》卷一三三《李晟传》，第3668、3669页。

[2]《新唐书》一五四《李晟传》，第4868页。

[3]《旧唐书》卷一三三《李晟附王佖传》，第3686页。

[4]（宋）李昉等：《文苑英华》卷六四八《西平王李晟收西京露布》，北京：中华书局，1966年，第3337页。

A Study on Six Incorrect Names in *Xin Tang Shu*

Sun Lizheng

［Abstract］The *Xin Tang Shu* is an important document for studying the history of the Tang Dynasty. By examining the historical origins or homologous documents of *Xin Tang Shu*, it is necessary to correct the names of Xiang Shansi（向善思）, Han Jixiao（韩纪孝）, Xiong Shishan（熊士赡）, Yong Xiangao（雍仙高）, Yuan Xinggong（源行恭）, and Wang Kang（王伉） recorded in the *Xin Tang Shu*.

书 评

探赜索隐　求是求新

——简评《隋唐佛教文化史论》

景天星

在中国古代历史上，隋唐王朝是一个非常重要的时期，不仅仅因为经济发达和国力强盛，同时也因为思想活跃和文化繁荣。言及中国思想文化发展史，人们常常拈出一个最具代表性的术语来概括特定时期的思想文化特色，所谓先秦的子学、两汉的经学、魏晋的玄学、宋明的理学、清代的朴学，而隋唐时期最具特色的思想文化是佛学。隋唐时期是中国佛教文化发展的高峰，因此长期备受学界热切关注。以往的中国哲学史和中国思想史的通史著作中都为隋唐佛学开辟专章，中国佛教史著作更是对隋唐佛教大书特书。近三四十年来，隋唐佛教专题研究又取得了丰硕成果，代表性的论著有汤用彤《隋唐佛教史稿》（中华书局，1982年）、张国刚《佛学与隋唐社会》（河北人民出版社，2002年）、方立天《隋唐佛教》（中国人民大学出版社，2006年）、龚国强《隋唐长安城佛寺研究》（文物出版社，2006年）、李芳民《唐五代佛寺辑考》（商务印书馆，2006年）、杨曾文《隋唐佛教史》（中国社会科学出版社，2014年）等。此外，日本学者砺波护《隋唐佛教文化》（韩昇译，上海古籍出版社，2004年）、美国汉学家斯坦利·威斯坦因《唐代佛教》（张煜译，上海古籍出版社，2010年）等著作也在国内翻译出版。以上论著从不同角度对隋唐佛教的传播历史、宗派源流、思想特色及其与社会文化之间的关系等问题进行了深入研究。新近出版的介永强著《隋唐佛教文化史论》（社会科学文献出版社，2020年）一书，论题新颖，别开生面，对于推进隋唐佛教史的深入研究具有一定的积极意义。

二

以往对隋唐佛教的研究，多侧重于宗派源流、思想特色等问题。本书对隋唐佛教宗派和思想问题虽有关涉，但其研究主题集中在佛教寺院、高僧大德和佛教社会文化史事。全书分为三编：上编“隋唐佛教寺院建置兴废探赜”、中编“隋唐佛教高僧生平事迹索隐”、下编“隋唐佛教社会文化史事谫论”。每编围绕一个主题，每个主题即是一个研究视角。如上编“隋唐佛教寺院建置兴废探赜”共收录了8篇论文，研究了隋唐佛寺的建置、兴废、建筑风貌、书法文化遗产等问题。《〈隋大兴城佛寺考〉拾遗》《〈唐长安佛寺考〉匡误》《〈唐长安佛寺考〉补苴》是一组关于隋唐佛寺建置沿革的考证论文。《〈隋大兴城佛寺考〉拾遗》在王亚荣《隋大兴城佛寺考》[1]的基础上增补了大兴城佛寺11所，认为隋大兴城佛寺至少有127所（第7页）；《〈唐长安佛寺考〉匡误》对孙昌武《唐长安佛寺考》[2]一文中的重复错讹现象予以辨析纠谬；《〈唐长安佛寺考〉补苴》增补了唐长安及近郊佛寺28所，认为唐长安及其近郊佛寺多达225所（第27页）。《唐诗中的长安大兴善寺影像》《唐长安大庄严寺与西安木塔寺公园》是一组关于单个佛教寺院的研究论文，对唐长安大兴善寺和大庄严寺进行了详细的考证辨析。《唐都长安佛教寺院建筑风貌一瞥》《唐长安佛寺书法文化寻绎》是一组关于隋唐佛寺物质文化的研究论文，对唐长安佛寺建筑文化景观和书法文化遗产进行了深入研究，而《论武则天与感业寺的几个问题》则提出了与日本著名学者气贺泽保规截然不同的观点。

本书上编8篇论文率皆从“佛寺”的角度切入隋唐佛教史研究，在佛寺建置沿革及其物质文化景观研究等方面均提出了颇为新颖的观点。除了“佛寺”之外，本书研究视角还聚焦于“高僧大德”和“社会文化”。在中编“隋唐佛教高僧生平事迹索隐”中，共收录了12篇关于隋唐高僧大德生平事迹的研究论文，不仅宏观论证了隋唐高僧与儒学、语言文字学和中国书法的关系，而且具体考证了胡僧、内供奉僧、日本僧人以及被忽视的著名高僧崇简、智该、灵宴、广宣、乘如、僧伽等人的生平事迹。本书下编“隋唐佛教社会文化史事谫

[1] 王亚荣：《隋大兴城佛寺考》，《世界宗教研究》2005年第1期，第46—56页。

[2] 孙昌武：《唐长安佛寺考》，载荣新江主编《唐研究》第二卷，北京：北京大学出版社，1996年，第1—49页。

论”共收录了10篇论文，诠释了隋唐长安佛教义林与义学风尚、隋唐时期的宗教消费、佛教与中古中外交通等社会文化事象，多是前人未曾注意或关注不够的一些问题。

《隋唐佛教文化史论》一书的30篇学术论文从佛教寺院、高僧大德和佛教社会文化三个方面切入隋唐佛教史研究，既有宏观论证，又有微观考证，不仅反映了隋唐佛教发展的大体脉络，而且涉及隋唐佛教研究的重点问题。

二

《隋唐佛教文化史论》运用了多学科的研究方法，如《隋唐关中佛教传播史事钩沉》一文，主要运用了历史学的研究方法；《唐诗中的长安大兴善寺影像》一文，主要运用了文献学的研究方法；《〈唐崇福寺故僧录灵晏墓志〉考释》一文，主要运用了考据学的研究方法；《佛教与中古中外交通》《中古西北佛教译经文化区域考论》等多篇论文则主要运用了历史地理学的研究方法。在研究方法上，本书最具特色的是历史宗教地理学的研究方法。

历史宗教地理学是一门交叉学科，本书作者曾发表《历史宗教地理学刍议》一文指出：“历史宗教地理学是研究历史时期宗教形成、传播和发展的区域特征及其分布变迁规律的一门学科，是历史文化地理学的分支学科”；“研究的主要内容有历史时期宗教源地的形成、宗教传播的途径、宗教景观的分布、宗教的区域特征以及历史时期地理环境与宗教发展的相互关系等。在研究方法上，除了运用历史学和地理学的研究方法外，历史宗教地理研究还要积极借鉴民族学、文化学、考古学等学科的研究成果和研究方法”[1]。作者还强调：“历史宗教地理学研究要将宏观研究与微观研究相结合。在历史宗教地理研究中，只有对一种宗教不同要素的时空分布分别进行研究之后，才能对这种宗教的地理变迁做出结论；只有对一个地区各种宗教的时空分布分别进行研究之后，才能对这个地区的宗教地理变迁做出结论。”[2]运用历史宗教地理学的研究方法，作者著有《西北佛教历史文化地理研究》（人民出版社，2008年），被誉为是

[1] 介永强：《历史宗教地理学刍议》，《陕西师范大学学报（哲学社会科学版）》2004年第3期，第95页。

[2] 介永强：《历史宗教地理学刍议》，第98页。

“区域历史宗教文化地理研究的新开拓”[1]，是“探研历史宗教地理学的一部力作”[2]。

继之，在《隋唐佛教文化史论》一书中，无论是佛寺研究，还是高僧研究，乃至佛教社会文化史事的研究，都可以看出作者对历史宗教地理学研究方法的运用。如《中古西北佛教译经文化区域考论》一文，对中古时期西域、河西和关中这三大译经文化区的佛教文化地理问题进行了详尽的研究（第366—388页）。其实，在“上编”中对佛寺建置沿革的考证，在“中编”中对高僧生平事迹和求法巡礼活动的考查，在“下编”中对佛教义学、佛教传播等问题的考论，都反映了作者对其从前所提出的历史宗教地理学研究方法的重视和实践。

三

通读《隋唐佛教文化史论》，可以发现本书还有一些特点，即资料详实，论证严谨，观点新颖。本书所依据的资料，在佛教典籍方面，既有《长阿含经》《法华经》《华严经》《坛经》《佛说无量寿经》等佛经资料，又有《法显传》《高僧传》《续高僧传》《宋高僧传》《大唐西域记》《大慈恩寺三藏法师传》等佛教传记资料，还有《广弘明集》《大唐内典录》《开元释教录》《法苑珠林》等佛教文献。在历史文献方面，有《隋书》《旧唐书》《新唐书》《资治通鉴》《唐会要》等史书，又有《陕西通志》《西安府志》《咸宁县志》《长安县志》等地方志资料，还有《唐代墓志汇编》《唐代墓志汇编续集》《全唐文补遗》等石刻文献。在考古资料方面，有发表在《考古》《文物》《考古与文物》等杂志上的考古报告，还有《西域考古记》《青龙寺与西明寺》等考古成果。正是因为对各种资料掌握得比较全面，从而使作者能够站在学术前沿，洞观学术动向，提出个人见解。

作者具有一定的史学研究基本功，又特别注意利用金石资料和考古成果，因此在论证时能够做到多重证据互证，所持观点则更为令人信服。无论是在佛寺建置沿革的考证中，还是在高僧生平事迹的论述中，以及关于佛教社会文化

[1] 艾冲：《区域历史宗教文化地理研究的新开拓——〈西北佛教历史文化地理研究〉简评》，载《陕西历史博物馆馆刊》第十五辑，西安：三秦出版社，2008年，第353、354页。

[2] 景亚鹂、张维慎：《探研历史宗教地理学的一部力作——评〈西北佛教历史文化地理研究〉》，《唐都学刊》2009年第2期，第127、128页。

史事的讨论中，都能看出其严谨的论证。如《唐都长安佛教寺院建筑风貌一瞥》一文，综合运用了《续高僧传》《宋高僧传》《旧唐书》《资治通鉴》等文献资料和《唐长安青龙寺遗址》《唐长安西明寺遗址的考古发掘》《青龙寺与西明寺》等考古资料，以及《隋唐长安城佛寺研究》等研究成果，对唐长安佛教寺院的区域分布、寺院建筑的平面布局、寺院建筑的主要构成等问题进行了细致考述。又如《唐代胡僧僧伽生平事迹考索》一文，综合运用《高僧传》《僧伽歌》《僧伽传》等史传资料和《大唐泗州临淮县普光王寺碑》等石刻资料对“僧伽是西域何国人”进行了考证，并深入论证了僧伽信仰在唐代的发展。

本书论文问题意识突出，资料详实，论证严谨，故其观点独到新颖。如作者在《唐代胡僧僧伽生平事迹考索》一文中指出：“外来和尚僧伽由一介胡僧成为道行超凡的高僧，又由一名高僧成为灵异迭现的神僧，并演变成为护佑多方的圣僧，最后发展成为中国民间的僧伽信仰，这一现象着实罕见。究其实质，它既是佛教世俗化的产物，又是佛教本土化的写照。”（第198、199页）《论唐代的内供奉僧》首次专文论述了内供奉僧在唐代的滥觞、延续、主要活动及其对佛教发展与政治生活的影响，认为“内供奉僧正是佛教与唐代政治结缘的产物，是唐代帝王皈依佛教的结果，深刻反映了唐代皇权政治对佛教的某种需要”（第239页）。又如气贺泽保规认为：“感业寺是在强烈意识到德业寺的心理状况下虚构的寺名。”[1]本书作者认为，这一观点“令人耳目一新”，“然而论据不足，难以让人信服”。经过详细论证，作者认为“武则天确曾出家为尼”，“感业寺并非人为虚构”（第91—101页）。

毋庸讳言，本书中的个别论文如《略论姚崇反佛》《武则天与法藏》，或因成文仓促，或因思考不周，论述略欠深入。全书插配了多幅图片，无疑使其论述直观清晰，但其图像资料仍嫌不足。如《佛教与中古中外交通》一文涉及古代中外交通路线和许多历史地名，让人颇费思量，此文中却只有一幅“玄奘西行路线图”。学界已有法显、义净等人的西行求法路线图，亦可采用，以便读者参照理解文中论及的交通路线和历史地名。又如《日本僧人圆珍入唐求法活动摭谈》一文，可采用白化文、李鼎霞《行历抄校注》中的“圆珍求法行历示意图”，庶几使大家对圆珍入唐求法活动的行迹一目了然。

[1]［日］气贺泽保规：《武则天的感业寺出家问题与德业寺》，载西安碑林博物馆编《纪念西安碑林九百二十周年华诞国际学术研讨会论文集》，北京：文物出版社，2008年，第127—143页。

瑕不掩瑜，《隋唐佛教文化史论》一书聚焦于隋唐时期的佛教寺院建置兴废、高僧大德生平事迹以及佛教社会文化史事，研究视角独特，研究方法多样。全书论文发乎己见，观点新颖，创见迭出。本书在丰富了隋唐佛教研究内容的同时，也开拓了隋唐佛教研究的新视阈。

（作者单位：陕西省社会科学院宗教研究所）

Research Practically and Explore Creatively: A Brief Review on *The Cultural History of Buddhism during the Sui–Tang Dynasties*

Jing Tianxing

[Abstract] As a newly published masterpiece written by professor Jie Yongqiang, *The Cultural History of Buddhism during the Sui-Tang Dynasties* (《隋唐文化史论》) was composed of 30 academic thesis which discussed the history of Buddhism during the Sui–Tang Dynasties from three aspects: Buddhist temples, venerable Buddhist and social culture of Buddhism. By the combination of macroscopic demonstration and microscopic analysis, this book not only revealed the general trajectory of Buddhism, but also referred to the significant issues of the study on the history of Buddhism in the Sui–Tang Dynasties. The opinions of this book had been embodied into all theses which were enlightening and abundant. Therefore, this book enriched the research as well as expanded a new perspective on the study of Buddhism history during the Sui–Tang Dynasties.

交流与路径：行走在唐土的求法僧

——评葛继勇、河野保博《入唐僧的求法巡礼与唐代交通》

王　坤

最近，日本出版了《入唐僧的求法巡礼与唐代交通》（『入唐僧の求法巡礼と唐代交通』[1]）一书，该书由中日文化交流史研究的中坚学者之一葛继勇先生与日本新一代青年学者河野保博先生共同完成。作为2017年度中国国家哲学社会科学基金重大项目“中日合作版《中日文化交流史丛书》”的阶段性成果之一，该书集中反映了近年来两国学者在该领域的执着探索。

入唐求法僧研究向来为学界所关注，但限于史料，研究焦点多集中于留存较多记录的人物身上，圆仁就是主要对象之一。圆仁以“历史在场者”书写的《入唐求法巡礼行记》[2]（以下简称《行记》），与玄奘的《大唐西域记》、马

[1] 葛继勇、［日］河野保博：《入唐僧の求法巡礼と唐代交通》，东京：大樟树出版社，2019年。

[2] 圆仁以日记形式记录了在唐求法巡礼九年的经历和见闻，是研究遣唐使及东亚交通地理、风土人情、社会活动等的重要资料。学界围绕《入唐求法巡礼行记》展开的研究已取得了丰硕的成果。参见吕红梅：《五十年来〈入唐求法巡礼行记〉研究综述》，《兰州教育学院学报》2002年第2期，第12—16页；师敏、海波：《日本〈入唐求法巡礼行记〉的研究概况》，《西北大学学报（哲学社会科学版）》，2010年第4期，第44—47页。近年来的研究有：王丽萍：《圆仁〈入唐求法巡礼行记〉中国早期流布考》，《浙江大学学报（人文社会科学版）》，2011年第6期，第12—17页；纳春英：《圆仁视野中晚唐长安平民男子的服饰——以〈入唐求法巡礼行记〉为中心的考察》，载杜文玉主编《唐史论丛》第十七辑，西安：陕西师范大学出版总社，2014年，第124—135页；任艳艳：《试论唐代河东道之交通——以敦煌文书和圆仁《入唐求法巡礼行记》中关、驿、店为中心的考察》，《安徽史学》2017年第4期，第26—32页；付春梅、杜立晖：《〈入唐求法巡礼行记〉史料价值的再发现——以唐代“祠部牒”与“板头”的记载为中心》，载杜文玉主编《唐史论丛》第二十九辑，西安：三秦出版社，2019年，第239—248页等。

可·波罗的《东方见闻录》被称为“世界三大游记”。众所周知，文化传承与交流有赖于人和物的移动，物虽可传世却是沉默的，人的生命亦不过百年，但当事人“在场”的记录却为后世认识历史提供了重要资料，让读者“移情”于历史现场体会各色人物的思想情感，理解他们的行为乃至于产生“共情”。

全书围绕入唐僧与唐代交通，根据不同的主题设置为四部，即第一部《入唐僧的求法巡礼与交友》、第二部《石刻所见的佛教交流》、第三部《东亚的佛教交流与背景》以及第四部《圆仁所经之路与唐代交通》，各部又由主旨相近的三到四篇论文构成。该书将人的活动和人物间的交流还原于唐代交通的历史场景中，构建起人物、事件、空间的立体联系，运用大量详实而丰富的史料解析出唐代东亚人物交往的细节。以下概略性地介绍该书的主要内容。

第一部《入唐僧的求法巡礼与交友》主要考察圆仁和惠萼在唐的活动轨迹及其与唐人的交往，分析了圆仁作为一位外国僧人之所以在“会昌废佛”的最盛期，能够顺利途经中原区域，主要是得益于与唐人杨敬之等的交往。作者以《行记》内容与文献记载相对照，分析了圆仁与有关人物的结缘交友，梳理了唐代文人之间的交际网。在禅法东传日本的问题上，阐述了圆仁在唐除了求法天台宗与真言密教外，求得禅法也是其目的之一。在第二章《禅法东传中的圆仁与唐人萧庆中》一文中，作者通过对唐人萧庆中关联史料的斟酌梳理，总结出萧氏的身世背景及其社会关系和宗教信仰、饮茶习惯等，发现了圆仁受到唐人影响与禅结缘的潜在线索，揭示了圆仁在禅法东传日本中的作用。在《惠萼与唐僧齐安及其他》一文中，作者从零碎的文献片断中逐渐拼接还原了一个比较完整的齐安禅师的形象。有关惠萼的研究，此前中日学者已经有一定的积累。日本学者田中史生在《入唐僧惠萼与东亚》一书中对惠萼入唐、再渡唐、观音信仰，以及与唐僧义空的关系等有过细致的考察[1]。尽管如此，《惠萼与唐僧齐安及其他》将重点放在惠萼与齐安禅师之间的关系上，巧妙地借对齐安禅师的考察阐明了惠萼在禅宗东亚传播史上的作用，弥补了田中论著的阙如。

第二部《石刻所见的佛教交流》主要围绕“圆仁石刻”（《释迦舍利藏志》[2]）的发现及关联问题展开论述，介绍了“圆仁石刻”发现的经过、真伪、

[1]［日］田中史生：《入唐僧恵蕚に関する基礎的考察》，载［日］田中史生编《入唐僧恵蕚と東アジア》，东京：勉诚出版社，2014年，第3—83页。

[2]《释迦舍利藏志》发现于河南省登封市法王寺，由河南省考古研究所于2010年7月披露。日本《朝日新闻》与《读卖新闻》2010年7月9日以“石板”之名报道。国内研究见赵振华：《嵩山法王寺唐代〈释迦舍利藏志〉研究》，载荣新江主编《唐研究》第十七卷，北京大学出版社，2011年，第481页。

制作年代、铭文、释读、存疑等，并结合《行记》与其他史料，从唐代交通及圆仁移动路线的角度，论述了圆仁与“圆仁石刻”之间存在联系的可能性。然而，与一度广为关注的“井真成墓志”[1]相似的是，囿于史料及旁证等有力证据的发现，“圆仁石刻”仍有较多疑问有待揭开。在《天龙山早期石窟的建造与高齐政权的建立》一文中，作者通过对天龙山石窟的建造时间分析佛教内传的路径，阐明了巩县、洛阳、邺城等在唐代中原交通及文化交流上的重要位置，借以管窥作为外来文明的佛教在东亚流布过程中与本土文化的碰撞与融合。文末附录“天龙山石窟研究论著”，包括中、日、韩、欧、美等各国研究成果，为学界研究天龙山石窟提供了重要参考，此点颇为用心。

第三部《东亚的佛教交流与背景》中指出，日本僧人巡礼天台山始于最澄，天台圣地作为祖师最澄的求法之地尤为后世弟子所重视，而五台山即清凉山与日本入唐僧之间也有着密切的关系。通过分析发现，在圆仁之前日本僧灵仙已赴五台山求法。圆仁脱离遣唐使团决意留在唐土巡礼于五台山、长安等地，并最终实现求法，除了得益于前述与唐人交往之外，一个重要因素是得到了在唐新罗人的帮助。圆仁之所以伪装成新罗僧就是利用新罗人的关系网，以图获取在沿海地区的活动之便。如同“唐代西域存在以粟特人为译语或中介商”[2]那样，在东亚地区这一中介功能主要由新罗人担当。作者指出，在唐新罗人形成的所谓“交易离散共同体”，是支撑古代日本、唐、新罗间贸易和交流的重要组织。经过对史料集人物关系的梳理，作者指出圆仁巡礼扬州的缘起应该与祖师最澄有关，而最澄曾通过鉴真弟子法进携带到日本的天台宗经典而致力于天台宗的学习，即最澄与天台宗之缘起来自法进，故圆仁巡礼扬州白塔寺具有以明师承的目的，此处分析与见解令人耳目一新。

第四部《圆仁所经之路与唐代交通》以《行记》最早的观智院写本[3]为底

---

[1] 2004年春，《赠尚衣奉御井府君墓志》由西北大学历史博物馆征集所得，学界一般称“井真成墓志”。此墓志被称为目前我国发现的唯一一方唐代日本遣唐使（或随从）墓志，是文字记载史料的极其重要的补充。该墓志一经公布立即引起国内外极大关注，相关研究成果颇多，时至今日仍为学界注意。

[2] 相关论述参见陈海涛：《来自十字路口的民族——唐代入华粟特人研究》，北京：商务印书馆，2006年。

[3]《入唐求法巡礼行记》凡四卷，圆仁手写本已佚，抄本有“观智院本”（正应四年）及其底本“宽圆本”（年代不详）、“池田本”（文化二年）及其底本“松禅院本”（年代不详）。另有入宋僧成寻进呈的“成寻本”，此本应为现有记载可知最早的抄本，而“观智院本”则是现存最早的手抄本。——参见［日］小野胜年：《入唐求法巡礼行記の研究》，铃木学术财团昭和三十九年

本，对照目前为止广为刊行的诸版本，对人名、地名、物品等文字加以校对，并结合各类史料，努力还原了圆仁的行经路线。特别是在以“临泉驿石刻”[1]为中心的唐代中原崤山南路考察中，作者实地调查了临泉驿及其周围硖石县、绣岭宫、兰峰宫、永宁县，对临泉驿原址大胆推测，分析了从陕州至洛阳南北两路交通状况，阐明了连接东西两京都城的崤山南路不仅是唐朝国内的交通大动脉，也是东亚文化交流的重要交通路径。

本书作者长于古代中日文化交流研究，而入唐僧研究更是其深耕课题之一。综观全书，其特点可概括如下：

其一，研究角度新颖。长期以来，虽然学界从不同角度对《行记》进行了大量研究，累积了丰硕的成果，研究涉及唐代政治、经济、佛教、社会、交通地理、东亚贸易、文学描述、《行记》词汇等各个方面，但是综览学界，像该书这样从“在唐交友活动”的视角研究圆仁及其《行记》的成果还是比较稀少的。目前所见成果有小野胜年的《知玄と円仁》[2]、斋藤圆真的《慈覚大師と楊卿・楊郎中・裴郎中》[3]两篇论文。上述两文皆以《行记》所见人物与圆仁之关系为中心展开，而对于在圆仁求法巡礼于唐土过程中给予其以便利和帮助的唐人交际网相关的研究有所不及。在该书第一章中，作者通过对史料的梳理，分析了杨敬之的家世、履历、才学、宗教信仰等，围绕杨敬之的为官、为文、社会活动等几个方面，比较全面地展现了杨敬之的交友圈，而圆仁之所以在“会昌废佛”的艰难形势下仍然能够继续巡礼中原，与杨敬之及其友人交际网络的帮助有着深切的关系。在《禅之东传中的圆仁与唐人萧庆中》一章中，同样以圆仁“在唐交友”的角度，通过对照《行记》和《慈觉大师传》，明确了唐人萧庆中有着“通佛法，能解禅门”的宗教信仰，进一步解析出萧庆中与圆仁“发愿兴禅”之间的联系。萧庆中以优秀的才学及官员的身份结交甚广，其中不乏参禅坐禅者，而圆仁又通过萧氏结识一众唐人，为在唐的巡礼活动获取便利的同时，也逐渐受到唐人修禅

(1964) 二月至四十四年 (1969) 3月；又见［日］尾崎康：《小野勝年著．入唐求法巡礼行記の研究　四卷》，《史学》1970年第3期，第88—92页；王丽萍：《圆仁〈入唐求法巡礼行记〉中国早期流布考》，第17页。

[1] 2010年9月发现于河南省洛宁县东宋乡官庄村，现藏于洛阳市洛宁县文管会。据碑文可知该处为唐代临泉驿旧址，为确定唐代“两都”之间官道的走向提供了实物证据。

[2]［日］小野胜年：《知玄と円仁》，《東洋史研究》第15卷第2号，1956年，第15—20页。

[3]［日］斋藤圆真：《慈覚大師と楊卿・楊郎中・裴郎中》，《天台学報》1996年第39号，第81—89页。

思想的影响。可见，从圆仁“在唐交友”的角度展开研究颇具新意，对于深入探究圆仁思想的形成轨迹具有重要意义。

其二，论述过程展现了作者对文献史料的充分把握能力和高超的运用能力。譬如在第一部第一章《圆仁与唐人杨敬之》中，作者爬梳整理资料，清晰地勾勒出了杨敬之家族及其社会交际图，通过考察杨敬之的生平履历，将其为官的活动轨迹清晰地描绘出来，那些与其有官场交集的人物与圆仁产生某种联系的可能性也就自然浮现出来。而杨敬之本人崇信佛法，曾撰《维摩经疏》十卷。于是，以佛教信仰为中心，与杨敬之持相同信仰的知玄、杨汝士、高元裕、杨鲁士等之间就形成了交际网，再结合《行记》与《宋高僧传》[1]记载可知，知玄曾驻锡长安资圣寺，在此期间圆仁也停留于此。由此，本来散存于不同文献中的似乎并无联系的记载，通过对史料的整理和归置，历史人物之间的交集脉络逐渐被作者清楚地勾勒出来。另外，该章内容相关注释条目丰富而具体，注释条目多达五十多条。综观该书，类似此种对各类文献进行细致梳理的情况多处可见，全书所用文献和史料类型大致可分为基础文献、地方志、石刻碑铭、前人成果等，参考资料非常丰富，且论述中旁征博引之处颇多，可见作者对研究史的充分掌握以及对史料高超的驾驭能力。

其三，坚持实证主义与实地踏查相结合。关于唐代交通研究，中国学者严耕望[2]与日本学者青山定雄[3]堪称该领域研究的大家，两位先贤非常重视对古典文献史料的缜密考证。但是随着研究的深入，若不与实地踏查相结合，仅以文献记载作为论据，则很难还原千年以前交通的真实情况。古代交通不发达，且受制于自然条件和社会发展程度等因素，从而限制或决定了人际交往的范围。时代不同，交通方式也会发生变化，人们的交流形式亦随之改变。在《行记》中，圆仁详细地记录了近十年求法巡礼唐土的见闻和经历，为后世了解和研究唐代政治、外交、礼仪、习俗、宗教信仰、交通状况等留下了详实的材料。如果对照《行记》并结合关联史料进行实地踏查，一定会发现在文献中无法获得的信息。作者在博采历史人文地理学研究方法的同时，也重视文献记载与石刻史料的结合。在书中，作者介绍了曾两度赴天龙山石窟调查测量，并且在十年

[1]（宋）赞宁：《宋高僧传》卷六，北京：中华书局，1987年。

[2]代表著作有严耕望：《唐代交通图考》（全六册），上海古籍出版社，2007年。

[3]代表著作有［日］青山定雄：《唐宋時代の交通と地誌地図の研究》，东京：吉川弘文馆，昭和三十八年（1963）初版，昭和四十四年（1969）再版。

间坚持跟随日本国学院大学铃木靖民教授领衔的“入唐求法巡礼行记研究会”进行实地踏查、追踪圆仁行迹的情况，借此发掘出了许多文献和史料，还原了包括地域景观在内的入唐僧交通实况，此种研究态度难能可贵，值得学习。

诚然，世间无十全十美之事。据笔者阅读之感触，书中尚有待改善之处，以下不揣陋见，略陈一二。

其一，如前所述，作者在书中引用方志文献等作为论据之处颇多，这样既增强了论文的说服力和可读性，同时也充分说明了论者对于入唐僧研究的主要文献及相关史料的充分把握。然而，通读全书之后，令读者感到稍许遗憾的是，在研究过程中挖掘出了如此细致而丰富的入唐僧材料，包括基础文献、僧传释录、石刻史料、方志等，而书中未能将这些关联史料依照附录中所列《入隋僧・入唐僧一览表》一样，将其比较完整地展现出来。倘若能以表格或其他形式将相关史料呈现，那么该书的价值会进一步提升，不仅对唐代中日文化交流史史料是重要补充，也可对唐代社会宗教信仰研究起到参考作用。

其二，第四部第一章小结之处似有“偏靶”之嫌。此章以目前所见最早观智院本《行记》为底本，并对照其他诸本，对文本进行了校勘与释读，着力于考察圆仁出长安后从渭南至开封一段行进路线，以阐明连接上都长安与东都洛阳之路，无论是在政治、经济，还是在军事上都是重要道路，同时又是文化流播的重要路径。这一结论在考察总结的第一、第二两点中都得到了充分说明，但是在第三点及最终小结部分，作者却倾向于阐发圆仁在唐求法巡礼途中所获得的官私供给，以及因与唐人深情交往而获益颇多。显然，此处总结与该章“圆仁所经道路与唐代中原交通”之主旨有所偏离。

其三，著作以“入唐僧的求法巡礼与唐代交通”为题名，虽然冠以“入唐僧”之名，但是实际上主要是围绕圆仁展开论述的，除慧萼之外其他入唐僧研究状况未加说明，略显不够充分，给读者以“冠名大而内容小”的不匹配之感。全书共设四部，除了第一部第三章论述惠萼与齐安禅师、第二部第三章论述天龙山石窟与佛教的传播路径，以及第四部第一章考察圆仁所经的中原道路时提及圆珍《越州都督府过所》[1]以外，其余内容几乎都是围绕“圆仁及其在唐的交通”为中心展开的。当然，这是由于历史学对于史料的依赖性特点所决定的。就目前的入唐僧研究而言，在没有新出史料的情况下，要想有新的突破是

[1] 参见该著第四部《圆仁所经之路与唐代交通》之第一章《圆仁所经中原之路——渭南到开封》，第290页。

极其困难的。期待将来有新的有力史料的出现，推动入唐僧研究更加深入。

尽管书中存在上述不足和个别校对疏漏之处，但瑕不掩瑜，并不影响该书作为一部具有很强学术性著作的质量，况且还是中国人以日语写就的学术著作。综观而言，全书论述资料丰富，研究主旨明晰，是近年来少有的入唐求法僧研究的集萃之作，期待该书的中文版早日在国内出版，以飨读者，惠及学界。

（作者单位：西安电子科技大学外国语学院）

Communications and Ways of Communications: A Review of *The Pilgrimage to Morokoshi and Morokoshi Transportation in the Tang Dynasty* by Ge Jiyong and Yasuhiro Kawano

Wang Kun

[Abstract] In the book of *The Pilgrimage to Morokoshi and Morokoshi Transportation*（《入唐僧的求法巡礼与唐代交通》）, communications between the pilgrims to morokoshi for Buddhism like Ennin and people in the Tang Dynasty are deeply studied with a combination of the historical resources and field investigations through textual researches on a large number of historical materials. The process of pilgrimage to morokoshi is analyzed from the aspect of personnel exchanges as well as morokoshi transportation and geography. Besides, the traffic map of monks entering morokoshi is restored including the regional landscape. This book also clarifies the road connecting the upper capital and the eastern capital of morokoshi, which is not only the crucial domestic traffic path but also an important traffic path for cultural exchanges in East Asia. Other creations such as a new perspective, plenty of resources, combination of empirical analysis and field investigation are also included in this book. Meanwhile, it's incapability of not listing more related historical records about Japanese monk-students in the Tang Dynasty as well as not able to make a perfect match between its caption and content. But from the point of the entire book, it is a good work of its kind during recent years.

入华粟特人墓葬图像的新解读

——读沈睿文《中古中国祆教信仰与丧葬》*

孙武军

自1999年发现太原隋代虞弘墓以来，北齐北周隋唐时期的20余座（套）入华粟特人墓葬（葬具）及其图像的研究逐步成为学界热点。除了发掘简报和正式考古报告以外，国内学者如姜伯勤、荣新江、葛承雍、张庆捷、郑岩、张小贵、孙武军、马晓玲等，国外学者如马尔沙克、葛乐耐、乐仲迪等都对其中的某些葬具进行过专题或个案研究。沈睿文教授新著《中古中国祆教信仰与丧葬》[1]是继姜伯勤[2]、荣新江[3]、孙武军[4]、马晓玲[5]之后，对这一批入华粟特人墓葬图像进行较为全面、深入、系统研究的著作。

该著新见迭出，其"新解读"主要体现在四点：一是单幅葬具图像的主题、内容、神祇的新比定，此为该著最为突出的特点。二是新甄别出东魏翟育石床屏风、太原金胜村唐墓、固原南塬隋唐墓中的粟特或祆教元素。三是将单个墓葬的所有因素（墓葬形制、葬具及图像、随葬品等）看作一个整体，与以

---

*本文系国家社科基金青年项目"丝绸之路祆教神祇图像传播研究"（项目编号：16CZS072）阶段性成果。

[1] 沈睿文：《中古中国祆教信仰与丧葬》，上海古籍出版社，2019年。详细出版信息包括英文标题Zoroastrians in Medieval China: Their Religious Beliefs and Funeral，412页，328幅（组）图，46.6万字，ISBN 978-7-5325-9374-3，CNY 108.00，国家社科基金后期资助项目。

[2] 姜伯勤：《中国祆教艺术史研究》，北京：生活·读书·新知三联书店，2004年。

[3] 荣新江：《中古中国与粟特文明》，北京：生活·读书·新知三联书店，2014年。

[4] 孙武军：《入华粟特人墓葬图像的丧葬与宗教文化》，北京：中国社会科学出版社，2014年。

[5] 马晓玲：《北朝至隋唐时期入华粟特人墓葬研究》，西北大学博士学位论文，2015年。

往研究更多将重心放在图像有别，这与作者的考古学者身份密切相关。四是作者明确提出葬具图像内部元素进行“内证”的研究方法。作者长于逻辑推理，往往采用不断提出问题、解决问题的论述方式，层层推进，环环相扣，逐步揭去覆盖在图像和文献资料上的层层面纱，还原入华粟特人墓葬的本来面目，推绎其丧葬习俗和宗教观念。作者别立机杼，论述精深，材料丰富，注重细节，使得其论断几成“定谳”。

该著标题中的“中古中国”指北朝隋唐，“祆教信仰与丧葬”的主体是祆教徒，即英文标题中的“Zoroastrians”，而“中古中国祆教徒的主体主要是粟特胡及其后裔”（第4页）。该著由致谢、导论、十四章主体内容及主要参考文献共四部分组成。十四章主体内容加上导论总共15篇文章，均曾提交会议或发表于刊物。“导论”（第1—16页）大略由四部分组成。第一部分对入华粟特人两种葬具的准确名称和属性进行了辨析，指出：“可分别称之为石床屏风（重床）和石堂（坟），前者俗谓围屏石榻、石棺床，后者俗谓石椁。”（第6页）第二部分将北朝隋代粟特裔丧葬图像归为祆教神祇和葬仪两个方面。祆教神祇包括阿胡拉·马兹达及其六从神、娜娜女神、Tistrya或阿姆河神妫水神、风神维施帕卡、战神韦雷斯拉格纳、妲厄娜、豪摩神、斯劳沙的圣禽，以及古希腊冥河渡神卡戎与酒神狄俄尼索斯。葬仪从钦瓦特桥、犬视、圣山朝圣图像，中亚、内亚的宗教因素与习俗元素，以及“将佛似祆”现象等三点展开论述。第三部分指出观察葬具图像应该秉持的方法或质疑的事项的五个方面，得出“北朝隋代信仰祆教的粟特裔贵族的墓葬建制都围绕着遵守所辖王朝的国家礼仪、纪功以及依循教义追求墓主的永生与复活主题”（第14页）的结论。第四部分将唐代入华粟特人墓葬分为琐罗亚斯德教传统崖墓、中国传统葬制、介乎二者之间、天葬后葬于墓葬等四种形式，并举例说明。

如果说“导论”是宗教与丧葬兼而论之，那么该著主体则是分而论之，大略而言，第一、六、九、十、十一、十二、十四章等共七章侧重丧葬习俗，其余七章侧重宗教（神祇）图像。为了行文方便，这里依先丧葬习俗、后宗教（神祇）图像及各章在该著出现的顺序进行简述。

一、丧葬习俗的新解读

第一章“论墓制与墓主国家和民族认同的关系——以康业、安伽、史君、虞弘诸墓为例”（第17—58页）。作者将入华粟特裔贵族墓葬所见丧葬形式的出现归因于其祆教信仰的虔诚与北朝的宗教政策两个方面，同时反驳了巫鸿关于北朝外来移民使用房型椁是其“华化”努力、由“圈外人”变成“圈内人”的观点[1]。接着从石床屏风与石椁的名称、重床与石堂的摆放、重床与石堂图像的区别、乐伎题材突出等四个方面对石质葬具做了深入的专题讨论，几无剩义。

第六章“夷俗并从——安伽墓与北朝烧物葬”（第206—222页）。作者结合考古发现和史料记载辨析出北朝墓葬“熏黑”代表了北朝鲜卑烧物葬与突厥烧葬两种葬俗，“安伽墓的营筑者确是将天葬后的墓主人骨取来，再于墓志处举行突厥烧葬。而在此之前，已在墓室有了一次烧物的行为。从这个角度来说，与其说安伽墓表现出突厥祆教化，还不如说是安伽突厥化的反映”（第220页）。其结论有充分的文献支撑，是可称为定谳的。

第九章“重读安菩墓”（第260—283页），作者对读“安菩墓志”和两《唐书·安金藏传》，指出“《旧唐书·安金藏传》所言‘犬鹿相狎’，是指安菩夫妇合葬的过程中，使用了祆教的犬视仪式和对鹿（战神）的祭祀仪式”（第269页）。“‘原上旧无水，忽有涌泉自出’，指的是在安菩夫妇合葬仪中对阿尔德维·苏拉·阿娜希塔的祭祀”（第271页）。从材料细读到材料比较，从适度想象到准确诠释，从实证例举到理论提升，该章给我们提供了一个可资借鉴的研究范本。

第十章“太原金胜村唐墓再研究”（第284—316页）与第十一章“唐墓壁画中的渊明嗅菊和望云思亲”（第317—334页）均是对太原金胜村唐墓的专题研究。第十章指出这些墓的墓主“可能为虞姓粟特胡”，“他们选择树下老人（高士）屏风画……表示对新生的唐政府的忠诚和功成身退、无意政治（归隐）之意”（第316页）。第十一章专考太原金胜村6号唐墓第1、6幅屏风的内容，认为前者为“渊明嗅菊”，后者为狄仁杰“望云思亲”。

第十二章“吐峪沟所见纳骨器的宗教属性”（第335—355页）。学界有将纳骨器与粟特祆教相提并论的观点，认为粟特的祆教徒都使用纳骨器，进而将新疆发现的纳骨器和莫高窟第158窟壁画箱型物定为祆教徒所用。作者在接受沙武田、张小贵等学者对第158窟壁画箱型物非祆教说的基础上，通盘考虑新疆实物、莫高窟壁画及史书的相关记载，提出了在笔者看来可称为“定谳”的结论，如“使用纳骨器原本是中亚本土葬俗”（第339页），中亚佛教徒丧葬和祆

[1]［美］巫鸿：《“华化”与“复古”——房形椁的启示》，郑岩译，《南京艺术学院学报（美术与设计版）》2005年第2期，第1—6页。

教徒丧葬使用纳骨器是融进本土的丧葬习俗（第339、340页），《隋书·石国传》所载葬俗来自内亚烧葬或烧物葬，与佛教、祆教无关（第341—343页）。作者指出“中亚地区所见纳骨器若无明确宗教特征与语境，也应谨慎判断其祆教性质”（第355页），无疑是审慎的。

第十四章“内亚游牧社会丧葬中的马”（第370—396页）。作者认为内亚游牧社会丧葬活动中的马充当三种角色，殉马（烧物葬及烧葬）、祠马（祭祀烧饭）和殡马（出殡），粟特壁画及入华粟特人墓葬图像中无人乘骑、佩戴鞍鞯的马是殡马，其所处场景“是现实丧葬祭祀仪式的真实写照”（第381页）。

二、宗教（神祇）图像的新解读

第二章“吉美博物馆所藏石重床的几点思考”（第59—102页）。作者首先考察第4、5、6幅屏风核心人物的墓主身份，主要证据除了相关文字文献外，图像方面主要包括坐筌蹄座（与虞弘、青州比较）、持三叉戟（与翟曹明墓门门扉、片治肯特壁画风神、史君石堂E1风神比较）、金鸡帐和公鸡（与翟曹明墓门门楣比较）。接着将第1、2幅屏风与史君石堂E1、E2、E3构图堪同，认为第2幅屏风上部是“佑护死者亡灵安全通过钦瓦特桥，升入中界”（第77页），下部是“地域之海及其毒虫害兽”（第78页）；第1幅屏风下部的鞍马是“诞马”（第81页）或殡马（第88页），承担将墓主灵魂载入中界的重任，作者特别提到“图像中将墓主略去”的细节（第70页），无疑是精辟的。作者认为虞弘石堂外壁第1、2幅下栏和史君石堂N2下部基座所见“鱼尾翼马”是阿姆河神信仰的结果，与郭物将其比定为护送死者灵魂安全进入极乐冥界的卡拉神鱼[1]不同，可备一说。关于第8幅屏风，作者认为是对伊朗—雅利安关于宇宙起源创始神话的描绘，据笔者所知，这是学界首次对该图主题的明确解读。最后作者认为第2幅屏风下部地域之海的毒虫害兽与史君石堂E1、E2钦瓦特桥及安伽榻板正侧面同类图像含义相同，第2幅屏风下部双手分持束腰状物和鼓槌的神祇是琐罗亚斯德教阿帕姆·纳帕特与汉文化太一、雷公的结合体，发学界所未发。

第三章“天水石马坪石棺床墓的若干问题”（第103—144页），作者对

[1] 郭物：《中国祆教艺术中的鱼马兽》，载中国社会科学院考古研究所编《新世纪的中国考古学：王仲殊先生八十华诞纪念论文集》，北京：科学出版社，2005年，第676页。关于其他学者观点的梳理，参见孙武军：《入华粟特人墓葬图像的丧葬与宗教文化》，北京：中国社会科学出版社，2014年，第225—229页。

石床屏风中的建筑（廊庑、阙、楼阁）和日月图像进行专题研究，并推测该墓是夫妇合葬墓，将埋葬年代锁定到隋大业年间。作者将墓葬壁画（同时期壁画墓）、随葬品、葬具图像结合起来，考察三者之间的转换与交融，在方法论上是值得借鉴的。作者从第11幅屏风狩猎图中墓主手持戟推断其战将身份，从墓葬铺地砖下垫沙土、木炭推测其反映墓主防止尸体污染土壤的丧葬观念等，虽为想象但具有启发性。第四章“天水石马坪石棺床所见希腊神祇图像”（第145—165页），作者认为第10幅屏风的主题是卡戎用渡船运送灵魂过冥河阿刻戎，第9幅屏风所谓“槽酿图”应该是酒神狄俄尼索斯的祭奠。

第五章“北周史君石堂W1、N5的图像内容”（第166—205页）。作者确认了史君石堂除E1—E3、W1、N5以外世俗性图像中的墓主像，认为“N2、W2中的对坐男女亦皆为史君夫妇”（第171页）。作者将W1图像分为A—G共7个区，并详细解读，认为W1右上方A区结跏趺坐于莲座上的说法者为阿胡拉·马兹达，他身后六人为琐罗亚斯德教“七神”中的其他六位。作者还认为N5上部即A区身着圣衫塞德拉、腰系圣带科什蒂的老人为暮年的史君，他身后的“山洞”为神祠圣屋，合起来表现的是“正信者圣山朝圣”（第195页）。作者认为W2墓主史君怀抱的婴儿为史君自身的化身妲厄娜，整幅图像表达的是殡马出行和妲厄娜审判史君的内容，最后总结“史君石堂的图像内容并不能以史君的一生进行解释，其中图像更与史君的双亲无关”（第205页）。作者挑选史君石堂最为难解的两幅图像进行细读，彰显了知难而上的学术勇气，其精细的图像解读，严密的逻辑分析，充分的横向比较，使得结论具有较强的说服力。

第七章“青州傅家画像石的图像组合”（第223—235页）。青州傅家画像石构件的发表前后共三次，现知有画像的共计十块，夏名采、郑岩、姜伯勤、孙武军等均对其摆放位置进行过复原，结果不尽相同。夏名采认为这批画像石是墓室的墙壁，郑岩于2001年首先将其定为石棺构件，学界已广泛接受郑岩的观点，不过郑岩2013年指出夏名采的推测“或许不宜轻易否定”[1]。沈睿文进一步确定了墓室墙壁说即该墓为石室墓（第225页），并对九块画像石所在位置进行复原，推测新发现的石板（残）很可能是墓门的东门扉。作者认为第七块画像石上方的动物并非学者解读的森木鹿，而是“寿已千岁之兔”，由于作者找到了相关的文献和图像来比对堪同，故其结论是可以接受的。

[1] 郑岩：《逝者的面具：汉唐墓葬艺术研究》，北京大学出版社，2013年，第305页。

第八章“Miho美术馆石棺床石屏的图像组合”（第236—259页）。作者认为屏风G上部模仿佛教净土场景构图，是“将佛似祆”的例证，屏风F是完整的出殡场景，“J-2、F、G屏共同构成片治肯特《哭丧图》的场景。其中G屏表现灵帐哭丧祭祀死者，F屏表现割耳剺面，J-2屏则表现对娜娜女神的祭谢”（第258页）。

第十三章“敦煌白画P.4518（24）图像考”（第356—369页）。作者结合密特拉屠牛图像，将张广达先生对右侧神祇解读的星座说进行推演，指出“P.4518（24）白画中左侧神祇（阿娜希塔）手中的狗、杯容器分别代表小犬星座和宝瓶座，右侧神祇（娜娜）手中的蛇代表长蛇座、蝎子代表天蝎座”（第367页）。

三、商榷与摘谬

第一，由于未充分注意国外研究成果而导致有些结论难以成立。如“在中亚发现的纳骨器多在器表饰有祆教神祇或其他祆教符号”（第354页）的论断，与学界已有粟特盛骨瓮研究成果[1]所列盛骨瓮不一致。又如作者根据现代琐罗亚斯德教教徒穿着圣衫塞德拉、圣带科什蒂对史君N5老人服饰的解读，缺乏同时期或之前波斯、粟特祆教图像证据的支持，据挪威学者施陶博格研究，未见任何现代以前有关科什蒂的考古证据[2]。再如作者对片治肯特《哭丧图》三个核心组成部分的描述（第256—258页）是不够完整的。《哭丧图》位于片治肯特Ⅱ号遗址（即南部神庙）由四根立柱支撑的中央大厅的南壁左部，关于南墙右部壁画，梯亚阔诺夫曾有所描述，右部壁画仅残留头顶鬃毛竖立的红色鞍马、抓着马缰的马夫及行进人物的局部；最右端下部可见一排低头披发的小人形象，他们上面有一些平放的长方形物体[3]。葛乐耐、马尔沙克曾刊布过南墙右部壁

[1] L. V. Pavchinskaia, “Sogdian Ossuaries,” *Bulletin of the Asia Institute,* New Series, vol. 8 (The Archaeology and Art of Central Asia Studies from the Former Soviet Union), 1994 [1996], pp. 209-225； G. A. Pugachenkova, “The Form and Style of Sogdian Ossuaries,” *Bulletin of the Asia Institute,* New Series, vol. 8, 1994 [1996], pp. 227-243； 王博：《丝绸之路上的祆教陶棺》，载赵丰主编《丝绸之路：艺术与生活》，香港：艺纱堂/服饰出版，2007年，第31—40页。

[2] Michael Stausberg, “The Significance of the ‘kusti’: A History of Its Zoroastrian Interpretations,” *East and West,* vol. 54, no. 1/4 (2004), p.28.

[3] ［俄］M.M.梯亚阔诺夫：《边吉坎特的壁画和中亚的绘画》，佟景韩、张同霞译，《美术研究》1958年第2期，第88页。作者还特别提到雅库保夫斯基将其解释为与钦瓦特桥审判相关。

画发掘时所绘摹本，但摹本的细节不清晰，而且在发表时被倒置[1]。最后，作者认为中古波斯语残片M2中的阿姆河女神巴格德（Bagard）即粟特语Baga（或Adbag）的对音，指的是阿胡拉·马兹达，文献M2的作者将妫水神或Tištrya的女性性别与阿胡拉·马兹达揉捏在一起（第85、86页）。根据张小贵对国外有关成果的梳理，将Baga与阿胡拉·马兹达堪同，实存在较大风险[2]。

第二，图像或文献之间堪同的缺环。第一章作者依据《文迪达德》记载与印度帕尔西人及其祖先波斯人忌讳北方的习俗来解读入华粟特人墓葬葬俗，其中缺了一个重要的环节，即粟特故地盛骨瓮摆放遗骨的方式。粟特故地天葬后的遗骨摆放遵循先放四肢、后放头骨的程序，其无法满足作者所列文献记载忌讳北方的要求。就仅能明确断定墓主遗骨头西脚东的康业、史君墓来看，从入华粟特人对故乡（位于西方）的思慕或汉唐中国飞升“西天”的丧葬观念来索解亦无不可。作者认为天水石马坪石床屏风第10幅的主题是卡戎用渡船运送灵魂过冥河阿刻戎（第148—151页），但未列古希腊和中亚的卡戎图像。据笔者所知，公元前4世纪左右，古希腊白底釉瓶上的卡戎形象较为流行，与其同时出现的还有赫尔墨斯、死者（以生活中的状态出现）及飞翔在空中的小人——死者灵魂的象征[3]，与天水第10幅区别较大，似不应轻易堪同。与此类似，作者关于第9幅屏风（学界一般认为是“槽醄图”）是对酒神狄俄尼索斯的祭奠（第151—163页）的观点亦值得商榷。

第三，神祇图像堪同标准——“度”的把握。关于吉美石床屏风第2幅上部四臂人物及身边两位射箭者，德凯琳、黎北岚认为是苏利耶及两位胁持射手[4]，作者根据和田木板画D.X.3右侧神祇形象将其比定为风神维施帕卡（第77—80页）。但木板画神祇是由三首、四臂组成的一个形体，与第2幅屏风中的三个形体还是

[1] 法文发表时倒置，中译本一仍其旧。Frantz Grenet, Boris Marshak, “Le mythe de Nana dans l'art de la Sogdiane,” *Arts Asiatiques,* vol. 53 (1998), p. 7, Fig.3；［法］葛乐耐、［俄］马尔沙克：《粟特艺术中的娜娜神话》，施品曲译注，载罗丰主编《丝绸之路考古》第一辑，北京：科学出版社，2018年，第213页，图三。

[2] 张小贵：《古伊朗文献所见伐迦（Baga）考释》，载李军主编《中国中古史集刊》第五辑，北京：商务印书馆，2018年，第323—338页。

[3] 孙武军：《古代袄教神主与死后世界图像研究》，复旦大学博士后研究工作报告，2016年，第152页。

[4] ［法］德凯琳、［法］黎北岚：《巴黎吉美博物馆展围屏石榻上刻绘的宴饮和宗教题材》，施纯琳译，载张庆捷、李书吉、李钢主编《4～6世纪的北中国与欧亚大陆》，北京：科学出版社，2006年，第122—124页。

有本质的区别，似不应轻易堪同。第十三章关于敦煌白画右侧四臂神所坐为狼或狗的讨论中，作者将竖耳（狼）或耷耳（狗）作为重要的辨别标准之一，但入华粟特人墓葬图像（如第195页所列史君墓石堂）中的狗大多为竖耳。最后，近代以来印度、伊朗的琐罗亚斯德教情况在研究入华粟特人墓葬图像中横向堪同的有效性不宜夸大，作者对史君石堂N5上部图像解读的文献几乎都来自《伊朗琐罗亚斯德教村落》——博伊斯对19世纪60年代伊朗中部亚兹德地区沙里发巴特村的记录。两者空间距离5000余千米，时间相差约1300年，虽然笔者相信琐罗亚斯德教信仰习俗的坚定与传承，但将两者直接对读，其结论还是值得斟酌的。

第四，图像“程式”。作者认为Miho美术馆G屏风模仿佛教净土场景构图的说法是不准确的，因为作者所列图像因素并非佛教独有，北朝时期天盖、宝珠[1]、莲花[2]已成为流行装饰纹样，是所谓艺术装饰的“程式”，作者所谓“缎带”在波斯艺术中也很流行。作者并未列举任何佛教净土场景的图像，所以仅根据朱利安诺和乐仲迪印象式的佛教美术来源描述是缺乏说服力的。随之而来的是，作者对天盖下主要人物定名的游离不定，此天盖非彼灵帐，最主要的区别是《哭丧图》中灵帐下的人物为死者，呈躺卧姿势，而G屏的人物为坐姿，手持酒杯，显然是现实场景，应该是墓主，并非“墓主的灵魂弗拉瓦希（Fravashis）”“某位神祇”“灵帐哭丧、祭祀死者的另一种表现形式”（第249—259页）。

第五，图像细节辨认与原始材料解读。作者认为吉美石床屏风第4幅中墓主左手握拄的“三叉戟”（第60页），笔者再次确认应是一棵树的三个枝杈。对其他学者的“举左手作安抚手势”[3]、类似“施无畏印”[4]的看法应予以重视，

[1]［韩］苏铉淑：《东魏北齐庄严纹样研究——以佛教石造像及墓葬壁画为中心》，北京：文物出版社，2008年，第232—239页。

[2] 正如姚崇新所指出的“莲花只起到装饰作用，飞天只起置换的作用，火坛的宗教属性并未因此而改变”，虽然他是针对虞弘墓、安伽墓火坛图像中的莲花图像而言，但笔者认为完全可以推及整个墓葬图像的解读中。姚崇新：《略论宗教图像母题之间的借鉴问题》，载荣新江、朱玉麒主编《丝绸之路新探索：考古、文献与学术史》，南京：凤凰出版社，2019年，第111页。

[3]［法］德凯琳、［法］黎北岚：《巴黎吉美博物馆展围屏石榻上刻绘的宴饮和宗教题材》，第111页。

[4] 万毅：《巴黎吉美博物馆展胡人石棺床图像试探》，载中山大学艺术史研究中心编《艺术史研究》第十二辑，广州：中山大学出版社，2010年，第23页。

笔者曾把其手势作为证据之一将该图定名为“贡纳图”[1]。第一章中作者根据祆教徒死尸头部不能朝北习俗的记载，指出论题所涉葬具“皆东西摆放”，“墓主的头向便自然是朝南的”（第45页），与康业[2]、安伽[3]、史君[4]、虞弘[5]、天水石马坪[6]等墓葬考古报告所述不符。

第六，细节摘谬。一是前后文不一致。如关于卡施卡达里亚盛骨瓮上的两位神祇，第249页认为左侧是娜娜女神，右侧为战神维施帕卡；第367页认为是娜娜和天狼星（雨神提什特里雅）。二是神祇名称的歧义或前后不统一。歧义者如“阿姆河神妫水神”（第7、84页）是同义重复，妫水是汉代汉文史料名称，阿姆河是现代名称，当以北朝隋唐汉文史料流行的“乌浒河”神或“乌浒水”神称呼最为准确。前后不统一者如Tistrya、Tištrya与提什特里雅均有出现（第7、367页）。三是个别字词的错误，如第10页“醉神娜娜”、第248页引《朝野佥载》“醉神之后”中的“醉”均当为“酹”。第二章中“背屏”的用法容易产生歧义，作者所谓“背屏”实指所有屏风，并非背面（正面）的屏风。第81页“上述前三者”的具体列举只有虞弘和青州，应该加上史君W2。第95页“三对坐伎”表述不确，应为“四对”。四是对于个别译名，如Judith A. Lerner，其中文译名乐仲迪已广为学界所知，作者译作“兰玖荻”似无必要。五是参考文献细节讹误，如第392页丁爱博论文所载《吐鲁番学研究》应加上副标题“第三届吐鲁番学暨欧亚游牧民族的起源与迁徙国际学术研讨会论文集”；第411页“Sacred Books of the East”之前应加“The”，且卷数应统一用阿拉伯数字或罗马数字；俄文转写与否应统一，第408页转写，第411页未转写；第398页“青州博物馆”应为“青州市博物馆”等。

由于该著为多篇独立论文的合集，故不可避免地会出现一些重复，作者已

[1] 孙武军：《入华粟特人墓葬图像的丧葬与宗教文化》，第78页。

[2] 康业石床屏风上的遗骨保存完好，头西脚东，仰身直肢。西安市文物保护考古所：《西安北周康业墓发掘简报》，《文物》2008年第6期，第15、16页。

[3] 安伽墓骨骸凌乱地分布于甬道内墓志旁，朝向不明。陕西省考古研究所：《西安北周安伽墓》，北京：文物出版社，2003年，第12页。

[4] 史君墓骨骸多已散乱，但从发掘的迹象和多数骨骼的分布位置来看，应是头西脚东。西安市文物保护考古研究院编著，杨军凯著：《北周史君墓》，北京：文物出版社，2014年，第62页。

[5] 虞弘墓骨骸分布杂乱，原来的安置状态和首足方向难以认定。山西省考古研究所、太原市考古研究所、太原市晋源区文物旅游局：《太原隋虞弘墓》，北京：文物出版社，2005年，第183页。

[6] 天水石马坪石床屏风东西摆放，报告仅提及榻上残存人骨痕迹。天水市博物馆：《天水市发现隋唐屏风石棺床墓》，《考古》1992年第1期，第46页。

经做了很大努力删除修订其重复的论述或图像。如“导论”原稿发表于2016年[1]，此次出版作者删除的内容包括表格、图版、有些文献引用及有些问题（如中国石椁传统、斯劳沙神、钦瓦特桥、萨保、别敕葬等）的具体论述。

总而言之，该著虽稍存微瑕，但仍不失为一部研究入华粟特人墓葬及其宗教信仰的扛鼎之作，体现了中国学界关于此论题研究的较高水平。

（作者单位：西安建筑科技大学文学院）

New Interpretations on the Images of Sino-Sogdian Tombs: A Review of *Zoroastrians in Medieval China: Their Religious Beliefs and Funeral* by Shen Ruiwen

Sun Wujun

[Abstract] *Zoroastrians in Medieval China: Their Religious Beliefs and Funeral*（《中古中国祆教信仰与丧葬》）by Shen Ruiwen is a comprehensive, in-depth and systematic study on the images of Sino-Sogdian tombs during the Northern, Sui and Tang Dynasties. The new interpretations of the book is mainly reflected in four aspects. The first is the new identifications of theme, content and deity of the images of single panel. The second is the identification of the Sogdian or Zoroastrianism elements from Zhai Yu's stone bed with panels of the Eastern Wei Dynasty, the Tang tomb at Jinsheng Village in Taiyuan, and the Sui and Tang tombs at the southern tableland in Guyuan. The third is to treat the tomb shape, funerary and images, burial objects, etc. of a single tomb as a whole. The fourth is the proposition and use of the "internal evidence" research method of funeral images. This book can further strengthen in some aspects, such as the collection and utilization of relevant researches outside of China by foreign scholars, and the control of the "appropriateness" of materials in the specific argumentation process.

[1] 沈睿文：《中古中国粟特裔石葬具综论》，载吕章申主编《近藏集粹：中国国家博物馆新入藏文物》，北京时代华文书局，2016年，第32—46页。

出土墓志与唐代历史地理研究的新收获

——读马强《出土唐宋石刻文献与中古社会》

乔　天

巴蜀书社2018年出版马强教授新著《出土唐宋石刻文献与中古社会》，全书大致分为三部分内容：第一部分主要以唐人墓志中人物的考订为主，延伸至对唐代政治、社会等诸方面的研究；第二部分系统阐释了唐代墓志资料对于历史地理研究的价值；第三部分则是对宋代石刻本身及其价值的考察研究。纵观全书，篇幅最大、分量最重的当是利用出土唐人墓志研究唐代历史地理这部分内容。

新材料的发现对于史学研究的重要性不言而喻，近年来虽也有不少研究论著着重于“出土文献”的使用，不过由于所用材料及研究旨趣的差异，关于出土文献的历史地理学价值，论及者尚鲜。马强教授长期从事中古史与历史地理学研究，对如何在具体的史地研究中发挥出土文献的功用有深刻的理解。如今，其将近年来对墓志资料与唐代历史地理研究的思考与探索裒为一编，可谓嘉惠学林。《出土唐宋石刻文献与中古社会》在利用墓志资料研究唐代两京地理、环境变迁、历史经济地理、历史政区地理、历史交通地理及历史乡村地理等方面都作出了良好示范，一定程度上将唐代历史地理的研究向前推进了一步。

一、两京地理研究的再审视

作为唐王朝东、西两京的长安与洛阳，是全国的政治、文化中心，自然吸引了历史城市地理与城市史研究者的关注。对于唐朝都城的研究，第一步是复原城市布局，探明宫室苑囿、街市坊里的空间位置。幸赖于韦述《两京新记》、宋敏求《长安志》及徐松《唐两京城坊考》等传世文献，唐朝都城布局的复原工作得以顺利展开，宿白《隋唐长安城和洛阳城》[1]、辛德勇《隋唐两京丛考》[2]、李健超《增订唐两京城坊考》[3]等著作均是精湛的研究成果。相对来说，在唐两京城市格局的复原过程中，出土文献扮演的角色并不十分重要，清人徐松所撰《唐两京城坊考》利用传世文献便已取得了突出的成就。唐人墓志在这里可能更多的是充当了拾遗补阙的作用，李健超在增订《唐两京城坊考》时便发现墓志中很多坊里是传世文献中没有记载的[4]，杨军凯对长安城怀真坊本名的辨析亦得益于碑志资料[5]。

城市布局既已明晰，第二步自然是充实坊里。在这方面，特别是人物住宅的位置，向为研究者所重。从徐松《唐两京城坊考》开始，及其后以徐著为本的各种增补[6]，多以墓志资料中的人物住宅充实两京城坊为主要内容。墓志书写有其体例，于序文末往往述及志主病逝之所，云某某坊某某里，故“只要见到一方墓志，即补一个宅第”[7]。伴随着新材料的不断发现，住宅的增补工作仍在继续[8]。

增补宅邸只是两京住宅研究的初步工作，一些学者则以此为基，开始探索住宅的分布规律及其成因。相关研究如妹尾达彦对长安城官人宅第向东转移的

[1] 宿白：《隋唐长安城和洛阳城》，《考古》1978年第6期，第409—425页。

[2] 辛德勇：《隋唐两京丛考》，西安：三秦出版社，1991年。

[3] 李健超：《增订唐两京城坊考》，西安：三秦出版社，1996年。

[4] 李健超：《增订唐两京城坊考》序，第15页。

[5] 杨军凯：《隋唐长安城怀真坊坊名考》，载荣新江主编《唐研究》第十七卷，北京大学出版社，2011年，第515—520页。

[6] 如阎文儒、阎万钧：《两京城坊考补》，郑州：河南人民出版社，1992年；李健超：《增订唐两京城坊考》；杨鸿年：《隋唐两京坊里谱》，上海古籍出版社，1999年。

[7] 荣新江：《关于隋唐长安研究的几点思考》，载荣新江主编《唐研究》第九卷，北京大学出版社，2003年，第5页。

[8] 如张萍：《由唐墓志增补两京城坊宅第》，《中国历史地理论丛》2002年第2期，第88、96、106、127页；田卫卫：《唐长安坊里辑补——以大唐西市博物馆藏墓志为中心》，载《碑林集刊》第十八辑，西安：三秦出版社，2012年，第108—129页。

总结[1]，孙英刚[2]与蒙曼[3]从政治史视角观察王府王宅、公主宅第的变迁，杜文玉对宦官宅第分布特点的探讨[4]，所获成果丰硕。还有学者关注某一族姓的家族住宅于都城中的分布状况[5]。对于唐两京住宅的增补与研究而言，墓志资料可谓厥功甚伟，李健超在谈及出土墓志与两京城坊研究的关系时，也以补充和丰富两京坊里宅第为主要内容[6]。不过，目前的两京宅邸研究大部分都属于横向的、宏观的布局研究，而缺乏对个体家庭住宅变迁的关注。裴行俭一家在长安的住宅便更易多次，裴氏初居永宁坊，后迁延寿坊，其子换居平康坊，至孙辈时又改迁光德坊，易坊而居背后的原因当值得探讨。

《唐六典》记唐代基层行政制度："百户为里，五里为乡。两京及州县之郭内分为坊，郊外为村。里及村、坊皆有正，以司督察。"[7]两京坊里已明，其四郊乡村地名的复原工作仍待展开。传世文献虽提及过两京乡之总数，但并未记载多少乡里名称。除了病卒之所外，墓志在序文之末还会叙及志主葬地。近几十年来西安、洛阳出土了大量唐人墓志，以当时乡里复核今日之墓志出土地，为复原两京乡里提供了便利。1963年，在陕西省博物馆工作的武伯纶发表《唐万年、长安县乡里考》一文，就利用西安附近出土的唐代墓志，补得万年县40乡、长安县30乡[8]，于两京乡里研究有示范意义，后来的研究者对两京乡、里、村的增补也均因循法此。时至今日，长安、洛阳四郊的地名补订工作已取得了长足的进展，长安方面有爱宕元、杜文玉、尚民杰、程义、户崎哲彦

[1]［日］妹尾达彦：《唐長安城の官人居住地》，《東洋史研究》第55卷第2号，1996年，第35—74页。

[2] 孙英刚：《隋唐长安的王府与王宅》，载荣新江主编《唐研究》第九卷，北京大学出版社，2003年，第185—214页。

[3] 蒙曼：《唐代长安的公主宅第》，载荣新江主编《唐研究》第九卷，北京大学出版社，2003年，第215—234页。

[4] 杜文玉：《唐代长安的宦官住宅与坟茔分布》，《中国历史地理论丛》1997年第4期，第79—89页。

[5] 如李浩：《唐代杜氏在长安的居所》，《中华文史论丛》2006年第3期，第271—286页。

[6] 李健超：《洛阳西安出土隋唐墓志与隋唐两京城坊（里）的研究》，载赵振华主编《洛阳出土墓志研究文集》，北京：朝华出版社，2002年，第1—27页。

[7]（唐）李林甫等撰，陈仲夫点校：《唐六典》卷三《尚书户部》"户部郎中员外郎"条，北京：中华书局，1992年，第73页。

[8] 武伯纶：《唐万年、长安县乡里考》，《考古学报》1963年第2期，第87—99页。

与徐畅先后撰文探讨[1]，洛阳方面则有赵振华、张剑、陈呈、宋婷等人的考订[2]。诸人的研究无不是以出土墓志作为主要材料，补订的乡里地名已远远超过了传世文献的记载。墓志之助，功不可没。

武伯纶论证万年县之山北乡时，所据仅一隋志，少陵乡也是由《长安志》所记宋乡补出，户崎哲彦对此二乡的存在均持疑议，如今此二乡则已有唐志可证。不过，唐人墓志大规模出土问世的时机已经过去，根据新出土文献增补两京乡村地名的可能性已经很小。目下的工作，应放在对前人所增补乡、里、村的辨析中来，对增补的乡里要多方考辨，复核原拓。户崎哲彦举出淳风乡一例，是以《唐代墓志汇编》《全唐文新编》所录《李思贞墓志》"雍州万年县淳风乡务政里"为误，核对拓本，当以《全唐文补遗》"雍州万年县浐川乡务政里"为是，淳风乡乃浐川乡之讹[3]。户崎氏本来是在讲石刻史料的释读问题，指出对墓志资料不可尽信，引用时须谨慎甄别，却未曾想到无心插柳，后人读此未审，万年县由此衍出淳风一乡。洛阳县子译乡的存在仍有疑问，赵振华据《许英墓志》补得子译乡[4]，陈呈据同一墓志补得子泽乡[5]，"译""泽"形近，宋婷以原拓该字左边为"言"字上半部分，断为子译乡[6]。然原石剥泐，该字无法辨认，"译""泽"孰是，难以定夺。《时地记》谓该志民国十八年

[1]［日］爱宕元：《唐代兩京鄉里村考》，《東洋史研究》第40卷第3号，1981年，第28—69页；杜文玉：《唐长安县、万年县乡里补考》，载史念海主编《汉唐长安与关中平原》，《中国历史地理论丛》1999年增刊，第395—402页；尚民杰：《唐长安、万年县乡村续考》，载西安市文物保护考古所编《西安文物考古研究》，西安：陕西人民出版社，2004年，第365—390页；程义：《隋唐长安辖县乡里考新补》，《中国历史地理论丛》2006年第4期，第93—105页；［日］户崎哲彦：《唐京兆府万年县乡里补考》，《中国历史地理论丛》2010年第2期，第46—55页；徐畅：《唐万年、长安县乡里村考订补》，载杜文玉主编《唐史论丛》第二十一辑，西安：三秦出版社，2015年，第151—172页。

[2]赵振华、何汉儒：《唐代洛阳乡里村方位初探》，载赵振华主编《洛阳出土墓志研究文集》，北京：朝华出版社，2002年，第45—119页；张剑：《洛阳出土墓志与洛阳古代行政区划之关系》，载赵振华主编《洛阳出土墓志研究文集》，北京：朝华出版社，2002年，第133—162页；陈呈、马强：《唐代东都之洛阳县乡村里地名补考——以出土唐人墓志为主的考察》，《中国历史地理论丛》2016年第1期，第121—133页；宋婷：《碑志所见唐代东都洛阳县之乡名再考》，《中国历史地理论丛》2018年第3期，第61—67页。

[3]［日］户崎哲彦：《唐京兆府万年县乡里补考》，第47、48页。

[4]赵振华、何汉儒：《唐代洛阳乡里村方位初探》，第111页。

[5]陈呈、马强：《唐代东都之洛阳县乡村里地名补考——以出土唐人墓志为主的考察》，第126页。

[6]宋婷：《碑志所见唐代东都洛阳县之乡名再考》，第66页。

于“洛阳城西北十五里西陡沟村出土”[1]，唐代洛阳西北属于河南县的范畴，瘗于河南县梓泽乡的《刘权墓志》便出土于“洛阳城西北十五里东陡沟村”[2]，东、西两村毗连，故而“子译（泽）乡”可能即“梓泽乡”。

唐人墓志所记卒所可订两京城坊，所载葬地又可补两京乡里。如马强教授所言：“虽然墓志多有对墓主生前歌功颂德的谀辞，但卒、葬的时间与地点等却具有客观性和真实性，无须虚构粉饰。因此利用墓志中墓主卒地和葬地来复原唐两京近郊乡里村落无疑是行之有效的科学方法，得出的结论因而也是信而有据的。”[3]此外，马强在书中还举证揭示了墓志中葬地周边的环境记录与评论对于探讨关中平原与洛阳地区生态环境的重要意义：“西安、洛阳郊区发现的唐人墓志突出特点是善于将两京地区自然景观与人文景观交织记述，作为重要地理标志加以凸现，以显示所选择墓地‘地脉’‘风水’的优越无比，这在客观上保留了一幅幅唐两京郊野自然与人文景观画卷。”[4]在唐两京地理的复原工作中，墓志资料发挥着重要作用。

二、乡村地理复原

唐代基层行政实施乡里制，《通典·食货典》对其有完整记载：“诸户以百户为里，五里为乡，四家为邻，五家为保。每里置正一人，若山谷阻险，地远人稀之处，听随便量置。掌按比户口，课植农桑，检察非违，催驱赋役。在邑居者为坊，别置正一人，掌坊门管钥，督察奸非，并免其课役。在田野者为村，别置村正一人。其村满百家，增置一人，掌同坊正。其村居如（不）满十家者，隶入大村，不须别置村正。”[5]对于唐代乡里制，学界已有了充分的研究，孔祥星[6]、赵吕甫[7]、齐涛[8]等学者利用敦煌吐鲁番文书对其进行了讨论，肯定了

[1] 郭培育、郭培智主编：《洛阳出土石刻时地记》，郑州：大象出版社，2005年，第227页。

[2] 郭培育、郭培智主编：《洛阳出土石刻时地记》，第209页。

[3] 马强：《出土唐宋石刻文献与中古社会》，成都：巴蜀书社，2018年，第189页。

[4] 马强：《出土唐宋石刻文献与中古社会》，第206页。

[5]（唐）杜佑：《通典》卷三《食货三·乡党》，北京：中华书局，1988年，第63、64页。

[6] 孔祥星：《唐代里正——吐鲁番、敦煌出土文书研究》，《中国历史博物馆馆刊》1979第1期，第48—61页。

[7] 赵吕甫：《从敦煌、吐鲁番文书看唐代“乡”的职权地位》，《中国史研究》1989年第2期，第9—19页。

[8] 齐涛：《魏晋隋唐乡村社会研究》，济南：山东人民出版社，1995年，第57—80页。

里正乡务实际主持人的身份。张国刚研究指出：唐代在县政权以下设有两类乡村基层社会组织，乡、里是基层行政组织，而村、坊为居民小区组织；中唐以后“县—乡—里”结构开始让位于“县—乡—村”结构[1]。唐代乡村基层组织中乡、里、村间的关系基本已得厘清。

唐代乡里制度层面上的研究主要依赖于敦煌吐鲁番文书，至于具体的乡村地名复原，以及乡、里、村的空间位置关系复原，则很大程度上须凭借出土墓志。唐代士族走向城市化，卒殁后多瘗于城市四郊，随身而掩的墓志会标注逝者葬地，故而城市四郊的乡、里、村名被保留了下来，成为研究唐代乡村地理的关键。马强教授便揭示了唐人墓志对于唐代乡村地理研究三个方面的意义：“一是墓志保留了大量唐代乡村地名，而这些地名绝大部分为史籍文献所失载也不可能记载。同时，从这些乡村地名可以探讨唐代乡村地名的命名特征、规律及其文化、政治意蕴，乡村分布形态、区域人口聚落等。二是相当一部分墓志留有村落地位方位，乡村与州、县城的距离，乡界、村界等信息记录，可以利用唐人墓志资料一定程度上分析唐代城乡关系、州、县府城的现代空间定位等。三是墓志反映出一定的人口迁徙、宗族聚落、民间信仰等……”[2]

对具体的乡里名称及其空间方位的复原，因长安、洛阳葬地集聚，故以两京乡村地理研究所取成就最高。如上节所述，伴随着唐人墓志的不断出土与发现，武伯纶、赵振华之后，不断有人对两京乡、里、村进行增补工作。至于地方城市，除了敦煌县乡里的复原依赖敦煌文献外[3]，其他地方城市的乡里复原仍主要仰赖出土墓志，如鲁西奇对襄阳乡里的复原[4]，陈彝秋对扬州乡里的复原[5]。传统的地名学研究多以传世文献特别是地理志为主，对于乡村地名关注较少，而“唐人墓志对于历史地名学的意义，最难得的是保留了正史文献中绝少记载的唐代若干乡村地名资料”[6]。唐人墓志中保存的大量乡村地名，对于唐

[1] 张国刚：《唐代乡村基层组织及其演变》，《北京大学学报（哲学社会科学版）》2009年第5期，第112—126页。

[2] 马强：《出土唐宋石刻文献与中古社会》，第276页。

[3] 陈国灿：《唐五代敦煌县乡里制的演变》，《敦煌研究》1989年第3期，第39—50页。

[4] 鲁西奇：《城墙内外：古代汉水流域城市的形态与空间结构》，北京：中华书局，2011年，第178—194页。

[5] 陈彝秋：《唐代扬州城坊乡里考略》，《扬州大学学报（人文社会科学版）》2000年第2期，第74—79页。

[6] 马强：《出土唐宋石刻文献与中古社会》，第285页。

代地名学研究意义重大。就这些地名来看唐代乡村的命名方式，乡里命名多蕴含儒家礼教思想或美好寓意，村庄命名则多以宗族姓氏为主。

唐代乡村有坊的现象，一直未得合理的解释。唐令云："在邑者为坊，在田野者为村。"可见村坊有别，坊当仅存于城邑之中。不过墓志所反映的情况却并非如此，据鲁西奇、陈彝秋的研究，唐代襄阳、扬州的郭城外均存在坊，马强又援引了《车益墓志》《张儁夫妇墓志》《颜宪墓志》《阎彪墓志》《杨简端墓志》诸志，表明坊在唐代乡野中是普遍存在的[1]。成一农对此现象提出了两种解释："一是，'在邑者为坊'中的'邑'并不单纯指有墙环绕的城市，而带有现在'城区'的概念，即包括城墙外的空间"；"二是，'邑'并不仅仅包括地方行政城市，可能也包括一些民间或者行政治所城市之外修建的有墙聚落，在这种聚落中是可以划分坊的"[2]。案襄阳的南津坊、扬州的临湾坊均离城市较远，"城区"的概念恐难成立，且这些坊也无对应的里名发现，似乎表明这些乡村之坊与城邑之坊的含义并不相同。马强根据唐人墓志中部分"坊"有"门"的记载，再据晚唐出现社会动荡的背景，指出这些坊"只是后、晚唐时期乡村出现具有封闭与自卫特征的人口聚落，或者说是一种带围墙的'村'，是晚唐社会动荡不安形势下村落向类似于魏晋南北朝北方乡村'坞壁'逆转的乡村组织形式"[3]，提供了一种新的解释路径，值得重视。

三、政区地理的细微化探索

政区地理研究脱胎于传统的沿革地理，而沿革地理是中国传统地理学的主要内容。对唐代政区地理研究来说，有正史《旧唐书·地理志》《新唐书·地理志》，政书《通典·州郡典》，以及地理总志《元和郡县图志》等传世文献提供了较为完备系统的资料，构成了唐代政区地理研究的基础文献。就唐代政区地理研究来说，杨守敬等作《历代舆地沿革图》代表了传统沿革地理学的最高水平，其中包含有唐代部分。中华人民共和国成立以来，中国历史地理学取得了突飞猛进的发展，谭其骧先生主编的《中国历史地图集》（第五册隋·唐·五代十国时期），反映了当时唐代政区地理的最新研究成果。2012年，致力于唐代政区地理研究的郭声波所著《中国行政区划通史·唐代卷》出版，是

[1] 马强：《出土唐宋石刻文献与中古社会》，第280页。

[2] 成一农：《里坊制及相关问题研究》，《中国史研究》2015年第3期，第125页。

[3] 马强：《出土唐宋石刻文献与中古社会》，第282页。

书“以展示唐代政区的变迁全过程以及变迁的细节为已任”[1]，可以说是目前最为全面系统的唐代政区地理研究专著。这些研究多以传世文献为凭，较少涉及墓志资料。唐代“士不土著”，士人奔竞于官场，志主的仕宦经历是唐人墓志书写的主要内容，志主仕宦的政区，为墓志所载，成为研究唐代政区地理的另一资料系统。这些资料“虽非完整意义上的地理数据，但其中包含着若干唐代政区数据信息，一定程度上为深化唐代政区地理的研究和解决某些疑难问题提供了一些新契机”[2]。有唐一代政区调整频繁，正史中语焉不详的政区变动便很有可能隐藏于私家墓志之中。

郭声波研究指出：“《通典·州郡典》以天宝初年的行政区划为基准，《旧唐书·地理志》以乾元初年的行政区划为基准，《新唐书·地理志》以唐朝末年的行政区划为基准。”[3]可见，唐初的政区设置，现存史料记载阙如。贞观年间李泰组织编纂的《括地志》本是研究初唐政区的绝好材料，惜早已亡逸，仅存总纲《序略》中的一份358州名单。岑仲勉先生于1935年发表《括地志序略新诠》，慧眼独具，指出《括地志》的蓝本乃《贞观十三年大簿》[4]。随后岑仲勉又对《旧唐书·地理志》进行了研究，以河南、太原与荆、扬、益、广二府四州为例，表明《志》中所谓“旧领县”实为贞观十三年所领[5]。如此，根据《序略》与《旧志》便可一览贞观年间州县政区之概貌。岑氏的研究对于复原《贞观十三年大簿》、研究初唐政区来说意义重大。尔后贺次君又完成《扩地志》的辑校工作，辑出157州445县[6]。基于上述研究成果，翁俊雄尝试复原了唐贞观十三年的州县设置，撰成《唐初政区与人口》一书，对初唐356州府及1000余县详加考订[7]。概而论之，初唐政区研究，主要集中在对《贞观十三年大簿》的复原上，所利用的资料以《旧唐书·地理志》等传世史料为主[8]。马强认为：

[1]周振鹤主编，郭声波著：《中国行政区划通史·唐代卷》，上海：复旦大学出版社，2012年，第3页。

[2]马强：《出土唐宋石刻文献与中古社会》，第220页。

[3]周振鹤主编，郭声波著：《中国行政区划通史·唐代卷》，第3、4页。

[4]岑仲勉：《括地志序略新诠》，《中山大学史学专刊》1935年第1期，第41—86页。

[5]岑仲勉：《旧唐书地理志“旧领县”之表解》，《中央研究院历史语言研究所集刊》第20本，1948年，第131—157页。

[6]（唐）李泰等著，贺次君辑校：《括地志辑校》，北京：中华书局，1980年。

[7]翁俊雄：《唐初政区与人口》，北京师范学院出版社，1990年。

[8]关于唐代政区地理的研究现状，可参看华林甫：《隋唐五代政区研究述评》，《中国史研究动态》2008年第8期，第15—25页。

“唐人墓志保留了大量唐代不同时期州（郡）县、府地名，可视为除唐代地志文献以外另一政区地名系统数据库。”[1]并着手以墓志资料中记载的贞观时代州、县地名复原《贞观十三年大簿》、研究唐初政区，这样的尝试无疑具有启发意义。唐人墓志记录的初唐州县虽存在偶然性，无法覆盖全境州县，但其为时人所记，官员任地方官的跳跃性导致墓志所载州县的跨度也很大，足以揭示贞观政区的冰山一角，作为一个独立的史料系统，有其特殊的价值。

唐王朝的边疆地区汉夷杂处，形势复杂，州县置罢无常，变动频繁，传世文献往往记载混乱，语焉不详。偶或发现的唐人墓志，成为探讨这类问题的关键。郭声波利用《元师奖墓志》对鄯州都督所属浩亹水、张掖河流域羁縻州的复原堪称典范[2]。马强亦举出庄州都督府、南宾郡等例，阐述了出土墓志在研究这些问题上的特殊价值。案庄州都督府的置废，文献记载互有歧义，难以遽断。《旧唐书·地理志》记庄府置于“其年”，废于景龙四年[3]，语意不甚明朗。《新唐书·地理志》明言庄州：“（贞观）十一年为都督府，景龙二年罢都督。”[4]马强据《李敬墓志》，以曾任庄府都督的李敬卒于开元十年（722），认为开元年间仍置有庄府[5]。然《李敬墓志》并未直言其任庄府都督的时间，以其迁转经历来看，平均下来的都庄时间尚在传世文献所记的景龙年间（707—709）。至于庄府的开置，艾冲[6]与郭声波[7]均断在圣历元年（698），其所资凭据当来源于《太平寰宇记》卷一二〇“黔州”条“圣历元年罢都督府，以庄州为都督府”[8]的记载。揆诸史籍，《太平寰宇记》的记载当来源于唐朝的《元和郡县图志》，原文为：“圣历元年罢都督府，景龙二年又罢庄州都督府。”[9]

[1] 马强：《出土唐宋石刻文献与中古社会》，第224页。

[2] 郭声波、魏超：《元师奖墓志所见唐代羁縻州探讨》，《中国史研究》2017年第2期，第121—135页。

[3]（后晋）刘昫：《旧唐书》卷四〇《地理志三》，北京：中华书局，1975年，第1620页。

[4]（宋）欧阳修、宋祁：《新唐书》卷四三《地理志七下》，北京：中华书局，1975年，第1143页。

[5] 马强：《出土唐宋石刻文献与中古社会》，第235页。

[6] 艾冲：《唐代江南地区诸都督府建制的演变——兼论唐后期节度使府建制》，载杜文玉主编《唐史论丛》第十三辑，西安：三秦出版社，2011年，第156页。

[7] 周振鹤主编，郭声波著：《中国行政区划通史·唐代卷》，第751页。

[8]（宋）乐史：《太平寰宇记》卷一二〇《江南西道十八》，北京：中华书局，2007年，第2394页。

[9]（唐）李吉甫：《元和郡县图志》卷三〇《江南道六》，北京：中华书局，1983年，第736页。

只是《元和郡县图志》的文义并不明晰，圣历元年罢黔州都督府后，未明言庄府便随即设置。其实除了《李敬墓志》外，《阳玄基墓志》也提到了庄州都督府。阳玄基为高宗武后时人，志载其在戎州都督都府长史之任时，"以功授庄州都督"，不久又"改授忠武将军、行左卫勋一府中郎，仍借紫兼充清边军总管"，并参与了对逆贼何阿小的平叛[1]。史载何阿小陷没冀州在武周万岁通天元年（696），若《阳玄基墓志》所言不虚，则庄府之置必在此前，这就比《太平寰宇记》的记载至少提前了两年。关于庄府的设置年代还有待继续考察，或许真如《寰宇记》他处所载，早在天授三年（692），庄州便已升为都督府了[2]。

出土墓志记录的政区具有偶然性与特殊性，如马强教授所说："从单一墓志来看，并不能直接反映某一政区前后变迁过程，在州郡置废时间上也只是记述了志主任职'当时'的地名称谓，因此需要结合唐代正史地理志与纪传文献给予参考印证，否则也只能是见木不见林，难窥一个政区演变的全貌。"[3]不过传统文献对政区置罢年代的记载往往含混不清，或者存在歧义，墓志记录志主任官迁转的经历，有时会留下具体的时间，为正史记载提供了一个可以参考的时间节点，这是它难能可贵的地方。

四、交通地理信息须深入挖掘

交通建设牵涉经济、政治、文化、军事等各个方面，其于国家的重要性自不待言。唐王朝国力强盛，交通网络四通发达，体制完备，无远弗届，形成了以长安—洛阳为轴心的发达交通网络。《唐六典》称："凡三十里一驿，天下凡一千六百三十有九所。二百六十所水驿，一千二百九十七所陆驿，八十六所水路相兼。"[4]足观其胜。关于唐代交通，前贤时彦多有讨论，其中以严耕望先生《唐代交通图考》所取成就最高。严氏之书"诸凡正史、通鉴、政书、地书、别史、杂史、诗文、碑刻、佛藏、科技、杂著、类纂诸书，及考古资料，凡涉中古交通，不论片纸巨篇，搜录详密"[5]，可谓"竭泽而渔"。皇皇巨著，考证翔实，"以区域分卷，以路线为篇"[6]，考有唐一代之交通道路方位走向，

[1] 吴钢主编：《全唐文补遗》第八辑，西安：三秦出版社，2005年，第330页。

[2]《太平寰宇记》卷一二二《江南西道二十》，第2429页。

[3] 马强：《出土唐宋石刻文献与中古社会》，第236页。

[4]《唐六典》卷五《尚书兵部》"驾部郎中员外郎"条，第163页。

[5] 严耕望：《唐代交通图考·序言》，上海古籍出版社，2007年，第2页。

[6] 严耕望：《唐代交通图考·凡例》，第1页。

多所创获，堪称经典。严著问世后，激起了一大批学者探讨唐代交通地理的热情，持续散发着学术活力。不过，也如马强教授所说，限于当时的写作环境，严著对于唐人墓志运用较少，成为遗珠之憾，“而近年来随着洛阳、西安等地大量唐人墓志的出土与刊布，利用石刻资料对唐代交通地理作进一步实证研究在今天已经有了坚实的可能性”[1]。马强随即举例论述了墓志资料在补充传统文献所记驿站之缺漏、研究馆驿制度之变迁、考察交通道路之兴废等方面的价值。

如前所揭，墓志序文通常会述及志主卒所，唐代士人奔竞于官场，迁转于各地间，舟车劳顿，常有猝逝于沿途客馆中者，当时的馆驿便会被墓志记录下来。马强便利用唐人墓志补出宋州“雁池驿”、延州“丰义驿”、漳州“塘田驿”三驿。唐人墓志虽已大量出土，不过据笔者翻检，相关记述并不算多，大部分人都是卒于宅邸或者官舍，故而少有馆驿涉及。相较墓志资料而言，唐诗资料系统可能在这方面的价值更大。唐代题壁文化发达，馆驿成为士人青睐之所，甚至会出现“官壁题诗尽”而不得不“另悬诗板”的状况，严耕望的研究便利用了大量的唐人诗作。此外，笔者仍据《赵慈劼墓志》检得大庾岭“半亭驿”[2]。

仕宦经历是墓志书写的主要内容，有些志主生前曾负责过馆驿事务或者担任过相应职官，为我们研究唐代馆驿制度提供了材料。马强教授便举例说明了中唐以后县级官府兼理境内馆驿的情况，以及中央管理驿传的使职“馆驿使”在墓志中的反映。馆驿使为中央使职，地方上则有“馆驿巡官”之置。据《新唐书》，诸藩镇置有“馆驿巡官四人”[3]。这种中下层幕职在墓志中多有反映，如《裴琪墓志》的书者为“摄郑滑馆驿巡官柳宗礼”[4]，《张德之墓志》的撰者为“兖海馆驿巡官试太常寺协律郎萧蕃”[5]，《李端友墓志》载志主曾担任过“夏州馆驿巡官”[6]。馆驿巡官一职的位阶并不高，常为墓志的书、撰者所任。中唐以后，各驿具体的驿务由县级官员兼理，馆驿巡官的职责当为分区监临，如李端友便“主夏东南军储”。

[1] 马强：《出土唐宋石刻文献与中古社会》，第238页。

[2] 吴钢主编：《全唐文补遗·千唐志斋新藏专辑》，西安：三秦出版社，2006年，第124页。

[3] 《新唐书》卷四九《百官志四下》，第1309页。

[4] 吴钢主编：《全唐文补遗》第一辑，西安：三秦出版社，1994年，第273页。

[5] 赵力光主编：《西安碑林博物馆新藏墓志汇编》，北京：线装书局，2007年，第722页。

[6] 吴钢主编：《全唐文补遗》第八辑，第188页。

唐代士人卒于外任，灵柩须其亲人护送归于故土，这种彰显生人品德的行为，成为墓志记述的对象。通过归葬的过程，则可观唐代道路之兴废与交通安全等问题。马强教授据相关墓志总结出唐人出蜀有两条路线：“一是走秦蜀间的剑阁、金牛道至汉中（梁州、兴元府），再经褒斜道或傥骆道出秦岭至京师长安”；“另一出蜀路线就是从西蜀南下巴渝，经过长江夔峡至荆襄，转道武关道至长安、洛阳”[1]。宦游士人从巴蜀返葬邙洛，多沿江而下。如裴友让没于蜀中后，因“西蜀东周相去万里，中有连山叠嶂，重江峻湍，舟车才通，来往罕达”而未得返葬，多年后方由其女护达于洛，《裴友让墓志》称此行是“缘流涉渊，登岭越险”[2]。张浑终于忠州之任，其妻裴氏“护越三峡湍濑，冒万里险艰”[3]，扶榇归洛。安史乱后，兵戈扰攘，驿路交通往往受阻，士人归榇不便。范阳郡仓曹参军韦元诚天宝十五载亡于安史之乱，因战争而“十年不克返葬”，永泰二年，其子“始跋涉太行恒山之路”，将其归葬长安[4]。裴趋玄夫人阳氏大历十四年逝世于汾州孝义县，其子“躬让灵舆，自汾至洛”，但裴趋玄之殡“犹寄蕲春”，志称原因是“干戈方兴，未遑合祔”[5]。裴虬夫人崔氏宝应元年于常州去世，也“以时当寇戎，不克返葬”[6]。可见战争对交通状况的影响很大。

五、自然与经济地理研究的困境

由于体例的原因，自然环境与经济问题并不是墓志书写时要关注的对象。墓志的私人属性决定了其以志主的家世、婚宦为主要内容，欲从墓志文献中撷取环境、经济信息，需要披沙拣金，对墓志资料进行系统整理。

马强教授基于对墓志文献的大量阅读和充分把握，揭櫫了利用墓志研究唐代环境的两条路径：“唐人墓志的书写特点之一是在标明墓葬地的地理位置时，往往会涉及对墓主生活时代周边江河湖泊、山川地貌、物候生态、城镇乡村等一些自然与人文景观的记述，以表明墓地的地理位置和墓主安葬地风水地

[1] 马强：《出土唐宋石刻文献与中古社会》，第247页。

[2] 吴钢主编：《全唐文补遗》第八辑，第82页。

[3] 周绍良、赵超主编：《唐代墓志汇编续集》，上海古籍出版社，2001年，第711页。

[4]（清）董诰等：《全唐文》卷三九二独孤及《唐故范阳郡仓曹参军京兆韦公墓志铭》，北京：中华书局，1983年，第3985页。

[5] 吴钢主编：《全唐文补遗》第八辑，第89页。

[6] 吴钢主编：《全唐文补遗·千唐志斋新藏专辑》，第262页。

理的优越。同时，墓志在记载志主仕历时有时也会述及任职地的地理环境及地域评价等，客观上留下一些不见于正史《地理志》记载的当时地理现象。”[1]其利用《榆林碑石》对唐代统万城附近毛乌素沙漠扩张的考察，利用墓志资料对两京郊区、华北地区、洞庭湖及南阳山区区域环境的研究，均具有示范意义。

与环境信息相同，墓志中的“经济史和经济地理资料”也“只是在记载仕宦经历或者政绩、功德时穿插记述”[2]的。这种材料分布零散，很难形成系统的研究资料体系。故而马强指出，在利用墓志资料进行经济地理研究时，需要“从大量墓志资料中广泛搜集关涉经济的记述，积少成多，集腋成裘，参之以史籍文献印证”[3]。此书利用墓志材料论述唐代南、北方诸州郡的区域经济状况可以说是很好的例证。

总的来说，利用墓志研究环境与经济地理，难度很大，墓志中的大部分地理信息都要依赖传统文献进行考证、定位，相关资料分布零散，语义模糊，少有能对传统文献进行补充者，故结合传世文献考证墓志用语的含义可能比利用墓志资料进行历史地理研究占更大的比重。

中古史资料不多，致使研究者面对很多问题只能望洋兴叹，有捉襟见肘之慨，这便显示出了出土文献对于中古史地研究的重要意义。马强教授从两京地理、乡村地理、政区地理、交通地理、自然地理、经济地理等方面举例论述了唐人墓志在唐代历史地理研究中的重要价值，指明了唐代历史地理研究走进深化并取得突破的一个方向。

（作者单位：复旦大学历史地理研究中心）

[1] 马强：《出土唐宋石刻文献与中古社会》，第201页。
[2] 马强：《出土唐宋石刻文献与中古社会》，第260页。
[3] 马强：《出土唐宋石刻文献与中古社会》，第273页。

Unearthed Epitaphs and New Achievements in the Historical Geography Study of the Tang Dynasty: Comment on *Unearthed Stone Inscriptions of Tang and Song Dynasties and the Ancient Chinese Society* Written by Ma Qiang

Qiao Tian

[Abstract] Based on a specific empirical research, Ma Qiang's new book *Unearthed Stone Inscriptions of Tang and Song Dynasties and the Ancient Chinese Society* (《出土唐宋石刻文献与中古社会》) expounds the importance of unearthed stone inscriptions for the historical study of Tang and Song Dynasties. In this book, the study of historical geography is the most important and systematic part. By combining the framework of the book and relevant academic history, this article interprets the author's views from the aspects of historical geography in Chang'an and Luoyang, the rural geography, the administrative geography, the transportation geography, the physical and economic geography. What's more, the author focuses on the relationship between the style of the epitaph and the historical geography research of the Tang Dynasty, and puts forward personal views on some issues.

《唐史论丛》引文规范及说明

《唐史论丛》编辑部

一、一律使用简体字，人名、地名等简化后会产生歧义的可使用繁体字。

二、引文文字、标点等项，如有改动，须在注释中做出说明。

三、注释采用脚注，每页重新排序，序号用“[1]、[2]、[3]……”标识。体例如下：

（一）古籍类

一般情况下，引用古籍标注项目与顺序：责任者与责任方式/书名/卷次/部类名及篇名/出版地/出版社/出版时间/页码。

例：（宋）欧阳修、宋祁：《新唐书》卷四六《百官志》，北京：中华书局，1975年，第1183页。

注意事项：

1.若加注作者朝代，一律使用圆括号（　）；若作者为外国人，一律使用方括号，如：［日］。

2.古籍卷次一律不得使用阿拉伯数字。《资治通鉴》等古籍须标注年月，为避免混乱，在卷次后加逗号“，”。如：《资治通鉴》卷二〇〇，永徽六年十月条，北京：中华书局，1956年，第6293页。

3.出版社须标注地址，如出版社名称中可体现地址（如：上海古籍出版社），则可不用标注。通行的中华书局点校本不标注“点校本”字样。影印、古籍刻本须标注。

4.页码连续在两页以内者，用顿号“、”（如：第1、2页）；在三页及以上者用一字线“—”（如：第1—3页）。

（二）一般图书

标注项目与顺序：责任者与责任方式/书名/卷册/出版地点（城市）/出版者/出版时间/页码。

例：张树年主编：《张元济年谱》，北京：商务印书馆，1991年，第6页。

注意事项：

若为译著，标注译者于卷册篇名后、出版地点前。如：［日］仁井田陞：《唐令拾遗》卷二一《公式令》，栗劲等译，长春出版社，1989年，第2页。

（三）析出文献

标注项目与顺：作者/析出文献名/文集编者/文集题名/卷册/出版地点（城市）/出版者/出版时间/页码。

例：（清）黄宗羲：《汪魏美先生墓志铭》，载沈善洪主编《黄宗羲全集》第10册，杭州：浙江古籍出版社，1992 年，第382页。

（四）期　刊

引用期刊中的文章，标注项目与顺序：作者/文章名称/期刊名称/卷册号及出版日期/页码。

例：吴艳红：《明代流刑考》，《历史研究》2000年第6期，第34页。

（五）外文文献

1.引外文文献，原则上应使用该文种通行的引证标注方式。

2.引英文文献的标注方式：

（1）引证专著（编著、译著），标注项目与顺序：作者/书名（斜体）/出版地点/出版者/出版时间/页码。

例：Randolph Starn and Loren Partridge,*The Arts of Power:Three Halls of State in Italy,1300—1600*,Berkeley:University of California University,1992,pp.19–28.

（2）引期刊中的文章，标注项目与顺序：作者/文章名称/期刊名称（斜体）/卷期号/出版时间/页码。

例：Heath B.Chamberlain,“On the Search for Civil Society in China,” *Modern China*,vol.19,no.2 (April 1993),pp.199–215.

（3）引文集中的析出文献，标注项目与顺序：作者/文章名/编者/文集名（斜体）/出版地点/出版者/出版时间/页码。

例：R.S.Schfield, “The Impact of Scarcity and Plenty on Population Change in England ,” in R.I.Rotberg and T.K.Rabb (eds.),*Hunger and History:The Impact of Changing Food Production and Consumption Pat tern on Societ*,Cambridge:Cambridge University Press,1983,p.79.

注意事项：

1.外文文献注意单词间隔。

2.一律使用半角符号。

（六）其他要求

1.同一文献再次引用时，出版信息（出版地点、出版者、出版时间）省略；古籍作者、朝代也可省略。

例：《晋书》卷九六《列女传》，第2520页。

2.再次引用同一文献时，第二责任者（译者、点校者）可以省略。

例：《唐令拾遗》卷二一《公式令》，第2页。

3.析出文献再次引用时，根据情况将论文集、资料集、档案集的编者省略。

4.转引文献，须注明原文献出版信息。

（七）数字的用法

一般都使用阿拉伯数字，起讫用“—”表示，如：643—685。表示旧历纪年（大业九年）、古籍篇目（《新唐书》卷一三）一律用汉字表示。排行、顺序、时间（如三天后）、约数（八九个）、品阶等情况，可以用汉字。

投稿方式：

采编系统（推荐）：唐史论丛 http://tslc.cbpt.cnki.net/WKD/WebPublication/index.aspx?mid=tslc

电子邮箱：tangshiluncong@163.com

通讯地址：陕西省西安市长安区西长安街620号陕西师范大学历史文化学院《唐史论丛》编辑部，710119

电话：（029）85318757